KB245158

학교교육의
심층이해

내일을여는지식 / 교육 10

학교교육의 심층이해

안우환 · 권민석 · 신재한 共著

KSI 한국학술정보㈜

　학교교육에 대한 심층적인 이해를 위하여 본 저서는 학교교육을 움직이는 교장, 교사와 이들이 실행하는 각종 교육활동에 대하여 다양한 각도에서 접근하고 있다. 교육은 사회생활을 위한 준비를 아직 갖추지 못한 어린 세대에 대한 성인 세대의 영향력 행사이다. 이러한 영향력에 대한 심층적인 해부 작업은 보다 정확한 교육정책 수립과 실행에 중요한 요인이 된다.

　한국은 지난 반세기 동안 개혁의 이름하에 교육의 변신을 꾀하려는 많은 노력이 이어져 왔다. 정부 수립 후 1950년대까지는 민주주의 교육의 기반을 구축하기 위한 개혁이었고, 1960~1970년대까지는 경제발전과 사회발전을 위한 지원체제로서의 교육이었고, 80년대 초까지 시행된 교육개혁들은 주로 문제 해결 중심의 부분적인 것들이었으며, 교육 관계 부처의 독자적인 노력만으로 추진되어 근원적이고 종합적인 대책이 되기에는 미흡하였다. 본 저서는 이러한 문제의식에서 출발하였다.

　본 저서는 모두 8장으로 구성이 되어 있다. 1장에서는 교사를 지원하고 도와주며 변화를 주도해야 할 학교의 수장인 교장의 지도성에 대하여 탐색한다. 여기서는 교장의 변혁 지향적 지도성 행동의 요인 탐색과 교장의 바람직한 상(像)을 고찰하고, 교장이 교직원에 대하여 행사하는 미시 정치적 결합기제와 교사의 대응전략에 대하여 알아본다.

2장에서는 효과적인 학교와 교사의 수업효율성에 대하여 고찰한 후, 학생배경에 따른 교사효율성 지각과 학업성취와의 관계를 보다 심층적으로 접근하여 분석하고 있다. 더불어 교사의 변혁적, 분배적 지도성을 알아보고, 교사효과성에 대하여 재개념화를 시도하고 있다.

3장에서는 교육활동에서 추구하는 교육이념, 교육목적, 교육목표에 대한 개념 정의와 그 수준, 진술 방식을 고찰하고 수업목표의 분류에 대하여 보다 밀도 있는 분석을 시도하였다.

4장에서는 학교교육에서의 결과변인 중의 하나인 학업성취에 대하여 고찰하고 있다. 이는 학교교육에 있어 학업성취 수준은 그 학교의 교육능력을 나타내기 때문이다. 구체적으로 학업성취의 결정요인, 사회적 상호작용과 학업성취, 남녀공학과 학업성취, 가족

내 사회적 자본과 학업성취 등을 고찰하고 있다.

5장에서는 교육활동의 일선에서 가장 중요한 위치를 점하며, 교육활동의 중심축인 교사의 교육활동에 대한 평가를 고찰하고 있다. 이를 위하여 교사평가의 목적과 논의 배경 및 논쟁점, 교사평가의 국제적 동향, 교사평가의 준거 및 다면평가제, 교사의 발달단계별 직무수행 기준설정에 따른 교사평가 분석을 통하여 바람직한 교사평가제도에 대한 개선방안을 제시하였다.

6장에서는 변화하는 학교에 적합한 형태의 교육활동으로 사이버교육에 대하여 고찰하고 있다. 여기서 사이버교육을 학교교육의 보완체제로서 사이버교육이 이루어져야 함을 제시하였고, 나아가 효율적인 사이버교육체제 구축의 방향에 대하여 제시하고 있다.

7장에서는 교육 양극화 논의의 한 담론인 교육소외에 대하여 고찰하고 있다. 교육소외에 대한 개념 정립, 빈곤아동을 위한 보상교육 프로그램 소개, 교육소외계층 학생 현황 등을 통하여 교육소외계층을 위한 교육정책의 방향을 제시하고 있다.

8장에서는 지식정보화 사회에서 적합한 사이버장학에 대하여 고찰하고 있다.

학교교육활동의 실체를 벗기기 위한 작업은 다양한 측면에서 다양한 방법과 도구를 통하여야 가능한 작업이다. 본 저서에서 제시하고 있는 학교교육의 키워드는 분명 한계점을 노출하고 있다.

이러한 점은 추후 계속적인 연구를 통하여 보완하여 나갈 것을 약속한다. 모쪼록 본 저서가 학교교육활동을 이해하고자 하는 분들에게 조금이나마 도움이 되기를 바란다.

마지막으로 본 저서의 출판을 주저함 없이 허락해 준 한국학술정보(주) 관계자들에게 진심으로 감사의 말씀을 전한다.

저자 대표 안우환

목차

I

교장의 지도성

1. 들어가면서

급변하는 변화의 소용돌이 속에서 계속되는 학교교육개혁의 실패와 교직사회의 침체, 교원의 사기 저하, 사교육 부문의 팽창, 공교육에 대한 국민들의 불신과 혁신의 욕구, 학교수업의 지도성과 학생지도에 대한 교원의 무능 등 학교를 둘러싼 교육환경의 변화는 현재 급변하고 있다. 공교육의 위기에 대한 징후는 그동안 계속해서 발견되었다. 이러한 위기에 대한 학교의 대응은 느리고 무감각하였다. 사회는 변화를 요구하고, 학교는 이러한 변화의 요구에 적절한 대응과 조치가 미흡하였다.

교육체제를 양적인 성장 위주의 방식에서 탈피하여 이제는 질적인 성장체제로의 변화를 시도할 때가 되었다. 교육체제의 단층적인 구조를 다원화하고 전통적인 관료적 운영체제를 변화시켜 변화하는 환경의 요구에 유연하게 대처할 수 있는 교육체제를 구축해 나가야 할 시점에 우리들은 서 있다. 국가에 의한 중앙집권적인 개혁정책에서 단위학교 교육공동체 중심의 자율적이고 개방적인 방식의 개혁체제로 전환하고, 교육주체 중심의 학교문화를 형성해 나가야 한다. 전반적인 국가교육체제의 변화는 일선 단위학교의 변화된 모습을 통하여 실현되고 구체화된다. 이러한 변화의 중심에는 교사가 있으며, 교사를 지원하고 도와주며 변화를 주도해야 할 학교의 수장인 교장이 자리 잡고 있다.

단위학교 행정가의 자질과 능력의 중요성은 이를 아무리 강조하여도 지나치지 않는다. 이제 학교 행정가들은 급격한 변화의 새로운 도전에 적극적으로 대응할 수 있는 전혀 새로운 개념의 리더십을 발휘하지 않으면 안 된다(노종희, 1996). 현재 우리 교육은 다양한 분야의 교육 관련 주체들의 참여가 활성화되어 있으며, 그 영향력 또한 확대되고 있다. 교장과 교원에 의한 교육의 축이 이제는 전교조, 교총 등의 이익집단과 학교운영위원회에 의하여 전반적인 학교의 교육활동이 견제와 참여로 전개되고 있다.

더불어 지식정보화 사회의 도래와 함께 학생들의 의식과 문화가 급속히 변화되어 전통적인 교장과 교사와 학생 간의 신뢰관계에 변화가 발생하고 있으며, 정년단축 이후 새롭게 형성된 젊은 교장층은 교육변화를 선도하고 주도하는 교육활동의 중심세력으로서 부상하고 있다. 교장의 지도성은 교육이 위기 상황에 봉착했을 때 더욱더 부각되고 요구되는 개념이라 하겠다. 교장의 지도성에 대한 필요와 그 중요성은 교육정책, 다양한 교육주체의 의견 수렴, 학교 교직원의 단합을 통한 교육력의 극대화, 교육의 위기관리 등에서 찾을 수 있다.

교장의 지도성에 대한 연구는 거래 지향적 지도성(transactional leadership)에서 변혁 지향적 지도성(transformational leadership) 연구로 변해 왔으며, 이제는 분산적 지도성(distributed leadership) 연구로 그 패러다임이 변화해 오고 있다. 여기서 기존의 교장 지도성에 대한 연구들은 교장 지도성에 대한 개념과 행동 요인 추출과 측정도구의 개발 및 적용이라는 연구의 양상(pattern)을 보이고 있다.

2. 변혁 지향적 지도성 행동의 요인 탐색

가. 변혁 지향적 지도성의 개념과 요인

변혁 지향적 지도성 개념은 Burns(1978)에 의해 시작되어 Bass(1993)에 의하여 체계적으로 발전하였다. Leithwood와 Duke(1999)는 지도성의 100년의 역사를 개관하면서 서구의 대표적 교육행정 학술지에서 1985년에서 1995년 사이에 게재된 지도성 논문의 경향성을 분석하여 지도성 이론 발달 추세를 검토하였다. 121개 논문이 분석 대상으로 선정되어 지도성 유형 빈도에 근거하여 지도성의 이론과 개념을 대표하는 6가지 모델이 제시되었다. 교수적 지도성, 변혁적 지도성, 도덕적 지도성, 참여적 지도성, 관리적 지도성, 상황적 지도성이 그것이다(박선형, 2003). 여기서 변혁적 지도성은 카리스마적 지도성, 비전적 지도성, 감화적 지도성, 가치부가적 지도성 등과 유사하고 공통된 개념들을 많이 포함하고 있으며, 때로는 이들 용어들과 상호 교환적으로 사용되어 지도자의 유형을 기술하기도 한다.

이들은 지도자의 기능은 안정 지향적 기능과 변화 지향적 기능으로 구분하여, 안정 지향적 기능을 강조하면 거래 지향적 지도성을, 변화 지향적 기능을 강조하면 변혁 지향적 지도성으로 인식하고 있다. 거래 지향적 지도성은 지도자와 구성원 간의 거래관계에 근거한 상호작용(Bass, 1985: 13)을 강조하는 도구적인 지도성이다. 이러한 유형의 지도자는 조직의 목표 달성을 위하여 평가와 보상을 실시하여 추종자들에게 동기를 부여하여 만족스러운 수행능력을 이끌어 내는 데 초점을 둔다.

반면에, 변혁 지향적 지도성은 보상과 통제를 통하여 추종자의 심리적, 물질적인 욕구를 충족시켜 주는 거래 지향적 지도성과는 달리 조직 내 추종자의 전인적인 성장을 자극하여 고차원적인 욕구를 가지도록 추종자를 자각시키는 데 역점을 둔다. 그래서 이러한 유형의 지도자는 조직 변화의 필요성을 감지하고 이에 대한 비전을 제시할 수 있어야 한다(Bass, 1985: 17 - 18). 거래 지향적 지도성이 낮은 수준에서의 변화를 야기한다면, 변혁 지향적 지도성은 보다 높은 수준의 변화를 지향하는 지도성이라 하겠다.

변혁 지향적 지도성 행동의 차원으로 Tichy & Devanna(1986)는 대기업 등 여러 조직의 최고경영자 12명과의 면담을 통하여 변화촉진자, 용기, 가치지향, 인간에 대한 신뢰, 평생학습자, 불확실성에 대한 대처능력, 비전 지향 등을 제시하고 있다. Kouzes & Posner(1987)는 지도자는 변화와 혁신을 추구하고, 관리자는 안정과 통제를 지향한다고 구분하면서 지도자와 관리자는 모두 필요하지만 격변의 시기에는 지도자가, 관리자는 평온한 시기에 요구된다고 주장한다. 더불어 그들은 이러한 내용을 담은 지도자행동목록(Leadership Practices Inventory: LPI)을 사용하여 성공적인 지도자의 행동을 현실에 대한 도전, 비전의 제시와 공유, 비전 실천을 위한 여건 조성, 솔선수범, 비전 구현에 대한 격려 등을 제시하고 있다. House & Singh(1987)는 변화추구, 비전과 사명감 제시, 부하의 마음에 긍정적인 이미지의 창출과 주입, 추종자에 대한 존경과 자신감의 제시 등을 제시하고 있다.

Avolio & Bass(1990, 1993: 51)는 변혁 지향적 지도성의 요인을 카리스마(idealized influence), 영감적 동기(inspirational motivation),

지적자극(intellectual motivation), 인간적 배려(individualized consideration)로 규명하였다. 지도성에 대한 7가지(거래, 변화 지도성) 구인 요인을 바탕으로 하여 Bass는 다인 지도성 설문지(Multi-factor Leadership Questionnaire: MLQ)를 개발하여 지도자가 두 가지 모두의 지도성을 발휘하는 정도와 이에 따른 추종자들의 만족도 정도와 그 효과성 등의 평가를 수행하였다. 여기서 카리스마 요인은 부하가 리더와 리더의 행동에 대하여 어떠한 반응을 보이느냐로 정의되고, 영감적 동기는 부하들이 리더와 얼마나 많이 동일시하려고 하느냐에 따라 카리스마적 지도성과 중복되기도 하고, 그렇지 않을 수도 있다.

Bass(1985)는 초기에는 카리스마를 영감적 동기를 포함하는 개념으로 간주하였으나 후기의 저술에서는 이를 구분하고 있어 일관성을 결여하고 있다. 이러한 개념의 혼란은 House(1977)에 수행된 카리스마적 지도성 연구를 통해 해결할 수 있다. 그는 카리스마적 지도자의 행동은 지도성에 있어서 변화를 주도하는 것으로 연관을 짓고 있다. 즉 기존의 질서나 조건과 다른 신념과 가치에 의하여 변화를 가져오는 힘을 가지고 있는 것으로 인식하여 그의 연구는 80년대 이전 조직 내에서의 카리스마적 지도성 분석에 대하여 가장 종합적인 접근을 시도하고 있다.

Podsakoff(1990) 등은 비전 설정, 솔선수범, 조직목표의 수용조장, 높은 성과기대, 인간적 지원, 지적자극 등으로 제시하고 있다. Sergiovanni(1990)는 학교조직은 구조적으로는 느슨한 결합 형태를 보이나 문화적으로는 견고하게 결합되어 있기에 변혁 지향적 지도성이 필요하다고 전제하면서 이러한 지도자의 핵심가치로서 비전 설정, 권한 위임, 목표달성 지원, 교육성과의 문화적 관리, 공동가치 유지 및 자유 재량권 허용, 도덕적 가치 등을 들고 있다.

Liontos(1992: 2)는 교사와의 상호작용, 비전의 전달, 업무수행 지원, 권한의 공유, 우수 교육 사례의 공유, 교사에 대한 배려, 교사와의 정보 공유, 전 직원의 교육활동 참여 권장, 교사 및 학생에 대한 높은 기대, 외부환경으로부터 교사의 보호, 책무성의 강조 등을 제시하고 있다.

Leithwood(1992)는 협력하는 학교문화 창조, 집단 참여에 의한 문제의 해결, 교사에 대한 능력개발 지원 등을, Boatman과 Adams(1992: 62)는 지도성은 공동의 이익을 증진시키는 공유된 비전을 성취하기 위해 타인들에게 권한을 부여하는 과정으로 인식하고 이에 대한 지도자의 자질로서 권한 부여, 비전, 윤리가 필요하다고 한다.

노종희(1994)는 교사들에게 도전적인 목표의 부과와 새로운 이론의 수용과 혁신적인 수업방법의 채택을 독려하는 변화 선도, 교사들의 요구와 의견을 수용하고, 그들을 신뢰하고 동등하게 대우하며 그들에게 권한의 위임, 능력개발의 기회 등을 제공하는 인간존중, 사기희생과 사심 없는 의사결정과 목표추구 등의 일에 대한 열정으로서 솔선수범 등을 교장의 변혁 지향적 지도성으로 규명하여 제시하고 있고, 권인탁(1995)은 변혁 지향적 지도성의 요인으로 결속촉진, 카리스마, 지적자극, 개별적 관심 등의 4가지 요인을 제시하고 있다.

한편, 명제창(1998: 94 - 97)은 교장의 지도성을 도덕적 지도성의 차원에서 청렴성, 사명감, 공정성, 책임감, 권한 부여, 비전 제시 등으로 제시하고 있다. 박수연(2001: 406 - 407)은 다른 사람에 대한 관심, 존경, 참여, 공평성, 목표달성을 위한 지식, 확실성, 지속성 등을 교장의 지도성으로 언급하고 있다.

　이상 연구자들이 제시한 교장의 변혁 지향적 지도성 개념은 교
장이 학교의 교육목표에 부합하는 분명한 교육비전과 철학을 가지
고, 교직원들에게 다양한 영역의 권한 부여를 통해서 학교조직에
보다 더 적극적으로 헌신하고 참여하고, 협력하도록 유도하는 실천
행위라고 볼 수 있다. 그래서 변혁 지향적 지도성을 발휘하는 교
장은 교사를 단순히 기본적인 욕구만을 지닌 사람으로서가 아니라
전인으로 대우하며, 상위 수준의 욕구를 충족시키는 데까지 배려하
는 능력을 소유한 사람임을 암시해 주고 있다. 더불어 교사로 하
여금 학교개선에 대한 태도와 교사와의 협동, 수업행동의 개선과
변화 유도, 학생의 학업성취에 대한 개선, 교육공동체의 우수한 교
육력 창출과 같은 영역에 지대한 영향을 미친다고 볼 수 있다.

나. 변혁 지향적 지도성 행동 요인의 추출

　변혁 지향적 지도성 요인에 대한 선행연구를 통하여 <표 Ⅰ-
1>과 같이 국내외 연구자들은 22가지 요인을 교장의 변혁 지향적
지도성 요인으로 제시하고 있다. 이에는 변화 촉진자(4), 비전 지향
및 제시와 공유(6), 솔선수범(3), 지적자극(3), 인간적 배려 및 지원
(3), 조직목표의 수용 및 달성 지원(3), 권한 위임 및 정보의 공유
(3) 등이다. 여기서 동일한 개념을 내포하는 변화 촉진, 비전 지향
및 제시와 공유를 묶어서 변화 촉진 및 비전 제시로, 조직목표의
수용 및 달성 지원, 권한 위임 및 정보의 공유를 묶어서 조직목표
지원 및 권한의 위임으로 하여 모두 5개의 요인으로 구분하여 보
았다.

〈표 Ⅰ-1〉 국내외 연구자별 교장의 변혁 지향적 지도성 행동 요인

요인 \ 연구자	Tichy & Devanna (1986)	Kouzes & Posner (1987)	House & Singh (1987)	Avolio & Bass (1990)	Podsakoff (1990)	Sergiovanni (1990)	Liontos (1992)	노종희 (1994)	권인탁 (1995)	종합
변화 촉진자	○	○	○					○		4
용기 및 동기 부여	○			○						2
가치지향	○					○				2
신뢰	○									1
평생학습자	○									1
불확실성에 대한 대처능력	○									1
비전 지향 및 제시와 공유	○	○	○		○	○	○			6
솔선수범		○			○			○		3
긍정적 이미지 창출 및 주입			○							1
추종자에 대한 존경과 자신감 제시			○					○		2
지적자극				○	○				○	3
인간적 배려 및 지원				○	○		○			3
조직목표의 수용 및 달성 지원					○	○	○			3
성과기대					○		○			2
권한 위임 및 정보의 공유						○	○	○		3
교육성과 관리						○				1
재량권 허용						○				1
교사와 상호작용 및 관심								○	○	2
외부로부터 교사 보호								○		1
책무성 강조								○		1
카리스마									○	1
결속촉진									○	1

3. 교장의 바람직한 상(像)

교장은 단위학교의 교육을 이끌어 가는 명실 공히 수장의 위치에 있는 사람이다. 교장의 교육관에 의하여 학교의 모습은 달라진다. 교사를 믿고 신뢰하는 교장과 반대로, 교사를 믿지 못하여 사사건건 참견과 간섭으로 학교를 경영하는 교장 등 다양한 모습을 목도할 수 있다.

교사 시절 자신의 교직 경험에 의하여 교장으로 승진하면 일반적으로 자신의 교육관을 적용하고자 시도한다. 왜곡된 교직 경험을 거쳐서 승진한 교장은 이를 그대로 교사들에게 강요하여 물의를 일으키고 학교 내에서 마찰을 유발하기도 한다. 교장 연수를 받는 교장을 대상으로 한 연구에서 교장들은 한결같이 말한다. "교사 시절에는 보이지 않던 많은 것들이 교장으로 승진하면서 보인다." 교사 시절에는 자기 반, 자기 청소구역, 자기 아이들, 자기 수업 관리, 자기 업무 처리만 하면 되는 것들이 교장으로 승진하면서 다음과 같은 것들이 보인다고 한다.

운동장의 쓰레기, 열려진 창고 문, 불이 켜진 교실, 수업 중 딴 짓 하는 교사, 집행해야 할 예산과 관리문제, 교사의 성향 파악, 우군과 적군의 구분, 전체적인 의견 조율, 대학부형 관계와 지역인사와의 대인관계 등이 보이고, 더불어 처리해야 할 것들이 상당히 많아지면서 보는 시각도 넓어진다고 한다. 시각과 견문이 넓어진 만큼 교육적인 자질도 같이 동반 상승하여 그 지도력을 발휘하여야 하나 실상은 그렇지 않은 것 같아 안타깝다. 잘못된 교육관과 왜곡된 관행을 앞세워 실천을 종용하는 교장과 제도적인 권위만

믿고 이를 행사하려는 교장 등 우리네 교장의 문화는 아직도 지식 정보자원사회에서 부적합한 형태의 문화라 하겠다.

교장이 단위학교를 이끌어 가기 위하여 발휘하는 결합기제 전략으로 교장들은 일반적으로 지시와 독단적인 의사결정, 중간 관리교사를 동원한 이용, 교내장학, 감시와 순시, 솔선수범, 연수와 평가 실시, 친목도모 등을 사용한다. 이러한 교장의 결합기제에 맞선 교사들의 대응전략은 비판과 담합, 버티기와 태만, 협상과 타협, 공존, 중간 관리 교사 이용, 수용, 일시적인 복종과 기피, 시간 때우기, 제도의 허점 이용하기 등의 방어기제를 적절히 구사한다.

일반적으로 교장의 권위는 제도적으로 주어지는 제도적인 권위, 개인 교장이 지니는 지적인 권위, 합리성을 내재하는 합리적인 권위 등 세 가지로 구분해 볼 수 있다. 단위학교에서 지적이고 합리적인 권위가 빠져 버리고 제도적인 권위만 앞세워 경영을 수행하는 교장은 원만하게 단위학교의 수장으로서 학교를 이끌어 갈 수는 없을 것이다. 이러한 비판적인 시각에 대하여 교장들은 교장을 보는 외부의 눈이 부정적인 까닭은 무엇보다도 그 사람들이 학교장의 현실적 처지를 이해하지 못하기 때문이고, 좋은 교장이 되기 위해 노력함에도 불구하고 그것이 잘 안 되는 것은 학교 내부와 외부의 여러 가지 장애요인, 즉 우리 교육계와 학교제도의 구조적 모순에 있다고 한다.

교장이라는 존재의 현실적 이미지는 상머슴이면서도 학교문화의 향도자(嚮導者)이고 문화전승의 수레이면서 더불어 외롭고 때로는 약한 존재이다. 그래도 교장들은 한결같이 교장직은 할 만하다고 말한다. 요즘은 옛날과 달라서 교장도 마음대로 학교경영을 할 수 없는 실정이다. 전교조 교사들의 견제, 교무회의, 학교운영위원회

등 각종 교육기구들이 교장을 견제하거나 교장의 업무 수행에 관여를 하고 있다.

이러한 현실적인 장애로 말미암아 지금의 교장은 자신의 뜻을 소신껏 펼치기가 쉽지 않다. 그러한 이유는 무엇보다도 교장의 업무가 진공의 온실이 아닌 복잡다단한 인간의 상호작용과 관계 속에서 관계 집단들과의 순환적인 상호작용을 통해서 이루어지기 때문이다.

교장은 단위학교교육 발전의 촉진자로서 자율적이고 창의적인 학교경영을 수행하여야 한다. 학교교육 발전의 지도자로서 시너지 효과를 창출하고, 단위학교교육의 책임자로서 학생들의 학습력을 제고시킬 때 진정한 학교발전과 지도력을 발휘할 수 있을 것이다.

거래 지향적인 신뢰와 인간관계를 하루 빨리 청산하고 공정하고 엄정하게 학교경영을 수행하는 명실 공히 자타가 인정할 수 있는 지도자급의 교장이 출현하기를 바라본다. 그러한 교장의 배출 이면에는 반드시 다음과 같은 사실을 우리들이 실천하여야 할 것이다.

첫째, 교사는 교장을 믿고 신뢰하여 학생지도에 전념하여야 한다. 합리적이고 발전적인 대응기제의 발휘는 권장하고, 부조화나 불신을 잉태시키는 대응전략은 제고되어야 한다.

둘째, 지역사회나 학부형들도 공교육체제를 이끌어 가는 수장인 교장을 신뢰하여 학교교육력 제고에 지원과 응원을 아끼지 말아야 할 것이다.

셋째, 정부는 교장의 리더 수행에 적합한 제도적인 배려를 아끼지 말아야 할 것이다. 더불어 부적합한 교장에 대한 견제와 책무성을 감사나 인사권을 통하여 제도적으로 자정할 수 있는 시스템을 마련하여 실시하여야 할 것이다.

바람직한 학교장의 위상과 역할은 어떠해야 할까. 학교장의 위
상과 역할에 대한 담론은 그동안 상당한 양의 축적된 연구결과와
그에 대한 성과들이 존재한다. 현재, 일선 학교의 학교경영 방식은
산업사회의 대량생산체제의 형태를 벗어나지 못하고 있다. 이것은
입시 위주의 교육(교육열)과 지식 중심의 교육, 그리고 상부의 지
시, 규제, 지침 중심이라는 권위주의적인 운영이 학교를 아직도 산
업사회에서 보이는 경영 형태로 발목을 잡고 있다 하겠다.

그리하여 학교에서는 교원의 전문성과 자율성을 살릴 수 없는
상황과 처지에 놓여 있다. 교사의 전문성을 교육부나 지역 교육청
의 시책 수행과 연구실적, 교과의 진도 맞춤에 집중되어 있고 학
교경영은 관료적 관행에 묶여 그 전문성과 자율성이 제한되어 있
다 하겠다.

학교경영의 올바른 방향은 학생들의 인격을 존중하고 그들 삶의
방식을 알게 하며, 문화적인 생활을 누릴 기회를 제공하는 데 교
육(력)의 방향을 두어야 하며, 자기 주도적이고 개별 학습을 통하
여 교육 프로그램을 체험, 성험하게 하는 활동을 나앙하게 전개해
야 할 것이다. 이러한 학습 형태에서 공부를 잘하든 못하든 학생
들의 인격은 존중받아야 한다. 이러한 교육활동을 하기 위해서는
지금의 학교구조나 체제는 다시 정립되어야 한다. 학생들의 인격과
학습이 존중되고 교원의 전문성과 자율성이 발휘되기 위해서는 교
육체제의 전반적인 수술이 필요하다고 본다.

학교경영에 대한 새로운 패러다임으로서 학생과 지역사회의 교
육적인 요구나 필요를 보다 효율적으로 교육활동 체제에 반영하여
교육의 성과를 거양하기 위해서는 단위학교 중심의 자율경영이 반
드시 실천되어야 할 것이다. 그리하여 등장한 것이 단위학교 자율

경영제이다(단위학교 책임경영제).

　단위학교 책임경영제가 성공하기 위해서 학교장은 그동안 관리자로서의 소극적인 역할 수행에서 벗어나 변화를 선도하고 추진하는 리더(지도자급의 CEO)로서의 변신이 이루어져야 한다. 관리자에서 지도자급의 변화를 가져오는 교장이 되려면, 행정적인 면에서는 우선 획일적인 지시와 통제, 관리행정 위주의 교육행정 관행에서 벗어나 자율성과 책무성을 중시하는 현장 중심의 교육행정으로 변모하여야 할 것이다. 더불어 행정업무 수행에서도 지시, 명령보다는 학교 구성원의 신뢰(trust)와 상호이해를 통한 자유로운 의사소통 관계를 확립하여 가능한 여러 상황의 대안을 도출하여 최선의 대안을 선택하는 조정능력의 발휘가 요구된다.

　중요 의사결정 과정에서도 관련 인사(부장, 계원 교사)를 가급적 많이 참여시켜 이들의 의견이 의사결정 과정에 충분히 반영되도록 하는 의사결정 과정의 민주화가 반드시 필요하다. 또한 교직원, 학생, 학부모, 지역사회 인사의 교육에 대한 참여 기회를 확대하기 위해 각종 위원회나 협의회의 기능을 적극적으로 활성화시키는 일도 중요하다.

　학교장은 학교교육 발전의 촉진자로서 창의적인 학교경영을 수행하고, 학교조직 발전의 지도자로서 시너지 효과를 창출하며, 학교교육 책임자로서 학생들의 학습력을 촉진시키게 될 때, 학교경영의 진정한 발전을 이끌어 낼 수 있을 것이다. 학교장의 이러한 지도성이 많은 사람들로부터 각광받고 있는 이유는 다양하면서도 상이할 수 있지만 지도성이 사회 각 분야가 직면하고 있는 문제 상황을 탈피하게 해 주면서, 새롭고 바람직한 변화를 이끄는 결정적인 동인으로서 간주되기 때문이다.

지도성은 미시적으로 조직 차원에서 볼 때 다른 어떠한 이론적 구인보다도 조직의 효과성과 효율성을 제고하는 데 가장 적합한 전략적 수단으로 간주되기 때문이다. 더불어 지도성은 민주행정을 이루기 위한 필수적인 요소로서 조직 내에 민주적인 작업풍토를 이끄는 인간관계 기술로 생각되기도 한다. 거시적인 관점에서 볼 때 지도성은 다원적인 가치 갈등과 미래에 대한 불확실성이 고조되는 시점에서 국가경쟁력과 사회발전을 선도하는 수단으로 여겨지기도 한다.

오랜 세월을 거쳐 지도성은 지도자의 개인적 특질을 강조하는 특성이론에서부터 과업구조와 인화 지향적인 두 가지 차원을 강조하던 행태적 접근에서, 지도자를 둘러싼 상황 분석을 강조하던 상황이론으로 발전하였고, 추종자의 신념과 기본적 가치의 변화에 주안점을 두는 변혁적 지도성에 이르기까지 다양한 관점에서 탐구되면서 수많은 경험적 연구와 담론을 생산하였다.

지도성에 대해 최근에 언급되는 것은, 인지 과학적 시각에서 논해지는 분산적 지도성(distributed leadership)을 들 수 있다. 분산적 지도성은 지도성이 조직 내 구성원들과 추종자들의 인지구조에 의하여 지각되고 해석되면서, 이들을 둘러싸고 있는 다양한 환경적 요인과의 상호작용 속에서 발휘된다고 본다. 즉 이러한 지도성은 지도자의 개인적 지위와 특성의 영향력을 추구하기보다는 인간의 인지작용과 더불어 조직과정과 조직환경의 호혜적인 상호관계를 중요시한다.

지도자와 구성원 간의 거래관계에 근거한 상호작용을 강조하는 도구적 지도성인 거래적 지도성의 교장은 교육목표 달성을 위하여 적절한 평가와 보상을 통하여 교사들에게 동기를 부여하여 만족스러운 수행능력을 이끌어 내는 데 관심을 둔다.

이러한 유형의 교장들은 구성원을 일종의 심리적, 경제적 당근과 채찍(칭찬, 보상, 무시 등)으로 통제하려 한다. 거래적 지도성이 발휘될 때 교사들은 지도자인 교장과 거래과정을 통하여 가능한 한 징계나 처벌을 피하면서 보상을 획득하기 위해서 교육조직목표 달성에 필요한 작업들과 기능을 효과적으로 수행할 수 있는 방법을 배우고자 노력할 것이다.

반면에 통제를 강조하면서 추종자의 심리적, 물질적 욕구를 만족시켜 주는 거래적 지도성과는 달리 학교조직 내의 교사들의 개인적인 성장을 자극하면서 고차원적인 욕구를 가지도록 자각시키는 데 주안점을 두는 변혁적 지도성이 있다. 변혁적 교장은 조직 변화의 필요성을 감지하고 이를 위한 비전과 자신감, 내적인 힘을 갖추고 있어야 한다. 거래적 지도성이 낮은 수준에서의 변화를 이끈다면 변형적 지도성은 보다 높은 수준의 변화를 이끈다고 볼 수 있다.

최근에 부상하는 분산적 지도성은 교사들의 지각과 해석, 즉 인지능력을 통해서 파악된다. 즉 지도성과 인지이론의 연계성을 강조한다. 지도성이 지도자와 추종자의 인지구조나 환경적 인공물(교재, 교육과정 등), 지도성이 발생되는 상황 간의 상호작용 속에서 발현된다고 본다. 그리하여 지도성의 분석단위는 지도성의 실제 행위가 발생되는 근무 현장과 전체 조직이 된다.

효과적인 학교경영을 위해서 학교장이 알아야 하고, 더불어 갖추어야 할 지도성을 시대의 패러다임에 맞추어 살펴보았다. 마지막으로 학교에서 수행해야 할 학교장의 바람직한 지도성(역할)을 몇 가지 제시하면 다음과 같다.

첫째, 의사결정 시 전 교직원에게 이를 주지하고 공유하는 의사
결정체제를 마련하여 이를 실천하여야 할 것이다.

둘째, 수업지도성을 발휘하여야 한다. 학교장은 수업지도에서 전문
성을 가지고 이를 교내, 임상 장학에서 지도력을 발휘하여야 한다.

셋째, 학교장은 학교조직의 목표 달성에 심각하고 중대한 저해
요인이 되는 갈등 요소들을 미리 파악하여 갈등을 효과적으로 관
리, 해소할 수 있는 조정기제 능력을 갖추는 것이 필요하다.

넷째, 학교장의 지도성 발휘는 상황 간의 상호작용 속에서 발현
되기에 교육활동이 발생하는 환경과 상황 속에서 빠른 인지능력이
요구되며, 더불어 적절하고 유연한 대처와 대응능력이 요구된다.

4. 교장의 미시 정치적 결합기제와 교사의 대응전략

학교공동체 조직이 느슨하게 결합(loosely coupled)되어 있는가,
아니면 단단하게 결합되어 있는가의 문제는 학교장과 교사와의 인
간관계, 즉 교장이 교사에 대하여 사용하는 미시 정치적 결합기제
(principal's micro-political linkage mechanisms)와 교사의 이러한 교
장의 행위에 대한 대응전략(teachers' corresponding strategies) 양상
에 따라 판이하게 달라진다. 학교공동체의 교육문제 해결과 교장과
교사와의 바람직한 인간관계 개선을 위한 기존의 연구는 대체적으
로 바람직한 학교 미래의 모습을 제시하고는 있지만 학교 전반에
대한 이해와 학교조직의 특성과 핵심적 실체에 대한 보다 밀도 있
는 개념 제시는 다소 부족했었다. 이러한 현상은 학교공동체 논의,

즉 교장과 교사에 초점을 맞춘 대부분의 논의들이 개념적인 '내포'
의 천착보다는 '외연'의 확장을 통한 실제적 응용에 더 비중을 두
고 있었기 때문이다.

가. 미시 정치적 접근의 개념 고찰

학교조직과 지도성에 관한 전통적인 이론들은 학교생활에서 발
생하는 복잡하고 역동적인 특성들을 확연하게 분석하는 데 한계점
을 노정하고 있다. 교장의 지도성에 대한 기존의 연구는 학교조직
에서 일상적인 사회적 영향관계의 역동적이고 민감한 면을 기술하
는 데 있어서 제한적이다. 기존의 학교조직에 대한 기술과 이론들
은 학교 구성원들이 경험하는 학교생활의 실제적인 면을 기술하는
데 한계점을 드러내고 있다(Blase, 1991).

학교경영과 교육활동에서 학교공동체 구성원 간의 상호작용에
대하여 정적인 관점보다는 동적인 관점으로, 구조적인 관점보다는
사회 · 정치적인 관점에서 연구하고 분석할 필요가 있는데, 그 대
안 중의 하나가 '미시 정치적 접근'이다. 교육에 대한 미시 정치적
접근(micro - political approach)은 학교조직에서 학교 행정가, 교사,
학생, 학부모 등의 개인 혹은 집단이 서로 어떤 목표와 의도를 갖
고 어떻게 영향력을 행사하고, 어떤 변화와 결과를 가져오는지를
설명해 준다(이낙종, 2004). 더불어 학교조직을 다양한 개인과 이
해집단들이 서로 공존하는 역동적인 정치의 장으로도 인식한다. 문
제를 질서 대 무질서로 보기보다는 조직 내의 질서는 계속하여 정
치적으로 협상된다는 관점을 취한다(Bacharach & Mundell, 1993).

정치란 일반 사회나 사회조직에서 나타나는 가치 배분과 결정에 관련된다. 교육정치는 대체적으로 거시·미시 정치라는 두 가지 관점으로 대별할 수 있고 이에는 권력과 영향력, 통제, 갈등과 협력·협상, 연합, 거래와 전략, 이해관계 집단의 가치와 이데올로기 선점과 같은 개념에 토대를 두고 있다(성병창, 1994: Bolman & Deal, 1984: Blase, 1991, Marshall & Scribner, 1991, Willower, 1991, Blase & Blase, 2002).

거시 정치는 학교를 둘러싼 외부와의 관계와 지역사회나 시·도, 국가 수준에서 환경 역학과 각 수준 간의 내·외적인 영역의 상호작용을 다루는 반면에 미시 정치는 거시적 요인과 학교에 대한 그들의 영향력, 학교 내부의 정치적인 과정과 구조의 중요성을 취급한다(Iannaccone, 1975, Ball, 1987). 처음으로 교육의 미시 정치란 용어를 사용한 Iannaccone(1975)은 학교 내부와 주변에서 벌어지는 교사, 학생, 행정가 등의 하위 사회체제들 간의 상호작용은 정치적인 이데올로기와 관련되어 있다고 주장한다. 교육에 대한 미시 정치는 그 상황에 의해서 정의되는 것이 아니라 그 특성에 의해서 정의된다. 모든 수준에서의 미시 정치는 서로 다른 행위의 논리를 갖고 있는 이해관계 집단의 전략적인 경쟁을 함의하고 있다(Bacharach & Mundell, 1993).

이낙종(2004)은 미시 정치의 행위자로 학교 행정가, 교사, 학생, 학부모 등의 개인이나 집단으로 인식하며 미시 정치의 목표로 승진, 보수, 복지후생, 근무조건 등의 이해관계 외에 학교교육의 목적, 교육과정, 교수방법 등의 전문적 이해관계가 포함될 수 있음을 밝히고 있다. 학교장들은 분리와 지배(dividing and ruling)를 통한 통제, 대리문제(proxy issue)에 대한 집중 토론으로 본질적 문제(real

issue)의 대체, 정보통제, 회의통제 등과 같은 미시 정치적 전략들
을 통해 교사들에게 영향력을 행사하곤 한다. 이같이 미시 정치적
전략은 권력을 가진 사람이 영향을 받는 사람에게 가하는 일방적
이고 선형적인 상호작용이 아니라 영향력을 행사하고자 하는 행동
과 그에 대한 다양한 반응을 포괄하는 쌍방향적이고 동적인 개념
이다(오영재, 2004). 그리하여 미시 정치적 접근은 학교조직 내에
서 발생하는 다양한 현상에 대한 분석, 해석의 대안적인 관점을
제공해 준다(Willower, 1991).

나. 학교조직에서의 결합유형 고찰

조직이론에서 결합기제(linkage mechanism)의 개념은 조직의 하
위체제나 구성요소 간의 관계와 조직운영 과정에서 나타나는 사건
들(events) 간의 관계에 관련된 것으로, 결합은 이러한 요인들 간의
통제, 조정, 영향력, 상호작용 등을 의미한다. Weick(1976)에 의하
여 제기된 이완 결합(loosely coupled) 형태인 학교는 군사조직이나
공공기관, 기업체제와 다른 느슨하게 결합된 체제로 인식된다. 학
교조직에서의 결합은 학교 내 하위체제와 요인 간에 운영 과정상
의 사건들에서 나타나는 구성원들의 상호 관련성으로서 학교구조의
한 형태를 설명하고 있다. 이러한 결합은 두 가지 양상을 지닌다.
첫째, 결합은 조직을 구성하고 있는 하위체제 혹은 요인 간의
관계를 의미한다.
둘째, 조직운영 과정상 사건들(events) 간의 관계를 말한다. 즉
결합은 조직 혹은 그 운영의 구성요소 간 관계 혹은 상호작용을

의미한다(진동섭, 1989).

일반적으로 결합은 학교조직에서의 혁신과 효과성, 교장의 영향력 등과 관련되어 학교조직에서 중요한 속성이다. 단위학교 내에서 교장과 교사의 관계는 학교의 목표를 달성하고 학교를 효과적으로 운영하는 데 중요한 요소이다. 학교장이 학교의 목표를 달성하고자 할 때나 새로운 일을 추구하고자 할 때 교사들의 적극적인 참여와 협조·지원이 필요하다.

학교장이 학교를 운영하는 과정에서 교사들은 학교장의 방침이나 목표에 동의하기도 하고 반대 의견을 가지거나 무관심한 반응을 보이기도 한다. 여기서 학교장은 교사들의 협조와 지원을 유도하고 교사들의 행위를 통합하거나 조정하기 위해서 다양한 방법인 결합기제를 구사한다. 이러한 결합기제는 학교생활에서 가장 긴급하고 우선순위인 '생존'이라는 실제적인 필요성의 토대에서 정해지며 결국, 틀에 박힌 조직 생활은 '협상된 질서' 내에서 형성된다(Ball, 1987).

교육조직에서의 기본단위는 학교이다. 교육공동체에서 교장과 교사는 교육조직에서 가장 기본적이고 중요한 역할과 위치를 담당하고 있다. 교장과 교사들이 교직수행 과정에서 나타나게 되는 상호작용의 정도나 관계에 의하여 그 결합기제 유형이 달리 나타난다. <표 Ⅰ-2>는 학교조직 구성원들의 결합유형과 요인을 나타내고 있다.

교장이 사용하는 결합기제의 변화된 모습을 살펴보면 초기에는 교장들이 주로 기술, 권위, 규범의 선호에서 협력, 지원, 기대 등의 결합기제로 그 양상이 옮겨 가는 것을 목도할 수 있다. 이는 Morgon(1989)이 지적한 것처럼 기본적으로 관료제적인 학교조직이 시간이 경과하면서 기계적·관료적 구조에서부터 유연성과 변화를 위해 조직된 유기적 연결체로 변해 간다는 가정을 뒷받침하고 있

<표 Ⅰ-2> 연구자별 결합유형과 요인

연구자	결합유형	결합요인
Weick(1976)	기술, 권위	기술, 과업, 하위 과업, 역할, 영역, 사람, 지위, 책임, 기회, 보상, 제재
Rosenblum & Louis(1981)	구조, 규범	권위와 자율성, 규칙과 규율의 존재와 집행, 동료의식과 토론
Wilson & Corbett(1983)	문화, 구조, 대인	권위와 행사, 인식의 공유, 자율성, 토론과 관찰
Firestone & Wilson(1985)	관료, 문화	절차, 규칙, 권위, 의미, 신념, 가치
Fris(1992)	협력, 지원, 정보전달	갈등 해결을 위한 협력과 지원, 정보전달, 관리형태의 변화
Miskel et al(1993)	구조, 기대	업무의존, 의사소통, 규율과정, 교사고립 노력과 성공에 대한 교사들의 예상
진동섭(1989)	위계, 규범	관찰과 지도, 엄격한 집행, 교사평가, 의사소통, 교사 참여, 교사의 선별적 충원

다 하겠다. 학교장이 사용하는 결합기제와 관련하여 진동섭(1989b)은 학교장들은 교사들에게 다양한 결합기제를 사용하며, 이 결합기제에 대하여 서로 다른 가치를 부여하며 학부모 집단과 같은 환경적 요인보다는 교장과 교사와 관련된 조직 내적 요인들이 교장의 결합기제에 더욱 많은 영향을 주며, 교장이 교사에게 사용하는 결합기제는 교장이 어떠한 사회적 현실 속에서 학교를 운영하느냐에 의해 영향을 받는다는 사실을 도출한 바 있다.

박상완(1991)은 학교장이 사용하는 결합기제를 지시, 의사결정에의 참여, 연수, 칭찬·격려 및 보상, 장학지도, 솔선수범, 중간계층이용, 대화, 친목행사 등이며, 학교장은 자신이 강조하는 내용을 교사들이 따르도록 하기 위하여, 여러 가지 결합기제를 복합적으로 사용함을 밝히고 있다. 한편, 나민주(1991)는 교장과 교사 간의 수직적 결합과 교사 상호간의 수평적 결합으로 구분하고 교사 간의 수평적 결합은 강하나 교장과 교사 간의 수직적 결합은 느슨하며,

학교의 조직 내적 특성 및 외적 환경적 특성에 따라 수평적 결합과 수직적 결합은 달라질 수 있음을 밝히고 있다.

학교의 발전은 학교공동체 구성원들과 함께 협동을 통하여 지역사회의 다양한 교육적인 자원을 끌어들여 서로 협동하는 가운데 학교교육력의 신장을 도모할 수 있다. 일반적으로 결합은 학교조직에서의 혁신과 효과성, 교장의 영향력 등과 관련되어 학교조직에서 중요한 속성이다. 학교장이 교사에게 사용하는 결합기제 방식이나 교사가 학교장에게 사용하는 대응전략은 모두 이들 상호간의 갈등을 완화하고 해소하거나 강화하기 위한 수단과 방법이 된다.

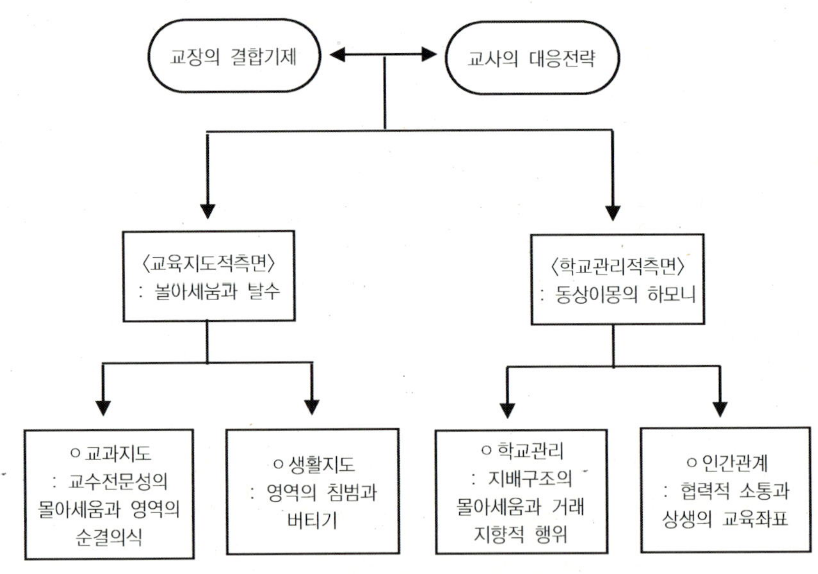

〈그림 Ⅰ-1〉 교장의 결합기제와 교사의 대응전략

이들이 구사하는 결합과 대응방식에 따라 학교조직의 양상은 판이하게 달라진다. 여기서 중요한 점은 각자의 위치(position)를 냉철하게 확인하고, 부족한 논리는 상대방으로부터 차용하고 보완할 줄 아는 지혜와 더불어, 행위방식의 결정에는 반드시 학습자가 최상위 가치로 자리하여야 한다는 사실이다. <그림 Ⅰ-1>은 학교 내에서 교장의 결합기제와 교사의 대응전략을 도식화한 것이다.

참고문헌

강영혜(2003). 「영국 학교장의 역할과 지도력 강화 전략」, 『교원 인사제도 혁신 방안 수립을 위한 국민 의견 수렴 사업 제7차 워크숍 자료집』. 99-117.

권이종 외(1999). 「교장 자격 연수 교육과정 개발 및 연수 체제 개선 방안」, 한국교원대학교 종합교육연수원.

권인탁(1995). 「교육조직에서 변화지향적 지도성 측정도구의 타당화 연구」, 『교육행정학연구』, 13(4), 1-24.

김명수(2004). 「교장임용제도의 쟁점과 개선 방안」, 『2004년 한국교육행정학회 하계학술대회, 교원 인사제도의 개선 방안』, 한국교육행정학회.

김흥주(2004). 「지방교육행정 기관의 책무성」, 『제32차 한국교육행정학회 연차학술대회 자료집, 한국교육의 책무성에 대한 반성과 과제』, 한국교육행정학회.

나민주(1991). 「학교조직의 결합분석」, 서울대학교 석사학위논문.

노종희(1994). 「학교행정가의 변혁 지향적 리더쉽의 개발연구」, 『교육행정학연구』, 12(1), 135-54.

노종희(1996). 「학교행정가의 변혁 지향적 리더쉽의 진단 및 육성방안 연구」, 『교육행정학연구』, 14(3), 265-284.

명제창(1999). 「학교조직에서의 도덕적 지도성 측정에 관한 연구」, 『교육행정학연구』, 17(2), 53-86.

박상완(1991). 「국민학교장의 교사에 대한 결합기제 분석」, 서울대학교 석사학위논문.

박선형(2003). 「지도성의 새로운 개념적 모형 탐색: 분산적 지도성(distributed leadership)을 중심으로」, 『2003년도 한국교육행정학회 추계학술대회 자료집』.

박수연(2001). 「미래의 학교지도자가 가져야 할 가치관」, 『교육행정학연구』, 19(4), 393-416.

성병창(1994). 『학교조직구조론』, 서울: 양서원, 58-59.

오영재(2004). 「사립 고등학교의 학교운영위원회 운영과정에 관한 미시 정치적 사례연구」, 『교육학연구』, 42(1), 339 - 367.

안우환(2004). 「교장 인사제도 혁신 방안 탐색」, 『제18회 포럼, 교장인 사제도 어떻게 바뀌어야 하는가?』, 서울대학교 행정대학원 한국 정책지식센터.

이낙종(2004). 「학교장의 수업지도성 행동에 대한 미시정치적 분석」, 『2004 년도 한국교육행정학회 추계학술대회』, 한국교육행정학회.

이낙종(2004). 「교육행정학 연구에서의 미시정치적 접근」, 『교육행정학 연구』, 22(1), 179 - 199.

정태범(2002). 『학교 경영의 발전과 과제』, 서울: 양서원.

진동섭(1989a). 「학교장과 교사의 결합(linkage): 결합의 개념적 모델 탐 색」, 『교육이론』, 4(1), 48.

진동섭(1989b). 「국민학교장의 교사에 대한 결합기제에 관한 연구」, 『교 육행정학 연구회 추계학술발표대회 논문집』, 28 - 46.

한국교육개발원(2004). 교원 인사제도 혁신 방안 수립을 위한 공청회, 연구자료 RM 2004 - 9.

Bacharach, S. B and Mundell, B. L. (1993). Organizational politics in school: micro, macro, and logics of action. *educational administration quarterly, 29(4)*, 423 - 452.

Ball, S. J. (1987). *The micropolitics of the school*. New York: methuen.

Bass, B, M. & Avolio, B. J.(1990). Transformational leadership development: manual for the multifactor leadership questionnaire. Palo Alto, CA: Consulting Psychologists Press.

Bass, B. M., and Avolio, B. J.(1993). Transformational leadership: A response to critics. In M. M. Chemers and R. Ayman(Eds.), Leadership theory and research: perspectives and directions(49 - 80). San Diego: Academic Press.

Blase, J.(1991). The micro - political orientation of teachers toward closed school principals. *education and urban society*, 23(4).

Blase, J and Blase, J.(2002). The micropolitics of instructional leadership: a call for research. *educational administration quarterly, 38(1)*, 6 - 44.

Boatman, S. & Adams, T. C.(1992). "Ethical dimension of leadership", Campus Activities Programming. 62.

Bolman, L. G. and Deal, T. E.(1984). *Modern approaches to understanding and managing organizations*. San Francisco: Jossey – Bass Publishers, 118 – 19.

Burns, J. M.(1978). Leadership. New York: Harper & Low.

Cattell, R. B.(1965). "Factor analysis: an introduction to essential", Biometrics, 21, 190 – 215.

House, R. J., & Singh, J. V.(1987). "Organization behavior: some new directions for I/O psychology", Annual Review of Psychology, 38, 669 – 718.

Iannaccone, L.(1975). *Educational policy system: a study guide for educational administration*. fort lauderdale, FL: nova university press.

Kouzes, J. M., & Posner, B. Z.(1987). *The leadership challenge*. San francisco: Jossey – Bass.

Leithwood, K. A.(1992). "The move toward transformational leadership", *Educational Leadership*, 49, 8 – 12.

Leithwood, K., and Duke, D. L.(1999). A century's quest to understand school leadership. In. J. Murphy and K. S. Louis(Eds.), *Handbook of research on educational administration*(45 – 72). San Francisco: Jossey – Bass Publishers.

Liontos, L. B.(1992). *Transformational leadership*. Eric, EA 024 076.

Marshall, C., & Scribner, J. D.(1991). It's all political: inquiry into the micropolitics of education. *education and urban society*, 23(4).

Podsakoff, P. et al.,(1990). "Transformational leader behaviors and their effects on followers' thrust in leader, satisfaction and organization citizenship behaviors", *Leadership Quarterly* 1, 107 – 99.

Sergiovanni, T. H.(1990). *Advances in leadership theory and practice*. In advances in educational administration, ed. P. W. Thurston and L. S. Lotto. Greenwich: JAI Press Inc.

Tichy, N., & Devanna, M.(1986). *The transformational leader*. N.Y: Wiley.

Weick, K. E.(1976). Educational organizations as loosely Coupled system. *administrative science quarterly*, 21.

Willower, D. J.(1991). Micropolitics and the sociology of school organization. *education and urban society*, 23(4), 442 – 454.

II

교사 효(율)과성

1. 들어가면서

학생 간, 학교 간 질적인 차이로 인하여 학생들의 학업성취를 가져오는 효과적인 학교(effective school research)에 대한 연구는 그 동안 국내외에서 오랫동안 연구가 진행되었다. 이러한 효과적인 학교 연구는 학생의 학업성취에 영향력을 매개하는 투입, 과정, 산출 단계의 각 요인 변인들의 발굴에 중점을 두어 시대별로 그 연구 경향이 변해 왔다. 체제론의 이론적 관점에 입각한 이러한 연구들은 학교가 과연 바람직한 역할들을 수행하고 있는가에 대하여 이를 조직론의 분석 틀(frame of reference)에 의하여 그 결과를 효과성, 효율성이라는 용어로 표현하고 있다.

효과적인 학교 연구의 동향을 분석한 이해우(2002, 233 - 255)는 효과적인 학교의 특성 변인을 주유목화하여 가장 빈도가 높은 변인으로 교장의 지도성을 지목하였다. 이는 일반적인 학교행정의 전반에 영향을 미치는 지도성을 의미하나 그중에서도 수업지도성이 가장 중요한 요인이며, 교사와 관련하여 교사의 특성과 행동에 관련된 효과적인 특성으로 교사의 성(性)적 특성, 교육경험(연령), 수업과 교육전략, 교사-학생 관계 등을 제시하였다. 이러한 효과적인 학교 연구의 동향분석에서 드러난 과제로는 교사의 수업지도와 관련된 교수방법상의 보다 구체적인 요인을 밝혀 보아야 할 필요성이 대두된다.

학교에서 가장 중요한 영역은 교사와 학생 간에 이루어지는 교수-학습활동이다. 이러한 학습활동은 단위 수업을 통하여 구현이 되고 이러한 결과로 나타나는 학업성취는 효과적인 학교 연구에서 다소 소외되어 왔다. 다시 말해, 교사가 수행하는 효과적인 수업활동 요소에 대한 보다 구체적인 탐색과 교사의 수업에 대한 학생의 지각과 이에 대한 학업성취와의 관계에 대한 연구가 절실히 필요한 실정이다.

학교는 집단 구성원들 간에 상호작용하는 나름의 고유한 행동양식이 있다. 교사와 학생의 관계는 여타 집단에서 볼 수 없는 독특한 행동유형이 존재한다. 이러한 행동유형은 학교마다 다르며 동일한 학교라 해도 교사나 학급마다 다르다고 할 수 있다. 동일한 학습내용을 같은 방법으로 교수한다고 해도 교사와 학생 간에 일어나는 상호작용은 수업행위에 따라 그 결과가 달리 나타난다. 그리하여 학교나 학급 내의 사회구조나 심리적인 관계를 잘 이해한다면 어떠한 요인이 학생의 학업성취에 영향을 주게 되는지 보다 확연하게 규명할 수 있을 것이다.

학업성취도는 미시적으로 개인 학생의 학습력의 증대 차원에서뿐만 아니라 거시적으로 교육받은 인력의 질을 결정하는 중요 개념으로 각종 연구와 교육의 개혁과 정책의 수립을 위한 근거자료로 활용되어 왔다(주삼환 외, 1999, 168).

학교 간의 질적 차이로 인한 학생들의 학업성취 차이 연구의 시작으로 지목할 수 있는 콜만 보고서(coleman report)가 학교효과에 대한 부정적인 결론을 내린 이후 수많은 연구들이 이에 대하여 지지와 비판적인 연구들을 수행하여 왔다. 이러한 연구에서 학교효과성의 중요 변인으로 교사의 수업지도성 변인을 지적할 수 있다. 이처럼 수업 영역에서 교사의 수업지도능력이 학교교육의 결과에 유의미한 영향을 미치고 있음에도 불구하고 교사의 수업지도성에 대한 보다 구체적인 관점에 입각하여 수행된 연구는 많이 부족한 실정이다. 그래서 학생의 학업성취를 결정하는 수업 측면에서의 교사효율성 연구가 요청된다. 더불어 지금까지 수행된 학교효과에 관한 많은 연구들은 자료 분석 방법 면에서 상당한 문제점들을 내포하고 있다. 학교효과 연구에 동원된 대부분의 변인들이 다층적인 속성(위계적 속성)을 지니고 있음에도 불구하고 이를 집합화(aggregation bias)하여 자료를 분석하다 보니 개인 변인들이 가진 속성을 무시하게 되어 분석의 결과가 왜곡, 확대되어 분석되는 오류를 범해 왔다.

다층 자료는 인간의 사회구조와 밀접한 관련성이 있다. 학생은 학급이라는 집단에 위치하고, 학급은 학교에 학교는 각 지역사회라는 체제에 속해 있다. 이러한 위계적인 속성을 지닌 자료들은 같은 학교 내의 학생들과는 상호 종속적인 반면에 다른 학교의 학생들과는 서로 독립적이다. 이러한 변인의 속성을 무시하고 분석한 학교효과 연구들이 많았다.

학업성취에 관련된 학교 간, 학급 간 변량(일원변량)을 고려해 보면 학교 간 변량보다는 학급 간 변량이 더 클 것이고 따라서 학생들의 학업성취에 주는 영향도 학급 수준에 해당되는 변인들이 학교 수준의 변인들보다 더 클 것으로 예상된다. 이러한 수업 관련 변인들은 학교효과 연구와는 별도로 교사나 수업의 효과성 탐색이라는 관점에서 많은 연구들이 진행된 것들이다.

2. 효과적인 학교와 교사의 수업효율성 연구

가. 효과적인 학교 연구

학교효과성 연구의 주요 흐름은 학교효과 연구(school effects research), 효과적인 학교 연구(effective school research), 학교개선 연구(school improvement research)로 연구가 진행되었다(Teddlie & Reynolds, 2000, 3). 여기서 효과적인 학교 연구는 명성이나 관찰을 통하여 성공적이며 효과적이라고 생각되는 특정 학교를 대상으로 연구를 수행한 후 이러한 학교들이 보이는 특성들을 기술, 분석함으로써 효과적인 학교의 특성들을 밝히려는 일련의 연구들을 일컫는다. 그리하여 효과적인 학교 연구들은 대부분 참여관찰과 면접방법 등을 사용한 소규모의 사례연구들로 구성이 되어 있다(Levin, 1995, 283 - 291).

상대적인 효과로서 학교효과는 학교 간의 질적 차이에 의한 학생들의 학업성취에 대한 효과라는 의미로 학교 간의 상대적인 차이라는 점이 부각되지만 더불어 학교가 학생들에게 주는 절대적인 효과라는 측면도 내재해 있다(한대동 외, 2001, 33 - 53). 다시 말해, 학교 간에 교육력의 질에 차이가 존재한다는 것은 학교가 학생들에게 주는 교육적 영향력이 작용한다는 것을 암시해 준다. 그것은 모든 학교가 동일하게 교육의 질이 높아서 상대적 효과로서의 학교효과가 없는 상황의 연출은 불가능하기 때문이다.

Edmonds(1979)에 의해 시작된 것으로 알려진 효과적인 학교 연구(effective school research)의 결과 효과적인 학교의 특성들이 밝혀지게 된다. 이러한 연구들의 결과를 종합한 Purkey & Smith(1984, 129)는 14개의 효과적인 학교의 공통적인 특성을 추출하여 보고한 바 있다. Levine & Lezotte(1990, 347 − 369)는 미국에서 수행되었던 400여 편의 효과적인 학교에 관한 연구들을 기초로 하여 효과적인 학교의 특성을 다음과 같이 제시하고 있다. ① 학생들의 학습기법 획득에 대한 관심도, ② 생산적인 학교문화와 풍토, ③ 강력한 지도력, ④ 실천 지향적 교사진, ⑤ 학생의 성장에 대한 배려, ⑥ 학부모의 학교 참여, ⑦ 교수 자료의 적절한 사용, ⑧ 학생들의 높은 포부 수준 등이다.

학교 간에 발생하는 학생들의 학업성취도 격차에 관한 연구는 학교의 시설 자원변인에 대한 관심(Hoy & Miskel, 2001, 298)에서 이제는 학교교육활동이 발생되는 교육의 과정과 학생들이 학교 내에서 경험하는 교사나 학교문화에 대한 관심으로 그 연구의 초점이 변화되면서 지속적으로 발전해 왔다. 학교효과 연구는 학교가 가지고 있는 질적인 교육 수준을 균등화시킴으로써 사회적인 불평등을 해소해 보려는 정책적 관심으로부터 시작되었고, 근래는 학교 간의 학업성취 차이를 설명할 수 있는 보다 구체적인 학교 내부 요인을 학교 내부에서 찾아보려는 관심과 노력으로 논의의 영역을 확장, 심화시켜 나가고 있다.

학교에 대한 투입이 산출로 이어지는 과정, 즉 학교교육이 실제로 수행되는 과정을 보다 세부적으로 규명한 다음 그에 관한 정보를 학교효과를 연구하는 모형에 포함시킬 때 비로소 학교효과를 제대로 밝힐 수 있을 것이다. 그리하여 교실 내에서 교사 − 학생 간의 상호작용 유형, 교사의 교수 유형, 학생의 교사에 대한 수업 효율성 인지 등이 학생들의 학업성취 결과에 미치는 영향력에 대한 밀도 있는 분석 연구가 요청된다. 그리고 학업성취에 영향력을 매개하는 학생 가정의 배경변인이 학업성취도에 미치는 영향력도 더불어 살펴보아야 효과적인 학교 연구의 하나로 수행하는 교사의 수업효율성도 보다 정확하게 진단할 수 있을 것이다.

나. 교사의 수업효율성 개념과 요인

교사의 수업효율성 개념은 교사에 의해 수행된 수업행위에 따른 학생의 학습결과와 관계된 개념이다. 즉 학생의 학습결과에 영향을 미치는 교사의 수업행동을 말한다. 수업은 교과를 경험함으로써 자신을 더 가치 있는 상태로 변화시키는(허병기, 2001, 53) 행위이다. 수업에서의 교과는 책에 적혀 있는 죽은 지식도 아니요 외부 전문가의 개발품인 전문 지식과 기술을 동원하여 전달해야 할 상품도 아니다. 교사는 자신의 수업을 통하여 교과가 싸늘하게 죽어 있는 정보의 형태가 아닌 살아 움직이는 산지식으로 되도록 하는 바로 그 일을 한다(유한구, 2001, 72). 그리하여 교사의 이러한 수업효율성은 학교와 관련하여 대단히 중요한 의미를 가진다.

Debevoise(1985, 15 – 36)는 수업 효율성을 학생들의 학습이 더 잘 이루어지도록 하기 위한 일련의 활동으로 정의하고 그 구성요소로 학교의 교육목적 정의, 수업에 필요한 자원의 제공을, Bolman & Deal(1978)은 수업기술에 영향을 미치는 요소로 학습자에 대한 개념, 학습목표, 교수·학습전략, 교수·학습결과 평가, 학습결과를 가져오는 상황을 들고 있다. 교수 – 학습 조직의 유연성과 관련된 구조요소로 Gideonse(1990: 117)는 시간, 교육과정, 수업전략, 수업

집단 편성 등을, Murphy(1991: 67)는 공간의 사용과 집단 편성 형태, 시간표 조직, 수업 형태 등을 교수 - 학습 조직을 재구조화하는 중요 구조요소로 본다.

Gayle(1994, 9 - 41)는 수업효율성을 교사의 교수유형(teaching styles)에서 찾는다. 즉 교사 자신의 요구(needs), 교수목적(professional goals), 개인적 신념(convictions) 등에 따라 달라진다고 본다. 교사가 행하는 수업효율성 요인 중 교수유형은 교사의 특정한 가치체계에 따라 폭넓게 표출되는 행동범주이며(Conti, 1989), 이는 교사가 자신의 교육적인 신념에 영향을 끼치는 일정한 가치관을 가지고 수업의 과정에 임한다는 것을 의미한다(Darkenwald & Metrriam, 1982).

Rosenshine과 Furst(1973)는 70년대 초반까지의 연구를 검토하면서 가장 유의미하고 일관된 결과를 드러내는 효과적인 수업행동을 확인하고 그러한 행동에는 수업내용의 명료성, 수업의 다양성, 열성, 학업 지향적 태도, 비판, 학생 의견의 활용, 학습기회 부여, 수업내용의 구조화, 질문활용 등을 제시한다.

Tuckman(1976, 233 - 237)은 창의성, 역동성, 조직과 통제성, 온화함과 수용성을, Ryans(1975, 43 - 66)는 동기유발 강화 및 강화행동, 조직 및 관리행동, 제시 · 설명 · 시범 행동, 평가, 상담 등 5가지로 교사의 수업효율성을 범주화하고 있다. Borich(2000)는 교사의 수업효율성에 관한 지표를 핵심적 교수행동과 촉진적 교수행동으로 구분한다. 핵심적 교수행동으로 수업의 명료성, 다양성, 수업 몰입, 학생의 적극적인 참여, 학생의 학습 성공률 등을 제시하고, 이러한 핵심적 교수행동을 보조해 주는 촉진적 교수행동에는 학생의 의견과 기여 활용, 체계적인 요약 및 정리, 질문하기, 교사의 태도 등이 있다.

교사의 효율적인 수업행동을 파악하기 위하여 연구자들은 다양한 요인을 <표 Ⅱ-1>과 같이 제시한다. 교사의 수업효율성 요인으로 연구자들이 가장 많이 선택한 것으로 명료성, 구조화, 설명능력, 다양화, 동기화, 온정성, 일탈 행동 대처, 상호작용 등의 요인들이 가장 많이 수업의 효율성 요인으로 연구자들은 지적한다. 이러한 요인들은 수업내용 차원(명료성, 구조화)과 수업의 전략 차원(다양화, 동기화), 수업관리 차원(일탈 행동 대처) 등으로 구분할 수 있다. 교사의 수업효율성에 관계된 지도성 발휘는 어느 한 차원에 국한하지 않고 세 가지 차원 모두를 적절히 조합하여 구사하는 교사가 수업에 있어서 효율성을 나타낸다고 하겠다.

<표 Ⅱ-1> 교사의 수업효율성 행동 요인

요인 \ 연구자	Brown & Howard (1972)	Rosenshine & Furst (1973)	Tuckman(1976)	Sarahan (1978)	McDonald & Coker (1979)	Evertson et al. (1980)	Borich & Medley (1988,1987)	Borich (2000)
명료성	O	O		O	O		O	O
열성		O				O	O	O
설명능력		O		O	O	O	O	
내용의 구조화	O	O		O	O	O		
다양화	O	O		O	O		O	O
질문활용		O		O				O
온정성	O	O	O	O		O		O
동기화				O	O		O	
학생의견 격려·활용		O	O		O	O	O	O
학업지향적 태도						O	O	
공정성	O			O	O	O	O	
일탈 행동 대처						O	O	
상호작용	O	O			O	O	O	O

다. 교사의 수업효율성과 학업성취

　학생들의 학업성취를 높여 교육의 질을 제고하는 문제는 교육개혁의 중요 관심사로서 효과적인 학교 연구는 현재 교육 연구에서 커다란 하나의 주류를 형성하고 있다. 여기서 효과적인 학교와 비효과적인 학교의 차이는 주로 학생들의 학업성취도를 기준으로 해서 구별하여 왔다고 볼 수 있다. 학업성취를 신세호(1983)는 학교가 설계 제공하는 교수-학습의 과정을 통해서 얻어진 교육의 목표 달성이라고 봄으로써 학업성취를 학생이 취득한 성적과 더불어 행동의 변화까지 포괄하는 광의의 개념으로 보고 있다.

　학교효과 관련 변인에는 여러 가지가 있을 수 있다. 그러나 일반적으로 크게 두 가지로 나눌 수 있다. 하나는 학교 외의 사회구조적인 요인으로서 사회경제적 배경요인에 치중한 투입 연구이고 다른 하나는 학교 관련 과정, 산출 연구로 구분할 수 있다. Coleman은 그의 '교육기회의 균등' 연구에서 학생들의 학업성취에 학교 관련 요인의 영향은 거의 없는 것으로 보고하고 있다. 그러면서도 학교 특성 중 학생구성 특성과 교사의 질이 성적에 약 10% 정도의 변량을 설명하는 것으로 밝히고 있다. 반면에 홍재호(1995)에 의해 수행된 효과적인 학교문화 연구를 보면 교사문화, 즉 교사변인이 5.8% 이상의 설명력을 갖는 것으로 나타났다. 이 설명력은 Coleman의 연구결과에 비추어 볼 때 교사가 학교 관련 특성 중 학업성적에 영향력을 행사하는 하나의 변인으로 이해될 수 있다.

　교사의 수업효율성에 대한 학생평정은 교사효율성을 평가하는 방법 중의 하나로서 교사의 수업효율성을 높이고 학생의 학업성취를 진전시킬 수 있다는 가능성을 제시해 준다. 성기선(1998)의 경우는 인문계 고등학교 56개 교를 대상으로 학생 개인특성과 학교특성에 관한 측정치와 위계 선형모형(HLM)을 사용하여 학교효과를 추정한 바 학교효과가 선행변인, 즉 사회경제적 배경, 선행 성취도 등을 통제한 후에도 학업성취도 전체 변량의 7.61%를 설명하는 것으로 나타났다. 이러한 학업성취도에 대한 학교효과와 관련된 학교 수준 특성으로는 학생의 입학성적, 성별이 가장 중요한 변인이고, 학생들의 학습열의 및 경쟁적인 분위기, 교장의 지도성, 교사의 열의 등도 그 효과 크기는 크지 않았으나 통계적으로 의의가 있음을 밝히고 있다.

Edmonds(1999, 15 - 27)는 효과적인 학교의 특징으로 강한 수업지도성을 지목하면서 이러한 수업지도성이 없이는 좋은 학교의 요소들이 만들어질 수 없다고 진단한다. 그리하여 학생의 학업성취는 설명, 실연, 예시자료를 제시하는 데 보다 많은 시간을 배려한 학급에서 더 높게 나타난다(Brophy & Good, 1986, Rosenshine & Stevens, 1986). 교사가 '교수란 무엇인가', '학습이란 무엇인가'에 대한 뚜렷한 신념과 태도가 형성되어 있을 때 학습자로 하여금 성취하기를 원하는 학습결과가 어떤 것인지 명확히 알 수 있게 한다(권낙원·민응성, 2004, 91).

이상의 연구를 통해서 효율적이라고 밝혀진 교사의 수업행동이라 하더라도 학생들의 사회계층 배경(socioeconomic status: SES)에 따라서 교사의 수업행동을 어떻게 지각하고 해석하느냐에 따라 교사의 수업행동이 학생의 학업성취에 미치는 영향력은 달라질 수 있다.

3. 학생배경에 따른 교사효율성 지각과 학업성취[1]

가. 학생의 배경(사회계층)에 따른 교사의 수업효율성 지각과의 관계

학생의 배경과 교사의 수업효율성 지각과의 관계를 알아보기 위해 단순상관 분석을 한 결과는 <표 Ⅱ-2>와 같다.

〈표 Ⅱ-2〉 A, B 초등학교의 사회계층과 교사효율성 지각과의 관계(N = 847명)

교사효율성 / 사회계층	명료성	설명 능력	구조화	다양화	동기화	공정성	온정성	상호 작용
교육 정도	.015	.035	−.009	.057	.045	.079*	.020	−.023
직업	.005	−.060	−.037	−.023	−.054	−.036	−.083*	−.087*
사회계층 (교육 + 직업)	.019	−.035	−.044	.015	−.028	.026	−.056	−.083*

* $p < .05$, ** $p < .01$

<표 Ⅱ-2>에서 알 수 있듯이 학생의 배경과 교사의 수업효율성 지각과는 대체적으로 유의미한 관계가 없으며, 다만 교사의 수업효율성 하위 변인 중 상호작용 요인과 유의미한 부적인 상관이 있는 것으로 나타났다. 이를 보다 구체적으로 살펴보면 부의 교육정도와 교사의 수업효율성 변인 중 공정성 요인과는 높은 관계를 보이며, 부의 직업과 온정성, 상호작용과는 부적으로 유의미한 관계가 있는 것으로 나타났다.

---

1) 안우환(2004)에 의해 수행된 「교사의 수업효율성과 학업성취와의 관계 탐색」(『교육행정학연구』, 22권2호, 45-63) 연구를 중심으로 하여 살펴본다.

이는 부의 직업이 공무원, 전문직이 아닌 단순 노무직, 판매직, 자영업 같은 직업을 가진 아버지를 둔 학생들이 그와 반대인 학생들보다도 더 교사의 명료성, 설명능력 같은 지적이고 인지적 영역보다도 정의적 측면을 보다 높게 교사의 수업효율성 요인으로 지각하고 있음을 알 수 있다. 학생배경과 교사의 수업효율성 지각과의 관계를 보다 구체적으로 알아보기 위하여 A, B초등학교 학생을 학년별로 나누어 그 관계를 분석하였다. 학년별로 학생의 배경과 교사의 수업효율성 지각과의 관계를 분석한 결과는 <표 Ⅱ-3>과 같다.

<표 Ⅱ-3>에서 학년별로 학생의 배경과 교사의 수업효율성 지각과의 관계를 분석한 결과는 대체적으로 유의미한 상관이 없는 것으로 나타났으며, 단지 6학년에서 교사의 수업효율성 변인 중 상호작용 변인에서 유의미한 부적인 상관이 있는 것으로 나타났다. 학교별로 나누어 분석한 결과에서도 의미 있는 상관은 없는 것으로 나타났으나, A초등학교 6학년에서 교사의 수업효율성 변인 중 상호작용과 사회계층 사이에 유의미한 부적인 상관이 있는 것으로 나타났다. B학교 6학년에서는 상호작용, 직업에서 유의미한 부적인 관계가 있는 것으로 나타났다. 이러한 결과에서 학생의 배경(사회계층)이 높을수록 교사와의 상호작용을 낮게 지각하고 배경이 낮을수록 보다 교사와의 상호작용 등의 인간적인 측면(정의적)을 중요하게 지각하고 있다는 사실을 발견할 수 있다.

<표 Ⅱ-3> A, B초등학교의 학년별 학생의 배경과 수업효율성 지각과의 관계 (N=847명)

집단변인		교사효율성	명료성	설명능력	구조화	다양화	동기화	공정성	온정성	상호작용
A 학교	5년	교육정도	.015	.029	.047	.096	.112	.083	-.023	.025
		직업	-.036	-.045	-.004	.037	-.065	-.039	-.130*	-.029
		사회계층	-.035	-.034	.038	.075	.037	.039	-.105	-.107
	6년	교육정도	-.125	-.198	-.173	-.154	-.136	.031	-.132	-.252**
		직업	.043	-.136	-.103	-.126	-.087	-.057	.033	-.139
		사회계층	-.069	-.156	-.135	-.189*	-.134	-.064	-.054	-.267**
B 학교	5년	교육정도	.169	.189	.047	.069	.059	.164	.154	.046
		직업	.129	.127	-.053	-.115	-.142	.053	-.057	-.085
		사회계층	.143	.168	-.025	.035	-.046	.065	.039	-.064
	6년	교육정도	.173	.123	.037	.114	.120	.144	.078	.115
		직업	-.093	-.113	-.057	-.043	-.124	-.169	-.143	-.198*
		사회계층	-.032	-.048	-.168	.086	.079	-.076	-.186	-.132
계	5년	교육정도	.048	.057	.067	.086	.089	.094	.135	.039
		직업	.035	-.049	-.062	.051	-.056	-.023	-.196*	-.142
		사회계층	.065	.043	.103	.152	.103	.046	-.086	-.027
	6년	교육정도	-.062	-.073	-.185	-.135	-.137	.157	-.075	-.194
		직업	-.068	-.156	-.333	-.089	-.086	-.076	-.038	-.175**
		사회계층	-.059	-.193	-.175	-.089	-.066	-.073	-.065	-.188**

* $p<.05$, ** $p<.01$

나. 교사의 수업효율성 지각과 학업성취와의 관계

학생의 학년, 성별에 따른 교사의 수업효율성 지각과 학업성취
와의 관계를 분석한 결과는 <표 Ⅱ-4>와 같다. <표 Ⅱ-4>에
서 알 수 있듯이 학년과 성별에 따른 교사의 수업효율성 지각과
학업성취와의 관계는 전체적으로 유의미한 관계가 없는 것으로 나
타났다. 이를 보다 구체적으로 알아보기 위하여 A, B초등학교 학
생을 학년별, 성별로 나누어 그 관계를 분석하였다. 학년별로 나누

어 볼 때 6학년에서는 유의미한 관계가 없는 것으로 나타났으나, 5학년의 경우 명료성과 동기화에서 유의미한 관계가 있는 것으로 나타났다.

이는 학년에 따라 교사의 수업효율성이 발달심리적 측면에서 달리 지각되고 있으며, 학년이 낮을수록 수업에 대한 내용은 보다 구체적인 명료성과 동기유발을 조장해야 한다는 사실을 알 수 있다. 이를 다시 A, B학교로 구분하여 분석하면 A학교에서는 유의미한 관계가 없으나 B학교 5학년의 경우 동기화, 온정성은 학업성취와 유의미한 관계가 있는 것으로 나타났다. 6학년의 경우 다양화, 동기화, 상호작용과는 유의미한 부적 관계를 나타내었다. 이렇듯 교사의 수업효율성 지각과 학업성취와의 관계는 학교, 학년에 따라 일관성 있는 관계를 보이지 않고 있음을 알 수 있다.

〈표 Ⅱ-4〉 학생의 교사효율성 지각과 학업성취와의 관계 (N=847명)

집단변인	교사효율성	명료성	설명능력	구조화	다양화	동기화	공정성	온정성	상호작용
A학교	5학년	.093	.056	.076	.017	.072	−.119	.022	.050
	6학년	−.003	.087	.049	.055	.037	.004	.075	.039
B학교	5학년	.101	.076	.029	.144	.174*	.046	.178*	.096
	6학년	−.137	−.065	−.160	−.256**	−.193*	−.177	−.184	−.223*
계	5학년	.096*	.063	.059	.061	.109*	−.070	.077	.067
	6학년	−.052	.032	−.028	−.061	−.047	−.047	−.021	−.060
A학교	남	.065	.084	.192**	.062	.073	−.156*	.056	.010
	여	.053	.062	−.010	.015	.051	−.022	.034	.068
B학교	남	−.040	−.032	−.162	−.108	−.030	−.209*	−.062	−.043
	여	.037	.052	.021	.032	.068	.065	.093	−.024
계	남	.026	.041	.067	.002	.038	−.172**	.014	−.009
	여	.047	.058	.002	.021	.057	.006	.055	.035
전체		.040	.051	.026	.014	.050	−.061	.040	.019

* $p<.05$, ** $p<.01$

성별로 나누어 볼 때는 교사의 수업효율성 지각과 학업성취는 남녀 모두 대체적으로 유의미한 관계가 없는 것으로 나타났다. 단지 남학생에게서 공정성과 학업성취와는 유의미한 부적인 관계가 있는 것으로 나타나, 교사의 수업에 대해 공정하다고 높게 지각한 학생의 성적은 그 반대 경우의 학생보다 성적이 낮음을 알 수 있다.

다. 학생배경과 수업효율성 지각이 학업성취에 미치는 영향

학생의 배경과 교사의 수업효율성 지각이 학업성취에 미치는 영향을 알아보기 위해 학교별로(A, B초등학교) 각각 중다회귀분석을 한 결과는 <표 Ⅱ-5>와 같다.

<표 Ⅱ-5>는 학업성취에 대한 학생의 배경과 교사의 수업효율성 지각에 대한 중다회귀분석의 결과 모델1(A학교)은 학생의 배경(사회계층)에 관련된 변인으로서 부의 직업이 학생의 학업성취에 유의미한 영향을 주는 것으로 나타났다.

사회계층 관련 변인이 학업성취의 전체 변량 중 약 2.6%를 설명하고 있다. 모델2(A학교)는 수업효율성 변인으로서 학생의 사회계층 변인에다 수업효율성 변인이 추가됨으로써 학업성취에 1.2%의 증가를 가져왔다. 이는 학생의 배경변인(투입변인)에 교사의 수업효율성(과정변인) 변인이 학업성취와의 관계를 매개한다는 것을 알 수 있다. 하지만 대체적으로 공정성 변인만 유의미한 영향을 주고 있음을 알 수 있다.

B초등학교의 경우는 학생 아버지의 교육 정도가 높을수록 학생의 학업성취에 유의미한 영향을 주나 이도 교사효율성 변인이 추

<표 Ⅱ-5> A, B초등학교 학업성취에 대한 중다회귀분석

변인	모델1(A학교)	모델2(A학교)	모델1(B학교)	모델2(B학교)
사회계층 변인				
직업	2.002**(.531)	1.957**(.534)	1.079(.021)	1.082(.021)
교육 정도	.647(1.075)	.730(1.093)	-6.930*(.038)	-7.170(.039)
학생특성 변인				
성	.834(1.534)	1.124(1.564)	-3.246(.059)	-3.910(.061)
학년	.681(1.555)	.975(1.572)	-1.301(.058)	-9.682(.059)
교사효율성 변인				
내용의 명료성		.464(1.986)		6.636(.078)
내용의 설명능력		1.413(2.857)		-.104(.111)
내용의 구조화		1.716(1.814)		2.344(.068)
내용의 다양화		-1.195(1.991)		2.651(.075)
내용의 동기화		1.697(2.441)		-5.144(.095)
교사의 공정성		-2.237**(1.360)		6.297**(.073)
교사의 온정성		-1.004(1.910)		-3.378**(.078)
학생 간의 상호작용		-.111(2.336)		8.295**(.086)
상수(constant)	61.070	58.850	1.575	1.381
R^2	.026	.038	.013	.056
사례 수(N)	553		294	

* $p<.05$, ** $p<.01$
주: 회귀계수는 비표준화 회귀계수이며, 괄호 속의 숫자는 회귀계수의 표준오차임

가되었을 때 그 영향력은 사라짐을 볼 수 있다. 사회계층 변인에 교사의 수업효율성 변인이 추가되었을 때 학업성취에 4.3%의 증가를 가져왔다. 교사의 수업효율성 변인 중 교사의 학생에 대한 공정성, 온정성, 상호작용 변인에서 유의미한 결과를 보이고 있다. 이는 학생들이 지식을 가르치는 교사상(像)보다는 따스한 온정을 갖고 인간적으로 가르치는 교사를 더욱더 선호하는 것으로 나타났다.

학교는 집단 구성원들 간에 상호작용하는 나름의 고유한 행동양식이 있다. 교사와 학생의 관계는 여타 집단에서 볼 수 없는 독특한 행동유형이 존재한다. 이러한 행동유형은 학교마다 다르며 동일

한 학교라 해도 교사나 학급마다 다르다고 할 수 있다. 동일한 학습내용을 같은 방법으로 교수한다고 해도 교사와 학생 간에 일어나는 상호작용은 수업행위에 따라 그 결과가 달리 나타난다. 그리하여 학교나 학급 내의 사회구조나 심리적인 관계를 잘 이해한다면 어떠한 요인이 학생의 학업성취에 영향을 주게 되는지 보다 확연하게 규명할 수 있을 것이다.

학업성취도는 미시적으로 개인 학생의 학습력의 증대 차원에서뿐만 아니라 거시적으로 교육받은 인력의 질을 결정하는 중요 개념으로 각종 연구와 교육의 개혁과 정책의 수립을 위한 근거자료로 활용되어 왔다.

Levine와 Lezotte(1990)는 미국에서 수행되었던 400여 편의 효과적인 학교에 관한 연구들을 기초로 하여 효과적인 학교의 특성을 다음과 같이 제시하고 있다. 학생들의 학습기법 획득에 대한 관심도, 생산적인 학교문화와 풍토, 강력한 지도력, 실천 지향적 교사진, 학생의 성장에 대한 배려, 학부모의 학교 참여, 교수 자료의 적절한 사용, 학생들의 높은 포부 수준 등을 제시하고 있다.

교사의 수업효율성 개념은 교사에 의해 수행된 수업행위에 따른 학생의 학습결과와 관계된 개념이다. 즉 학생의 학습결과에 영향을 미치는 교사의 수업행동을 말한다. 수업은 교과를 경험함으로써 자신을 더 가치 있는 상태로 변화시키는 행위이다. 수업에서의 교과는 책에 적혀 있는 죽은 지식도 아니요 외부 전문가의 개발품인 전문 지식과 기술을 동원하여 전달해야 할 상품도 아니다. 교사는 자신의 수업을 통하여 교과가 싸늘하게 죽어 있는 정보의 형태가 아닌 살아 움직이는 산지식으로 되도록 하는 바로 그 일을 한다. 그리하여 교사의 이러한 수업효율성은 학교와 관련하여 대단히 중요한 의미를 가진다.

교사의 수업효율성 요인으로는 명료성, 구조화, 설명능력, 다양화, 동기화, 온정성, 일탈 행동 대처, 상호작용 등의 요인들이 가장 많이 수업의 효율성 요인으로 지적된다. 이러한 요인들은 수업내용 차원(명료성, 구조화)과 수업의 전략 차원(다양화, 동기화), 수업관리 차원(일탈 행동 대처) 등으로 구분할 수 있다.

교사의 수업효율성에 관계된 지도성 발휘는 어느 한 차원에 국한하지 않고 세 가지 차원 모두를 적절히 조합하여 구사하는 교사가 수업에 있어서 효율성을 나타낸다고 하겠다. 이러한 교사의 수업효율성도 국가에 의한 교육과정이라는 기준에 의하여 종속되고 구속되어 교사 나름의 전문성을 발휘하기란 쉽지가 않다. 그리고 수많은 공문서 처리는 교사의 전문성을 수업에서 행정으로 옮겨 놓고 있다. 여기서 교사들은 소외와 교수에서 탈전문화를 강요당한다. 교사의 진정한 전문성은 행정 처리의 완숙에서가 아닌 교수-학습에서 심화된 수업 측면에서 찾아야 할 것이다.

교육개혁과 정책은 이러한 교사의 수업효율성을 거양하는 측면에서 그 역량을 집중하여 실행되어야 한다. 교사, 학생, 학부모 등 교육공동체의 본질적인 이해를 떠난 정책은 항상 난맥상을 노출하고 급기야는 사라져 간다. 그래서 교육에 대한 정책은 인기나, 단기처방을 겨냥해서는 안 된다. 지금 당장 저항이 있더라도, 이를 수용하여 실천한다면 반드시 바람직한 결과를 도출할 수 있다는 신념이 있다면 계속하여 정책을 일관성 있게 추진하여야 할 것이다.

21세기 학교교육에서 교사의 수업효율성에 대한 관심은 교육의 질을 제고하고자 하는 교육개혁의 중요 관심사 중의 하나이다. 여기서 중요한 점은 변화하는 사회적인 맥락에서 교사는 학생들의

학업성취 제고에 중요한 역할을 수행한다. 그리하여 첫째, 교육개
혁의 대상이 아닌 견인차로서 교사의 수업지도성에 대한 정책적인
지원이 있어야 한다. 이러한 지원에는 교사의 잡무를 현실적으로
대폭 줄여 주어 충분한 교재연구와 자기 연찬과 연수의 기회를 가
지도록 해 주어야 한다.

둘째, 우리나라의 교원평정은 교원의 전문성 향상에 목적을 둔
평가가 아닌 승진대상자 선발을 위한 평가 위주로 진행되어 왜곡
된 승진 경쟁의 교직문화 풍토가 조성되고, 그리하여 학교조직의
관료화를 초래하였고, 승진을 포기하거나 승진에 무관심한 교사의
경우 교직수행의 결과에 대한 책무성과 전문성을 확보하는 데 어
려움이 있었다. 이에 대한 해법의 하나로 교사의 수업효율성에 대
하여 전문화된 평정이 이루어진다면, 진정 교사들은 수업을 잘하기
위해 노력을 경주할 것으로 본다(안우환, 2004).

셋째, 수업효율성 연구에서 드러난 각종 수업효율성 변인들을
DB화하여 이를 단위학교의 임상장학이나 교사양성 교육과정에 활
용하는 방안도 고려해 볼 수 있겠다.

4. 교사의 변혁적, 분배적 지도성

1980년대부터 시작된 급격한 교육개혁과 교육환경의 변화는 이
시대의 교사를 새롭게 인식하면서 그에 따라 교사 지도성도 주요
한 관심 사항이 되고 있다. 교사 지도성이 학교의 교육개혁과 관
련하여 새로운 주목을 받고 있으며, 선진 각국에서는 교사 지도성

함양을 위하여 다양한 노력을 경주하고 있다.

그동안 지도성에 대하여 개인의 속성과 행동 특성, 사람 사이의 영향력, 상호작용 과정, 어떤 지위의 점유 등 여러 가지로 논의가 진행되어 왔으며, 여기서, 교사 지도성은 변화를 위하여 동료교사들을 북돋우는 능력이며, 학급 및 학교공동체 발전을 위해 기여하는 능력, 협동적 노력을 통해 전문성을 개발시키는 능력 등 다양하게 정의되어 왔다.

최근에는 교사 지도성을 분배적 지도성(distributed leadership)이라는 관점에서 접근하여 오고 있다. 이러한 관점에서는 지도성을 조직 내에서 구성원들 사이의 상호작용 가운데 나타나는 집합적인 현상(collective phenomenon)으로 통상 인식한다. 그리하여 조직 구성원의 모든 사람들이 지도성을 발휘할 수 있다고 인식한다. 지도성은 어느 한 개인 속에 고정되어 있는 것이 아니며, 구성원들의 상호작용 흐름 가운데서 나타나는 것으로 본다. 그래서 지도성을 교장 개인의 전유물로 취급해서는 안 되며, 학교 구성원인 교사들 또한 지도성의 일 주체로 보아야 한다.

분배적 지도성 개념에 의하면 모든 교사는 잠재적 지도자로 교사들에게 잠재적 지도성을 발휘할 수 있는 여건을 마련해 주어야 하며, 교사에 대한 권한 위임이나 교장과 교사의 권한 공유와 상호의존적인 책무성의 체제 구축 등이 필요하다.

현대의 사회는 급격하게 변화를 거듭하고 있으며, 지식 또한 폭발적인 증가를 보이고 있다. 더불어 학교의 교사들이 감당해야 할 과업은 더욱 다양하고 복잡다단해져 가고 있다. 교사들에게는 예전에 그들이 감당했던 업무 이외에 새롭고, 다양한 업무들이 계속해서 늘고 있는 실정이다.

이러한 교육 내외의 다양한 교육패러다임의 변화는 학교공동체에서 교장과 교사 사이에 새로운 관계의 정립과 역할의 변화를 요구하고 있다. 이것은 학교 내에서 교장에 의한 권위적이고, 독단적인 학교운영 방식보다는 학교공동체 구성원들이 함께 참여하는 협력적이고 동반자적인 학교운영 방식이 요구되고 있다. 새로운 방식의 학교운영체제의 마련을 위해서는 예전의 교장과 교사 사이의 권위적, 지시적, 위계적인 상하관계는 극복되어야 하며 새로운 변화에 걸맞은 새로운 방식의 인간관계 정립이 긴요한 실정이다.

질이 높은 교육과 신뢰받는 교육, 좋은 교육으로 나가기 위해서 교육주체 스스로가 자기의 혁신과 개혁을 부단히 지속하는 과정으로, 목표하는 바를 스스로 설정하고 이를 효과적으로 달성할 수 있는 방법을 스스로 선택하며 최선의 방책을 선택할 수 있는 혜안을 획득하기 위하여 부단한 자기 연찬과 자기 학습을 게을리하지 않는 자세가 필요하다.

진정으로 교육의 발전과 국가의 장래를 생각한다면 교사들을 교육의 주체로 인정하고, 교사들이 주체적이며, 책임의식을 가지고 교육활동을 수행해 나갈 수 있도록 여건을 만들어 주어야 하고, 교사들은 교육활동을 책임 있게 수행해 나가고 교육 성취를 이루기 위하여 그에 적합한 분배적이고 변혁적인 지도력을 갖추기 위하여 노력하여야 할 것이다.

교사가 수행해야 하거나 달성해야 할 변혁적이고 분배적인 지도력으로는 다음을 생각할 수 있다.

첫째, 본인의 전문성을 발달시키기 위하여 학습이나 각종 활동에의 적극적인 참여가 필요하다.

둘째, 학교의 방침이나 이념을 주체적으로 교실에서 실천할 수

있고, 학생들에 대한 계속적이고 높은 관심, 훌륭한 수업과 학급운
영이 필요하다.

셋째, 외부의 자원을 연계한 학교교육과정의 개발과 개선에 주
체적인 참여가 필요하다.

넷째, 학교 관리자와의 협력과 의사결정 과정에 주도적으로 참
여한다.

교사에 대한 변혁적이고 분배적인 지도성 고양을 위하여 우선
필요한 것으로 표준수업시수 확보와 학년전공 교사제를 다음과 같
이 제안해 본다.

가. 표준수업시수 마련방안

과중한 수업내용과 행정업무 처리 등의 해소방안으로 현재 교육
계에서 나오는 방안 중의 하나로 '표준수업시수(時數)' 확보가 있
다. 여기서 표준수업시수란 교사가 자신의 역량으로 1주일 동안
최대 혹은 최소한도로 책임을 져야 하는 주당 수업시간으로 교사
들의 업무 부담을 나타내는 지표 중의 하나이다. 이는 교육부가
1999년 중장기 비전에서 법제화를 처음 제시했고, 교육부와 교원
노조가 단체협약에서 약속했으며, 지난 대선과 총선의 공약 사항에
서 출발한다.

2003년 KEDI가 전국 초·중·고 교사 109명과 초·중·고
298개 교, 시·도 교육청을 대상으로 교원 수업시간을 조사, 분석
한 '각급 학교 교원의 적정 수업시수 설정 및 배치기준 개선방안
연구' 보고서를 보면 초·중·고 교원의 주당 수업시간이 학교 급

별, 지역별로 최고 3배나 차이가 나는 것으로 보고하고 있다.

교원의 주당 수업시간은 고등학교의 경우 최저가 10.7시간인 반면에, 초등학교의 경우엔 최고 32시간으로 3배나 차이가 발생하고 있으며, 평균 수업시간도 초등학교 27.3시간, 중학교 19.5시간, 고교 17.6시간으로 초등학교가 고교보다 1.5배 이상 많은 것으로 나타나고 있다.

지역별로는 초등학교의 경우 광역시 이상 도시지역이 평균 26.9시간, 도지역은 27.7시간, 중학교는 도시지역 20.3시간, 도지역 18.8시간, 고교는 도시지역 19.2시간, 도지역 16.0시간으로 도지역이 도시지역보다 적게 나타났다. 이러한 차이에 더해서 과목별 주당 평균 수업시간도 시도 간에 평균적인 시수가 아닌 차이가 발생하고 있음을 살펴볼 수 있다. 이러한 상황에서 교원단체는(초 18, 중 18, 고 16시간) 수업시수의 법제화와 교원의 법정정원 확보를 통해 수업의 질을 향상하고, 학생의 학습권을 보호하고, 사교육비 절감 등을 위해서는 반드시 표준수업시수가 법제화되어야 한다는 입장을 고수하고 있다. 반면에 교육부는 교원단체의 요구를 수용하기 위해서는 7만 6천 명 이상의 교원과 연간 1조 7천억 원의 인건비가 추가로 소요되고 초과수업 수당을 지급하려면 매년 2천700억 원이 더 필요하여 당장 실시하는 데는 무리라는 것이다.

초등의 경우에 한정하여 살펴볼 경우, 초등 교육이 기초, 기본 교육에 치중하다 보니 초등 교사들은 국민공통 기본 교육과정인 1, 2학년(통합교과) 각 5~6과목, 3, 4학년 각 9교과, 5, 6학년 각 10개 교과목 등 모두 49과목(6개 학년 과목)을 지도해야 한다.

실로 엄청난 양의 분량이다. 이러한 엄청난 양의 과목을 초등 교사들은 교육과정 연구를 통하여 당해 연도의 아동 지도에 임하여야 하며 더불어 생활지도, 행정사무(잡무), 교재연구, 자기연찬, 연수, 대학부형 관계 등을 수행하여야 한다. 7차 교육과정에서 요구하는 창의적인 인간 양성을 위해 매시간 수준별 지도, 자기 주도적 학습 등을 수행하여야 한다. 더불어 재량활동과 특별활동(5개 영역)도 교과지도와 더불어 실시하여야 한다.

학교교육에 대한 표준화된 시수가 많은 예산을 필요로 한다지만 근본적인 사교육의 처방책이 될지도 모른다. 수업에 보다 충실할 수 있는 여건을 교사들에게 마련해 준다면 보다 양질의 교육력이 창출될 것이다. 수업에 만족감을 느낀 학생들이 사교육에 남은 정열을 바칠 이유는 없다고 본다.

나. 학년전공 교사제 도입방안 모색

초등학교교육은 국가의 기본교육이며 의무교육이다. 대한민국 국민이라면 반드시 초등학교를 다녀야 한다. 초등학교 학제는 6년이다. 이러한 학제는 해방 후 지금까지 변함없이 유지되어 왔다. 한국의 기본 학제는 미국의 학제를 수입하여 온 것으로, 그동안 이에 대한 효율성과 운영상에서 수많은 우려의 목소리들이 있어 왔다.

21세기 지식정보자원사회에 적합한 학제에 대하여 지금 우리는 심각하게 한번 고려해 보아야 할 시점에 있다. 교사로 입직하여 퇴직하게 될 때까지 6개 학년을 모두 경험한 교사가 있는가 하면 그렇지 않은 경우도 있다. 다양한 학년을 경험하여 지도하는 것도 바람직하나, 전문성이라는 측면에서 접근한다면 다시 한 번 학년 담임제를 신중하게 생각해 보아야 한다. 특정 학년을 맡아 1년간 지도하고 이에 대한 경험과 교수 자료가 축적되어 이를 다시 심화시켜 다시 한 번 발군의 실력을 발휘하려고 해도 학교의 여건에 따라 다른 학년에 배정되어 다시 초심자로서 학년 과목을 연구하여 아동을 지도해야 하는 상황이 자주 발생한다.

위의 이야기는 초임교사에게만 해당하는 이야기가 아니라 교직 경력이 어느 정도 된 중견 교사의 경우라도 해당된다 하겠다. 그리하여 특정 학년을 선호하여 퇴직할 때까지 한 학년만 담임하여 지도하는 교사도 생기게 된다.

한국교육개발원 유균상 연구팀은 2003년 교육부 수탁 과제로 756개 초·중·고교를 평가한 2003년도 학교종합평가보고서를 통해 초등학교 학년전공 교사제를 도입하자는 내용을 제안했다. 보고서에 따르면 초등의 수준별 수업, 자기 주도적 학습, 창의성 계발을 위한 수업이 좀 더 충실하게 운영될 필요가 있다며, 학년전공 교사제를 도입하자고 그 도입 배경을 밝히고 있다. 유균상 실장은 매년 담당하는 학년이 바뀜에 따라 초등 교사들의 교과내용에 대한 전문성이 축적되지 않는다며 고학년부터라도 학년전공 교사제를 운영하자고 주장했다.

매년 학기 초가 되면 교사들은 교육과정에 필요한 지도안이나 진도표 등을 계획하고 이를 수업에 실천하기 위하여 필요한 준비를 한다. 만약 자신의 담당 학년이 발령 후 정해져 있다면 학기 초 매번 겪게 되는 필요한 교사용 부교재나 지도안, 수업자료, 진도표 등을 일일이 찾아 구해야 하는 부담은 덜게 될 것이다.

초등교사 자격증(2급 정교사→입직 후 3년 경과 후 1급 정교사)에는 중등과 같이 특정 과목을 지명받아 자격증을 발급받지는 않는다. 중등과 같이 과목을 전공하여 자격증을 주는 체제는 그만큼 과목에 대한 심화와 전문성을 발휘하라는 묵시적인 의미가 있다고 보아야 한다. 반면에 초등의 경우는 국가 기간 교육임에도 교과에 대한 전문성보다는 보편성과 기초 보통 교육 측면에 치중한 탓인지 특정한 과목에 대한 지정은 없다.

과중한 과목에 대한 해소 방안으로 교과 전담 교사가 배치되어 있으나 일부 특정 과목만 분담하다 보니 실질적인 수업업무 경감에는 역부족인 실정이다. 교사 양성 단계에서 과목 전공으로(교대의 경우 초등 각 교과목별로 심화 과정을 두어 전공을 살려 임용하는 실정이나, 이러한 편제는 교과목에 대한 안목과 식견을 신장시키는 편제는 아니라 본다) 교사를 양성하여 배출하는 방안도 많은 담론이 나와 있으나 이것도 다양한 이해관계가 맞물려 쉽지 않은 것 같다.

21세기 교육 사회체제에서는 교과에 대한 심화, 전문성을 가진 교사가 초등에는 반드시 필요하다. 교과에 대한 전문(연구)교사 형태나, 현재 이슈로 부각되어 논의 중인 수석교사제의 도입도 이제는 고려 단계를 넘어 실시를 해야 하는 시점에 왔다고 본다.

승진 욕구를 관리직과 수업연구직으로 양분하여 과열된 승진 욕구를 분산하여 그 열정을 수업전문가로도 진출할 수 있도록 길을 마련하여야 할 것이다. 학년전공 교사제의 도입으로 예상되는 효과로는 수업의 전문성 향상, 교과목 지도에 대한 질 제고, 아동 이해의 향상과 당해 학년 아동에 대한 육체적, 정신적 발달에 대한 전문적인 식견의 고양으로 보다 질 높은 교육을 제공할 수 있으리라 본다.

학년전공 교사제를 실시한다 하여도 그 운영에는 다양한 학년 간 순환 배치의 가능성을 열어 놓아야 한다. 학년교사제의 실시는 향후 전국단위 교사 모집에도 유용한 인사 활용의 가능성을 제공해 준다. 예를 들어, "울릉도 ○초등학교에서 유능한 5학년 교사를 초빙합니다." 등의 학년전공 교사 초빙제를 실시하여 유능한 교사를 전국의 열악한 지역에 초빙하여 지역의 교육발전에 기여할 수 있는 방안도 생각할 수 있겠다. 여기에는 전국단위의 교장 초빙과 같은 선진 외국의 사례에서와 같은 형태의 모델을 고려할 수도 있다.

5. 교사효과성의 재개념화

가. 전통적 교사효과성 개념의 한계

교사효과성 연구는 교육목표에만 초점을 두기에 두 가지 제한점을 지닌다(안우환, 2004, 조영남, 2001, Ramsden, 1991). 첫째는 외재적 과제에 대한 성취에만 초점을 두기 때문에 내재적 과제에 대한 관심이 부족하고, 학생의 지식과 태도상의 변화와 같은 직접적인 교수효과에 초점을 두기에 부모의 정치, 경제적인 측면의 간접적인 효과에는 관심을 두지 않는다. 둘째는 교사의 특성이나 교사의 수업행동 모두를 고려하기보다는 어느 하나에 중점을 두어 왔다.

최근 수년간 교사효과성에 대한 주제는 연구자나 교육자, 정책가 등에게 있어 계속적인 관심과 주목을 받아 왔었다. 그러나 교사효과성에 대한 잘못된 개념 정의는 오히려 교사효과성을 연구하는 데 있어 장애요인으로 작용하였다(Ornstein, 1991). 그리하여 연구자마다 개념이 달리 정의되었다. 이것은 교사효과성에 대한 접근 시각이 교사의 인성, 특성, 행동, 태도, 가치, 능력 등에 초점을 두느냐, 교수양식, 교사-학생의 상호작용, 교실풍토 등의 교수과정에(teaching process) 관심을 집중하느냐, 아니면 교수결과(teaching outcomes), 즉 학생의 학업성취, 학생의 발달과 학습경험 등에 초점을 두느냐에 의해서 그 개념 정의가 서로 상이하여(Cheng, 1995, Ryan, 1986), 교사효과성의 복잡성을 설명하고 분석하는 데 많은 제한된 시각을 드러내고 있다(Cheng, 1995, Needles et al., 1991, Ryan, 1986). 그래서 Ornstein(1991)는 효과적인 교사에 대한 개념에는 교수를 위한 본질적인 지식의 실체와 그것을 적용하는 방법을 내포하는 개념이어야 한다고 지적한다.

이상의 논의를 종합하면, 효과적인 교사는 교수와 관련된 전문적인 지식, 기술, 태도의 소유와 더불어 학습목표를 달성하기 위하여 이러한 것을 적절하게 활용할 수 있는 능력의 소유자라 하겠다. 교사효과성 개념은 교사의 능력(competence), 교사의 실행(performance)과 교육적인 성과의 기대나 목표설정 간에 유기적으로 연결된 개념이어야 한다. Medley(1982)[2]는 교사의 능력, 교사의 실행, 학생의 학습경험과 교육성취 간의 관계를 종합적으로 설명하는, 즉 교사의 특성, 행위, 과정-산출 등을 통합한 교사효과성의 구조를 제시하고 있다(<그림 Ⅱ-1> 참조). 더불어 Cheng(1995)은 Medley의 교사효과성 구조에 교사평가와 전문적 개발을 추가하여 <그림

---

2) Medley(1982)는 9가지 교사효과성의 구조로 ① 교사특성. 교사훈련 연수에 임하기 위해 소유한 지식, 능력, 신념 ② 교사능력. 교사훈련 연수의 완성을 위한 실제적인 교수환경과 교사가 소유한 일단의 지식, 능력, 신념 ③ 교사실행. 교수환경의 변화에 따른 교사의 교수행위 ④ 학생의 학습경험. 교수-학습과정에서 교사와 학생 간의 상호작용과 경험 ⑤ 학생의 학습결과. 교육적 목표 달성을 위한 학생의 진보 정도 ⑥ 교사교육. 교사의 능력 향상을 위한 교육 ⑦ 외적인 교수맥락. 학교의 조직구조, 경영, 문화, 교수시설 및 자원, 교육과정, 학교교육목표 등 ⑧ 내적인 교수맥락. 학급의 크기나 구성, 학생의 능력, 교실풍토, 교사-학생의 관계 등 ⑨ 개인 학생의 특성. 학생들의 선행 학습경험, 지적 능력, 학습양식과 개인적 특성 등을 제시하고 있다.

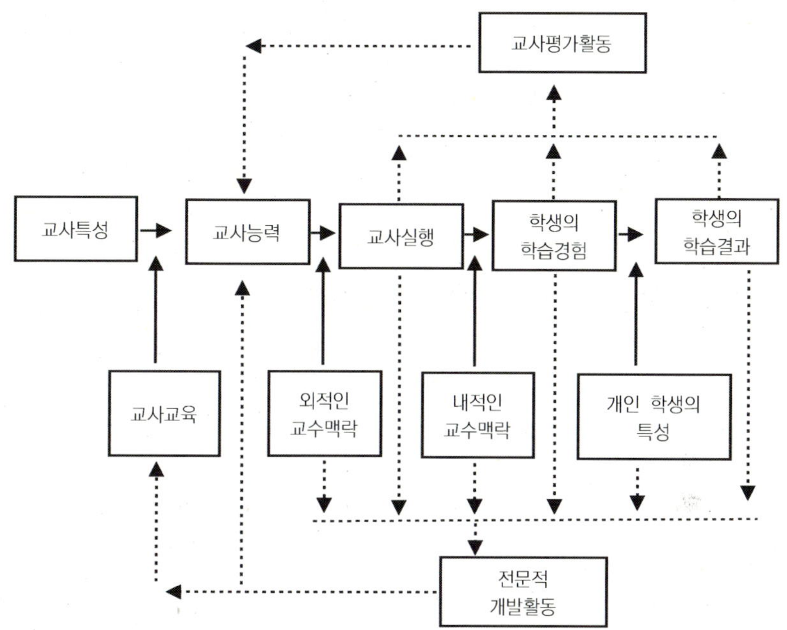

자료: Medley, D. M(1982). Teacher effectiveness. in Mitzel, H. E.(Ed.). Encyclopedia of educational research, 5th ed., the free press, New York, NY, Cheng, Y. C(1995). Function and effectiveness of education. 3rd ed.(2nd ed. 1991), Wide - angle press, Hong Kong.

〈그림 Ⅱ-1〉 교사효과성의 구조

Ⅱ-1>과 같이 제시하고 있다.

<그림 Ⅱ-1>은 교사효과성 구조의 요소들 간의 절차적인 구조를 나타내고 있다. 여기서 학생의 학습결과는 학생의 학습경험과 개인 특성들 간의 상호작용의 결과를 나타내며, 학생의 학습경험은 교사의 실행과 내적인 교수맥락에 의하여 영향을 받는다.

교사의 실행은 교사의 능력과 외적인 교수맥락 간의 상호작용에 의하여 결정되고, 교사의 훈련과 교사의 특성은 교사의 능력에 영향을 미친다. 교사의 평가활동은 교사의 능력개발을 위한, 즉 교사실행, 학생의 학습경험과 학생의 학습결과 등의 정보에 바탕을 두

고 있다. 전문적 개발활동은 내·외적인 교수맥락, 교사실행, 학생 개인의 특성, 학습경험과 결과 등이 교사의 능력개발이나 교사교육을 지원하기 위한 활동구조로 구성이 되어 있다. 이러한 교사효율성 구조의 모든 요소들은 직·간접적으로 교사효과성에 관련되어 있다.

Medley(1982)와 Cheng(1995)에 의한 이러한 교사효과성 구조 모형은 전통적인 개념에 기반을 두고 있다. 즉 교사 개인의 특성이나 교실이라는 한정된 맥락에 국한되어, 전체 학교의 개선이나 학생의 학습결과를 강조하는 효과적인 학교 개혁운동에서 요구하는 효과적인 교사에 대한 개념으로는 한계성을 지닌다(Caldwell, 1994). 그리하여 교사평가나 학교효과성(school effectiveness)을 극대화하기 위해서는 교사효과성에 대한 보다 확장된 시각의 개념이(단체나 학교, 지역사회 차원) 필요하다. 교사효과성에 대한 개념을 이제는 개인 차원을 넘어 단체(group, 동 학년 & 동 교과)나 학교, 지역사회 차원에서 재개념화하여 규정되었을 때, 보다 분명히 교사효과성에 대한 실체를 드러낼 수 있을 것이다.

나. 교사효과성의 재개념화

1) 교사효과성의 개념적 틀

전통적인 차원에서 개념화된 교사효과성을 교사 개인 차원을 넘어 보다 확장된 차원에서 이를 재개념화하기 위하여 교사효과성에 대한 4차원(개인, 단체, 학교, 지역사회)과 3가지 영역(인지적, 정서적, 행동적) 및 4가지 층(교사능력, 교사실행, 학생경험, 학습결과)의 개념적 틀을 설정하여 다음과 같이 살펴보고자 한다.

가) 교사효과성의 4차원

기존의 교사효과성 연구에서는 교실 단위에서 교수–학습의 효율성을 가져오는 교사 개인에 초점을 둔 프로그램의 개발에 역점을 두어 왔다. 이리하여 교사 개인의 능력개발이 전체 학교 차원에서 효과성을 가져온다는 확신이 없었다. 그것은 교사들의 일상이 다른 교사와 서로 분리된 공간(교실)에서 생활하기에 동료교사에 대한 교육적인 정보를 취합하기에 열악한 구조를 가지기 때문이다[3](Rosenholtz, 1989, Sergiovanni, 1987). 교사들의 이러한 분리된 교직생활과 사적인 교육활동은[4] 교사의 학습에 장해를 초래하고, 성공적이고 효과적인 동료교사에 대한 정보를 공유하는 데 방해요소로 작용한다. 이러한 장해로 인해 교사들은 스스로 문제를 고민하고 해결해야만 하고(Lieberman & Miller, 1984, Lottie, 1975), 교사들의 교실 개인주의로 인해 '가르치는 일'의 전문성을 질적인 측면에서 더 진전시키지는 못했다(소경희, 2003).

학교의 환경은 보다 복잡해지고 책무성에 대한 요구는 점점 더 강해지고 있어 교사 개인의 효과성이 학교 전체 효과성으로 연결되기란 쉽지가 않다. 그리하여 교사 개인 차원이나 학교 차원에서

---

3) 1970년대 1980년대는 개인주의, 고립, 그리고 사생활 중심주의 등이 '가르치는 일'의 널리 퍼진 특징이었다(Zielinski & Hoy, 1983, Rosenholtz, 1989). 협동하고 있는 교사들도 대부분은 매우 적은 수의 동료들하고만 밀접한 관계를 유지했다.

4) Weick(1976)와 Bidwell(1974)은 이러한 학교의 구조와 조직에 대하여 이완결합(loose coupling)으로 설명하고 있다. 이러한 이완결합 현상에 대하여 Forsyth & Dansiewicz(1985)은 교사의 노동에 대한 통제가 느슨한 것은 수업 면에서 교사들이 향유하는 자치의 전문적인 규범으로 진단하기도 한다. 한편 Firestone과 그의 동료들은 중학교는 보다 이완적인 체제를 보이고, 초등학교는 보다 결합된 체제를 보인다고 주장한다(Firestone & Herriott, 1981).

효과성을 고양하기 위해서는 단체 차원에서의 협력과 노력이 요구된다(Kormanski & Mozenter, 1987). 단체 차원[5]의 노력은 개인 구성원 차원보다 훨씬 높은 시너지적 파트너십(synergistic partnership)을 창출하게 해 준다. 이러한 단체 차원의 교육활동은 교사 개인의 효과성은 물론, 새로운 에너지의 창출과 더불어 학교공동체 구성원의 협력을 유도하여 결국에는 학교효과성에도 기여하게 된다. 그러므로 교사효과성의 개념에는 교사 개인 차원의 고려뿐만 아니라 단체나 학교, 지역사회로 확장된 차원에서 접근해야 한다.

나) 교사효과성의 3영역

교사에게 필요한 능력으로 교수양식, 지식, 능력, 신념, 이론과 실천의 조화[6] 등이 주로 언급되며, 교사의 실행 측면에서는 교실에서 지식과 기술을 효율적으로 발휘하는 교사로 묘사된다(Ornstein, 1991, Good & Brophy, 1986, Rubin, 1985, Medley, 1982). 이를 통해서 효과적인 교사는 교사의 능력과 실행에 있어서 반드시 신념(belief), 가치(values), 지각(perception), 태도(attitudes), 지식(knowledge),[7] 기술(skill)과 행위(behaviour) 등의 요소가 요구된다는 것을 알 수 있다. 교사의 교수과정은 학생의 학습경험과 학습결과에 영향을 미치며, 학생의 학습결과는 일반적으로 인지(cognitive), 정서(affective),

---

5) 교사들이 변화하는 사회에 따른 새로운 전문성을 확보하는 데 실패한다면 교사들의 전문성은 해체의 길, 즉 탈전문화에 직면하게 될 것이라는 지적이 제기되고 있다(곽병선, 2002, Carlgren, 1999, Hargreaves & Fullan, 2000, Hargreaves, 2000).

6) 기술적 합리성의 관점에서 교사는 '실제', 즉 이론을 실행으로 옮기는 행위를 하는 사람으로 묘사되고 있다. 이 관점에 서게 되면 교사는 수동적으로 이론을 실천으로 옮기는 전수자의 소극적인 역할로만 묘사되어 한계성을 드러내지만, 한 걸음 나아가 효과적인 교사는 이론을 나름대로 재구성하여 이를 실천에 옮기는 적극적이고 주체적인 능력이 요구된다.

7) Schulman(1986)은 교사가 갖추어야 할 전문적 지식을 세 가지로 제시하고 있다. 교과내용 지식(subject matter content knowledge), 교육학 일반지식(pedagogical content knowledge), 교육과정적 지식(curricular knowledge)을 들고 있다.

행동(behaviour) 영역에서의 변화나 진보 정도 등을 의미한다. 교사효과성 개념에는 학습자의 이러한 3가지 영역을 내포하는 개념이어야 한다.

다) 교사효과성의 4가지 층(layer)

교사효과성은 교수와 학습 측면, 즉 교사능력, 교사실행, 학생의 경험, 학생의 학습결과 층 등을 포괄하는 개념으로 접근되어야 한다. 여기서 교사능력 층은 개인, 단체, 학교, 지역사회 차원에서 교사가 학생에 대하여 행사하는 행위, 정서, 인지적 능력을 포함하며, 교사실행 층은 3영역(인지, 정서, 행동)과 4가지 차원에서(개인, 단체, 학교, 지역사회) 교사의 전체적인 능력을 포함한다. 교사실행 층의 질은 교사능력 층의 질(quality)과 긴밀한 연관을 가진다. 이러한 교사능력과 교사실행 층은 외적인 교수맥락(조직요인, 지도성과 학교환경 등)에 의하여 영향을 받는다.

학생의 학습경험 층은 4가지 차원과 3가지 영역 면에서 전반적인 학생의 학습경험을 의미한다. 학생의 학습결과 역시 4차원과 3영역에서 학생의 학습결과를 나타낸다. 일반적으로 우수하고 질 높은 교사실행 층은 질 높은 학생의 학습경험과 학습결과 층에 영향을 주게 된다. 이러한 관계성은 내적인 교수맥락(학생의 하위문화, 교실풍토, 학생의 능력별 집단, 학습환경 등)의 특성에 의해서 영향을 받게 된다. 그리하여 교사효과성 개념은 교사능력, 교사실행 층에서의 질이 학생의 인지, 정서, 행동 등의 3영역에 4가지 차원에서 발휘되는 효과성 개념이며, 여기서 교사의 질은 다양한 차원과 영역에서 학생에게 영향을 미치게 된다.

2) 교사효과성의 재개념화

교사효과성에 대한 재개념화 작업은[8] 교사효과성에 대한 개념적
인 틀에서 살펴본 바와 같이 4차원(개인, 단체, 학교, 지역사회), 3
영역(인지, 정서, 행동), 4층(교사능력, 교사실행, 학생경험, 학습결
과)을 포괄하는 개념에서 출발한다(<그림 Ⅱ-2> 참조).

교사효과성의 재개념화 분석 틀은 Cheng(1993)이 제안한 학교과
정 행렬표(matrix) 연구와 Cheng & Tsui(1996)가 제안한 교사효과
성의 3차원, 3영역, 4층 개념을 수용하고, 지역사회 차원이 가미된
보다 발전된 개념의 분석 틀이다. 상정된 교사효과성 개념은 교사
의 교수과정과 학생의 학습과정이 하나의 유기적인 연결체로서 서
로 긴밀하게 관련이 된다. 이러한 관련성은 서로 다른 4차원에서
교수-학습이 서로 유기적인 협조와 지원하에서 이루어지게 된다.
학교조직은 전문적 능력과 지식을 갖춘 전문인으로 구성된 조직이
라는 점에서 이러한 개별 에너지를 결합한다는 것은 플러스의 시
너지 효과를 가져와 결국 교육의 전문성 제고에도 기여하게 된다
(정태범, 1998: 122).

교사효과성은 4차원에서 모든 교사의 실행과 지역사회의 지원과
협조하에서 4가지 층 내·외의 교육활동을 통하여 학생의 3가지
영역에 영향을 주는 포괄적인 교사효과성의 개념이다. 이러한 개념
은 기존 교사효과성 개념이 교사 개인이나 학생 개인 차원에서 국
한되었고, 층 간 교수-학습활동의 중요한 역할에 대해서 간과한

---

8) Hargreaves(2000)에 의하면 포스트모던 시대의 교사 전문성의 '탈전문화' 맥락으로부터 벗
어나기 위해서는 '전문성'을 이전 시대와는 달리 규정하고, 이를 적극적으로 추구해 나갈 필
요가 있다. 포스트모던 시대의 '가르치는 일'의 맥락은 종래와는 상당히 다르게 변화하고 있
기 때문에 전문성에 대한 근대적 개념으로는 이러한 의미 있는 변화에 효과적으로 대처할 수
없는 것이다.

점을 극복하고 있다.

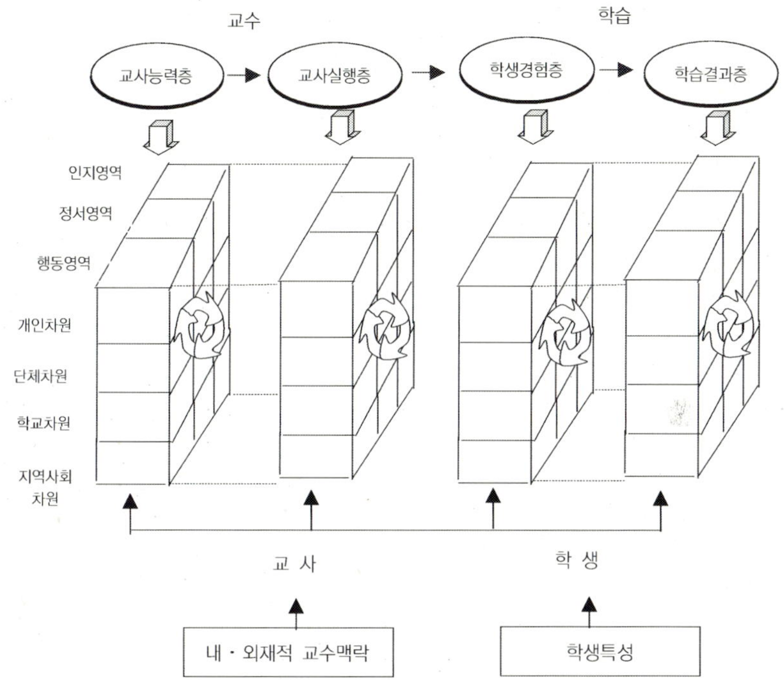

자료: Cheng, Y. C.(1993). *Management and effectiveness of moral and civic education in school: a framework for research and practice.* paper presented at the international conference on moral and civic education, Hong Kong, Cheng, Y. C., & Tsui, K. T.(1996). Total teacher effectiveness: new conception and improvement. *International Journal of Educational Management,* 7－17에서 재구성.

〈그림 Ⅱ－2〉 교사효과성의 재개념화 분석 틀

더불어, 교사효과성의 범위를 교사들이 교실 안에서 그들이 수행하는 일을 통해서만이 아니라, 교실 밖에서 그들이 수행하는 일들을 모두 포괄하여 접근하고 있다.

교사효과성을 극대화하기 위해서는 교사능력과 실행 층에 대한 개선과 지원을 최대화하여야 한다. 이러한 극대화 작업은 4차원과 3영역을 포괄하는 수준에서 지원되어야 한다. 교사능력이 학교조직목표에 일치하고, 교사가 자신의 일에 몰입하게 될 때 보다 능력에 향상을 가져오며 보다 효과적인 교사실행이 이루어진다. 이는 곧, 학습자의 학습경험 층과 학습결과 층에도 바람직한 영향을 미치게 된다.

교사효과성 개념을 단일한 차원, 영역, 층 등에서 한정적으로 접근하여 개념을 규정하면, 교사효과성의 본질과 그 특질을 왜곡할 수도 있다. 그래서 교사와 학습자를 둘러싼 4차원, 즉 개인, 단체, 학교, 지역사회 등의 다양한 차원을 고려하면서, 교수 - 학습의 4가지 층을 상정하여 층 간, 층 내의 유기적인 상호작용의 중요성을 고려하였다. 이러한 접근은 학습자의 3가지 영역(인지, 정서, 행동)에 효과적으로 작용하는 연계적 전문가로서 교사의 효과성을 제대로 파악할 수 있게 해 준다.

권낙원 · 민응성(2004). 「교수유형(teaching styles) 분석을 위한 준거 탐색」, 『교육과정연구』, 22(1), 75 - 100.

김병성 · 정영애 · 이인효 · 한대동 · 김경숙(1981). 「교육격차의 관련요인」, 한국교육개발원연구보고 RR - 138.

소경희(2003). 「교사전문성의 재개념화 방향 탐색을 위한 기초연구」, 『교육과정연구』, 21(4), 77 - 96.

성기선(1998). 『학교효과 연구의 이론과 방법론』, 서울: 원미사.

신세호(1983). 『교수요인과 학업성취』, 서울: 교육출판사.

안우환(2004). 「바람직한 수석교사제 실시방안」, 교육사회개발원 (http://www.alledu4u.com) 교육칼럼, 제29호.

안우환(2004). 「교사의 수업효율성과 학업성취와의 관계 탐색」, 『교육행정학연구』, 22(2), 45 - 63.

유한구(2001). 「수업 전문성의 두 측면: 기술과 이해」, 『한국교원과학회』, 18(1), 69 - 84.

이해우(2002). 「효과적인 학교의 특성분석을 통한 학교경영체제모형 탐색」, 『교육행정학연구』, 20(1), 233 - 255.

정태범(1998). 『학교교육의 구조적 개혁』, 서울: 양서원.

조영남(2001). 「초등교사의 교사효과성 평가 준거 개발에 관한 연구」, 『초등교육연구』, 14(3), 243 - 267.

주삼환 · 신현석 · 윤인숙(1999). 「학교문화, 수업지도성 및 학업성취도 간의 관계분석에 따른 학교정책에의 적용 가능성 탐색」, 『교육행정학연구』, 17(4), 167 - 193.

한대동 · 성병창 · 길임주(2001). 「고등학생 학업성취에 대한 학교효과와 과외효과의 비교연구」, 『교육사회학연구』, 11(1), 33 - 54.

허병기(2001). 「수업과 학교장 지도성」, 『교육행정학연구』, 19(3), 53 - 77.

홍재호(1995). 「교사문화와 효과적인 학교의 관계분석」, 교원대학교 박사학위논문.

Bolman, L. G. & Deal, T. E.(1978). A structural perspective. unpublished paper, harvard graduate school of education.

Borich, G. D.(1988). *Effective teaching methods*. Columbus, Ohio: Merrill Publishing Company.

Borich, G. D.(2000). *Effective teaching methods(4th)*. New York: Prentice − Hall.

Bryk, A. S. and Raudenbush, S. W.(1992). *Hierarchical Linear Models: applications and data analysis methods*, London: Sage Publications.

Brookover, et al.,(1979). School social systems and student achievement: Schools can make a difference. New York: Praeger.

Brophy, J. E., & Good, T. L.(1986). Teacher behavior and student achievement. In M. C.

Caldwell, B. J.(1994). *International perspectives on the impact of school −based management*. paper delivered at the chinese university of hong kong on 12 December in the public lecture in the wei lun visiting professorship of B. J. Caldwell.

Cheng, Y. C.(1993). *Management and effectiveness of moral and civic education in school: a framework for research and practice*. paper presented at the international conference on moral and civic education, Hong Kong.

Cheng, Y. C.(1995). *Function and effectiveness of education*. 3rd ed.(2nd ed. 1991), Wide − angle press, Hong Kong.

Cheng, Y. C., & Tsui, K. T.(1996). Total teacher effectiveness: new conception and improvement. *International Journal of Educational Management*, 7 − 17.

Coleman, J. et al.,(1966). *Equality of Educational Opportunity*. Washington, D.C.: Government Printing Office.

Conti, G. J.(1989). Assessing teaching style in continuing education. In E. R. Hayes.(Ed.), *New Directions for adult and continuing education*, 43, Fall, 3 − 16. San Francisco: Jossey − Bass.

Darkenwald, G. G., & Metrriam, S. B.(1982). *Adult education: foundations of practice*. New York: Harper & Row.

Debevoise, W.(1985). Synthesis of research on the principal as instructional leader. *Educational leadership*, 41(6), 15 − 36.

Edmonds, R.(1979). Effective schools for the urban poor. *Educational leadership*. 37: 15 − 27.

Edmonds, R.(1999). Effective schools for the urban poor. *Educational leadership*, 37, 15 − 27.

Evertson, C. M., Emmer, E. T., Clements, B. S., Sanford, J. P., & Worsham, M. E.(1984). *Classroom management for elementary teachers. Englewood Cliffs*, New Jersey: Prentice − Hall, Inc. 백종억 역 (1987). 『국민학교 교사를 위한 학급경영』, 서울: 문음사.

Gayle, G. M.(1994). A new paradigm for heuristic research in teaching styles. *Religious education*, 89(1), 9 − 41.

Gideonse, H. D.(1990). Organizing schools to encourage teacher inquiry. in elmore, R., and Associate(eds.), *Restructuring schools: the next generation of educational reform*, san francisco: jossey − bass.

Good, T. L. and Brophy, J. E.(1986). School Effects. In Wittrock, M.(ed.), *Handbook of Research on Teaching*. New York: MacMillan Publishing Company, 570 − 602.

Hauser, R. M., Sewell, W. H. and Duane, F.(1976). High school effects on achievement. In W. H. Sewell, R. M. Hauser, and D. L. Featherman(eds.), *Schooling and achievement in american society*. New York: Academic Press.

Hoy, W. K & Miskel, C. G.(2001). *Educational administration: theory, research, and practice*, 6th Edition, New York: McGraw − Hill, 298.

Jencks, C. and Brown, M.(1975). Effects of high schools on their students. *Harvard educational review*, 45: 273 − 324.

Kormanski, C. L., & Mozenter, A.(1987). A new model of team building: a technology for today and tomorrow. In Pfeiffer, J. W.(Ed.). *the 1987 annual: developing human resources*, University Associates, San Diego, CA.

Levin, H. M.(1995). Rasing Educational Productivity. in *International encyclopedia of economics of education*, edited by Martin Carnoy, Cambridge University Press, 283 − 291.

Levine, D. U., and Lezotte, L. W.(1990). *Unusually effective schools. A review and analysis of research and practice*, Madison(USA): National Center for Effective Schools Research and Development, 347 − 369.

McDonald, F. J.(1976). Report on phase Ⅱ of the beginning teacher evaluation study. *Journal of teacher education*, 27(1), 39 − 42.

Medley, D. M(1982). Teacher effectiveness. In Mitzel, H. E.(Ed.). *Encyclopedia of educational research*, 5th ed., The Free Press, New York, NY.

Medley, D. M.(1987). Criteria for evaluating teaching. In M. J. Dunkin(Ed.), *The international encyclopedia of teaching and teacher education*. New York: Pergamon press.

Murphy, J.(1991). *Restructuring schools*. new york: teachers college press.

Needles, M. C., & Gage, N. L.(1991). Essence and accident in process − product research on teaching. In Waxman, H. C., & Walberg, H. J.(Eds), *Effective teaching: current research*, Mccutchan Publishing Corporation, Berkeley, CA.

Ornstein, A. C.(1991). Teacher effectiveness research: theoretical consideration. In Waxman, H. C., & Walberg, H. J.(Eds), *effective teaching: current research mccutchan publishing corporation*, Berkeley, CA.

Purkey, S. C. and Smith, M. S,(1984). Effective School: A review. *Elementary school journal*, 83, 124 − 132.

Rosenholtz, S.(1989). Workplace conditions that affect teacher quality and commitment: implications for teacher induction programs. *The Elementary School Journal*, 89(4), 421 − 39.

Rosenshine, B., & Furst, N.(1973). The use of direct observation to study teaching. In R. M. W. Travers(Ed.), *Second handbook of research on teaching*. Chicago: Rand Mcnally & Company.

Rosenshine, B., & Stevens, R.(1986). Teaching functions. In M. C. Wittrock(Ed.), *Handbook of research on teaching(3rd edn.)*. New York: Macmillan.

Rubin, L. J.(1985). *Artistry in teaching. random house.* New York, NY.

Rutter, M., Maughan, B., Motimore, P., and Ouston, J.(1979). *Fifteen thousand hours.* Cambridge, Massachusetts: Harvard University Press.

Ryans, D. G.(1975). Teacher behavior can be evaluated. In M. Mohan. & R. E. Hull.(Ed.), *Teaching effectiveness: Its meaning, assessment, and improvement*(pp.43 − 66). New Jersey: Educational technology publications, Inc.

Ryan, D. W.(1986). *Developing a new model of teacher effectiveness.* Ministry of Education, Ontario.

Sergiovanni, T. J.(1987). *The principalship: a reflective practice perspectives.* Allyn & Bacon, Boston, MA.

Teddlie, C. & Reynolds, D.(2000). The international handbook of school effectiveness research, New York: Falmer Press, 3. Wittrock(Ed.), *Handbook of research on teaching(3rd edn.)*. New York: Macmillan.

Tuckman, B. W.(1976). New instrument: the tuckman teacher feedback form. *The journal of educational measurement*, 63, 233 − 237.

Ⅲ

교육목표와 수업목표

1. 교육목표의 개념

가. 교육목표의 정의

교육활동에 있어서 교육이념, 교육목적, 교육목표라는 용어는 일반적으로 많이 사용되고 있으나 교육의 어떤 수준에 대한 목적 또는 목표를 말하는가는 분명치 않다. 즉 이러한 용어들은 동질적 개념에 있어서는 엄격히 구별되지만 이들이 사용하는 상황에 따라서는 각각 독립적 위치를 떠나서 상호 관련되어 동시적으로 존재하는 경우가 많이 있으며 상호 동일시되기도 한다. 그러나 정범모(1976)는 교육이념, 교육목적, 교육목표와 같은 용어들은 명확하고 체계적으로 개념화하는 일이 모든 교육적 노력에 산행되어야 할 필수적 조건이라고 한다. 그래야 사용자가 자신의 의도를 분명히 표현할 수 있고, 적소에 맞는 용어를 적용할 수가 있기 때문이다. 엄격하게 적용되지 않는 이러한 용어들을 여러 학자들의 정의를 빌려 비교해 보면 다음과 같이 정의 내릴 수 있을 것이다(권낙원, 1996).

먼저 교육이념이란 교육목적이나 교육목표의 원천이 되는 이상적 관념이다. 교육목적을 설정하기 위한 가치적, 철학적, 이론적인 기반이 되는 사회의 모든 면과 관련이 되는 상위 차원의 목적의식이다. 그래서 교육이념은 교육의 모든 활동에 통일성과 방향을 부여하거나 제시하는 동시에 교육 종사자들에게는 사명감과 생의 보람을 느끼게 하는 근원이 되고 있다. 우리나라에서 이러한 교육이념을 나타내는 표현으로는 홍익인간, 근대화, 민주주의 신장, 남북 통일 등과 같은 예를 들 수 있다. 교육이념에 비추어서 교육목적과 교육목표는 교육의 장에서 더 많이 혼용되고 있는 것 같다. 일반적으로 교육목적은 교육이념에 근거한다. 교육학 용어 사전(1999)에는 '목적이 목표보다 넓고 포괄적으로 사용된다. 교육목적은 다분히 추상적인 성격을 띠는 것임에 반하여, 교육목표는 목적을 이루기 위한 구체적 내용을 이루게 된다.'라고 하였다. 이처럼 교육목적은 교육목표의 상위 개념으로 교육에서 그 적용 대상이 광범위하고 전체적인 경우의 방향 제시를 의미하여, 보다 포괄적이며, 추상적·이념적·장기적인 것으로 국가나 사회적인 측면에서 타당하고 바람직한 가치·규범적인 개념이다. 이러한 교육목적을 나타내는 표현으로는 민주인·예능인·과학인·생활인 등과 같은 예를 들 수 있다. 교육목표란 교육목적보다 하위 차원의 개념으로 현실적·기술적 입장으로 목적 달성에 도달하기 위한 수단을 강조하는 것으로 학습경험을 통한 학생들의 행동 변화를 지칭한다.

다시 말하면 교육목표는 보다 세부적이고 특수적이고 단기적인 것으로 교육 현장에서의 학습자가 성취해야 할 미래의 도달점이라는 점에서는 교육목적과 공통된 개념이다. 교육목표를 나타내는 표현으로는 책임감, 계산능력의 배양, 과학적 태도의 함양 등과 같은 예를 들 수 있다. 이러한 교육목표의 의미는 교육 자료를 선정하고 내용을 결정하고 평가문제를 준비하는 기준이 되고 학습경험의 선정과 조직 및 학습지도에 기본적인 수단이 된다. 즉 교육목표의 의미는 체계화된 교육방향, 지도목표, 평가 등이 포함되어 있으며 그 속에는 교육이념, 교육목적, 교육목표들이 상호 관련되어 포함된다. 이러한 세 가지 개념들을 자세히 살펴보면 다음 내용과 같다.

1) 교육목적의 개념

일반적으로 교육목적은 교육이념에 근거하고 교육목적의 개념은 목표보다 넓고 포괄적으로 사용되며 대단히 추상적인 성격을 띠는 것에 비하여 교육목표는 목적을 이루기 위한 구체적 내용을 이루게 된다. 이것은 교육목표의 상위개념으로 교육에서 그 적용 대상이 광범위하고 전체적인 방향 제시를 의미하여 보다 포괄적·추상적·이념적·장기적인 것으로 국가와 사회적인 측면에서 타당하고 바람직한 가치가 되는 기본적인 개념이며 이러한 교육목적을 나타내는 표현으로 민주인·예능인·과학인·생활인과 같은 예를 들 수 있다.

교육목적은 목적이 있는 활동이고 바람직한 행동 특성으로 육성하려는 모든 교육적 활동이다(정범모, 1976). 또한 교육목적은 가르치려는 행동 특성이 타당한 것인지 상관없이 교육의 목적이 있는 교육적 활동을 의미한다. 그러나 교육에서 뜻하지 않은 우연적인 학습이 교육의 성과가 더 좋을 수도 있다고 한다(Brayan, 1976). 또한 교육목적은 학습경험 또는 학습과정을 통해서 학생들에게 이루고자 하는 행동에 변화를 의미한다. 따라서 교육목적은 교육활동의 방향을 제시해 주고 있었으므로 그 속에는 교육이념과 교육목표를 포함하고 있다.

이와 같이 일반적으로 교육목적은 추상적이고 융통성을 가지며 먼 장래를 전망하는 것으로 인간의 행동적 변화를 가져오게 하는 데에 목적이 있으며, 교육활동의 방향을 제시해 주고 나아가 교육적인 이념과 교육목표가 포함되어 있다.

2) 교육목표의 개념

교육목적이 추상적이고 교육의 방향을 제시하는 것이라고 본다면 교육목표는 교육목적을 달성하는 데 필요한 세부 사항을 설정하는 기준 또는 교육방침과도 같은 것으로 보아야 할 것이다. 학교 수업활동에서 보다 구체적으로 시사할 수 있는 것은 B. S. Bloom의 교육목표 분류에서 찾아볼 수 있다.

Bloom은 지적 교육목표로 지식, 이해, 적용, 분석, 종합, 평가를 제시하거나 정의적 교육목표로 감수, 반응, 가치화, 조직화, 인격화를 제시했다. 그리고 운동 기능적 영역에서는 반사적 운동, 초보적 기초 운동, 운동지각 능력, 신체적 기능, 숙련된 운동 기능, 동작적 의사소통으로 분류 제시하였다. 이와 같은 교육목표는 교육목적에 비하면 수업활동에 적용할 수 있을 정도로 구체성을 띤 것으로 볼 수 있다.

이상에서 본 것을 토대로 교육목적과 교육목표를 비교하면 다음과 같다(박인식, 1978).

첫째, 교육목표는 국가적 수준의 의사 결정으로 설정된 교육목적을 달성하는 데 필요한 구체적인 교육방편에 상응할 수 있고

둘째, 그 진술 형식은 교육목적보다는 좀 더 구체적인 용어로 되며

셋째, 교육목적과 수업목표의 중간 위치에서 양쪽의 관계를 상호 관련 내지 연결시켜 주는 역할을 하며

넷째, 교육목표를 정의하는 견해에 따르면 추상적 수준에서 구체적 수준까지를 모두 포함하고 있어서 경우에 따라서는 교육목적과 혼용되고 또 다른 경우는 수업목표와 동일시되는 경우도 있다.

3) 수업목표의 개념

학교교육이 계획적이고 의도적이라 함은 학생들의 생각과 느낌과 행동에 어떤 모양의 변화를 일으키려고 하는지에 관한 명백한 의도와 계획이 있음을 의미하는 것이다. 이와 같은 견지에서 수업목표는 수업이 효과적인 경우 그 수업과정에 참여한 학생들의 생각과 느낌과 행동이 어떻게 변화해야 하는지를 표현한 하나의 진술문이라고 할 수 있다. 즉 수업목표는 단원의 수업, 한 교과의 코스의 부분 또는 전 과정에 참여한 결과로 얻어지는 학생들의 지식, 지적 능력, 흥미, 태도 등의 행동 특성을 조작적으로 표현한 문장이다. 따라서 수업목표는 수업의 소산으로서의 학습성과를 담은 문장이라고 말할 수 있다(김호권, 1977).

이와 같은 수업목표의 설정은 투입행동의 진단과 수업 절차의 전개와 학습결과의 평가라고 하는 일련의 수업계획을 처방하고 결정한다는 견지에서 수업계획의 출발점이며 동시에 가장 중요한 활동이라는 생각은 Tyler의 교육과정 모형에서나 Glaser의 수업모형에서나 마찬가지로 강조되고 있는 수업과정에서의 활동이다.

나. 교육목표의 수준

교육목표에서 생각해야 될 또 하나의 문제는 목표의 수준에 관한 것이다. 교육활동이 다양한 것처럼 교육목표 역시 여러 가지로 설정되고 있으므로 다양하게 진술되고 사용되는 목표를 수준에 따라 정리할 필요가 있다. 교육목표에는 여러 가지 수준이 있다. 목적(goals), 목표(objectives). 행동목표(behavioral objectives)라고도 구분하며, 일반목표, 교과목표, 수업목표로 분류하기도 한다. 각 교과의 목표를 의미하는 프로그램목표, 단원목표를 의미 하는 중간목표, 교사와 학생이 단위 시간에 교실에서 무엇을 할 것인가에 대하여 구체적으로 명시한 교수목표로 나누기도 한다(김종서, 1982).

또한 세분 정도에 따라 일반목표(general education objectives), 정보목표(informationalobjectives), 계획목표(planning objectives)의 3가지로 분류하기도 하고, 교육의 일반목표, 교과목표, 수업목표로 분류하기도 한다. 수업목표는 행동목표, 수업목표, 교수목표, 계획목표 등을 말하는 것이다. 수업설계를 위해 수업목표를 설정하는 단계에서 수업목표를 의미하거나 규정하기 위해 다양한 종류의 용어가 사용되기도 한다. 이 같은 분류를 참고로 하여 교육의 일반목표, 교과목표, 수업수준의 목표로 나누어 자세히 살펴보면 다음과 같다.

1) 교육목표의 수준

교육의 일반목표는 국가나 사회가 지향하는 교육의 이념이나 방향을 제시한 것이라고 볼 수 있다. 따라서 교육의 일반목표에는 국가의 요청, 문화적 전통, 국민의 가치관, 발전에 대한 통찰 같은 것이 반영된다. 교육의 일반목표는 얼핏 생각하면 교육실제에 직접적으로 도움이 안 된다고 생각할 수 있을지 모르나 이것은 교육이 나가야 할 큰 줄기이기 때문에 교사는 이를 내면화하여 수업목표 설정의 기준으로 삼아야 할 것이다. 우리나라의 경우에는 교육기본법에 제시되어 있는 목표, 교육과정 구성의 일반목표 등을 들 수 있다.

예를 들면 교육기본법 제2조에는 교육의 이념적 차원의 목표로서, '교육은 홍익인간의 이념 아래 모든 국민으로 하여금 인격을 도야하고, 자주적 생활능력과 민주시민으로서 필요한 자질을 갖추게 하여 인간다운 참을 영위하게 하고 민주국가의 발전과 인류 공영의 이상을 실현하는 데 이바지하게 함을 목적으로 한다.'로 되어 있다. 개인적으로 보면 전인적 발달을 위한 목표이고, 국가 및 사회적 관점에서 보면 국가발전에 필요한 분야의 인재 양성을 위한 교육의 목표라고 할 수 있을 것이다. 이러한 예에서 보듯이, 이 수준의 교육목표는 학교 현장에서 전개되거나 실천되기 이전의, 아직 하나의 교육적 이념으로서 머물러 있는 상태의 교육목표이다. 따라서 개개의 학교에 의해서 어떻게 받아들여지며 어떻게 수업목표에 반영되느냐 하는 문제와는 다소 거리가 있다.

즉 교육의 일반목표는 일반적이고 포괄적이며 장기적인 목표로서, 교육의 궁극적인 지향점이라고 할 수 있다. 이러한 목표는 학교의 영향에서 벗어난 일상생활에서 기대되는 변화 및 일생을 통해 이루고자 하는 생의 목표(life outcomes)라고 하는 것이 타당할 것 같다.

2) 교과목표의 수준

학교교육이 시작되어 오늘에 이르기까지 중시된 교육내용은 교과이다. 교과란 긴 역사를 통하여 인류가 쌓아 올린 방대한 경험을 이해하고 새로운 경험을 설명하는 데 도움이 된다. 즉 조직된 지식체계를 말한다(김종서, 1982). 다시 말하면 교과란 자연현상,

사회현상 중에서 공통적인 요소를 추출하여 이를 논리적으로 체계를 세운 것을 말한다. 예를 들면 자연현상 중에서 수에 관한 요소를 추출하여 하나의 지식체계를 이룬 것이 수학이다. 교과는 교육과정 개념의 변천에 따라 그 해석의 관점은 달라져 왔지만 중요성은 조금도 퇴색되지 않았다. 경험 중심 교육과정에 있어서는 생활상의 문제를 해결하는 것은 교과 지식을 어떻게 이용하느냐에 중점을 두었으며, 학문 중심교육과정에 있어서는 지식의 구조를 교과로 보는 경향이 있다. 즉 교과 중심 교육과정에서는 생활에 필요한 지식의 논리적 체계가 중시되었고, 경험 중심 교육과정에서는 생활에 필요한 지식이 중시되었으며, 학문 중심 교육과정에서는 지식의 기본 개념에 중점이 있다.

오늘날 교육과정은 학문 중심 교육과정의 경향과 인간 중심 교육과정의 경향이 강하기 때문에 교과의 성격도 이러한 관점에 따라 규정지을 수밖에 없다. 따라서 교과의 목표도 전이가 높은 기본적인 개념과 풍부한 인간성의 함양에 중점을 두어야 할 것이다.

교과의 목표는 다음의 세 가지 수준에서 고찰될 수 있을 것이다. 그 하나는 교과의 일반목표이며, 다음은 학교 급별 교과의 목표이고, 끝으로 학년 수준별 교과의 목표이다. 이러한 목표들은 위계성을 지니고 있었으며 하위의 목표일수록 세분화되어 있다. 우리나라의 경우 제7차 교육과정에는 교과의 일반목표는 제시되어 있으나 학년별 목표는 제시되어 있지 않다.

그런데 이 수준의 목표를 결정하는 일은 흔히 교육과정 구성에 참여하는 특정 전문가들에 의해서 이루어진다. 이리하여 교과의 목표는 문서로서의 교육과정에 기술하게 된다. 각 단위학교에서는 법적 효력을 가지는 교육과정 문서 속에 진술된 교과목표를 기초로 하여 실제 수업목표들을 설정하는 것이 통례로 되어 있다. 이 수준의 교육목표 설정을 위해서 각급 학교 교사들로 하여금 연구·협의하는 일이 격려되고 있으며, 그럴 경우 보다 확신 있는 교육목표를 가질 수 있게 된다는 이점이 따르게 된다.

3) 수업목표의 수준

수업목표는 가장 구체적인 수준의 교육목표로서, 교사와 학생이 교육 현장에서 가르치고 배우는 과정을 이끌어 주기 위한 목표이다. 따라서 교사 개개인의 결정권이 크게 작용되는 것이 이 수준의 목표이다. 특히 학교교육활동의 핵심을 이루는 것이 수업활동이므로, 일반적인 교육목표나 학교 수준의 목표도 궁극적으로는 수업표로 번역될 때 비로소 그 진가를 나타내게 되는 것이다.

수업 수준의 목표에도 두 가지 수준이 있다. 그 하나는 단원목표이고 다른 하나는 수업목표이다. 단원목표는 10시간 내외가 소요되는 1개 단원 전개를 위한 목표이고 수업목표는 1～2교시의 목표를 말한다. 前者는 비교적 포괄적인 개념으로 진술이 되나 후자는 세분화된 행동적인 용어로 진술되는 것이 상례이다. 이러한 수업목표는 수업의 방향을 이끌어 줌은 물론 수업내용의 선정과 조직에 구체적인 시사를 제공하며 수업결과를 평가하는 기준이 되기도 한다. 수업목표를 명확하게 제시하면 교사는 불필요한 시간 낭비를 감소시킴으로써 수업밀도를 높일 수 있게 된다. 그리고 학생의 입장에서도 불필요한 문제에 관심을 적게 쏟아도 됨으로써, 학습 주의력을 높이게 되고 결과적으로 학습밀도를 높이는 데 성공하게 된다.

　지금까지 교육목표를 간단히 세 수준으로 나누어 살펴보았다. 그런데 이러한 분류가 절대적인 것은 아니며, 각 수준의 목표는 서로 밀접하게 연결되어 있다. 학교의 일반목표이든 수업목표이든 간에 그것이 실제 수업과정에 반영된다는 것이 중요하다. 교육의 목표가 어마어마한 것으로 설정된다 하더라도, 그것이 수업과정에서 충실히 추구되지 못한다면 단순한 장식이나 서론으로 끝나고 만다. 설정된 목표는 반드시 충실히 달성되도록 하여야 하는 것이다.

다. 교육목표의 기능

　교육목표는 학습경험 조직의 요인이라기보다는 학습경험을 선정하고, 계획하고, 전개하고, 평가하는 방향을 잡는 데 하나의 지침으로서 인정되어야 할 것이다(권낙원, 1996). 이런 점에서 학교 및 교과, 학년 목표에의 측면에서 교육목표의 기능으로서(권낙원, 1996) 다음과 같이 세 가지를 제시하고 있다.

　첫째, 교육목표는 바람직한 성장이 이루어져 나아갈 방향을 분명하게 해 준다.

　둘째, 교육목표는 학습경험을 선정할 근거를 마련해 준다.

　셋째, 교육목표는 학습의 평가를 위한 근거를 마련해 준다.

　한편, Taba(권낙원 1996)는 학교 및 교과, 학년 목표에의 측면에서 교육목표의 기능을 다음과 같이 말하고 있다.

　첫째, 교육 프로그램에 있어서 주로 강조할 지향점을 마련해 준다.

　둘째, 망라하는 것, 강조하는 것, 내용을 선정하는 것, 학습경험으로 강조하는 것들에 관한 교육과정적 결정을 내리게 해 준다.

셋째, 교육목표의 명확한 진술은 여러 학문 내의 매우 넓은 지식 영역으로부터 어떤 타당한 성과에 실제로 필요한 것을 선정하는 데 도움을 준다.

넷째, 발전시킬 필요가 있는 정신적 혹은 그 밖의 어떤 유형을 명확히 하는 데 기여한다.

다섯째, 교육목표는 우리들이 교육과정이라고 부르는 다종다양한 활동에 대해서 공통적이며 일관된 초점을 마련해 주는 데 필요하다.

여섯째, 교육목표는 성취도의 평가를 위한 하나의 지침을 준다.

그리고 Saylor & Alexander(권낙원, 1996)는 교육목표가 교육과정의 구성에 이바지하는 네 가지 사항을 지적하면서 교육목표의 기능을 말하고 있다.

첫째, 어떤 선택이 바라는 교육성과의 실현에 가장 많이 기여하겠는지에 대한 교육과정 결정을 위한 기초를 마련해 준다.

둘째, 학생들의 최대한의 성장을 가져올 수 있도록 교육의 근본 목적과 합치되는 목표를 설정할 수 있도록 학생목표 설정을 위한 지침을 제공한다.

셋째, 학교가 추구해야 될 모든 바람직한 성과들이 학생들의 경험으로 제공되고 있는가에 교육계획의 적절성과 타당성을 판정할 수 있는 기준이 된다.

넷째, 학생들은 바람직한 성과를 얻고 있는가에 대한 것으로 학생의 성장 발달을 판정하기 위한 기준이 된다. 즉 교육목표는 교육활동의 성과를 판정해 내는 기준이 되기 때문에 교육목표를 분명하게 인식하지 않고서는 제아무리 좋은 교육활동을 전개했다 하더라도 학생의 진보나 성취도를 평가할 수 없다.

또 Oliver(권낙원 1996)는 수업, 평가목표의 입장, 즉 세 목적, 행동적인 목표의 차원에서 교육목표의 기능들을 다음과 같이 제시하고 있다.

첫째, 교육목표는 학습활동의 선정에 기초를 마련해 줄 것이다. 만약 강조점이 교재에 놓이게 되면 기억하는 데 활동이 집중하게 될 것이고, 만약 강조점이 문제 해결에 초점이 모이면 교실 내에서 행해지는 테크닉 및 이해에 주어지게 된다.

둘째, 교육목표는 평가에 관련 지워진다. 즉 평가는 자료, 방법 및 활동들의 충분함과 적절성을 판단할 기준으로 매우 공식화된 교육목표를 필요로 할 것이다.

셋째, 교육목표를 분명히 나타내는 일은 대중에게 학교를 설명하거나 대중이 기대하는 바가 무엇인가를 교육자들이 알게 하는 데 도움을 주며, 심리학적 견해에 의하면 학습자에게 학습동기를 주고, 가르침은 학습자의 행동에 변화가 나타나기를 기대하게 되며 이것은 어떤 학습경험이 바람직한 행동을 낳을 수 있는가로 나아가게 한다.

이러한 기능을 가진 교육목표는 일반적으로 국가나 사회가 지향하는 교육의 이념이나 방향을 제시한 것이라고 볼 수 있다. 따라서 교육의 일반목표에는 국가의 요청, 문화적 전통, 국민의 가치관, 발전에 대한 통찰력 같은 것이 반영된다. 얼핏 생각하면 교육 실제에 직접적으로 도움이 안 된다고 생각할지 모르나 이것은 교육이 나아갈 큰 줄기이기 때문에 교사는 이를 내면화하여 수업목표 설정의 기준으로 삼아야 할 것이다.

2. 수업목표의 개념

가. 수업목표의 정의

수업목표라는 용어에 대하여 최초로 관심을 가진 사람은 Bobbitt 이다. Thorndike의 학습전이 이론에 많은 영향을 받은 것으로 간주되는 Bobbitt은 이미 1918년에 학교의 교육과정은 구체적인 목표로 진술되어야 한다고 주장하였다. 교육과정 분야에 사용되는 역사는 1900년대 교육과정 및 교육평가 전문가들이 교육과정의 개발이나 교육평가의 목적을 명확화하려는 시도에서 혹은 행동주의 학습이론에 근거를 두고 교육 프로그램을 개발하려는 사람들에 의하여 프로그램을 통하여 통제하고자 하는 인간 행동을 세분화하고자 하는 시도였으며, 교육의 공학적 접근 또는 수업이론에서 시도되는 것으로 학습의 조건을 다양하게 제시하기 위하여 학습을 통해 성취되는 목표를 분명히 파악하고자 하는 시도였다(진위교 외, 1989).

학교교육이 계획적이고 의도적이라 함은 학생들의 생각과 느낌과 행동에 어떤 모양의 변화를 일으키려고 하는지에 관한 명백한 의도와 계획이 있음을 의미한다. 이러한 견지에서 보면 수업목표는 수업과정에 참여한 학생들의 생각과 느낌과 행동이 어떻게 변화해야 하는지를 나타낸 진술문이라고 할 수 있다. 즉 수업목표는 단원의 수업, 한 교과의 코스의 부분, 또는 전 과정에 참여한 결과로 얻어지는 학생들의 지적 능력, 흥미, 태도 등의 행동 특성을 조작적으로 표현한 문장이다(김호권, 1998).

또 한, 변영계(1999)에 의하면 수업목표가 분명하게 진술될 때 비로소 목표달성에 가장 알맞은 수업활동, 수업매체, 수업자료를 선택할 수 있고 수업이 끝난 후의 평가도 객관적으로 할 수 있다고 하고 있다. 이렇게 수업목표는 가장 구체적인 수준의 목표로서 교사와 학생이 교육 현장에서 가르치고 배우는 과정을 이끌어 주기 위한 목표이며 교사 개개인의 결정권이 크게 작용되는 것이 이 수준의 목표이다. 따라서 학교교육활동의 핵심을 이루는 것이 수업활동이므로 일반적인 교육목표나 학교 수준의 목표도 궁극적으로는 수업목표로 번역될 때 비로소 그 진가를 나타내게 되는 것이다.

나. 수업목표의 기능

수업목표가 의도하는 행동의 수준에 비추어서 어느 것이 보다 상위의 것이고 보다 하위의 것인가를 생각할 때 보다 하위의 세부적 행동을 규정하는 용어로 받아들일 수 있고 진술 방식에 비추어 생각해 볼 때 보다 구체적이고 명료하게 진술되어야 하며 학습자들이 목표에 도달하는 과정으로 볼 때 한 시간 또는 몇십 분의 학습결과로 획득될 수 있다는 성격의 목표이다. 또한 대상이나 절차로 보아 수업목표는 학습자가 학습이 끝난 후에 의도한 학습결과로 진술되어야 한다(변영계, 1999).

이와 같은 수업목표는 몇 가지의 중요한 기능을 내포하고 있다. 수업목표의 기능을 교육과정에서 의도하고 있는 목표의 내용을 성취시킬 수 있는 학습경험을 선정하는 데 명확한 시사를 주고, 수업목표를 결정하기 위하여 제공되는 수단적인 활동이다. 따라서 수업은 주어진 수업목표가 무엇을 요구하고 있는가에 따라 그 양상이나 활동이 달라져야 할 것이다.

어떤 수업목표가 너무 막연하거나 고차적으로 진술되어 있어서 어떤 학습경험을 통하여 그것에 도달할 수 있는지를 명확하게 시사하지 못한다면 우리는 그것이 수업목표로서 제 기능을 다하고 있다고 하기 어려울 것이다. 물론 수업목표가 교육목표에 충실하고 그 목표가 의도하고 있는 방향으로 형성되어야 한다(김순택, 1982).

또한 수업목표는 그것을 달성하려는 학생들의 학습을 일반적으로 촉진시키는 기능을 하고 있다. 학생들이 무엇을 학습하게 될 것인가의 방향이 명확하게 주어졌을 때 학습자의 학습은 보다 촉진된다는 점에는 많은 사람들이 같은 견해를 보이고 있다. 물론 무엇을 학습해야 하는지 무엇을 학습하고 있는지를 분명히 의식하지 못하면서 이룩되는 시행착오적인 학습을 하는 때도 있다. 그러나 학습을 해야 하는 목표가 분명히 서 있을 때 학습을 위한 동기는 높아지고 학습을 위한 목표 지향적인 노력이 될 것이다.

이와 같이 수업목표의 기능은 그 수업에 대한 평가의 지표 기능을 하게 하고 수업이 끝났을 경우에 그 수업의 효과성이나 그 수업을 통하여 학생들이 어느 정도 주어진 목표를 성취하였는가를 알아보는 기준이 된다. 그런데 보통 학교의 평가활동에서 수업목표의 평가활동을 서로 분류해서 생각하는 이원론적으로 사고하는 것을 찾아볼 수 있는데, 이러한 이유가 발생하는 문제는 여러 가지 문제가 있지만 그중의 하나는 바로 명확한 수업목표의 의식이 확립되지 않고 수업을 하고 평가를 하기 때문이다. 수업목표의 기능은 교사가 수업활동을 할 때 가장 중요한 역할을 하며 수업의 생명이 된다고 할 수 있다. 수업목표가 이와 같은 기능을 제대로 발휘하려면 교사는 다양한 수준의 교육목표들을 분석하고 이해하여

야 한다. 교육의 목적은 한 나라의 교육이 나아가야 할 교육의 방
향을 결정하는 매우 추상적이고 포괄적인 목적으로부터, 각 교과의
목표와 단원목표, 그리고 본시 수업시간의 구체적 수업목표에 이르
기까지 여러 수준으로 분류될 수 있다. 각 수준의 목표는 제각기
독특한 기능을 가지고 있으나, 궁극적으로는 상호 일관성과 통일성
을 유지하여야 한다. 교사들에게 일차적으로 요구되는 것은 교과의
일반적 목표와 학년별 목표, 그리고 단원목표를 명확하게 정립하는
것이다. 이러한 목표는 대부분 각 교과의 교사용 지도서에 포함되
어 있다. 교사들은 이러한 제반 목표들을 완벽하게 분석하고 이해
해야 할 뿐만 아니라 이를 자기 것으로 만들어야 할 것이다. 또한
학습자의 선수학습이나 제반 특성에 비추어 목표의 수준을 일부
조정 또는 수정할 필요가 있다.

다. 수업목표의 설정

교사는 수업을 하기 전에 수업목표를 설정하여야 한다. 즉 한
학습단원의 수업을 전개함에 있어서 이 학습단원에서 어떤 수업목
표를 제시해야 하는가를 확정해야 한다. 이와 같은 수업목표의 설
정은 그 단원에 관한 학습지도를 위하여 장차 어떤 수업활동을 가
지며 수업이 끝났을 때 무엇을 평가할 것인지를 결정해 주는 열쇠
가 된다. 이런 교사의 수업목표 설정은 학습단원에서 확정한 수업
목표를 달성하기 위한 수단이 되며 그것은 그 시간에 배울 목표가
뚜렷해진다. 또한 수업 후에 평가될 활동이기보다는 이 학습단원에
서 확정된 중요 수업목표가 실제로 학생들에 의하여 얼마만큼이나

달성되었는지를 확인하는 활동이다.

그러나 한 학습단원의 수업목표를 적절한 수준에서 올바르게 설정하는 일은 결코 손쉽고 간단한 일이 아니다. 그것은 교과내용에 관한 풍부한 지식과 현행 교육과정의 기본 목표에 관한 정확한 이해와 깊이 있는 교육학적 식견의 조화에 의해서만 달성될 수 있는 일이라고 볼 수 있다. 수업목표의 설정을 위한 기본적 자료는 교육과정과 교과서이다. 그러나 교과서는 일종의 자료에 지나지 않으며 그것은 한 학습단원의 주요 수업목표를 직접적으로 제시해 주지는 않는다. 따라서 교과서에 실린 학습단원의 내용 분석을 통하여 다루어야 할 학습내용 요소를 추출하는 한편, 교육과정 분석을 통하여 강조해야 할 수업목표의 지침이 어디에 있는지를 충분히 참고하면서 중요 수업목표를 설정해야 할 것이다. 수업목표는 수업활동과 관련된 특정한 방향으로 집중시키기 때문에 학습에 효과적이고 개인이 노력을 하도록 학습기회를 마련하여 주며 인식된 수업목표는 수업의 방향을 결정해 주는 결정적인 요소가 된다.

이와 같이 교사가 수업활동 중 수업목표를 진술한다는 것은 매우 중요한 일이며 교사가 수업 전에 교과의 특성에 알맞도록 수업목표를 진술하는 것이 습관화되어야 한다. 그러나 현재의 실태는 교사의 기분에 따라 상황이 달라지고 있다. 교사가 수업을 진행할 때에 수업목표를 진술하고 수업을 할 때와 수업목표를 진술하지 않고 수업할 때를 비교하여 학습의 효과를 비교 연구한 결과, 수업목표를 진술하고 수업한 경우에 학습효과가 크다고 나타났다.

이런 연구의 결과로 보아 수업목표의 진술이 교사의 생명처럼 중요하다는 것을 보여주고 있다. 교사가 수업할 때 수업목표를 분명히 알고 수업에 임하게 되면 주어진 시간에 무엇을 가르쳐야 하는지 수업방향을 확실히 결정하게 되어 수업시간을 소비하지 않고 학습태도와 학습효과를 높일 수 있다고 수업목표 진술의 중요성을 강조하였다. 이와 같이 교사는 교수-학습활동 시에 수업목표를 분명히 제시해야 하며 학습자는 제시된 수업목표를 분명히 알고 수업활동에 임해야 한다. 학습자가 수업 전 수업목표를 분명히 알면 학습방향이 분명해지고 그 시간에 이해해야 할 학습내용을 효과적으로 학습하게 된다. 교사의 입장에서는 교사가 분명하게 수업목표를 제시하고 수업을 했을 때는 그 수업이 어떠한 순서로 학습활동을 시켜서 수업을 전개할 것인가를 짐작하게 된다. 만일 교사가 수업목표에 대하여 분명히 진술을 하지 않았을 때에는 학습방향이 흔들리게 되고 수업의 방향도 결정할 수 없게 된다. 학습자가 수업목표를 명확하게 알게 되면 학습자 자신이 자기의 수업계획을 세워서 학습하게 되므로 학습이 효과를 더 높일 수 있을 것이다.

교사가 수업을 시작하는 단계에서 학습자에게 명확한 수업목표를 제시했을 경우에는 학습자들이 해야 할 일이 무엇인지 잘 알게 되고 명확한 수업목표가 제시되었을 때에는 학습자는 무엇을 어떻게 해야 하는지, 무엇부터 먼저 해야 하는지 방황할 가능성이 많기 때문에, 각 교과의 특성에 알맞은 수업목표를 설정하고 진술하는 일이 교사의 역할 중 무엇보다 중요하다.

라. 수업목표의 진술 방식

수업목표의 진술은 일반성과 특수성의 연속선상에서 어떻게 진술되느냐에 따라 포괄적이고 일반적인 목표와 특수하며 구체적인 목표 진술을 할 수 있다. Kilber 등은 이런 연속성을 다음과 같이 가정하고 있다(김상원, 1993). 교수목표는 연속선상에서 왼쪽으로 갈수록 일반적이며 포괄적인 반면에, 오른쪽으로 갈수록 구체적이며 미세해진다. 여기서 일반적 교육목표는 '민주 시민의 자질을 함양한다.'와 같이 어떤 교육 프로그램의 전반적 목표를 의미한다. 이른바 행동적 목표는 정보목표와 계획목표의 두 가지에 다 해당하나, 계획목표의 경우가 더 구체적이고 미세하다. Kilber 등에 따르면 Bloom의 교육목표 분류학에 표시된 목표 등은 정보목표보다도 오히려 약간 더 왼편에 위치하며, Mager의 교육목표가 계획목표에 가깝다고 말하고 있다. 수업목표의 진술을 위해서는 다양한 여러 접근법이 있을 수 있다. 이런 접근법이 달라짐에 따라 진술된 수업목표의 유용성에 있어서도 적지 않은 차이가 있을 가능성이 있다.

Gronlund는 수업 현장의 목표를 준비할 때는 항상 두 단계의 과정을 거치는 것이 바람직하다고 주장한다(권낙원, 1996). 첫째 단계는 수업목표가 일반적인 학습성과로서 진술된다는 것이고, 둘째 단계는 각 수업목표가 학생들이 수업목표를 성취했음을 보여주기 위한 학습경험에 의하여 행동 징표를 증명할 수 있는 학습과제를 리스트함으로써 더욱더 한정 지어져야 한다는 것이다.

Gronlund는 일반목표, 세목적 목표에 의한 수업목표에 대하여 이론적 근거를 제시하고 있다. 일반목표의 진술에 있어서 '-안다', '-이해한다', '-평가한다'와 같은 동사로 시작하고, 교사의 행동 징표보다 학생의 행동 징표로 학습과정에 의하기보다는 학습의 성과로써, 수업 동안 망라되어 있는 교재보다 오히려 도착점 행동을 가르칠 수 있도록 수업목표를 진술해야 한다(<표Ⅲ-1>). 세목적 목표에 의한 진술은 기대되는 학습성과들로 일반적인 수업목표를 진술하고, 학생들이 목표를 성취했을 때, 그들이 증명할 도착점으로 진술한 세목적인 학습성과의 목록을 각 일반 수업목표에 두고, 각 세목적인 학습성과를 명확하게 관찰할 수 있는 행동으로 세목화한 동사로 시작하며, 목표를 성취한 학생들의 행동을 적절하게 기술한 각 목표에 의해 세목적인 학습성과의 충분한 수를 리스트하고, 학습성과의 행동이 기술한 목표에 적당한지를 확실히 한다. 세목적인 학습성과에 의해서 일반적인 수업목표를 제안할 때 필요하다면 본래의 목표 리스트를 개정하여 손질하고, 복잡한 목표들은 행동 용어로 한정 짓는 것이 어렵기 때문에 복잡한 목표들을 간단하게 생략되지 않도록 주의하며, 복잡한 목표들을 한정 짓는 데 가장 적절한 세목적인 행동유형을 찾는 일에 도움이 될 참고 자료들을 참고한다.

교사의 수업활동은 어떤 목표를 위한 수단일 뿐 목적이 아니며, 학생들의 변화를 어떤 모양으로든지 도와주려는 데 있다. 교사가 사례를 들고, 증명하고, 논의하고, 실험을 하는 등의 행위는 모두 이런 이유 때문에 있는 것이다. 수업목표를 진술하는 것은 교육의 목적이 학습자의 어떤 변화를 의도적으로 돕는 데 있다고 한다.

<표 Ⅲ-1> Gronlund의 수업목표 진술 방식

일반목표	세목적 목표
1. 단원에 속해 있는 용어들의 의미를 안다.	1-1 용어의 정의를 쓴다. 1-2 뜻이 비슷한 용어를 구별한다. 1-3 용어의 동의어를 한 개 찾아낸다. 1-4 용어의 반의어를 한 개 찾아낸다. 1-5 개념의 묘사에 용어를 맞춘다.

그 내용이 어떤 방식으로 학습되어야 하는가에 관해서 아무런 해명도 주지 못한다. 교과내용들은 학생들의 지적 기능이나 지적 과정을 개발하기 위해서 쓰이는 자료의 구실을 하는 것이며, 그 자체가 목표가 되는 것은 아니다.

또한 수업목표의 진술에 대한 접근법을 살펴보면 수업목표는 두 가지 요소로 구성되어 있음을 알 수 있다. 즉 수업목표를 설정할 때 교사는 내용과 변화된 행동을 함께 진술하여야 수업의 의도를 학생들에게 명확히 전달할 수 있으며, 수업의 진행과정이 아닌 수업의 결과로 서술하게 된다는 것이다.

수업목표의 진술은 단기적인 측면과 장기적인 측면이 있다. 짧은 기간 동안에 실시되는 수업은 구체적 수업목표가 필요하며, 비교적 장기간에 걸친 수업의 결과는 일반적인 목표가 필요하다. 비교적 일반적 용어로 수업의 결과를 진술하는 것을 일반적 수업목표(general instructional objectives)라고 한다.

일반적 수업목표는 '자료의 의미를 파악한다.'와 같이 학생들의 학습결과를 비교적 의미 있는 전체적 행동으로 진술한 것이다. 이러한 목표들은 학생들이 실제로 '자료의 의미'를 파악하고 있는지의 여부를 알아볼 수 있을 만큼 구체적이지는 않다. 일반적 수업목표를 진술할 때 유의해야 할 점은 적절한 일반성을 유지하는 일이다. 수업의 방향을 제공할 만큼 정확하면서도 수업을 훈련의 수준으로 낮추지 않을 만큼 일반적이어야 한다. 이렇게 일반적으로 진술되어야만 교사들이 수업방법이나 수업자료를 선택할 때 융통성을 기를 수 있다.

일반목표 중에는 구체적 행동으로 서술하기 힘든 것도 있다. 예를 들면, '과학적 태도를 익힌다.', '창조적 기술을 보인다.' 등과 같이 상당히 복잡하고 수준이 높은 정신 기능을 목표로 삼는 경우이다. 이러한 경우 교사는 참고문헌을 찾아서 도움을 주는 것이 바람직하다.

일반목표를 설정한 다음에는 그 목표와 관련된 구체적 목표들을 진술해야 한다. 목표란 학습을 성공적으로 끝낸 후 학생들이 달성해야 할 행동들을 진술한 것이기 때문에 그 목표에 비추어 실제로 학생들이 목표를 달성했는지를 관찰할 수 있도록 명확해야 한다. 따라서 학생들이 어떤 행동을 보여야만 일반목표를 달성한 것으로 받아들일 수 있는가 하는 구체적 학습결과를 제시해야 하는데 이 것을 구체적 수업목표(specific objectives)라고 한다. 구체적 수업목표는 행동목표(behavioral objectives), 측정 가능한 목표(measurable objectives), 성취목표(performance objectives)라고 불리기도 한다. 구체적 목표들을 달성했다면 결국 일반목표를 성취한 것으로 받아들일 수 있는 만큼 구체적 목표와 일반목표는 관련성이 있어야 한다. 즉 구체적 목표는 일반목표를 증명해 보일 수 있는 구체적 행동들을 나열하는 것이다.

구체적 행동을 제시할 때는 일반목표를 달성했기 때문에 보일 수 있는 여러 가지 구체적인 행동 중 가장 대표적인 행동을 표본으로 제시해야 한다. 구체적인 수업목표를 진술하는 방식에 대한 의견은 학자들마다 조금씩 다르다.

1) Tyler의 수업목표의 진술

Tyler는 수업목표 속에는 다루어야 할 내용 영역과 추구해야 할 행동 영역이 동시에 기술되어야 한다고 주장하였다. 즉 수업목표를 진술할 경우는 학생 속에 길러져야 할 행동의 유형과 그러한 행동이 나타나야 할 내용 또는 생활 영역 모두가 진술되어야 한다는 것이다(<표 Ⅲ - 2> 참조).

Tyler는 행동적 수업목표를 진술하는 데 세 가지 특징을 제시하였다.

첫째, 수업목표 진술은 학생의 행동으로 진술해야 된다는 것이다. 교육에서 관심을 갖는 것은 학생의 행동 변화, 즉 학생의 행동이 교육이 시작되기 전, 더 좁게는 교수 학습이 시작되기 전과 그 후에 어떤 영향으로 어떤 수준까지 변화되었나를 보는 것이고 그것을 평가하는 것이 교육평가이다. 그러므로 목표 진술은 그것을 가르치는 교사의 행동으로 진술될 것이 아니라 학생의 행동이라는 차원에서 진술되어야 한다는 것이다.

둘째, 학생의 행동만을 진술할 것이 아니라 그 행동이 나타내어지는 내용도 함께 진술되어야 한다.

셋째, 학생의 기대되는 행동은 충분히 세분화되어야 한다. 수업목표 진술에서 학생에게 기대되는 행동을 충분하게 세분화시키지 않는다든가, 학습과제의 내용구조를 구체적으로 세분화시켜 진술하지 않으면 실제 수업이 막연한 것이 되기 쉽고 평가하여야 할 때도 구체적으로 무엇을 평가하여야 할지 모르게 된다.

<표 Ⅲ-2> Tyler의 수업목표 진술 방법

내용	행동
지도에서 축적의 의미를	이해할 수 있다.
우리 고장의 그림 지도를	그릴 수 있다.
세계 4대 문명 발상지를	열거할 수 있다.

　수업목표는 교사가 수행해야 할 일을 나타내는 교사의 활동 형태로 진술되거나, 주제, 이념, 법에 대해서 진술되거나 일반적인 행동형으로 진술되어서는 안 된다고 했다. 왜냐하면 수업목표는 학습자가 수행해야 할 행동을 나타내는 형태로 진술되어야 하는데 이 세 가지는 학생의 행동을 표현하지 않기 때문이라는 것이다. 이러한 수업목표들은 행동과 내용이라는 2가지 요소를 포함하고 있으므로 Tyler식 수업목표 진술 방식이라고 할 수 있다.

　이와 같은 수업목표의 진술 방식은 내용과 행동의 결합이 교육목표를 도달시키는 지표가 된다. 즉 무엇을 가르칠 것인가에 대한 Tyler의 대답은, 내용에 대한 원리의 이치를 가르친다. 즉 내용에 관한 원리를 가르친다는 것이다. 여기에서 원리는 내용을 의미하며 이해한다는 것은 행동을 말한다. 이것들은 교육목표로서 의미를 가지고 있고, 그 내용은 행동과 함께 학교가 달성하고자 하는 교육목표가 된다.

　이런 수업목표 진술을 내용과 행동으로 규정하고 있는데 내용과 행동으로 규정한 가장 중요한 이유는 그것이 평가되어야 한다는 것을 염두에 두었기 때문이고 평가를 염두에 둔다면 교육목표는 반드시 교육과정과 수업의 결과로 학생들에게 행동의 변화가 있어야 한다. 즉 교사가 가르치는 동안에 교사가 무슨 일을 해야 하는가를 자세히 밝히기 위해서는 그가 가르치는 내용을 자세하게 구성하는 것이 아니라 최종적으로 평가될 학생의 행동을 자세하게 규제하는 것이다. 예를 보면 수업목표가 Newton의 3법칙을 열거하기로 되어 있다면 Newton의 3가지 법칙은 내용에 해당하고 열거하기는 행동에 해당된다. 만약 Newton의 3가지 법칙인 수업목표의 내용만 제시되었다면 어떤 수업목표인지를 짐작할 수가 없으며, 행동만 진술해 놓으면 수업목표가 무엇인지를 알 수 없다. 그래서 수업목표 진술 방식은 수업목표의 내용과 행동이 동시에 진술되어야 한다고 주장하고 있다.

2) Mager의 수업목표 진술

최근에는 내용과 행동이라고 하는 2가지 요소만을 포함하는 수업목표보다는 더욱 상세하게 진술한 목표가 유용하다는 주장이 대두되고 있다. 이런 주장은 대체로 프로그램 학습이나 전자계산기에 의한 학습문제를 연구하는 교육공학적 접근에서 많이 나타나고 있는데 이런 접근방법 중에 대표적인 수업목표 진술 방식이 Mager의 진술 방식이다.

Mager는 그의 저서 『수업목표의 작성(Preparing Instructional Objectives)』에서 수업목표의 설정 과정과 진술 양식을 상세하게 체계화하여 제시하고 있다.

모든 목표는 명시형으로 진술되어야 한다는 것이다. 즉 Mager에 의하면 일반적으로 어떤 동사가 명시적인지 또는 암시적인지를 구별하는 기준은 그 목표의 진술에 사용된 동사의 성질에 달려 있다. 이처럼 수업목표는 행동적 용어로 진술됨으로써 대안적 가능성을 제거하여 모든 사람들이 하나의 목표를 동일하게 해석할 수 있게 하자는 것이다.

Mager는 이런 점을 강조하여 모든 목표를 관찰 가능한 외현적 행동을 나타내는 용어로 진술할 것을 제안하고 있다. 또한 수업목표는 수업의 성과로서의 최종적인 성취행위가 분명히 진술되어야 한다. 여기서 최종적인 성취행위란 어떤 수업에서 기대하는 의도한

성과라고 할 수 있으며, 학습의 결과로써 나타내야 한다.

따라서 수업목표는 수업이 끝났을 때 학습자가 무엇을 할 수 있는지를 제삼자가 볼 수 있도록 성취적인 용어로 진술해야 한다.

그러나 이런 기대되는 성취행위가 분명히 표시되었다고 해서 완벽한 수업목표가 진술되는 것은 아니다.

수업목표에서는 기대되는 성취행위가 나타날 수 있는 조건도 아울러 진술되어야 한다. 즉 어떤 조건하에서 그러한 행동이 나타나야 할 것인가를 밝혀야 한다면, 학생은 '평균, 표준편차와 같은 통계 값을 정확하게 계산할 수 있다.'라는 목표에는 단지 성취행위만이 표시되어 있다.

그러나 이보다 학생은 공책과 참고서 도움 없이 평균, 표준편차와 같은 통계 값을 계산할 수 있다고 진술하면 보다 명료한 목표가 된다. 이처럼 성취행위의 조건에는 학습 교재 및 도구의 도움이나 제한점이 포함된다.

수업에서 시청각 기구를 가끔 사용할 수 있는데 이러한 교재나 기구의 사용이 수업목표의 진술 방식으로 포함될 때 유력한 교수 안내가 된다. 그는 수업목표 진술에는 학습자의 도착점행동(terminal behavior)과 그 도착점행동이 일어나는 상황(situation) 및 조건(condition), 그리고 그 도착점행동이 어느 정도로 숙련되어야 하는지를 밝혀 놓은 준거(criteria)가 명시되어야 할 것을 주장하고 있다.

이와 같은 Mager의 주장을 요약해 보면 다음과 같다.

첫째, 수업목표는 수업의 절차나 방법의 요약을 기술하는 것이 아니라 의도한 결과를 진술해야 한다.

둘째, 수업목표는 성취적인 용어로 진술되어야 하며, 학생의 학습이 끝난 후 제삼자에게 무엇을 할 수 있는지를 보일 수 있도록 진술되어야 한다.

셋째, 수업목표에는 기대되는 성취행동이 나타나는 조건도 함께 진술되어야 한다. 즉 어떤 조건하에서 그러한 행동이 나타날 것인지를 진술한다. 이 조건에는 제한점이나 시청각적 기자재의 도움 같은 것을 포함한다. 예를 들면 '1차 방정식을 참고서나 수표, 계산기구를 사용함이 없이 풀 수 있다.'와 같은 예에서 '참고서나 수표나 계산기구를 사용함이 없이'와 같은 것이 성취행동을 규정짓는 조건이다.

넷째, 수업목표는 수락기준이 포함되어야 한다. '100m를 뛸 수 있다.'라는 목표에는 수락기준이 없다. 즉 100m를 몇 초 이내에 뛸 수 있느냐 하는 것이 진술되어야 한다. 조건은 어떤 땅에서 뛰느냐 하는 것이다. 이를 올바른 목표로 진술하면 다음과 같이 되어야 할 것이다.

'평지에서 100m 거리를 15초 이내에 뛸 수 있다.'

(조 건)　　　　　(수락기준)　　　　(행동)

이와 같은 Mager의 수업목표 진술 방법은 Tyler의 행동과 내용의 2차원적 표시 방법보다 훨씬 더 정밀하다.

그러나 Mager의 방법에 따라서 교과의 수업목표를 남김없이 구체화할 수 있을지는 현실적인 어려움이 있다. 이 방법의 특유한 강점을 또한 경시할 수는 없을 것이다.

3) Gagne의 수업목표 진술 방식

Gagne의 수업목표 진술 방식은 그가 본 과제 분석과 깊은 관련이 있다. 수업목표의 확인 및 추출은 교육과정의 구성에 기초해야 하는 것으로 주장되며, 교육과정의 내용을 과제분석에 의해 확인된 내용 사이의 상호 관련을 기초로 교수목표를 학습위계에 따라 계층화시키는 것이 그 특징이다.

그리고 목표 진술은 Mager보다 더욱 구체화되었다. Gagne는 수업목표 진술에서 다음과 같은 다섯 가지 요인을 제시하고 있다.

첫째, 학습능력을 들고 있다. 학생에게 요구되는 학습능력이 무엇인가 하는 것이 제시되어야 한다.

둘째, 행위동사의 사용이다. 위에서 제시된 학습능력이 변했는지 변하지 않았는지를 알기 위해서는 학습자가 어떤 일반적인 행위를 하느냐 하는 것이다. 즉 '계산한다, 그린다, 조직한다, 선택한다, 나타낸다, 설명한다' 등의 동사가 각각 어떤 학습능력을 나타내느냐 하는 것이다. 그러므로 학습능력을 나타내는 일반동사를 활용하는 것이 둘째의 특징이다.

셋째, 수업목표 진술에서 어떤 조건, 어떤 상황에서 그러한 행동이 나타나길 바라느냐는 것이다. 즉 행동이 나타날 수 있는 상황도 제시해야 한다.

넷째, 대상이다. 무엇을 해내야 되느냐는 것이다. 즉 학습자의 학습능력을 계획된 바람직한 방향으로 변화시키자면 어떤 상황에서 어떤 대상을 어떻게 행동하도록 하느냐 하는 것이다.

다섯째, 도구도 제시해야 한다. 어떤 대상을 가지고 어떤 조건에서 어떤 도구·기구를 활용하며 어떤 행동을 나타내어야 하는가를 수업목표에 진술해야 한다. Gagne의 수업목표 진술은 세 가지 면에서 Mager의 진술과 비교할 수 있다. Gagne는 동사를 두 가지로 구분하였고, 목표 진술에 있어서는 학습된 능력을 나타내는 동사가 중요하다고 말하고 있다.

그래서 이들은 학습된 능력을 몇 개로 구분하고 그 구분된 능력들을 표현하는 대표적인 동사들을 열거하고 있다(<표 Ⅲ-3> 참조).

<표 Ⅲ-3> Gagne의 수업목표 진술 방법

상황	도구·제약	행위	대상	능력
긴 문장을 제시했을 때	타자기를 이용하여	글을 써서	그 유목에 속하는 세 가지의 이름을	열거할 수 있다.
약물이 주입된 살균 주사기. 탈지면, 약물 카드가 주어지면	살균기법을 활용하여	모의환자의 대퇴부에 약물을 주사함으로써	근육 내 주사약의 투여를	확인할 수 있다.

4) Tyler, Mager, Gagne의 수업목표 진술의 공통점

앞에서 Tyler와 Mager 그리고 Gagne의 수업목표 진술 방법을 알아보았다. 이들 세 학자가 제시한 방법들의 공통점을 찾아보면 다음과 같다.

첫째, 수업목표는 교사의 행동이 아닌 학생의 행동으로 진술되어야 한다. 즉 학생에게 기대되는 행동 변화의 질과 방향과 그 수준이 수업목표의 초점이 되어야 하며 이것은 학습이 진행된 후에 평가의 대상이 되는 것이다. 교사가 논의하고 설명하고 계획하고 시범을 보이고 하는 행동은 그것이 목표이어서가 아니라 학생행동 변화를 위한 절차나 수단이 되기 때문이다.

둘째, 수업목표의 진술은 그 수업시간 중이나 그 단원의 학습

도중에 나타나는 학생행동을 강조하기보다는 그 수업시간이나 학습단원이 끝났을 때 나타날 수 있는 학생의 변화된 행동과 관련지어 진술되어야 한다.

셋째, 수업목표는 학습내용과 기대되는 학생의 행동이 어울려 진술되어야 한다. 만약 학습내용만 진술된다면 그것을 왜 가르쳐야 하느냐의 문제가 제기된다. 학습내용은 학생의 행동 변화에 교육적 의미를 주어야 하기 때문이다.

넷째, 수업목표 진술에는 기르고자 하는 또는 변화시키고자 하는 학습능력에 따라 진술되는 동사의 형태가 달라져야 한다. 즉 매 시간마다 학생들에게 제시되는 학습내용이 학생들의 어떤 능력 어떤 학습 행동을 변화시켜 줄 수 있으며 그 행동 변화에 어떤 교육적인 의미를 지니고 있느냐를 분석해 보면 학습내용이나 학습과정마다 변화시키고자 하는 행동(정보, 지식, 어떤 능력, 개념, 원리, 법칙, 기능, 태도 등 어떤 것이든 간에)이 있을 것이다. 이 변화시키려는 행동을 나타내려는 동사(즉 식별하다, 확인한다, 분류한다, 시범을 보인다, 산출해 낸다, 창안해 낸다, 진술한다, 실행한다, 선택한다, 뿐다, 말한다 등)를 선택하여 사용해야 한다.

다섯째, 수업목표 진술에는 학생들의 학습 행위를 나타내는 장면과 조건에 따라 명시적인 행위 동사의 형태로 진술해야 한다(암시적 동사: 안다, 이해한다, 깨닫는다, 인식한다, 의의를 파악한다, 즐긴다, 믿는다, 감상한다 등. 명시적 동사: 쓴다, 암송한다, 지적한다, 구별한다, 열거한다, 비교한다, 대조한다, 수집한다, 이름 지운다, 답을 찾아낸다, 그림으로 그린다, 말로 진술한다, 적용한다 등).

여섯째, 수업목표 진술에는 학습되어야 할 준거가 제시되어야 한다. 즉 수업이 끝나고 학습자가 수업목표에 성공적으로 도달했다고 했을 때 무엇을 어느 정도로 할 수 있어야 도달했다고 보느냐의 기준이 목표 진술에 반영되어야 한다는 것이다.

일곱째, 수업목표는 개조식으로 진술되어야 한다. 즉 수업목표를 미사여구로 너저분하게 진술할 것이 아니라 하나의 목표 속에는 하나의 개념만 들어가는 단일문으로 진술해야 한다는 것이다. 이렇게 하면 수업목표의 이해도 쉬울 뿐만 아니라 이 단원에는 몇 개의 수업목표가 있는지도 바로 알 수 있다.

5) 수업목표 진술 방식에 대한 논의

수업목표는 구체적으로 세분화해서 행동적으로 진술해야 한다는 주장과 오히려 세분화해서 행동적으로 진술하는 것이 옳지 않다고 주장하는 사람이 있으며, 교과나 영역에 따라 절충적으로 사용할 수 있다는 주장이 없다. 이를 자세히 살펴보면 다음과 같다.

가) 행동적 세분화 진술 방식의 주장

수업목표는 적어도 한 시간의 수업이 끝난 후에 학습된 결과를 분명히 관찰할 수 있는 행동형으로 진술하지 않으면 안 된다. 그러나 학습과제를 분석하고 그 분석된 학습과제 분석표에 의하여 세부 수업목표 진술형태로 진술되어야 한다. 그러면 왜 수업목표를 구체적으로 세분화해서 행동적으로 진술해야 하는지 그 이유를 보면 다음과 같다.

첫째, 수업목표 도달을 위해 수업 설계자나 교사가 할 일을 구체적으로 제시해 주기 때문이다. 수업목표가 너무 막연하면 어떤 학습경험을 동원하여야 그것에 도달할 수 있는지를 알 수 없게 될 것이다. ‘홍익인간’과 같은 목표는 교육의 궁극적인 목표를 제시하는 데는 적절할지 몰라도 한 시간의 수업에서 달성할 목표로는 너무 막연하다 할 것이다. 따라서 분명하게 진술된 수업목표를 가지고 있을 때는 무엇을 가르치며 그 시간의 수업을 어떤 순서로 어떻게 어떤 활동을 시켜서 전개해 나갈 것이며 어떠한 자료가 필요한지를 알아서 수업과정을 수행할 수 있을 것이다.

둘째, 수업목표의 명시는 그것을 도달하려는 학생들의 학습을 촉진시키며 학습효과를 더 높일 수 있다. 인간은 누구나 일반적으로 목표 지향적인 활동을 하는 심리적 과정을 보인다. 그래서 수업목표를 구체적으로 분명하게 제시하면 학생들은 목표에 도달하기 위해서 주의를 집중하게 되고 사고를 선택적, 체계적으로 전개하게 된다.

셋째, 수업목표는 수업과정이 끝난 후 실시되는 평가의 자료가 되기 때문이다. 다시 말해서 구체적이고 세분화된 수업목표는 학습평가의 타당도와 신뢰도를 높일 수 있으며, 아울러 평가의 결과와 수업의 질을 높일 수 있도록 재투입한다는 면에서 효과가 있다.

넷째, 수업목표가 세분화되면 길러야 될 행동이 분명해져서 어떠한 수업매체를 선정해야 할는지가 명확해진다. 예를 들어 '자동차 각 부분의 명칭을 말할 수 있다.'와 '자동차를 운전할 수 있다.'의 경우 두 목표는 다 같이 자동차에 관한 것이지만 각각의 경우에 제공될 수업매체는 너무나 차이가 있을 것이다. 그러므로 분명하게 수업목표가 세분화되어야만 최적의 수업매체를 선정하는 데 도움을 줄 수 있을 것이다.

나) 세분화 진술 방식의 반대 주장

Eisner는 수업목표의 세분화가 오히려 해를 줄 수 있다고 지적하고 있는데 그의 주장을 요약하면 다음과 같다.

첫째, 수업의 역동적이고 복잡한 과정은 수많은 성과를 낳을 수 있기 때문에 사전에 목표를 행동적 용어나 내용적 용어로 세분화시킬 수는 없다는 것이다. 학습에서 발생하는 학습의 양, 형태, 질은 실제로 극소수의 예언을 할 수 있는 것에 지나지 않는다.

둘째, 수업목표의 세분화 이론은 가르치는 특정 교과목과 그 교과목에 관련된 수업목표를 어느 정도로 예언하고 구체화시킬 수 있는가 하는 특수 관계를 고려하지 않고 있다. 각 교과목의 성질에 따라서 수업목표의 성취가능성 및 세분화의 정도, 형태의 제약이 뒤따른다. 모든 교과목표를 어느 교과목에서나 달성할 수 없으므로 교과목의 성질에 따라 수업목표의 세분화는 적절히 적응시켜야 한다.

셋째, 교육성과를 측정하는 표준으로서의 수업목표 이론은 측정할 수 없는 성과를 간과할 위험이 있다는 점이다. 행동과 내용으로 진술된 수업목표는 교육과정 및 수업의 성과를 측정하기 위한 준거로 사용된다. 수업목표는 성적을 측정할 때의 표준을 제공하는 셈이다. 수업목표가 성적을 측정하는 표준이 될 수 있다는 가정은 표준을 적용하는 문제와 판단의 의사결정을 하는 문제와 구별하지 못하고 있다. 수업목표의 세분화는 그 세분화의 기저에 사회적으로 정의된 가치가 놓여 있다. 그러나 교육의 평가는 이에 기준하기보다는 인간의 질적 판단에 기초를 두어야 한다고 주장하고 있다.

넷째, 수업목표를 교육내용의 선택 및 조직 이전에 반드시 정해야 할 필요가 없다는 주장이다. 이 주장의 근저에는 목표가 진술되어야 내용을 선택할 수 있고 조직할 수도 있으며 그에 따라 평가도 가능하다는 가정이 뒷받침되고 있다 하여 논리적으로는 일관성이 있지만 이것이 심리학적으로 보아 가장 효과적인 방법이 될 수는 없다. 도리어 학습과정에서 수시로 내용은 선택되고 조직되어야 한다고 주장하고 있다. 이와 같은 비판을 기초로 해서 Eigner는 사전의 세분화에 의해 구체화된 목표를 수업목표라 하고 이에 대비되는 다른 영역의 목표를 표현목표로 구분해서 사용하고 있다.

표현목표는 학생과 교사에게 관심 있고 중요하다고 생각하는 문제를 탐구하는 대로 평가되므로 이 같은 탐구의 결과로 나타나는 학생의 반응이 동질적이기를 기대하기보다 다양하기를 기대하는 것이 특징이다. 따라서 평가도 어떤 공통된 표준을 다양한 학생의 교육성과에 적용하는 것이 아니라 각자의 독특한 고유성, 유의성을 확인하는 예술적 비평의 형식을 선택하게 된다.

수업목표는 알고 있는 것을 획득하는 데 강조점을 두고 있고, 표현목표는 그것의 정교화, 수정 및 새로운 것의 생산을 강조한다. 이와 같이 여러 가지 이유에서 수업목표의 진술 방식에 대한 세분화가 필요하지 않다고 주장하는 학자들은 행동적이고 명시적인 수업목표의 진술 방식을 반대하였으며, 교육과정안의 목적은 과학적이기보다는 인간과 인간의 만남이기 때문에 수업목표를 세분화하여 구체적, 명세적으로 구분할 수 없다고 얘기하고 있다.

다) 절충적 진술 방식의 주장

수업목표도 그 본질상 세분화할 수 있는 것도 있고 세분화가 곤란한 것도 없다고 하여, 그 단원을 학습함으로써 목표에 제시된 것을 일정 시간에 기능적 영역의 목표가 이에 해당한다. 그러나 몇 개의 단원 심지어는 다른 여러 교과의 단원에서 계속적으로 강조하거나 교사의 인격적 감화에서 장기간에 걸쳐서 영향을 받아야

만 어느 정도 달성할 수 있는 목표는 세분화가 어려우며 주로 정의적 목표가 이에 해당한다.

Gronlund는 수업목표를 일반목표와 명세적 수업목표로 구분하고 있는데, 이 두 가지의 수업목표를 진술하는 절차와 형식에는 약간의 차이가 있었으나, 그에 의하면 일반적 교수목표를 먼저 진술해 놓은 다음, 그것을 기초로 명세적 수업목표를 만들어 내야 하고, 원칙상 일반적 수업목표와 명세적 수업목표에는 내용과 함께 학습자를 주어로 하여 교수-학습의 결과로써 변화되기를 바라는 행동이 빠짐없이 진술되어야 한다는 것이다.

그러나 목표 진술을 더욱 간단명료하게 나타내기 위하여 주어에 해당하는 학습자를 생략하고 '할 수 있다'라는 동사를 '하기'와 같이 줄여서 부정사로 표현할 것을 권장하고 있다.

일반적 수업목표는 학습내용과 함께 '-안다, -이해한다' 등과 같은 내재적 행동으로 진술된다. 이것은 외현적 활동이 일반수업목표 진술에 이용될 수 없다는 것이 아니고 목표가 적절한 일반성의 수준을 유지하면서 내재적 행동으로 진술한다는 것이 편리하다는 것을 의미한다. 명세적 수업목표는 한 가지 조건을 제외하고는 일반적 수업목표의 진술 방식과 다른 점이 없다. 명세적 수업목표는 반드시 관찰되고 측정될 수 있는 행위동사로 진술되어야 한다는 것이다.

위와 같은 논의를 살펴볼 때 수업목표 진술은 교과나 단원 그리고 영역에 따라 다르게 진술될 수 있고 그 진술 방식은 포괄적인 일반적 목표와 명세적 수업목표를 함께 표현한다는 절충적 수업목표의 진술 방식을 제시하고 있다. 또한 수업목표 진술 방식에 대한 견해가 학자마다 다르고 각 학자마다 수업목표 진술 방식에 대한 특징을 가지고 있음을 알 수 있다.

이와 같은 여러 가지의 수업목표 진술 방식에 대한 특징들은 여러 교과의 특성에 알맞게 조화되어 실제 수업과정에 반영된다는 것이 중요하며, 또한 진술된 수업목표일지라도 그 타당성이 항상 평가되고 비판되고, 필요에 따라 언제나 수정·보완될 수 있어야 함을 알 수 있다.

3. 수업목표의 분류

수업목표를 설정하여 진술한다 하더라도 그것이 학습경험 선정과 조직 및 지도에 구체적인 시사를 줄 수 있는 것이 되기 위해서는 어느 정도까지의 세분화가 필요하며, 목표가 내포하는 행동특성을 몇 가지 변별 가능한 유형으로 분류·정리할 필요가 있다.

이와 같이 수업목표를 행동유형별로 분류함으로써 각 행동유형의 육성에 필요한 학습경험의 형태와 지도방법과 평가기술을 체계적으로 구상하는 데 많은 도움을 얻을 수 있다. 이를테면 단순히 지식을 이해시킨다고 해도 그것이 번역능력을 강조하는 것인지, 해석능력을 강조하는 것인지, 추진능력을 강조하는 것인지에 따라 요청되는 내용과 지도의 형태는 달라질 수 있기 때문이다. 분석능력에 강조를 두는 것인지, 종합력에 강조를 두는 것인지에 따라 요청되는 내용과 학습지도 방법은 달라지지 않을 수 없다. 그리고 수업목표는 그것이 적용되는 범위 또는 성질에 따라 여러 가지로 분류할 수 있다.

가. Bloom의 수업목표 분류

Bloom과 그의 공동연구자들은 학습목표의 전체 영역을 일단 인지적 영역, 정의적 영역, 운동 기능적 영역으로 크게 분류하고 있다. 그 이유는 각 영역에 따라 학습의 목적이나 학습이 일어나는 상황 그리고 학습의 결과로 나타나는 행동 등이 달라지기 때문에 영역을 먼저 나누는 것이 효과적이라는 데 있다(권낙원, 1996).

Bloom과 그의 공동연구자들은 이 세 가지 영역 중에서 인지적 영역과 정의적 영역에서 상세하고 구체적인 제안을 하고 있다. 인지적 영역에서는 주로 복합성의 원칙에 따라서 여섯 가지의 행동형으로 분류하고 있다. 즉 어떤 인지적 행동에 필요한 정신적 작용이 얼마나 단순하거나 복잡한가의 순서에 따라서 가장 단순한 행동형으로부터 가장 복잡한 행동형으로 배열한 것이다.

정의적 영역에서는 주로 내면화의 원칙에 따라서 다섯 가지의 특성으로 분류하고 있다. 즉 한 특성이 한 개인에게 어느 정도의 심층적인 특성인가에 따라서 이런 내면화가 얕은 수준으로부터 깊은 수준의 순서로 배열한 것이다. 그러나 운동 기능적 영역에 대해서는 아직도 그 구체안이 공개되지 않고 있다.

한편으로 Bloom은 교육목표 분류에서 행동 분류에 치중한 나머지 내용 분류를 아주 소홀히 다루었다. 그런 점을 보완하기 위해 Bloom, Hasting & Madaus가 교과별로 내용을 상세하게 분류한 구체적인 사례를 많이 제시하였지만 아직도 만족스러운 정도가 못된다. 사실 내용은 학문 영역별로 또는 교과마다 고유의 특성을 갖고 있고 아주 복잡다단하기 때문에 행동분류처럼 모든 교과목의 내용을 하나의 분류체계로 일사불란하게 분류한다는 것은 현실적

으로 거의 불가능하다. 바꾸어 말하면, 교육목표의 내용을 분류하
는 유목은 교과마다 달라질 수밖에 없다.

1) 인지적 영역(cognitive domain)

인지적 영역의 행동 분류는 단순한 행동으로부터 복잡한 행동으
로의 위계관계에 의하여 이루어진다(권낙원, 1996). 그림으로 나타
내면 <그림 Ⅲ-1>과 같이 나타낼 수 있다.

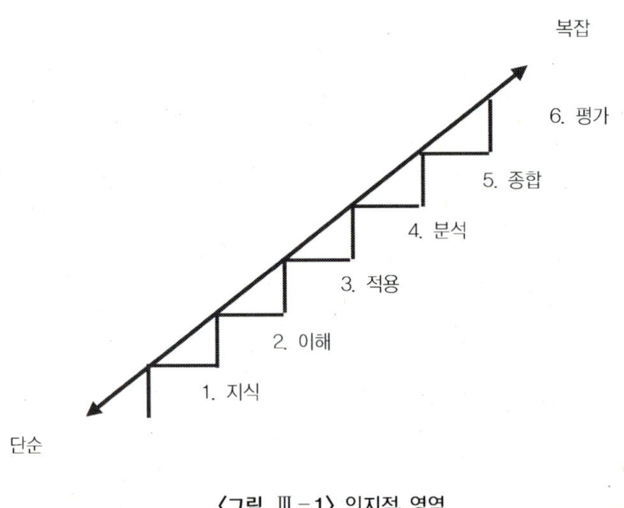

〈그림 Ⅲ-1〉 인지적 영역

가) 수준 1. 지식(Knowledge)

이 행동 수준에서는 학습자들의 기억이나 위와 같은 심리적 과
정과 관련된 목표들이 소속된다. 그리고 기억과 상기의 내용은 특
수 사실과 보편적 법칙, 방법과 절차, 형태의 구조 등의 여러 영역
에 걸친다. 학습자들의 머리는 일종의 저장함에 비유될 수 있으며,

평가 장면에서는 주어진 문제 속에 포함된 단서나, 신호나 명시에 알맞은 지식을 저장함으로부터 원형 그대로 끄집어내는 과정과 비슷하다고 할 수 있다.

나) 수준 2. 이해(comprehension)

이해는 자료나 기호 또는 언어의 의미를 파악하는 능력을 말한다. 문장 독해력의 경우처럼 읽기와 관련되는 수가 많으나, 이보다 더 넓은 뜻으로 사용된다. 의미 파악과 의사소통의 자료는 구두나 서면으로 제시될 수도 있고, 그 밖의 언어적 형태나 기술적 형태로도 제시될 수 있다(권낙원, 1996).

자료는 종이 위에 제시되는 자료는 물론 실험, 현장 방문에서 관찰한 어떤 현상, 어떤 건축상의 특색을 보여주는 건물 등 구체적인 형태를 갖춘 자료를 총칭한다. 이해라고 하는 이 행동 수준은 학습자는 자신에게 주어진 의사전달의 내용을 이해하며, 이 내용을 다른 수준의 내용으로 바꾸거나, 또는 이 내용 속에 포함된 경향으로부터 후속될 경향을 추론할 수 있음을 이해한다. 이 내용의 다른 내용과의 관련성이나 함축적 의미 등의 충분한 이해를 반드시 요구하지는 않는다.

Bloom은 이러한 이해 수준의 목표를 번역, 해석, 추론의 세 가지로 나누고 있다. 이 세 가지 기능은 실제 서로 밀접하게 관련되어 있다.

다) 수준 3. 적용(application)

학습자들은 여러 가지 추상화된 개념이나 법칙을 구체적인 새로운 문제 사태에서 그 해결을 위하여 사용할 수 있어야 할 것이다. 이러한 개념이나 법칙의 적용을 위해서는 관련된 추상 개념이나 법칙이 미리 학습되어 있고 이해되어 있어야 한다. 따라서 적용은 지식이나 이해보다는 위계상 상위에 놓여 있음을 의미한다. 즉 과거에 학습된 개념·방법·법칙·원리·이론에 관한 지식을 새로운 사태에 응용하는 문제 해결 능력을 뜻한다. 이는 우리가 흔히 적용력이라고 말하는 능력과 같은 성질의 것이다. 학교교육에서 가장 중요시되는 목표의 하나라고 할 수 있다(권낙원, 1996).

적용 수준의 목표의 진술에는 일반적으로 그 속에 세 가지의 요건이 포함된다.

첫째, 새로운 문제 혹은 새로운 상황의 제시

둘째, 법칙이나 일반 원칙의 제시

셋째, 적용하는 능력을 지시하는 언어

라) 수준 4. 분석(analysis)

이 행동 수준은 이해력이나 적응력보다 높은 수준의 행동으로서, 자료를 그 구성요소나 부분으로 분해하고 부분 간의 관계와 그것이 조직되어 있는 방법을 발견하게 하여 그 속에 포함된 개념 간의 상대적인 위계관계가 분명해지도록 하는 심리적 과정을 분석이라고 할 수 있다.

이런 분석의 과정을 통하여 전달내용을 더욱 분명히 하고, 전달내용이 어떻게 구성되어 있는가를 밝히고, 전달내용이 갖고 있는 기본 가정이나 배열뿐만 아니라, 전달내용이 어떤 방법에 의하여 효과를 거두려 하고 있는지를 밝힐 수 있다(권낙원, 1996).

Bloom은 분석의 목표를 크게 세 가지로 분류하고 있다.

첫째, 문제의 요소를 분석하는 능력이다.

둘째, 요소와 요소 사이의, 부분과 부분 사이의 관계를 찾아내는 능력이다.

셋째, 자료의 구조 원리를 분석하는 능력이다.

마) 수준 5. 종합(synthesis)

이 행동 수준은 여러 가지 요소나 부분을 이전까지는 분명치 않았던 어떤 하나의 구조나 형태로 결합하는 능력이다. 즉 요소나 부분을 결합하여 하나의 새로운 전체를 구성하는 심리적 과정이라고 할 수 있다.

여기서는 서로 분리된 단편이나, 부분이나 요소를 조직하는 절차와 더불어 전에는 명백한 모양으로 나타나 있지 않은 것을 새로운 형태나 구조를 구성할 수 있도록 그것들을 재배열하고 결합하는 절차도 포함되어 있다. 이것은 인지적 영역에 있어서 학생에게 창의적 행동을 가장 분명하게 제공하는 유형이다(권낙원, 1996).

종합력 수준의 목표는 세 가지로 분류할 수 있다.

첫째, 독특한 의사소통의 창안 능력이다.

둘째, 조작의 계획 및 절차의 창안 능력이다.

셋째, 추상관계의 추출 능력이다.

바) 수준 6. 평가(evaluation)

이 수준은 어떤 특정한 목적을 위해서 사용된 자료나 방법의 가치를 판단하는 능력을 말한다. 이 판단은 양적일 수도 있고 질적일 수도 있다. 또한 어떤 특수한 사상들이 얼마나 정확하고 효과적인가를 감정하기 위해 준거를 활용하는 능력도 여기에 포함된다.

이 준거는 학생들에 의해 결정될 수도 있고 교사들에 의해 주어질 수도 있다. 평가의 목표는 두 가지로 나눌 수 있다. 첫째, 내적 준거에 의한 판단이다. 이것은 의사소통의 정확성과 일관성이라는 내적 준거에 의해 판단하는 능력이다. 둘째, 외적 준거에 의한 판단인데 설정된 준거에 비추어 자료, 사물, 정책 등을 판단하는 능력이다(권낙원, 1996).

위의 인지적 영역의 수업목표의 예를 <표 Ⅲ-4>와 같이 나타낼 수 있다.

<표 Ⅲ-4> 인지적 영역의 수업목표

유목	일반적 수업목표의 예	명세적 학습성과를 진술하기 위한 동사의 예	구체적인 예
지식 (1.00)	공통용어를 안다. 특정 사실을 안다. 방법과 절차를 안다. 기초개념을 안다. 원리를 안다.	정의한다. 기술한다. 확인한다. 명칭을 붙이다. 목록에 넣다. 짝을 짓다. 명명하다. 개설하다. 재생하다. 선택하다. 진술하다.	−Bloom의 교육목표 분류학의 분류목을 열거할 수 있다. −멘델의 주요 유전의 법칙을 말할 수 있다. −화학에서 주기율표가 사용되는 경우를 말할 수 있다.
이해력 (2.00)	사실과 원리를 이해한다. 언어자료를 해석한다. 도표와 그래프를 해석한다. 자료에 합의된 미래의 결과를 추정하다. 방법과 절차를 정당화하다.	전환하다. 옹호하다. 구별하다. 추정하다. 설명하다. 확장하다. 보편화하다. 예를 들다. 추리하다. 의역하다. 예측하다. 고쳐 쓰다. 요약하다.	−국민에 의한 정치에서 토씨 '에'를 의미가 같은 다른 단어로 바꿀 수 있다. −수학적인 기호체제를 그래프로 그릴 수 있다. −사실과 견해의 용어를 정의할 수 있다.
적용력 (3.00)	개념과 원리를 새로운 장면에 적용하다. 법칙과 원리를 실제상황에 적용하다. 수학문제를 풀다. 도표와 그래프를 작성하다. 방법과 절차를 바르게 사용하다.	변경하다. 계산하다. 논증하다. 발견하다. 조종하다. 수정하다. 조작하다. 예측하다. 준비하다. 생산하다. 관계 짓다. 풀다. 보이다. 사용하다.	−학습이론적인 측면에서 강화를 해야 할 경우를 열거하시오. −평형상태에 있는 생리적 조건 속의 한 요소가 변화함으로써 발생될 전체적인 효과를 예측할 수 있다.
분석력 (4.00)	진술되지 않은 가정을 알아내다. 논리적 모순을 알아내다. 사실과 추리를 구별하다. 자료의 적절성을 평가하다. 작품의 조직적 구조를 분석하다.	분류하다. 도해하다. 구분하다 판별하다. 구별하다. 확인하다. 예시하다. 추리하다. 개설하다. 지적하다. 관계 짓다. 풀다. 보이다. 사용하다.	−한 문학 작품 속에 감추어진 작자의 의도, 견해, 사상을 추정할 수 있다. −최근의 증시동향에 영향을 주고받는 인과관계를 세워 볼 수 있다.

유목	일반적 수업목표의 예	명세적 학습성과를 진술하기 위한 동사의 예	구체적인 예
종합력 (5.00)	잘 구성된 글을 쓰다. 잘 짜인 연설을 하다. 창작을 하다. 실험계획을 세우다 상이한 영역의 학습을 통합하다. 대상을 분류하기 위한 새로운 설계를 구성하다.	분류하다. 결합하다. 편찬하다. 구성하다. 창작하다. 고안하다. 설계하다. 설명하다. 일으키다. 수정하다. 조직하다. 계획하다. 재배열하다. 재구성하다. 재조직하다. 관계 짓다. 교정하다. 고쳐 쓰다. 요약하다. 말하다. 쓰다.	-특정한 규격이나 명세서가 주어졌을 때 건축설계도를 작성할 수 있다. -회의에서 거론된 주요 내용을 조직하여 결론을 한 문장으로 완성할 수 있다.
평가력 (6.00)	작품의 논리적 일관성을 판단하다. 결론의 적절성을 판단하다. 작품의 가치를 판단하다.	평가하다. 비교하다. 결론을 내리다. 대조하다. 비평하다. 기술하다. 변별하다. 관계 짓다. 요약하다. 입증하다.	-한 회의에서 한 개인의 의견전개의 논리적 비일관성을 지적할 수 있다. -한 학생의 기하 답안지의 공리군 속의 비약 모순 중복을 식별하여 수학적 논증 속에 숨어 있는 오류를 발견할 수 있다.

2) 정의적 영역(affective domain)

정의적 영역의 행동 분류는 행동의 내면화 정도에 따른다. 그리고 선정된 현상에 대해 단순히 주의를 기울이는 행동으로부터 복잡하면서도 내면적으로 일관성 있는 인격과 양심에 이르기까지 넓은 범위에 걸쳐 있다(권낙원, 1996). 그림으로 나타내면 <그림 Ⅲ-2>와 같이 나타낼 수 있다.

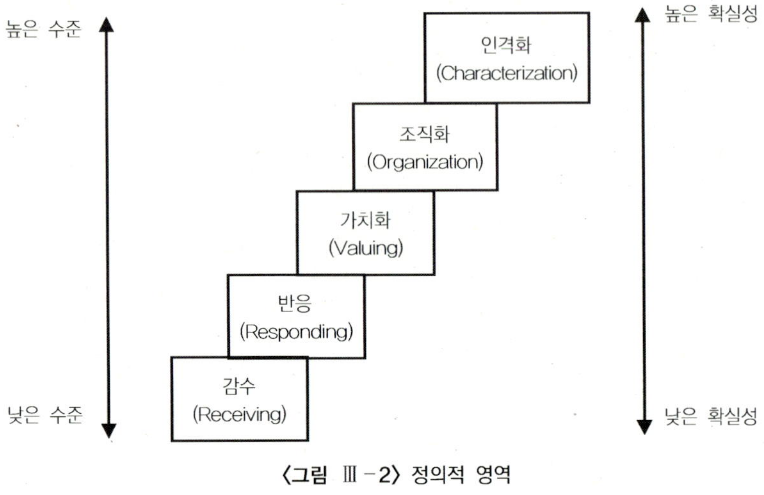

〈그림 Ⅲ-2〉 정의적 영역

가) 수준 1. 감수(receiving)

이는 어떤 현상이나 자극에 대하여 즐거이 주의를 기울이는 행동이다. 이 행동은 어떤 현상이나 자극에 대해 단순히 그 존재를 인식하는 행동으로부터 이것을 선택하고 주의를 집중하는 행동으로서 가장 낮은 정의적 행동이다. 이 감수의 행동 수준은 어떤 현상에 대해서 기울여야 할 주의의 수준에 따라 다시 세 가지로 구분할 수 있다.

첫째, 감지는 비록 정의적 영역의 가장 낮은 수준이기는 하지만 거의 지적인 행동인 것이다. 그러나 지적 영역인 가장 낮은 수준인 지식과는 달라서 하나의 항목이나 사실을 기억하거나 재생하는 능력에 관심을 갖는 것이 아니라 적절한 기회가 주어졌을 때 학습자가 어떤 것을 단순히 의식하는 것, 즉 하나의 사태라든가 현상, 대상 또는 어떤 사건의 상태를 고려하는 것에 관심을 갖는다.

둘째, 자진 감수는 최소한도로 주어진 자극을 피하지 않고 기꺼

이 수용하려는 행동을 기술하려는 것이다.

셋째, 주의집중은 주어진 자극을 의식 또는 반의식 수준에서 형과 소지(figure and ground)로 변별하는 것, 즉 직접적인 인상으로부터 뚜렷이 구별되는 것으로 지각되는 자극의 여러 측면을 변별하는 것이다.

나) 수준 2. 반응(responding)

이 행동은 어떤 자극이나 특수한 현상에 대해서는 단순히 감지하거나 수용하는 것으로 끝나지 않고 적극적으로 반응하는 것이다. 어떤 특정한 자극이나 현상에 대해서 단순히 피상적으로 반응하는 것으로부터 시작해서 적극적으로 자진해서 반응하고, 또 그것에 대해 만족하는 행동을 포함한다. 이 수준은 흔히 '흥미'라고 하는 교육목표와 가장 밀접히 관련되어 있다. 이 반응의 유목은 학습자가 그 목표의 실천 또는 현상에 보다 깊이 참여하게 되는데 때로는 반응의 연속선을 예시하기 위해 세 개의 소유목으로 나뉜다.

첫째, 묵종 반응은 학습자가 주의를 기울인 후의 능동적인 반응 중 첫 번째 수준이라고 생각되는 것을 다룬다.

둘째, 자진반응은 자발적 활동의 가능성이라는 함축을 갖고 있는 자진성이라는 용어에 있다.

셋째, 만족, 즉 자발적인 수준을 넘어선 단계에서 부가적 요소, 반응에 대한 동의 또는 자발적인 반응은 행동이 일반적으로 즐거움, 열정, 향락 등의 만족감, 또는 정서적 반응을 수반한다.

다) 수준 3. 가치화(valuing)

이것은 어떤 현상이나 사태에 대해 감수의 수준을 넘어서 그 의의와 가치를 부여하여 내면화하는 행동수준을 말한다. 어떤 가치의 인정뿐만 아니라 적극적인 자세로 그 가치를 추구하는 행동을 말하며 일관성 있는 반응을 보이게 되는 수준을 의미한다.

이 수준에서는 가치화를 세 가지 수준으로 정의하고 있다.

첫째, 가치 수용은 개인이 다른 사람들로부터 가치의 신념이나 가치를 보유하고 있다는 인정을 받은 만큼 대상, 현상들에 관한 충분한 계속성을 보이는 행동이다

둘째, 가치 채택이라는 소유목은 어떤 가치를 단순히 수용하는 것과 어떤 분야에 깊이 관여하고 있다는 뜻을 내포하는 확신 사이에 내면화의 한 수준을 나타내 준 교육목표가 있다는 심증에서 설정되었다.

셋째, 가치 확신은 신념이 높은 정도의 믿음을 포함한다. '확신'과 '의심의 여지가 없는 믿음'이라는 개념이 의도한 행동의 수준을 보다 더 잘 나타낼 것이다.

라) 수준 4. 조직화(organizing)

이 수준은 여러 가지 다른 종류의 가치를 통합하고 자기 나름대로 일관성 있는 가치체계를 확립해 나가는 단계이다. 이 단계의 주요한 행동 특성은 여러 가지 종류의 가치들을 서로 비교하고 관련짓고, 이를 체계적으로 종합해 가는 것이다.

우리는 여러 가지 가치를 차례로 내면화해 감에 따라 복수의 가치가 얽혀 있는 사태에 당면하게 된다. 그래서 여러 가지 가치를 하나의 체계로 조직하고, 여러 가치 간의 상호관계를 밝히며 전체를 꿰뚫는 지배적인 가치가 편입됨에 따라서 조금씩 변화한다. 이렇게 가치체계를 정립해 나가는 초기단계를 조직화의 단계라고 할 수 있다. 조직화 수준은 다시 두 가지의 하위목으로 나뉜다.

첫째 하위목은 개념화이다. 가치의 개념화 수준에서는 한 가치가 이미 개인이 가지고 있는 다른 여러 가지 또는 그가 앞으로 가지게 된 새로운 가치와 어떻게 관련되는가를 알 수 있게 된다.

둘째, 가치체계의 조직은 학습자에게 하나하나 떨어져 있는 여러 가치를 한데 복합하고 이들을 서로서로 질서 있게 관계 지어 주는 것이다.

마) 수준 5. 인격화(characterizing)

이 행동 수준은 하나의 특정한 가치관이 한 개인의 생활을 지배하고 생활화하게 함으로써 그 개인의 독특한 생활양식을 형성하게 되는 단계이다. 따라서 인격화의 정의적 행동 특성은 상당히 포괄적이고 일관성이 있으므로 충분히 예측할 수 있는 행동 특징을 보여준다. 내면화가 이 수준에 도달하게 되면 개개의 가치는 개인이 갖고 있는 가치위계 속에 흡수되어, 일종의 내적으로 일관되는 체계 속으로 조직된다. 인격화는 다시 두 가지의 하위 분류목으로 나뉜다. 첫째, 일반화된 행동 태세는 어떠한 특정 순간에서도 태도 및 가치체계에 내적 일관성을 부여하는 것이다. 둘째, 인격화는 내면화 과정의 정점으로서 여기에는 포괄하는 현상과 그것이 일부가 되는 행동의 범위로 보아 가장 광범위한 목표물이 포함된다.

3) 운동 기능적 영역(psychomotor domain)

Bloom 등에 의하여 인지적 영역이 분류된 지가 30년이 넘었지만, 운동 기능적 영역을 인지적 영역이나 정의적 영역만큼 체계 있게 분류하지 못하고 있다. 그러나 그동안 Bloom의 분류체계에 맞추어 운동 기능적 영역을 분류한 사람은 Harrow이다. 그림으로 나타내면 <그림 Ⅲ-3>과 같이 나타낼 수 있다.

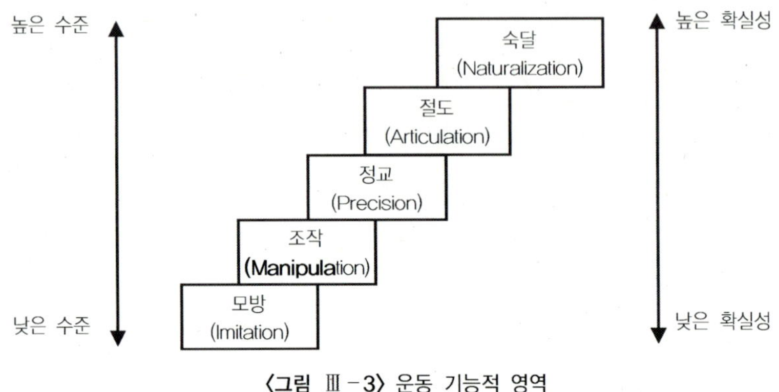

〈그림 Ⅲ-3〉 운동 기능적 영역

나. Gagne의 목표분류 모형

Gagne는 학생들에게 제시되는 과제를 분석하는 방법에 관심을 가졌다. 과제분석의 결과 학생들이 학습의 결과로 나타낼 수 있는 여러 가지 학습유형을 밝히고, Bloom이 시도한 것처럼 학습유형을 위계적으로 조직하였다. Gagne는 학습과제를 속성에 따라 다섯 개의 영역으로 나누었다. 교과목의 차이를 초월하여 인간의 능력을 다섯 개의 영역으로 구별 짓는 이유는 각 영역은 서로 다른 영역을 요구하므로 그러한 능력을 학습하기 위한 조건도 달리해야 하기 때문이다.

① 언어정보란 이미 배운 내용을 명제의 형태로 진술하는 것을 말한다. 단어와 같은 최소의 정보단위를 배웠을 때도 명제의 형태인 '~은 ~이다'라는 식으로 진술할 수 있어야 한다. 예를 들면, 사과라는 과일의 이름을 배웠을 때, '이것은 사과이다.'라는 진술을 할 수 있어야 한다는 것이다. 이 영역의 학습은 일상적인 것 또는

학문적인 것에 관한 사실을 아는 것까지 포함하는 것으로 학교학습을 통해 배우는 가장 기본적인 능력이라고 할 수 있다.

② 지적 기능은 정보를 아는 것과는 대조되는 것으로 무엇을 하는 방법을 아는 것이다. 분수가 무엇이고 소수가 무엇인지를 아는 것이 아니라, 분수를 소수로 바꾸는 법을 안다든가 긍정문을 의문문으로 바꾸는 법 등을 아는 것을 말한다. 지적 기능은 기호를 통하여 주위환경과 상호작용할 수 있는 능력이라고 할 수 있다. 이때 학생이 사용하는 기호는 글자나 숫자, 단어, 도표 등 수없이 많은 종류를 포함한다. Gagne는 자신이 제시한 여섯 개의 학습유형을 위계가 낮은 것부터 차례로 열거했다. 즉 신호학습, 자극반응학습, 운동연쇄, 언어연합, 변별학습, 개념학습, 원리학습, 문제해결학습이라는 학습유형을 밝히고 있다.

③ 인지적 전략이란 학습자가 새로운 대상이나 복잡한 문제의 핵심을 파악하여 이를 개념화하는 것, 또는 문제 해결의 과정에서 개인이 보여주는 내적 행동 양식을 말한다. 인지적 전략이 중요한 이유는 자신의 학습과정에서 기억 및 사고과정을 관리하는 방법이기 때문이다. 인지적 전략은 학교교육에서 가장 큰 교육의 목표로 삼아야 하지만 아직 그렇지 못한 이유는 이 기능이 가르치고 배우는 과정에 대한 이론이나 이 기능을 성취했는지를 알아보는 평가방법이 적절하지 못하기 때문이다.

④ 태도는 학습결과 나타날 수 있는 태도로서 Gagne는 세 가지 유형을 제시하였는데, 타인 또는 타 집단에 대한 태도, 특정한 활동을 택하는 적극적인 태도, 건전한 사회인·시민·국민으로서의 책임감 수행에 대한 태도이다. Bloom이 세 개의 학습 영역으로부터 분명하게 분리한 데에 반하여 Gagne는 모든 영역의 학습은 서

로 상호작용을 하므로 학습결과로 나타나는 학습유형을 각 영역별로 분리하기는 곤란하다는 입장을 가지고 있다.

⑤ 운동 기능은 인간활동의 작업과 관련되어 학습되는 기능이다. 수많은 운동 기능이 체육활동과 관련되지만 항상 그런 것은 아니다. 어린 아동이 글씨 쓰는 기능을 배운다든지, 과학도가 실험도구 사용에 필요한 조작 기능을 배우는 것, 타이프를 치는 것 등도 운동 기능에 속한다.

이와 같이 인간의 학습된 능력을 다섯 가지 종류로 나눌 때에, 학습된 능력에 따라 학습조건 또는 수업 사상이 달라져야 함은 물론이거니와 학습결과도 역시 다섯 가지 유형으로 구별될 수 있다는 것이 Gagne의 견해이다. 참고로 다섯 가지 학습된 능력에 따라서 제공되어야 할 중요 학습조건의 예는 <표 Ⅲ-5>와 같다.

<표 Ⅲ-5> 학습과정에 결정적인 영향을 미치는 외적 조건

학습된 능력	중요 학습 조건
1. 언어정보	1. 문자 말에 변화를 주어 주의를 환기하기 2. 효과적인 기호화를 위해 의미 있는 관계 제시
2. 지적 기능	1. 사전에 학습된 기능들의 회상을 자극하기 2. 하위 기능의 결합 순서에 언어적 단서를 제시하기 3. 분산 학습을 위한 시기를 계획하기 4. 전이를 촉진시키기 위한 다양한 관련성을 사용하기
3. 인지적 전략	1. 전략을 언어적으로 기술하기 2. 해결된 문제를 정착시켜 전략 방안을 모색하기 위한 빈번하고도 다양한 기회를 제공하기
4. 태도	1. 특수 행동을 선택했을 때 겪은 성공적인 경험을 상기시키거나 혹은 모방 인물을 동일시시키기 2. 모방 인물의 행동을 관찰하고 그 행동을 실행하기 3. 성공적 실행에 피드백을 제시하거나, 모방 인물로부터 피드백을 얻게 하기
5. 운동 기능	1. 실행학습에 단서를 주는 언어적, 기타의 지도를 하기 2. 반복연습하기 3. 즉각적이고 정확한 피드백을 제시하기

권낙원(1996). 『교육과정총론』, 한국교원대학교 대학원.

김상원(1993). 『최근 교육과정과 교수방법론』, 서울: 교육출판사.

김순택(1982). 『목표별 수업』, 서울: 교육과학사.

김종서(1982). 『교육과정』, 서울대학교 출판부.

김호권(1977). 『인간의 제 성과 학교학습』, 서울: 한국능력개발사.

문애선(2003). 「우리들은 1학년의 수업목표 분석」, 한국교원대학교교육
　　　　대학원 석사학위논문.

박승배(2001). 『교육과정학의 이해(역사적 접근)』, 양서원.

박인식(1978). 「교육목표 진술에 관한 연구」, 『연구논문집』, 12(1).

변영계(1999). 『교수 학습이론의 이해』, 서울: 학지사.

신동로(2003). 『교육과정·교육평가 탐구(제3판)』, 교육과학사.

이귀주(2001). 「초등학교 교사용 지도서에 제시된 교수목표 분석」, 한국
　　　　교원대학교교육대학원 석사학위논문.

정범모(1976). 『교육과 교육학』, 서울: 배영사.

정병주(1999). 「교육과정에 제시된 교과별 교과목표의 역사적 변화 경
　　　　향성 분석」, 한국교원대학교교육대학원 석사학위논문.

정흥조(2000). 「Bloom의 인지적 영역의 교육목표 위계에 따른 수업목표
　　　　설정과 진술방법에 관한 연구」, 대구교육대학교교육대학원 석사
　　　　학위논문.

진위교 외(1989). 『수업설계의 원리와 기법』, 서울: 부민사.

Ⅳ

학업성취

1. 학업성취의 결정요인

가. 학업성취에 관한 담론

교육은 인간의 성장과 성숙을 추구하면서 그러한 성장과 성숙을 측정하기 위한 '성취'에 관심을 가져 왔다. 더욱이 오늘날의 현대 사회에서는 학생의 학업성취[9]의 수준이 각급 학교의 진급과 진학 그리고 졸업 등과 같은 교육 선발 과정에서 가장 중요시되는 판단의 기준이 되고 있으므로 학생 개인뿐만 아니라 학교, 교사, 학부모 모든 교육의 주체들이 함께 나누고 있는 주요한 관심사이다.

이러한 학생의 학업성취의 향상을 위하여 입시 예비기의 학부모들은 좀 더 유리한 교육환경을 위해 학군[10]이 좋은 지역으로 이사를 하기도 하며, 많은 경제적 부담이 됨에도 불구하고 사교육[11]에 대하여 지출과 투자를 하고 있으며, 학교교육 또한 학생들에게 개

---

9) 학업성취는 학교교육을 통하여 학습한 지식, 지적 능력, 태도, 가치관 등 학습결과의 총칭이다. 그러므로 학업성취에는 인지적 영역의 학습결과만이 아니라 비인지적 영역의 학습결과도 포함되어야 한다. 그러나 학업성취를 나타내는 성적은 흔히 지적 영역의 학습수준을 의미하는 것으로 쓰인다(김신일, 2003).

10) 중등학교의 입학선발에서 지원자로 하여금 학교가 아닌 학군을 단위로 선택·지원하게 하면 합격된 학생을 동일 학군 내의 각 학교로 균등하게 배분할 수 있는데, 이러한 제도를 학교군제도, 줄여서 학군제라 한다. 고등학교 학군제는 지난 1974년 이후 실시되어 온 고교 평준화 정책에서 비롯되었으며, 1974년 서울과 부산지역에 고등학교 입학선발고사 제도로서 고교평준화 정책을 시행하였고 그 시행에 관한 규칙에 의거하여 서울특별시 고등학교 학군설정에 관한 서울시 조례 제815조가 공포되었다(안우환, 2004).

11) 오욱환(1999)은 자녀교육에 대한 한국 학부모들의 관심이 외국과는 비교 할 수 없을 정도로 높다고 지적하고 있으며 이러한 관심은 왜곡된 교육열로 분출되어 조기과외, 고액과외, 족집게 과외라는 독특한 사교육문화를 낳았으며, 한국교육개발원의 사교육에 대한 통계자료에 따르면 서울지역 초등학생들의 78%가 수학 과외를 받는 등 학생의 85%가 과외학습을 받고 있고, 중등학생들은 수학 74%, 영어 68%가 과외를 받고 있다고 한다. 이에 따라 학부모의 사교육비 지출은 적게는 6조 원에서 많게는 27조 원에 이르며 그중 과외학습 등으로 부담되는 사부담 사교육비는 매년 크게 증가하고 있다(김경식, 2003).

인의 전인격적인 성장과 더불어 살아가는 공동체적 소양의 함양보다는 학업성취와 직접적으로 관련된 지식 중심의 획일화된 교육과 상급학교 진학 위주의 성적 향상 교육만을 행하고 있다.

이러한 상황에 최근 발표된 대구광역시교육청 보고에 따르면 지난해 수능시험에서 상위 23%까지인 3등급 이내에 든 학생은 지역과 학교에 따라 현격한 차이를 보이며 상위 10개 학교 가운데 외국어고를 제외한 9개 교가 모두 수성구 고교였다고 보고하였다(≪매일신문≫, 2005. 3. 2).

학생들의 학업성취에 관심이 높은 학부모들이나 학생들은 이 보고에 의해 불안에 떨지 않을 수 없게 되었다. 수성구로 이사를 가야 하는가 아니면 밥을 한 끼 먹지 않더라도 사교육비 지출을 더욱 늘려야 하는가를 고민하게 되었고,[12] 비수성구의 고등학교 교사들은 학생들을 향한 학교수업의 질적 향상에 더욱 높은 스트레스를 받게 되었다. 이러한 지역 간, 학교 간 학력 격차의 문제는 어제오늘의 문제만은 아니었으며 늘 해결의 실마리를 찾지 못하였던 교육계의 화두였다.

학생들의 학업성취를 결정하는 것은 한두 가지가 아니겠지만 가장 기본적으로 학생의 지능 그리고 사회경제적 배경, 사회환경 등

---

12) 실제로 부모의 관심이 높을수록 자녀의 성적도 상위권이라는 보고가 이루어졌는데 한국직업능력개발원이 아시아 최초로 시도하는 교육고용 패널조사에서 무작위로 추출한 중·고교 학생을 대상으로 하는 최장 15년간의 추적조사로 학생이 노동시장에 진입해 안정적인 일자리를 얻기까지의 과정을 파악하였는데, 중3과 고3 학생 6,000명과 그 학부모, 교사가 조사대상이며 학생들에 대해서는 1~2년마다 주기적으로 학교생활, 가정생활, 학업성취, 진로계획, 생활환경, 가구소득 등을 조사하였다. 이 조사에서 부모 교육열, 관심도가 절대적 영향으로 의미 있게 나타났는데, 부모의 교육열이 자녀의 성적에 절대적인 영향을 미치는 것으로 분석되었다. 자녀의 유학을 고려한 적이 있는 부모의 비율은 중학교 상위권 학생의 경우 네 명 중 한 명꼴이었다. 그러나 중위권은 19.3%, 하위권은 12.9%로 낮아졌다. 부모가 자녀의 개인적 고민에 대해 알고 있다고 응답한 비율은 상위권의 경우 53%로 중위권(45.8%), 하위권(41.6%)에 비해 7.2%포인트, 11.4%포인트 높게 나타났다(≪중앙일보≫, 2004. 11. 11 19:01 입력/2004.11.11 22:14 수정).

의 학교 외적인 요인들과 학교를 구성하고 있는 모든 요인들, 즉 학급의 규모와 학교의 규모, 학급편성, 학교의 교육환경, 교사와의 상호작용, 학생들의 문화와 학교 및 학급의 풍토 등의 학교 내적인 요인들로 크게 나누어 볼 수 있다(김신일, 2003).

이러한 요소들을 통하여 오욱환(2002)은 학생들의 학업성취의 격차를 설명하는 이론들을 개인적 속성과 생득적 조건을 갖는 유전적 지능론, 개인적 속성과 사회적 규정의 조건을 갖는 문화실조론, 사회적 구조와 생득적 조건을 갖는 교육기회론, 사회적 구조와 사회적 규정의 조건을 갖는 교육과정론으로 분류하였다.

이와 같이 학생들에 대한 학업성취 분석은 다양하고 독특한 변인들이 관계되어 있음을 인식해야 하며 그 변인 하나하나에 대한 적절한 통제가 전제되어야 한다. 그리고 많은 관점과 이론의 배경을 이루고 있는 방대하고 복잡한 논의 주제임을 인식해야 할 것이다.

그러므로 학생들의 학업성취에 대한 분석은 각각의 변인(학교 내적인 요인과 외적인 요인)에 대한 분석이 선험적으로 이루어지고 학업성취에 대한 전체적인 틀을 조망할 수 있어야 할 것이다.

나. 학업성취 결정 요인

진급과 진학, 졸업 등 교육 선발 과정에서 판단의 기초가 되는 것은 학생의 학업성취 수준이다. 학업성취 수준은 앞 단계의 교육과정을 어느 정도 학습했는가를 나타내는 평가 자료인 동시에 다음 단계의 과정을 제대로 이수할 수 있는 학습의 기초를 갖추고 있는가를 나타내는 예측 자료이기도 하다. 학교에 있어서는 학업성취 수준은 그 학교의 교육능력을 나타내기 때문에 중요하다. 또한 성적은 그 개인의 앞으로의 학습능력을 판단하는 자료로도 이용되기 때문에 성적의 고저는 상급학교 진학에도 큰 영향을 준다. 성적이 상급학교 진학에 큰 영향을 준다는 사실은 성적이 교육기회의 분배와 직결되는 요인이라는 의미이기도 하다. 교육기회 분배는 말할 필요도 없이 사회적 지위의 획득으로 연결되므로 성적은 사회적 평등 문제와 관련된다.

학업성취와 관련해서 학교교육의 효과는 '절대적인 효과'와 '상대적인 효과'의 두 가지 차원에서 고려될 수 있다. 절대적인 효과는 학교교육을 받은 경우와 받지 않는 경우를 비교하여 학교를 다닌 학생에 대해 나타나는 효과이고, 상대적인 효과는 학교 간의 질적인 차이나 교육력의 차이로 학생들이 얻게 되는 효과를 의미한다(Good & Brophy, 1986).

학생들의 학업성취를 결정하는 것은 한두 가지가 아니겠지만 가장 기본적으로 학생의 지능 그리고 사회경제적 배경, 사회환경 등의 학교 외적인 요인들과 학교를 구성하고 있는 모든 요인들, 즉 학급의 규모와 학교의 규모, 학급편성, 학교의 교육환경, 교사와의 상호작용, 학생들의 문화와 학교 및 학급의 풍토 등의 학교 내적인 요인들로 거칠게 나누어 볼 수 있다(김신일, 2003).

연구자들은 학업성취에 영향력을 매개하는 것으로 가정 배경(family background)[13](박명애, 1981, 김왕근, 1988, 신동주, 1988,

---

13) 김경근(2000)은 가정배경을 경제적 자본(financial capital), 인간 자본(human capital), 사회적 자본(social capital)의 세 가지 요소로 구성된 것으로 보았다. Coleman(1988)은 경제적 자본은 가족의 소득수준에 의하여 결정되는 자녀에 대한 부모의 물질적 지원 능력을 가리킨다. 인간 자본은 부모의 교육 수준에 의하여 측정되는 자녀의 학업에 도움이 되는 인지적 환경과 관련되어 있다. 사회적 자본은 부모와 자녀 사이의 관계에 의하여 창출되어 주로 자녀교육에 대한 부모의 관심과 시간의 투입이라는 형태로 나타난다.

배종웅, 1993, 이위환, 1994, Coleman et al., 1966, Plowden, 1967, Jencks, et al., 1972, Boudon, 1973, Hauser, Sewell & Alwin, 1976, White, 1982, Lockheed et al., 1989)과 학교요인(한대동, 1981, 최창섭, 1985, 홍기우, 1986, 김병성, 1991, 김경식, 1994, 이건우, 1995, 최선희, 1996, 김정숙, 1998, 주동범·안우환, 1999, 최승우, 2001, 안우환, 2005, Brookover, 1979, Anyon, 1979, Rutter et al., 1979, Wilcox, 1982, Alwin & Thorton, 1984, Bryk & Driscoll, 1988, Entwisle & Alexander, 1996)이 있다.

1) 학교 외적 요인

학업성취에 영향을 미치는 외적인 요인들에는 지능, 과외 여부, 생활만족도, 사회경제적 배경(SES), 학교의 외부환경이 포함될 수 있다. 학교 외적 요인들이 클수록 학교교육 무용론(Jencks et al., 1972)이나 불평등 재생산론(Bowles and Gintis, 1976) 이론이 보다 설득력을 가질 수 있다(김경근, 1996). 다음의 <표 Ⅳ-1>은 학업성취에 영향을 미치는 외적 요인들에 대한 연구결과를 요약한 것이다.

학업성취에 영향을 미치는 학교 외적 요인은 다음과 같다. 지능지수에 대한 요인은 Dave(1963), Jensen(1969)에 의한 선천적 지적 능력과 후천적 환경 관련 연구이며, 사회경제적 배경요인으로는 Coleman et al.(1966)은 가정배경이 학업성취에 많은 영향을 미칠 수 있다고 보고하였으며, Jencks et al.(1972)은 아버지의 직업과 소득이 자녀의 성적과 상관관계가 있다 하였다. Hauser et al.(1974)과 Alexander & Simons(1975)는 사회경제적 배경은 학업성취에 영

〈표 Ⅳ-1〉 학업성취에 영향을 미치는 학교 외적 요인

외적 요인	연구자	연구결과
지능 지수	Dave(1963) Jensen(1969)	◦ 지능지수는 선천적 지적 능력과 후천적 환경에 의해 달라진다.
과외 여부	한대동 외(2001)	◦ 학원 및 과외 수강은 학업성취에 영향을 주지 않는다.
	양정호 외(2005)	◦ 학원 및 과외 수강은 학업성취에 유의미한 영향을 주고 있다.
생활 만족도	양정호 외(2005)	◦ 학생의 생활 만족도는 학업성취에 영향을 주고 있다.
사회 경제적 배경 및 사회적 자본	Coleman et al(1966)	◦ 학교시설, 재정보다는 가정배경이 학업성취에 많은 영향을 미친다.
	Jencks et al(1972)	◦ 아버지의 직업과 소득이 자녀의 성적에 .55의 상관이 있다.
	Hauser et al(1974) Alexander & Simons(1975)	◦ 지능과 함께 사회경제적 배경은 학업성취에 영향을 미치는 강력한 요인이다.
	한충효(1989)	◦ 가정배경과 자녀의 성적은 .77의 높은 상관을 나타낸다.
	김병성 외(1981) 김영화(1993)	◦ 부모의 계층에 따라 학업성취에 차이가 있다.
	주동범(1998) 김경근(2000) 안우환(2004)	◦ 가족 내 사회적 자본이 학업성취에 영향을 미친다.
학교 외부 환경	Boocock(1980)	◦ 지역사회의 인구학적 특성, 동태, 경제력, 노동시장 여건, 주민의 지식수준 등의 사회적·경제적·정치적·문화적 환경도 학업성취에 직·간접적으로 영향을 미친다.

향을 미치는 주요한 요인이 된다고 하였다.

조금 더 거시적으로 Boocock(1980)은 지역사회의 인구학적 특성, 동태, 경제력, 노동시장 여건, 주민의 지식수준 등의 사회적·경제적·정치적·문화적 환경도 학업성취에 직·간접적으로 영향을 미친다고 한다.

국내의 연구로는 한대동 외(2001), 학원과 과외 수강이 학업성취에 관계가 없다고 보고하였으며, 양정호 외(2005)는 이와는 반대로 학원과 과외가 학업성취에 유의미한 영향을 주고 있다고 하였으며 학생의 생활 만족도 또한 학업성취에 영향을 준다고 하였다.

한충효(1989)는 가정배경과 자녀의 성적은 높은 상관을 가진다고 보고하였으며, 박명애(1981), 김병성 외(1981), 김영화(1993)는 부모의 사회적 계층에 따라 학업성취에 차이가 존재한다고 하였다.

주동범(1998), 김경근(2000), 안우환(2004)은 경제적 자본뿐만 아니라 가족 내 존재하는 유·무형의 사회적 자본 또한 학업성취에 영향을 줄 수 있다고 하였다. 학업성취에 영향을 미치는 학교 외적 요인은 크게 학생 개인적인 특성을 대변하는 지능지수, 과외 여부, 생활만족도, 가정의 사회경제적 배경과 지위 그리고 학교가 속하여진 지역사회와 공동체로 나누어 볼 수 있다.

2) 학교 내적 요인

학교를 구성하고 있는 교육조건, 학급편성, 학급규모, 학교풍토, 학생문화, 교사기대 등의 요인들도 학생들의 학업성취에 영향을 미친다. 다음의 <표 Ⅳ-2>는 학업성취에 영향을 미치는 학교 내적 요인들에 관한 연구결과들을 요약한 것이다.

학업성취에 영향을 미치는 학교 내적 요인 문항의 주요 개념으로는 Findley & Bryan(1970), Esposito(1973)에 의해 이루어진 능력별 반편성에 대한 연구이며, Baker-Lunn(1970)은 학급편성과 학업성취를 나타내었으며, Glass et al.(1972), Farrell & Schiefelbein(1974), Purves(1973)는 각각 학급 규모와 학업성취에 대한 연구를 진행하였는데 Glass et al.(1972)은 학급규모가 작을수록 학업성취가 높아진다고 하였으며, Farrell & Schiefelbein(1974)는 학급규모가 클수록 학업성취가 높아진다고 보고하였다. Purves(1973)는 학급규모와 학업성취는 상관이 없다는 연구결과를 보고 하였다.

〈표 Ⅳ-2〉 학업성취에 영향을 미치는 학교 내적 요인

내적 요인	연구자	연구결과
교육 조건	이종재 외(1978) 김병성 외(1981)	◦ 도시와 농촌의 학력격차는 농촌지역의 열악한 교육조건에 의해 야기된다.
학급 편성	Findley & Bryan(1970) Esposito(1973)	◦ 능력별 반편성이 학업성취에 영향을 미친다.
	Baker-Lunn(1970)	◦ 학급편성의 차이가 학업성취에 영향을 미치지 않는다.
학급 규모	Glass et al(1972)	◦ 학급규모가 작을수록 학업성취가 높아진다.
	Farrell & Schiefelbein(1974)	◦ 학급규모가 클수록 학업성취가 높아진다.
	Purves(1973)	◦ 학급규모는 학업성취와 상관이 없다.
	김신일(1994)	◦ 한국적인 다인수학급에서 학업성취가 높게 나타나는 것은 학급규모와 학업성취는 상관이 있다.
학교 풍토	Brookover et al(1977) 김병성(1981), 김경식(1994)	◦ 학교풍토가 학업성취에 영향을 미친다.
학생 문화	Coleman(1961)	◦ 학생문화가 학업성취에 영향을 미친다.
	McDill et al(1967)	◦ 학생문화보다는 사회경제적 배경이 학업성취에 더 큰 영향을 미친다.
교사 기대	Rosenthal & Jacobson(1966) Brophy & Good(1970) Robinson(1973)	◦ 교사가 학생에게 갖는 긍정적, 부정적 기대가 학업성취에 영향을 미친다.

Brookover et al.(1977)은 학교, 학급풍토는 학업성취에 영향을 미친다고 보고하여 많은 영향을 주었으며, Coleman(1961)은 학생들의 고유한 문화가 학업성취에 영향을 미친다고 하였다. McDill et al.(1967)은 학생문화보다는 사회경제적 배경이 학업성취에 더 큰 영향을 미친다고 학생문화와 사회경제적 배경을 비교하였다. Rosenthal & Jacobson(1966), Brophy & Good(1970), Robinson(1973)은 교사가 학생에게 갖는 긍정적, 부정적 기대가 학업성취에 영향을 미친다고 보고하였다. 특별히 Rosenthal & Jacobson(1966)의 오크 학교 연구는 이후의 많은 연구에 영향을 주었다.

국내 학교 내적인 요인에 관한 연구로는 이종재 외(1978), 김병

성 외(1981)는 농촌지역의 열악한 교육조건에 의해 도시와 농촌 간에 학력격차가 이루어진다고 보고하였으며, 김신일(1994)은 학급 규모와 학업성취는 상관이 있다고 보고하였으며, 김병성(1981), 김 경식(1994)은 학교, 학급풍토와 관련하여 학업성취에 영향을 미친 다고 하였다. 학업성취에 영향을 미치는 학교 내적인 요인은 교육 조건, 학급편성, 학급규모, 학교·학급풍토, 학생의 문화, 교사의 기대로 구성됨을 알 수 있다.

3) 학업성취에 대한 학교, 학생 개인 관계 모형

다음의 <그림 Ⅳ-1>은 학업성취에 영향을 미치는 외적인 요 인과 내적인 요인을 종합하여 학교, 학생 관계 모형으로 설정해 보았다.

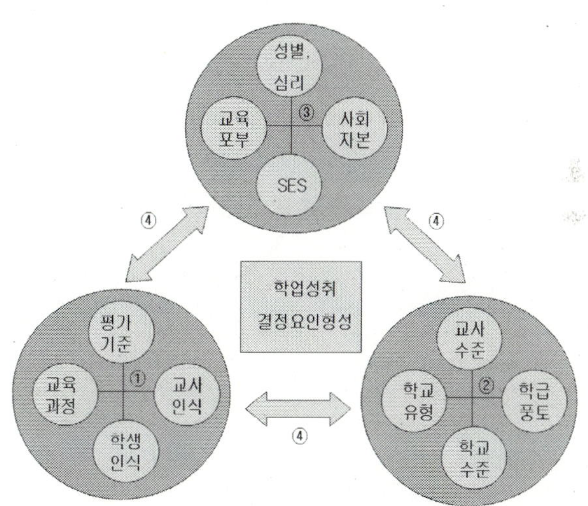

〈그림 Ⅳ-1〉 학업성취에 대한 학교, 학생 개인 관계 모형

학교 외적인 요인으로는 성별, 심리, 교육포부, 사회적 자본이 있으며, 학교 내적인 요인으로는 교육과정, 교사인식, 학생인식, 평가기준, 교사수준, 학교유형, 학교수준, 학급풍토를 설정해 보았다.

4) 학생의 학업성취 결정 모형 탐색

학생의 학업성취를 결정하는 학교 외적 요인과 학교 내적 요인을 탐색한 결과 <그림 Ⅳ-2>와 같은 학생의 학업성취 결정 모형을 탐색하게 되었다.

학업성취에 영향을 주는 변인은 크게 학교 수준과 학생 수준으로 볼 수 있다. 학교 수준에서는 학교의 구성원인 교사와 학교의 재정적 수준, 학교의 지리적 위치, 학교의 설립유형, 남녀공학 유무 등이 학교·학급풍토와 교사변인에 영향을 주며, 학생 수준에

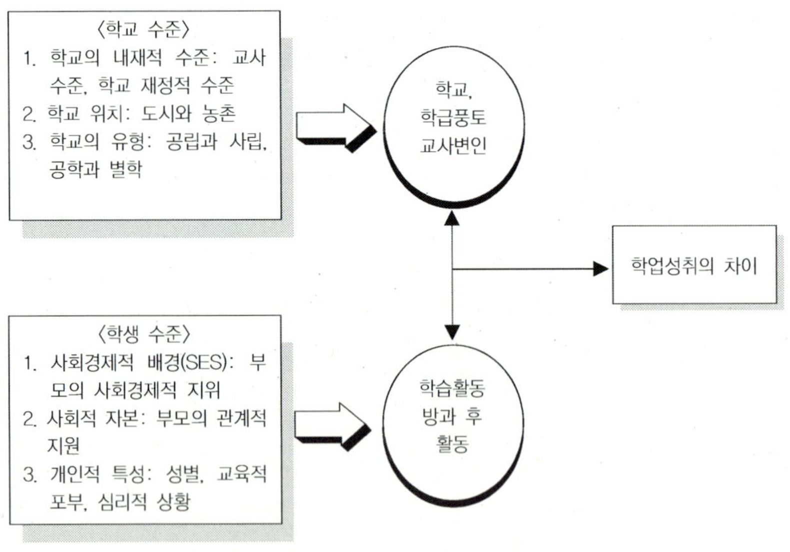

<그림 Ⅳ-2> 학생의 학업성취 결정 모형

서는 학생의 부모가 갖는 사회경제적 배경(SES), 사회적 자본, 성별, 포부 수준, 심리적 상황 등이 학습활동과 방과 후 활동에 영향을 준다.

2. 사회적 상호작용과 학업성취

가. 사회적 상호작용의 개념

사회조직이 발생하는 가장 핵심적인 요소가 상호작용으로 어떤 특정한 속성을 중심으로 다른 사람들과 구별 짓는 경계가 형성되어 이 환경 내의 구성원들 간에 상호작용이 반복적으로 지속적으로, 그리고 유형 지어진 형태로 발생하면서 사회조직의 과정이 일어난 것으로 볼 수 있다. 조직적 상호작용에 참여하는 사람들 사이에 특정한 가치관, 규범, 태도, 목표 등에 대한 동의나 합의가 이루어질 것이 요청된다.

사회학에서 사회를 보는 시각은 일반적으로 크게 사회실재론과 사회명목론으로 볼 수 있다. 사회실재론으로 사회를 독자적인 실체로 보아 개인과 동떨어져 있는 것으로 보며, 사회명목론은 사회는 개인들이 모인 집단에 불과하다는 입장이다. 이러한 사회와 개인을 대치된 개념으로 보는 이원론적인 접근과는 달리 개인과 사회를 서로 떨어질 수 없는 밀접한 현상으로 파악하려는 접근이 사회적 상호작용론(social interaction theory)이라고 한다.

사회적 상호작용이란 한 사람이 다른 사람을 대상으로 하는 의도적인 행위(proaction)와 이에 대한 다른 사람의 반응(reaction)으로 이루어지는 사회과정이다. 이와 같은 사회적 상호작용이 가능한 것은 바로 인간의 의사소통을 통하여 의미전달이 이루어지기 때문이며 사람들은 서로의 행동이 무엇을 뜻하는지의 상징력을 통하여 그 의미해석을 할 수 있기 때문이다. 이러한 의미해석을 가능하게 하는 것은 그 사회의 문화에 있다. 문화는 우리에게 상황규정 (definition of the situation)을 할 수 있도록 내용과 사회적으로 기대되는 행동을 할 수 있도록 사회적 구실을 하도록 해 준다. 그렇기 때문에 사람들이 어떤 주어진 상황에 처하여 다른 사람과 상호작용하는 위치에 있게 될 때에 ① 상황 정의하기, ② 상황하에서 자신의 입장 인식하기, ③ 사회적인 규범에 의거하여 행동하기의 과정을 거친다. 상호작용의 대상인 상대방도 위와 같은 과정을 통하여 행동의 주고받음에 참여함으로써 사회적 상호작용은 성립된다.

사회적 상호작용의 개념은 학자들마다 다양하다. 다음의 <표 Ⅳ-3>은 대표적인 학자들의 사회적 상호작용의 개념 정의를 요약한 것이다.

인간은 기본적으로 사회 속에서 서로 관계를 이루며 살고 있다. 그러나 개개의 사회관계(social relation)는 결국 그 관계를 구성하고 있는 두 사람 이상의 당사자들이 서로 상대방을 통하여 교섭하는

〈표 Ⅳ-3〉 사회적 상호작용의 개념 정의

학자	개념 정의
Bonner(1959)	한 사람의 행위가 다른 사람의 행위에 영향을 미치는 두 사람 또는 그 이상의 관계 유형.
Stogdill(1959)	집단 내에서 두 사람 이상으로 이루어진다.
Thibaut & Kelly(1959)	서로가 면전에서 행위를 나타내고 서로를 위해 작품을 만들고 각각 의사소통하는 개인적 관계를 맺을 때 비롯된다.
민경배(1994)	인간이 사회생활을 하면서 서로 영향을 주고받는 행동을 교환하는 것.

행동을 통해 이루어진다.

위의 내용을 종합하면 사회적 상호작용은 둘 또는 그 이상의 개인들이 언어 혹은 비언어적 수단을 통해 서로 의사소통을 할 때 상호작용 관계에 있다고 할 수 있으며, 하나의 상호작용은 참여자의 인지적, 정의적, 심리·신체적 반응을 수반한다고 할 수 있다. 그러므로 상호작용은 거의 모든 사회체제 속에서 일어나며 대면적 관계가 이루어지는 것은 기본적인 사회적 과정이라고 말할 수 있다.

Edgar(1965)는 일반적인 관점에서 사회적 상호작용은 상호의존, 상호보완, 상호관계의 이론을 함축한다고 보았다. 사회적 상호작용은 그들이 구조 내에서 확인할 수 있도록 이름을 줄 수 있는 발달의 참여형태를 차별화시켰다. 예를 들면, 집단은 상위와 종속에서 차별화를 포함할 수도 있다. 지도자(leader)가 나타날 수도 있고, 추종자(follower)도 있으며, 친한 사람, 중재자, 아이디어를 가진 사람, 지지하는 사람들도 있다. 상호작용의 과정은 사회적 상호작용의 유형을 결정시키는 것으로 볼 수도 있다.

상호작용의 과정은 크게 개인적인 과정과 집단적인 과정으로 볼 수 있으며, 개인적인 과정은 심리학과 관련이 있고, 집단적인 과정은 사회학적인 해석과 관련이 있다. 예를 들면, 지도자(leader)는 독단적이고, 추종자(follower)는 지지하는 것의 leader - follower 관계의 정리일 수도 있다. leader에게는 높은 전체 상호작용 비율을, follower에게는 지지하는 면에서 높은 상호작용의 비율과 반응적인 범주를 공동으로 이끌어 낸다.

leader가 긍정적인 영향을 표현할 때, 그들은 지도성의 속성으로 보다 긍정적인 follower를 끌어내고, 보다 더 나은 follower의 수행을 나타낸다(Lewis, 2000, Newcombe & Askanasy, 2002). 아직 이러한 영향들에 대한 기제는 경험적인 연구에서 많이 무시되어 왔다. 최근의 연구들은 leader가 follower의 산출결과에 영향을 미치는 한 가지 수단으로서 감정적인 감화를 시험하였다. <그림 Ⅳ-3>은 Stefanie(2004)의 연구에서 지도자의 감정, 추종자의 감정, 변혁적인 지도성의 지도자의 평가와 추종자의 수행에 관한 모형이다.

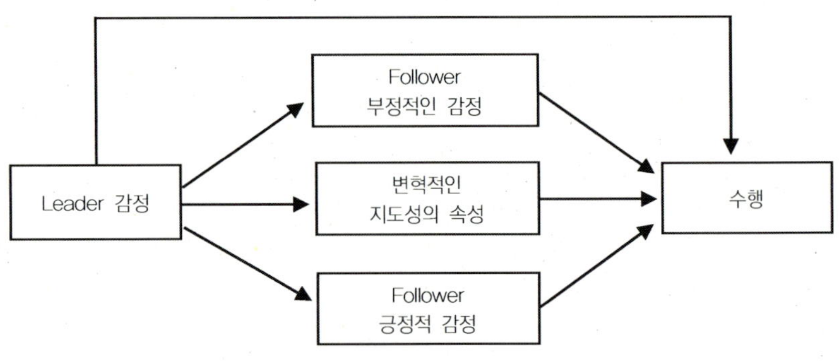

〈그림 Ⅳ-3〉 Leader-Follower의 영향 모형

위의 모형에 따르면 지도자의 감정은 지도자의 행동에 영향을 미친다. 지도자의 감정은 또한 변혁적인 지도성의 추종자 특성에 영향을 미친다. 지도자의 감정은 감정적인 감화를 통해 추종자에게 전달된다. 변혁적인 지도성의 특성과 수행에 추종자에게 영향을 미친다는 것이다. 이를 교실로 가져오면 학생-학생 사이의 상호작용도 중요하지만, 교사-학생 사이의 상호작용은 교실에서 leader로서 교사의 지위 때문에 교사는 학생들과의 의사소통뿐만 아니라 교실에서 학생들 사이에서 일어나는 것에도 영향을 미친다.

나. 사회적 상호작용의 유형

1) 정의적 상호작용과 수단적 상호작용

사회적 상호작용의 유형을 정의적 상호작용과 수단적 상호작용으로 분류하면 <표 Ⅳ-4>와 같다.

〈표 Ⅳ-4〉 정의적 상호작용과 수단적 상호작용의 분류

정의적 상호작용	수단적 상호작용
상호작용 지체가 궁극적인 목적	목적 달성을 위한 수단
반복적, 비형식적	발전적, 형식적
정서적 차원	합리적 차원
상호작용의 폭이 무제한적	상호작용의 폭이 제한적

정의적 상호작용과 수단적 상호작용의 분류는 분석적 차원의 분류이고 실재의 무수한 상호작용들은 이 두 이념형적 상호작용을 양축으로 하는 연속선상의 어느 점에 위치될 수 있는 것으로 보는 것이 타당하다.

2) 협동과 갈등

두 사람 이상이 협동[14]관계를 이룰 때 당사자들은 가치를 둘러싸고 있는 상황에 대하여 정합가정(positive-sum assumption)을 전제로 하고 있다. 즉 대개의 경우 추구의 대상이 되고 있는 가치의 절대량을 한정된 것으로 보는 대신에 같이 힘을 합하면 그 절대량

---

14) 협동이란 개인이나 집단의 공동의 이익이나 목적을 달성하기 위해 함께 행동을 하는 상호 작용이다.

이 증가하며 각자의 몫도 자연히 커질 것이라는 점과 이 증가된 가치의 분배과정에 있어서도 분배적 정의가 적용될 것이라는 점이 전제된 후에 협동관계는 가능하다. 이와는 반대로 추구하는 가치가 제한되어 있다고 생각하든지, 가치의 분배과정을 규제하는 원칙에 각자가 의견을 같이할 수 없으면 이들 당사자들에게는 가치의 추구과정에서 영합가정(Zero – sum assumption)이 전제되게 되며 결과적으로 갈등관계를 일으키게 된다.

갈등15)과 경쟁16)은 구별되어 사용되는 개념인데 경쟁의 경우에는 당사자들의 관심이 주로 추구하는 가치에 있는데, 갈등의 경우에는 당사자들의 일차적인 관심이 추구하는 가치에 있다기보다는 상대방 개인에게 있다. 경쟁의 경우에는 경쟁 당사자들이 다 같이 규제하는 어떤 공동규범이 있는 반면에 갈등의 경우에는 이러한 규범이 없다.

3) 2인 관계와 3인 관계

2인 관계에 있어서는 두 당사자 중에서 한 사람이 없어지면 그 상호작용 관계는 소멸하지만 3인 관계에 있어서는 그 관계가 당사자 개인의 존재를 초월하게 된다는 점이 2인 관계와 3인 관계의 주요한 차이점이다. 또 특정 인간관계에서 제삼자의 존재는 두 사람 사이의 상호작용에 여러 가지 중요한 영향을 준다. 이때 제삼자는 중개자의 역할과 중재자의 역할을 하게 되는 경우가 있는데

---

15) 갈등이란 의도적으로 똑같은 목표를 추구하는 상대를 해치거나 제거하려는 형태의 상호작용이다.
16) 경쟁이란 개인이나 집단이 서로 동일한 목표를 두고 그것을 성취하려고 노력하는 행위를 말한다.

전자의 경우에는 갈등의 해소는 어디까지나 당사자의 손에 달려 있고 후자의 경우에는 당사자들은 스스로의 결정권을 포기하고 이를 중재인에게 이양하게 된다. 2인 관계와 3인 관계의 중요한 차이점은 인간관계 유형의 기하급수적 복잡화에 있다. 그러나 실제사회에서 일어나는 대부분의 2인 관계는 유리된 상태에서 일어나는 것이 아니라 이 관계에 어떤 형태로든 영향을 미치고 있는 제삼자의 존재를 의식하는 것이기 때문에 2인 관계와 3인 관계의 차이도 역시 다른 분배 개념들과 마찬가지로 이념형적 분배적 차원에 있어서의 차이점임을 강조해 둘 필요가 있다.

4) 화해와 동화

갈등을 해소시키려는 상호작용으로 그 성격이 비슷한 것이 화해와 동화[17]이다. 이 두 가지는 적어도 평화적인 방법으로 갈등을 해결한다는 점에서 비슷하나 전자는 주로 갈등을 소멸시키거나 평화스러운 상호작용으로 회복시키는 과정이라면 후자는 갈등하는 집단 사이에서 목표를 같도록 하는 과정이라 할 수 있다.

상호작용은 그때그때의 행동자가 누구인가에 따라 달라지기도 한다. 또한 그 행동자가 행동을 일으키는 동기나 목적에 의해서도 다르게 나타난다. 따라서 상호작용은 매우 혼돈되고 복잡하며 정형화되지 못한 것처럼 보일 수도 있다. 하지만 이러한 상호작용은 되풀이되는 동안 점차 어떤 형태로든지 질서가 잡혀지며 그것이 고정되어 사회적으로 관습화된다. 따라서 개개인은 다른 사람과 상

---

17) 갈등을 감소시키거나 평화스러운 상호작용으로 회복시키는 과정을 화해라고 하고, 갈등하는 집단 사이에서 목표를 같도록 만드는 과정을 동화라고 한다.

호작용할 때, 주어진 상황과 조건을 분별하여 그에 적합한 행동의 방식과 절차를 적절하게 선택하여 반응하는 것이다(민경배, 1994, 박재환, 1994, 김미숙 외, 1999).

5) 강제

갈등이 폭력적인 방법에 의해서만 해소될 수 있는 상황에서 한 쪽이 상대방을 힘으로 굴복시키는 형태이다. 여기서의 힘이란 반드시 폭력이나 무력과 같은 물리적인 것만을 의미하는 것은 아니며, 경제적 압력이나 제도적 권위에 의한 강제도 포함한다. 교사가 학생에 대하여 벌을 세우는 일은 권위에 의한 강제에 해당한다.

6) 교환

사람들 사이에 무엇인가 대가를 지불하고 보상을 받는, 즉 서로 주고받는 관계이다. 교환은 상호작용의 본질과 가장 일맥상통하는 유형인데, 이때 주고받는 것은 선물이나 돈과 같은 비물질적이고 심리적인 것까지도 포함된다. 교환관계를 중시하는 Homans나 Blau와 같은 학자들은 이것을 교환이론[18]까지 발전시켰다.

Homans는 인간은 과거에 보상을 받았던 행동을 우선적으로 하게 되며, 그 행동으로 주어지는 보상이 자신에게 더 큰 가치가 있게 될수록 그 행동을 반복할 가능성이 큰 반면, 보상을 자주 받게 되면 점차 보상의 가치는 떨어진다. Blau는 개인 간의 교환관계를

---

18) 교환이론은 인간의 행동을 비용과 보상을 교환하는 관계로 규정한다. 즉 개인이 주어진 상황에서 지출하는 비용에 비하여 얼마만큼의 보상이 돌아오는지를 따져 이윤이 있을 때만 행동을 취한다는 것이다.

사회적 차원으로 확대시켰다. 그는 집단과 집단 사이의 교환관계에서 한쪽이 일방적으로 도움을 받기만 하고 그에 걸맞은 보상을 제공하지 못하거나 계속적으로 도움을 받아야 할 때에는 지배-피지배라는 권력관계가 발생한다고 했다.

위의 사회적 상호작용의 유형들은 학교와 교실사회로 끌어들인다면 교사와 학생, 학생과 학생 사이의 상호작용의 유형들로 도식화할 수 있다.

가장 보편적으로 유형화된 사회적 상호작용의 형태들을 살펴보면 <그림 Ⅳ-4>와 같이 나타낼 수 있다.

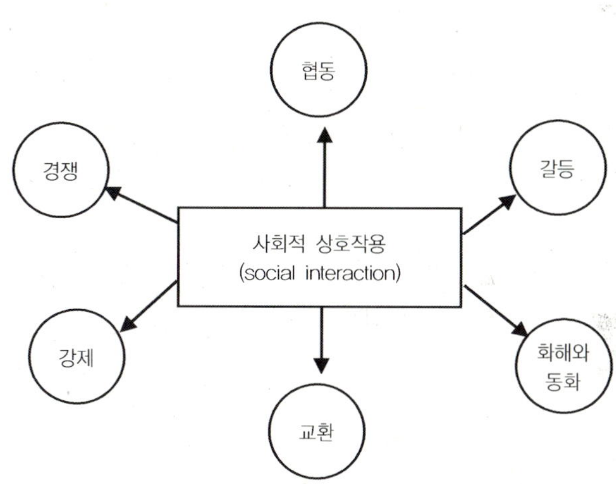

〈그림 Ⅳ-4〉 사회적 상호작용의 유형

다. 교육에서 사회적 상호작용의 중요성

1) 상호작용에 관한 연구

교사와 학생 사이에서 학교환경, 교실 상호작용의 요소의 분석은 오랜 기간 동안 교육 연구의 다양한 방법에 초점이 맞춰져 왔다(Brophy & Good, 1986, Medley & Mitzel, 1963, Rosenshine & Furst, 1973). 이러한 연구의 한 가지 결과는 보다 효과적인 교수방법들을 개발하는 것이었다(Becker & Gersten, 1982, Gersten & Carnine, 1984, Rosenshine, 1976). 이러한 연구들은 교사행동들이 학업성취와 상관이 있거나 교실의 행동을 이해하는 데에 많은 중요성을 가짐에도 불구하고 고립되었었다(Brophy & Good, 1986, Doyle, 1986, Rosenshine & Stevens, 1986). 이러한 연구의 중요한 점은 학생과 교사 사이의 보다 정확한 원천, 과정, 어린이들의 사회적 행동에서 무질서의 함축 사이에서의 상호작용뿐만 아니라 학생 사이에서 부정확한 교실 상호작용을 분석한 것이다(Fox & Savelle, 1987).

지난 25년간 국제적 연구의 성과들은 교실환경을 현지 연구로 번성함으로써 확고하게 자리를 잡았다(Fraser, 1994, Fraser & Walberg, 1991). 최근의 교실환경의 연구는 구성주의 교실환경(Taylor, Fraser, & Fisher, 1997), 과학 교실환경의 범국가적 연구(Fisher, Rickards, Goh, & Wong, 1997), 과학실험실 교실환경(MaRobbie & Fraser, 1993), 컴퓨터실 교실환경(Newby & Fisher, 2000), 컴퓨터 보조수업(CAI) 교실(Fisher & Stolarchuk, 1997, Teh & Fraser, 1995). 교실에서 일어나는 교사 - 학생의 상호작용(Wubbels & Levy, 1993)에 관해 초

점을 두고 있다.

학생의 학습에 영향을 미치는 두 개의 주요한 공동 사회가 있다. 하나는 학교 공동 사회이고, 다른 하나는 지역 공동 사회이다 (Belton, 1994). <그림 Ⅳ-5>는 학생과 교사의 상호작용에 영향을 미치는 공동 사회의 일부를 나타낸 것이다.

학교 공동 사회는 1994년 통계에 따라 거의 4,000명의 학생들과 그들의 가족으로 구성이 되었다. 200개 이상의 교수조직과 비교수 조직이 있다. 주요부는 학습 자료를 개발하는 개방 접근과 주정부 가 학교의 역할을 규정하고 자원들을 할당하는 것을 포함한 학교

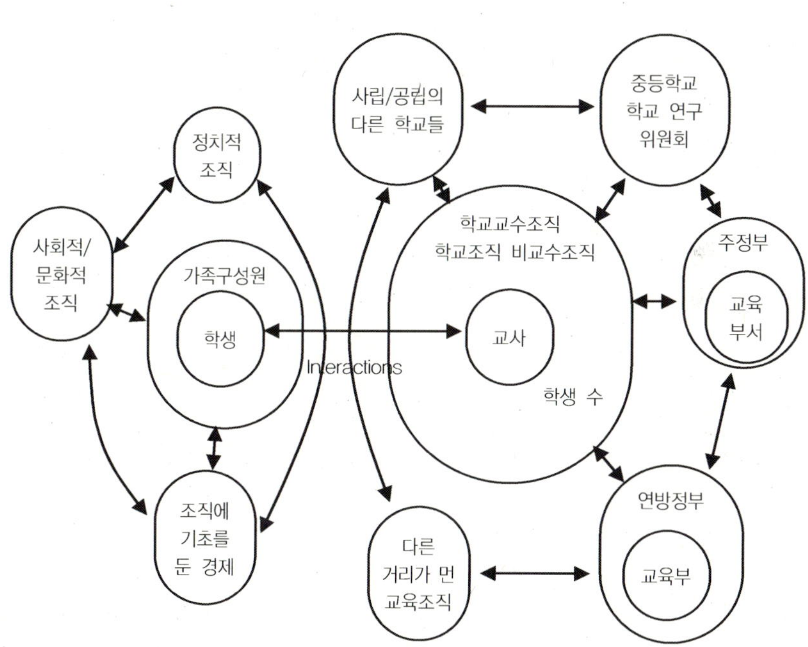

〈그림 Ⅳ-5〉 교사-학생의 상호작용에 영향을 미치는 공동 사회

공동 사회에 직접적으로 영향을 미친다. 중등학교 연구 위원회는 인정된 실체이다.

이러한 공동 사회에 영향을 미치는 힘은 사회에서 지역사회가 갖는 역할 및 구성원들과 관계가 있다. 위 그림은 지역사회의 복잡성에서 일부 아이디어를 준다. 지역의 교육부서와 중앙부서 조직은 교수-학습과 입학의 적임을 위한 매개변수로 설정되었다. 이러한 주요부는 목적과 의향, 빈도와 교수-학생의 상호작용의 유형에 따라 영향의 정도가 다양하다. 지역 공동 사회는 학생이 속해 있는 가족과 지역 공동 사회로 구성되어 있다. 사회적, 문화적, 정치적 그리고 경제적인 하부조직과 권력구조에 관한 지역사회에서 가족 가치들과 문화적 배경, 가족의 관계성은 분명하게 직접적으로 교사와 학생의 상호작용에 영향을 미칠 것이다. 학생과 교사의 상호작용에 접근하는 가족과 지역사회의 가치는 빈도, 목적, 의향, 결과들을 반영할 것이다.

인간은 생애 전반에 걸쳐 많은 사람들과 관계를 맺게 되는데, 교사-학생 관계는 일시적이면서도 사회적·인위적 과정의 만남이지만, 학생의 인성 발달에 미치는 영향은 지대하다고 할 수 있다. 또한 교사-학생 관계는 우연적이고 일시적일 수 있지만, 학급 내부의 교육환경에도 큰 영향을 미치게 되기 때문에 교육적으로도 매우 중요한 의미를 지닌다. 실제로 교사-학생 관계는 교육의 중심 역할을 수행한다고 볼 수도 있을 것이다.

Tyler(1964)는 Rogers(1969)가 제시한 교사의 인간 중심적 태도 또는 촉진적 태도 이론에 기초하여 교사와 학생의 관계를 평가하기 위한 측정도구를 개발하기 시작했으며, 우리나라에서는 이를 우리나라 실정에 맞게 번역하여 이상노(1968)가 중등학교를 대상으로 하여 교사-학생 간의 인간관계를 평가해 보기도 하였다. 이들이 사용한 질문지는 교사-학생 관계를 구성하는 요인으로 '진실성', '무조건적 긍정적 존중', '공감적 이해'의 세 가지를 제시하였으며, 각각의 특성을 리커트식 5점 척도로 평가하였다. 각 하위 영역에 10개씩의 문항을 작성하여 실시하였는데, 각 하위 영역에는 긍정적인 문항과 부정적인 문항이 포함되어 있다.

Pianta(1991)는 교사의 지각을 이용하여 교사와 학생 간의 관계를 평가해 보고자 하였다. 그가 개발한 교사-학생 관계 척도인 Student Teacher Relationship Scale(STRS)은 세 개의 하위 영역, 즉 '친밀감', '의존성', '갈등'으로 구성되어 있으며, 리커트식 5점 척도를 사용하고 있다. 첫째, 친밀감은 교사와 학생 간에 존재하는 온정과 개방적인 의사소통의 정도를 말하는 것으로 학교에 대한 긍정적인 정서와 태도를 조장하는 데 관련이 있다. 이 하위 영역에 속하는 문항의 예로는 "나는 이 아이와 애정적이고 따뜻한 관계를 맺고 있다."가 있다. 둘째, 의존성은 학생이 교사에게 의존하는 정도를 말하는 것으로, 이는 교사가 학생에 대해 느끼는 부정적인 느낌이나 학생의 지나친 의존을 의미한다. 이 하위 영역을 위한 문항의 예로는 "화가 나면, 이 아이는 나에게 위로받기를 원한다."를 들 수 있다. 셋째, 갈등은 교사와 학생 간에 조화로운 상호작용이 결여된 정도를 말하며 마찰에 이를 수도 있다. 이는 학생 불안감을 조장할 수 있으며, 학생이 소외감, 외로움, 학교에 대한 부정적인 태도를 갖게 할 수 있으며, 학업에도 부정적인 영향을 미칠 수 있는 특성이다. 이 하위 영역을 위한 문항의 예로는 "내가 이 아이의 잘못을 나무라면 당황하거나 상처를 받는 것 같다."가 있다.

Wubbels, Creton, Hooymayers(1985)에 의해 모형이 개발되었다.

이 모형은 교사-학생의 상호작용에 학생들과 교사들의 인식을 모으기 위해 Questionnaire on Teacher Interaction(QTI)를 도구 개발에서 사용하였다(Wubbels, Brekelmans, & Hooymayers, 1991, Wubbels & Levy, 1993). 이 모형은 영향범위(우월, D-복종, S)와 접근범위(협동, C-반대, O)의 도움으로 이러한 상호작용을 지도로 나타내었다. 이러한 범위들은 8개의 동등한 영향으로 나누어져 대등한 체제에 나타났다.

Newby, Rechards, & Fisher(2001)는 교사-학생의 상호작용을 측정하기 위해 개발한 QTI(Questionnaire on Teacher Interaction)의 하위 영역을 <표 Ⅳ-5>와 같이 8개의 영역으로 포함하여 측정하였으며, 교사-학생 관계에 대한 학생의 지각과 교사의 지각 및 실제 지각된 바와 이상적인 관계를 비교해 보았다.

아래의 하위 영역에서 지도력은 교사가 교실 상황, 절차, 구조들을 인도하고, 조직하고, 지시하고, 결정할 수 있는 태도이다. 우호성은 교사가 학생들에게 우호적이거나 배려하는 태도로 행동하고 흥미를 보여주는 학생들에 대한 개방적인 태도를 말한다. 이해성은 교사가 흥미와 열정을 가지고 학생의 말을 듣고, 신뢰와 이해를 보여주며, 학생들에게 개방적인 태도를 갖는 것을 말한다. 학생 책임감/자유는 교사가 학생들에게 독립적인 학습기회를 제공하고, 자유와 책임감을 부여하는 태도이다. 불확실성은 교사가 학생을 대할 때 불확실한 태도로 행동하는 것을 말한다. 불만족은 교사가 학생에게 불만족을 표현하고, 교사가 불행해 보이며, 비판적 태도를 보이는 것이다. 훈계는 교사가 학생에게 화내고, 성내며, 금지시키고, 벌을 주는 태도이다. 마지막으로 엄격성은 교사가 학생에게 침묵하도록 시키고 규칙을 엄격하게 강요하는 태도를 말한다.

<표 Ⅳ-5> QTI 각 척도의 척도 기술과 실례 항목들

척도명	척도 기술 (교사의 범위)	실례 항목
지도력	이끈다, 조직한다, 질서를 준다, 교실 상황에서 절차와 구조를 결정한다.	이 교사는 그나 그녀의 교과에 대하여 열정적으로 이야기를 한다.
도움을 주는/우호성	흥미를 보인다, 우호적이거나 사려 깊은 태도로 행동한다, 확신과 신뢰를 심어 준다.	이 교사는 우리의 학업에 함께하여 우리에게 도움을 준다.
이해성	흥미와 공감을 갖고 듣는다. 확신과 이해하기를 보여준다. 학생들에게 항상 개방되어 있다.	이 교사는 우리에게 믿음을 준다.
학생 책임감과 자유	독립적인 학업을 위한 기회를 준다. 학생들에게 자유와 책임감을 준다.	우리는 이 선생님의 수업에서 어떤 일을 결정할 수 있다.
불확실성	불확실한 태도로 행동한다. 낮은 특성을 유지한다.	이 교사는 불확실한 면이 있다.
불만족	불만족을 표현한다. 불행하거나 비판적으로 보인다. 침묵을 위해 기다린다.	이 교사는 우리가 속인다고 생각한다.
훈계	화를 낸다, 화남과 분노, 금지와 벌을 나타낸다.	이 교사는 불시에 화를 낸다.
엄격성	확인한다, 침묵을 유지하고, 엄격한 규칙을 시행한다.	이 교사는 엄하다.

자료: Fisher. et al.(2001). A multi-level model of classroom interactions using teacher and student perceptions. 4-5.

이들은 이러한 하위 영역에 대해 동일한 문항을 학생용, 실제 교사용, 이상적인 교사용의 세 가지로 변형시켜 실시하였다. 학생용은 학생이 실제로 교사가 행동하고 보여준 태도에 대해 평가해 보도록 하는 것이고, 실제 교사용은 교사가 실제로 본인이 행동하고 있다고 평가해 보도록 하는 것이며, 이상적인 교사용은 학생들에게 이상적인 선생님은 ~해야 할 것으로 생각되는 반대로 평가하도록 하는 것으로 동일한 문항만을 다음과 같이 학생용 질문지는 '선생님은 ~한다', 실제 교사용 질문지는 '나는 ~한다', 이상적인 교사용 질문지: '선생님은 ~해야 할 것이다.'로 변형시켜 사용하였다. Newby 등은 최종적으로 총 48개 문항으로 구성된 질문지를 1,659명의 중학생과 72명의 교사를 대상으로 실시하였다. 하위 영역별 산출된 Cronbach – 알파가 학생용 질문지의 경우엔 .78로부터 .96에 이르렀고, 교사용 질문지는 .72로부터 .92였으며, 이상적인 교사용 질문지는 .62로부터 .86의 높은 신뢰도를 보여주었다.

이와 같이 교사 – 학생 관계의 특성은 여러 가지 측면에서 설명될 수 있으며, 교사 – 학생 관계를 구성하는 요인들에 대한 이론들도 다양할 수 있는데, 위의 연구결과들을 비교하면 <표 Ⅳ - 6>과 같이 제시할 수 있다.

〈표 Ⅳ - 6〉 교사 – 학생 관계의 하위 영역 및 측정 방법

선행연구	하위 영역	측정 방법
Tyler(1964), 이상노(1968)	진실성, 무조건적 긍정적 존중, 공감적 이해	학생지각 평가
Pianta(1991): STRS	친밀감, 의존성, 갈등	교사지각 평가
Newby et al.(2001): QTI	지도력, 우호성, 이해성, 학생 책임감/자유, 불확실성, 불만족, 훈계, 엄격성	학생지각, 교사지각, 이상적인 교사에 대한 학생 평가
조연순 외(2001)	타이른다, 혼낸다, 벌준다, 벌준다(사오기), 즉시 시정하게 한다, 분위기 전환, 모른 척한다.	심층면담(교사, 학생)

2) 교실 상호작용의 특성

김병성(1991)은 교실 상호작용의 특성을 다음과 같이 제시하였다.

첫째, 상호작용은 참여를 요구한다. 한 교실 내에서 모든 형태의 상호작용이 일어난다(Delamont, 1976). 한 명의 교사는 한 명의 학생 혹은 다수의 학생과 상호작용을 한다. 학생은 교사와의 공식적인 상호작용과 학생 간의 비공식적인 상호작용을 한다.

둘째, 상호작용은 역동적이고 변화가능성을 갖는다. 상호작용은

정적이기보다는 시간의 변화에 따라 변화하는 과정이다.

셋째, 상호작용은 행동을 수반한다. 개인이나 집단은 언어와 비언어를 통해 의사소통이 이루어진다. 언어적 의사소통에는 언어를 표현하는 음조, 강세, 연결 등을 포함하는 말의 연속관계와 기침, 구시렁댐, 울음, 웃음, 하품 등의 발성에 의해서도 이루어진다. 비언어적 의사소통은 몸동작, 언어적 행동을 동반하는 안면운동, 그리고 자발적 · 비자발적 행동을 포함하는 동작행위 등이다(Belinger, 1975, Laver & Hutcheson, 1972).

넷째, 상호작용은 상호간의 영향을 수반한다. 교사와 학생의 상호작용은 양 방향적으로 교사는 학생행동에 영향을 미치고, 학생은 교사의 행동에 피드백을 보내면서 이루어진다.

다섯째, 상호작용은 규칙을 갖는다. 교실의 상호작용은 구성원들의 합의한 규칙에 의해 이루어지고, 교사의 신분, 학생의 권리, 교육의 중요성과 같은 변인에 의해 의존한다.

여섯째, 상호작용은 다양한 요소들에 의하여 영향을 받는다. 교실들은 교실의 크기, 책상의 배열, 학생들의 좌석배치, 학생 수 혹은 벽면의 장식 등과 같은 특성으로 서로 차이가 난다. 이러한 모든 모습들이 교실 상호작용의 과정과 결과에 영향을 미친다.

일곱째, 상호작용은 측정될 수 있다. 상호작용은 상호작용의 내용, 사용된 행동의 양과 범위, 참여자의 역할 비율 등과 같은 변인들에 따라서 특성화되고 측정될지도 모른다(Bales, 1970). 학생행동의 특성은 교실 상호작용의 기술이 필요하다.

3) 교사 – 학생의 상호작용 모형

가) 교사와 학생의 상호작용 모형

교사와 학생은 각자의 자기개념과 역할기대를 가지고 상호작용
한다. Blackledge & Hunt(1993)는 이것을 <그림 Ⅳ – 6>과 같이
나타내었다.

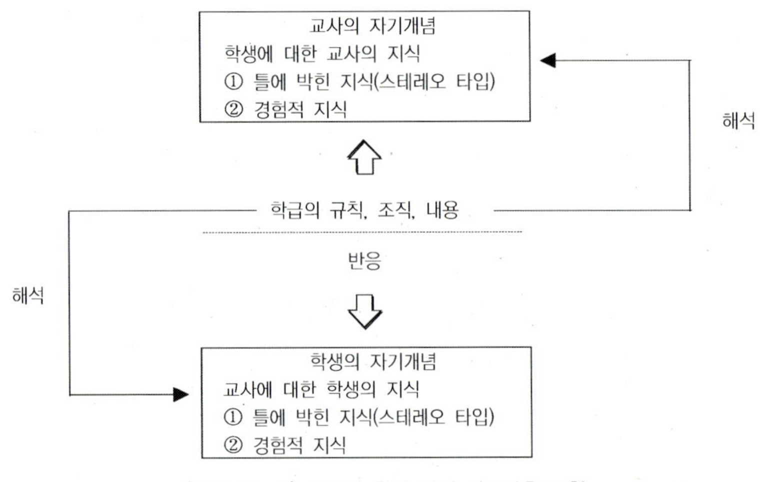

〈그림 Ⅳ - 6〉 교사와 학생 간의 상호작용 모형

<그림 Ⅳ – 6>과 같이 교사는 학생들에 관한 지식을 갖고 활동
을 하며, 이를 토대로 자기 나름의 학생에 대한 해석을 하여 영리
한 학생, 우둔한 학생, 명랑한 학생, 문제 학생 등으로 분류한다.
학생들도 마찬가지로 학생으로서의 역할인식과 교사에 대한 지식
을 토대로 활동을 한다. 이처럼 교실에서 교사의 행위와 학생의
행위는 상호 영향을 주고받으면서 이루어진다(김천기, 2003).
Woods(1979)는 교사 – 학생 사이에 이루어지는 대응행위를 '전

략'(strategies)이라고 했다. 상호작용의 전략 또는 대응방식은 교사와 학생 양쪽이 각기 자신의 요구를 관철시키기 위하여 짠다. Woods는 다음의 <표 Ⅳ-7>과 같이 교사의 전략을 8가지, 학생의 전략은 12가지로 관찰하여 제시하였다.

<표 Ⅳ-7> 교사와 학생의 전략

교사 전략		학생 전략	
① 사회화	② 지배	① 공부하기	② 땡땡이
③ 협상	④ 친애	③ 웃기	④ 꾸물대기
⑤ 회피, 격리	⑥ 관례화	⑤ 빈둥거리기	⑥ 재빠르게 하기
⑦ 직업적 처방	⑧ 사기진작	⑦ 소란 피우기	⑧ 친근하게 대하기
		⑨ 가만두기	⑩ 잡담하기
		⑪ 위협/매수	⑫ 떠보기

위에서 제시한 전략은 그 성격에 따라 여러 가지가 있을 수 있다. 학생 입장에서는 '호응적'(supportive), '대항적'(oppositional), '분리적'(detached)인 전략이 있으며, 교사 입장에서는 동기 유발적 전략(motivational strategies), 통제전략(control strategies), 정체유지 전략(identity-maintaining strategies), 교육적 전략(pedagogical strategies) 등이 있을 수 있다(Blackledge & Hunt, 1985, Woods, 1998).

나) 학급의 사회적 구조와 과정 모형

학급의 사회구조에는 규범, 역할, 상호작용 체제, 활동구조 등의 여러 차원의 요소들이 내포되어 있으며 보는 관점과 분류에 따라 다른 구조 요소를 많이 내포하고 있다고 할 수 있다(박용헌, 1992). 학급의 사회적 구조와 과정은 <그림 Ⅳ-7>과 같이 나타낼 수 있다.

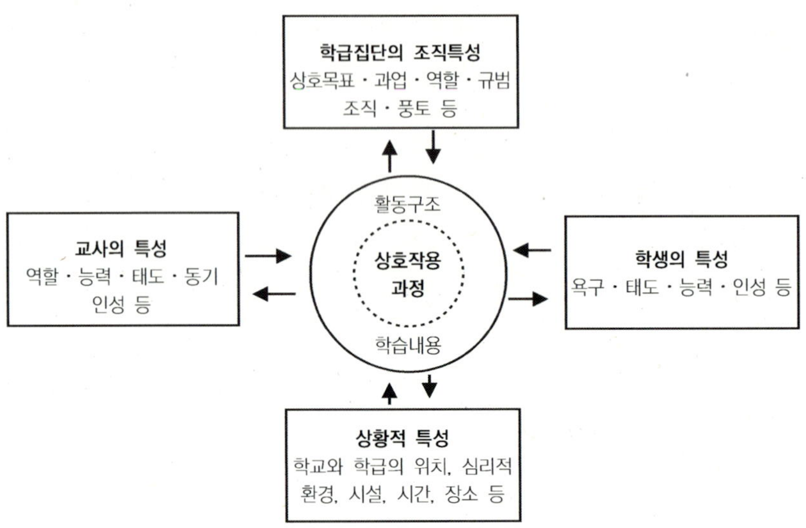

자료: 박용현(1992). 『학교사회』. 서울: 배영사. 137.

〈그림 Ⅳ-7〉 학급의 사회적 구조와 과정

<그림 Ⅳ-7>의 모형에 제시된 학급의 사회적 구조의 중심 개념은 교실을 교사와 학생이 학습내용을 매개체로 하여 상호작용하는 하나의 사회체제로 보았다. 학급의 집단의 조직 특성과 상황적 특성, 교사의 특성, 학생의 특성은 학급의 사회적 구조와 과정에 작용하는 중요한 요소로 작용한다.

학급이 형성되기 이전의 조직특성이 교사와 학생과의 관계에 작용하는 면과 학급이 형성된 후의 교사와 학생과의 상호작용 과정이 조직특성의 수정 보완에 미치는 관계를 표시하기 위하여 화살표의 방향을 양면으로 제시한 것이다(박용현, 1992).

학급의 일반적인 조직특성은 교사와 학생이 어떤 양상의 접촉관계를 갖게 되느냐에 따라 학급의 사회적 구조와 과정이 달라진다. 여기에 많은 영향을 미치는 것이 교사와 학생이 갖는 개인적 특성들이다. 상황적 특성은 학급이 어디에 위치하며, 어떠한 물리적 환경과 시설을 갖고 있느냐에 따라 학급의 분위기가 달라지며, 이들 요소는 구성원들의 관계에 영향을 미치게 될 것이다. 또한 학급은 교실뿐만 아니라 운동장, 강당, 학교 밖에서도 그 학급집단이 학습활동을 하게 될 수도 있으므로 이러한 상황적 특성에 따라 학급의 사회적 구조와 과정이 달라질 것이다.

2. 남녀공학과 학업성취

가. 남녀공학의 학업성취 격차

현대사회는 남녀가 평등한 존재로 조화롭게 살아가는 '남녀평등의 시대'이다. 우리나라를 비롯하여 미국 등 여러 선진국에서도 일찍이 남녀공학제를 채택하여 시행하고 있다. 이것은 양성평등사상의 맥락에서 남녀가 각기 다른 환경에서 학교교육을 받게 되면 남녀공학의 학생들에 비해 상대적으로 남녀학생 간의 대화 등 상호작용의 기회가 제한되기 때문이다. 장차 평등사회의 일원이 될 학생들을 성에 대한 편견을 갖지 않는 사람으로 성장시키기 위하여 학교의 교육제도부터 남녀를 분리하지 않는 공학의 형태를 취할 뿐만 아니라 교육의 전 과정에서도 이와 같은 관점이 채택되고 있다.

우리나라에서 남녀공학의 도입은 세계 각국의 경우와 마찬가지로 민주주의 교육제도의 발달과 이에 따른 여성 교육기회의 확대라는 사회적 변화와 관련성을 띠면서 전개되어 왔다. 우리나라 최초의 남녀공학은 남녀평등사상을 기초로 하고 있는 종교단체인 예수 재림교에서 1906년 의명학교를 설립·운영한 것이 그 시초이다. 그 후 민주주의 교육제도의 도입과 더불어 구제 사범학교와 부속 중·고등학교로 확대 실시되었다. 점차 남녀공학은 초등학교의 보편적인 형태가 되었으며, 중·고등학교는 무시험진학 및 평준화 정책과 더불어 남녀학생 배정의 편의와 교육적 효율성을 높이기 위해 확산되었다.

'남존여비(男尊女卑)'의 유교적 전통 속에서 소수의 학교에서만 정책적으로 이루어지던 남녀공학이 1980년대 초반에는 전국 중·고등학교의 43%, 서울 소재 학교의 13~15% 수준에서 시행되었다. 이 당시 남녀공학을 실시한 학교는 농·어촌의 면소재지 학교와 고등학교 무시험 추첨 진학 이후 신설되었던 학교, 사범대학 부속기관으로 있는 학교들이었다. 그러나 점차 양성평등사상에 대한 인식이 높아짐에 따라 공학 비율 역시 증가하여 2005년 현재 남녀공학 비율은 중학교는 71%, 고등학교는 58%에 달하고 있다(교육통계연보, 2005).

매년 꾸준히 공학의 비율이 증가하고 있음에도 불구하고, 공학에 대한 그간의 논의와 연구는 공학이 보다 바람직한 교육체제라는 전제하에 공학의 장점을 논하거나 의견조사를 통해 공학에 대한 지지들을 확인하는 정도의 수준에 머물러 왔다. 더욱이 공학 내의 남성과 여성의 학업성취의 차이가 점점 '여고남저(女高男低)', '여인천하(女人天下)' 현상[19]이 일어나 지역·국가 경쟁력 차

---

19) 여고남저 학력차는 남학생들과 남학생 학부모들의 남녀공학고교 기피 경향을 불러오고 있다. 바뀐 교육제도에서는 내신이 대학 입시의 절대 비중을 차지하기 때문이다. 대구광역시 교육청 한 관계자는 "아들을 둔 학부모들은 남녀공학을 꺼리는 반면 딸을 둔 부모들은 남녀공학을 선호하는 웃지 못할 사태가 벌어지고 있다."며 "남녀공학에서는 아들들의 내신을

원에서 더 이상 여고남저 현상을 방관할 때가 아니라는 점이다.

이는 세계적인 현상으로 미국을 포함하여 여러 선진국들은 수십 년 전 남학생의 학습부진(Boy's underachievement)을 경험하고 남학 생들의 학습부진의 원인을 보다 체계적으로 분석하여 학습부진을 해결하려는 노력을 하고 있으며, 이러한 학습부진을 해결하기 위해 남학생들에게 독서를 강조하고 남자교사와 아버지 교육의 비중을 늘려야 한다는 대책을 내놓고 있을 정도이다.

이러한 '여고남저' 현상으로 인해 남녀공학에 대한 남학생 기피 현상이 일어난 지난 30년 동안 미국 공교육의 기본원칙이었던 '남 녀공학'제도에 관한 논란이 진행[20]되고 있다. 이는 여학생에 비해 남학생의 학업성취가 낮아 성적 향상을 위한 이유에서 연유하는 것이고 미국 교육부는 각계각층의 의견을 수렴한 뒤 올해 말부터 개정된 법을 시행할 예정에 있다(≪한겨레신문≫, 2006. 03. 23).

그러나 2005년 치러진 대입 수학능력시험 결과는 '여고남저(女 高男低)'라는 학교 현장과는 차이가 있다. 여전히 남학생들이 우수 했다. 수리과목에서 전체평균, 상위 50%는 모든 과목에서 남학생 들의 평균점수가 높게 나왔다. 학업성취도 국제 비교연구(PISA)[21]

높이기 위해 남녀 따로 매기는 체육 과목도 통합 성적을 내야 한다는 학부모들까지 생겨나 고 있다."고 말했다(≪매일신문≫, 2006. 02. 27).

20) 이는 미국 교육부가 2006년 3월 초·중·고 공립학교에 여학교 또는 남학교를 세우거나 한 학교 안에 여학생반, 남학생반을 운영할 수 있는 자율권을 가지도록 관련 규정을 개정하 겠다고 밝히면서 논란이 시작되었다. 미국 전체 공립학교 9만 1천여 개 중에 0.1%인 91 개 교만이 여학교 또는 남학교이거나 남녀공학 안에서 성별 분리수업을 실시하고 있다(≪ 한겨레신문≫, 2006. 03. 23).

21) PISA는 OECD 주관으로 1998년 시작된 학생 성취도 국제 비교연구인 PISA(Programmes for International Student Assessment)의 약칭이며, 읽기, 수학, 과학을 평가 영역으로 하 고 있는데, 이들 세 영역 모두 '소양'을 평가한다. 고1을 대상으로 한 PISA(2000) 연구에 서는 우리나라 남학생 평균이 559점, 여학생은 532점으로 27점이나 차이가 났고, 국제평 균은 남학생 504점, 여학생 493점으로 11점 차이가 났으며 우리나라는 성취도 2위, 남녀 격차도 2위였다.

의 2000년도 연구결과 남학생들의 학업성적이 여학생보다 월등히 높았다. 교실에서는 여학생들이 남학생들을 압도하지만 이는 학교에서 벌어지는 현상에 대한 표면적인 분석이며 현 교육제도가 남녀학생 간 학력차를 왜곡시키는 점을 간과하고 있는 것이다.

위의 내용을 토대로 다음의 <그림 Ⅳ-8>과 같이 크게 3가지의 연구 필요성이 제기된다.

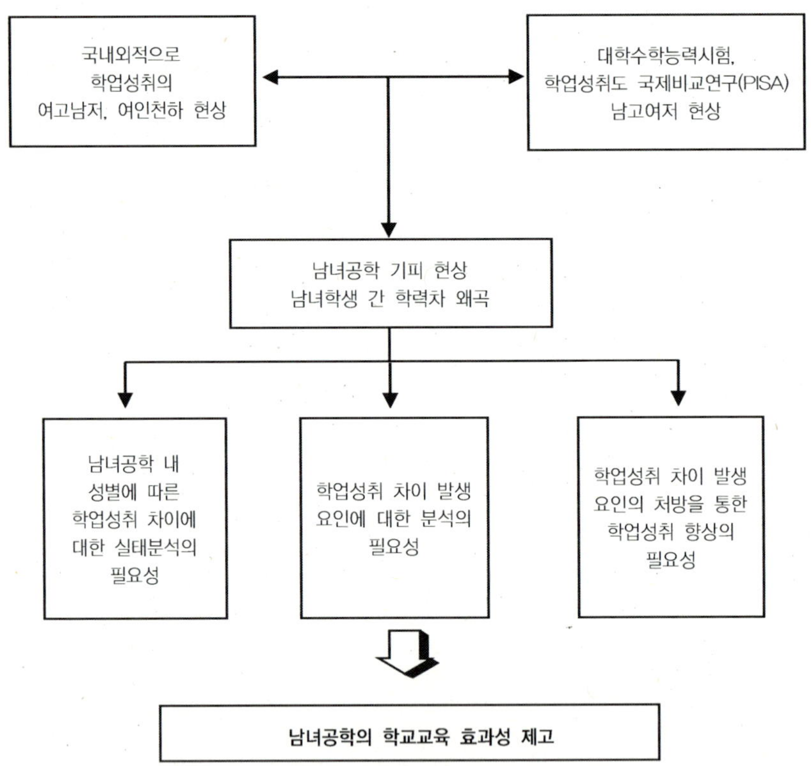

<그림 Ⅳ-8> 남녀공학 내의 학업성취 관련 변인 탐구의 필요성

나. 남녀공학의 개념 및 현황

1) 남녀공학의 개념

국어대사전에서 남녀공학을 남자와 여자가 같은 학교 또는 같은 학급에 수용하여 교육하는 것으로 정의하고 있는 반면, 교육대사전에서는 남녀를 동시에 동일한 시설 밑에서 동시에 교육을 시키는 것으로 규정하고 있다. 또한 교육학대사전에서는 모든 시간에 동일한 학급에서 언제나 같이 공부하는 경우도 있고 그렇지 못한 경우도 있다고 정의하고 있다. 미국의 교육학대사전에는 남녀가 같은 학교에 출석하여 교육을 받는 것으로, 일본의 경우는 동일한 교실, 동일한 교과, 동일한 교원, 동일한 교수방법, 동일한 교재 등으로 교육이 이루어지는 것으로 규정하고 있다.

이상과 같이 남녀공학에 대한 개념은 다양하게 정의할 수 있으나 이를 종합하여 정의하면, 남녀공학은 남녀를 동일한 교실이나 학교에서 교육을 시키는 학교 형태라고 할 수 있다. 그러므로 남녀가 동일한 학교에 수용되어 있다 하더라도 학교교육의 구체적인 장인 교실에 남녀가 구별되어 편성된다면 이는 엄밀한 의미에서 남녀공학이라고 말할 수 없다.

2) 남녀공학의 현황

유교적 전통 속에서 소수의 학교에서만 정책적으로 이루어지던 남녀공학이 1980년대 초반에는 전국 중·고등학교의 43%, 서울 소재 학교의 13~15% 수준에서 시행되었다. 당시 남녀공학을 실시한 학교는 농·어촌의 면소재지 학교와 고등학교 무시험 추첨 진학 이후 신설되었던 학교 그리고 사범대학 부속기관으로 있는 학교들이었다. 그러나 점차 양성평등사상에 대한 인식이 높아짐에 따라 공학 비율 역시 증가하여 현재 남녀공학 비율은 우리나라 전체 중·고등학교의 70%를 상회하고 있다.

이와 같이 남녀공학이 증가하는 추세는 남녀교육기회 균등의 확대와 남녀평등의 법적, 제도적 근거를 확립하기 위한 일련의 과정이다. 다음의 <표 Ⅳ-8>과 <표 Ⅳ-9>는 2005년 교육통계연보에 소개된 우리나라 중·고등학교의 남녀공학 현황을 소개한 것이다.

<표 Ⅳ-8> 우리나라 중학교 남녀공학의 현황(2005년)

지역	전체	남학교	여학교	공학	공학률 (%)	지역	전체	남학교	여학교	공학	공학률 (%)
전체	2,935	445	399	2,091	71	경기	472	45	46	381	81
서울	363	50	47	266	73	강원	161	31	28	102	63
부산	166	42	32	92	55	충북	123	17	16	90	73
대구	118	14	9	95	81	충남	187	30	26	131	70
인천	114	30	27	57	50	전북	201	22	21	158	79
광주	75	10	8	57	76	전남	248	29	26	193	78
대전	76	13	10	53	70	경북	283	55	46	182	59
울산	51	6	7	38	75	경남	255	44	43	168	66
제주	42	7	7	28	67	·	·	·	·	·	·

<표 Ⅳ-9> 우리나라 고등학교 남녀공학의 현황(2005년)

지역	전체	남학교	여학교	공학	공학률 (%)	지역	전체	남학교	여학교	공학	공학률 (%)
전체	2,095	410	462	1,223	58	경기	338	24	36	278	82
서울	292	71	92	129	44	강원	114	22	20	72	63
부산	135	38	35	62	46	충북	79	11	11	57	72
대구	85	23	19	43	51	충남	110	17	25	68	62
인천	100	35	30	35	35	전북	131	30	37	64	49
광주	61	17	17	27	44	전남	149	13	20	116	78
대전	56	17	14	25	45	경북	200	47	54	99	50
울산	41	9	8	24	59	경남	174	30	37	107	61
제주	30	6	7	17	57	·	·	·	·	·	·

3) 남녀공학의 발달과정

남녀공학이 처음으로 실시된 곳은 19세기 초 미국에서였다. 당시 신대륙에 이주한 사람들은 남녀가 합심하여 황무지를 개척하는 일이 무엇보다 중요한 과제였다. 그러기 위해서는 남녀가 서로 평등한 입장에서 이해하고 협력하는 생활태도가 요청되었으며, 이러한 사회적인 요구가 바로 학교교육에 반영된 것이다. 따라서 학교의 형태는 자연히 남녀가 동일한 입장에서 배울 수 있는 공학제도를 채택하게 되었다.

그 당시는 경제사정이 남녀를 위한 각각의 다른 충분한 학교시설을 갖추기가 어려움이 있었기 때문에 부득이 남녀를 동일한 건물에 수용하여 교육할 수밖에 없었다. 이와 같이 미국에서의 공학제도는 사회적인 요구와 경제적인 사정에 의하여 출발한 것이었다.

미국의 공학제도가 사회적으로나 경제적으로 안정된 유럽의 선진국에 옮겨지자 그들은 공학제도를 채택하는 의의를 미국과는 달리 목적관과 가치관에 두었다. 그들은 공학제도를 학교에서 실천함으로써 민주주의를 위한 남녀의 이해와 협조가 이루어질 것으로 믿었던 것이다. 이와 같이 초창기 미국과 유럽에서 남녀공학이 발달하게 된 이유의 하나는 사회적·경제적 요구에 있었으며, 또 다른 하나는 남녀공학의 장점과 교육적 효과를 실현하려는 데 있었다.

우리나라의 남녀공학제도는 해방 이후 민주주의 교육제도의 도입과 더불어 초등학교의 보편적인 교육형태가 되었으며, 중·고등학교는 교육인구의 급증과 무시험 진학 및 평준화 정책과 더불어 남녀학생 배정의 편의와 교육적 효율성을 높이기 위해 확산되었다(손경희, 1992).

　이러한 정책들로 인해 근거리 지역 학교에 학생을 배정해야 하는 행정적 필요가 증대되었으며, 성별 분리학교를 2개 운영하는 것보다 중·대규모의 남녀공학교 1개 교를 운영하는 것이 효율적이라는 경제적 측면 또한 무시할 수 없다. 현재 우리나라의 남녀공학 교육은 '양성 평등한 교육기회의 제공'이라는 교육이념적, 교육철학적 차원에서 진행되어 온 것이라기보다는 사회경제적 필요에 의해 추진되어 왔다.

　즉 취학연령인구의 감소, 학교부지문제, 교육적 자원의 지역적 편중, 교육예산의 미흡 등 복합적인 외적 요인과 농어촌 지역 소규모 중학교의 경우 남녀 입학생 수의 성 비례 불균형으로 남녀공학이 더욱 불가피한 실정이기 때문이다. 이처럼 남녀공학이 교육외적 동인에 의해 확산된 것이라 할지라도, 남녀학생에게 동일한 장소에서 동일한 선생님에 의해 동일한 교육을 제공한다는 점에서 교육이념적 차원에서 민주적인 제도로 지지받아 왔다.[22] 그리고 1981년 9월 발효된 UN여성차별철폐협약은 교육 분야에서 여성에게 남성과 동등한 권리를 확보하기 위하여 각국에 권고한 여러 조치들 중의 하나로 남녀공학을 장려하고 있다. 이에 부응하여 정무장관실은 공학교육의 교육적 성과를 확대하기 위해 혼성학급편성을 적극 권장하고 있다.

---

22) 공학을 지지하는 논거는 Riordan(1990)과 Halstead(1991)의 연구결과 ① 자연스러운 환경을 제공하고, ② 성정형화의 감소와 평등한 성역할을 발달시키며, ③ 남녀 교육기회의 평등을 실현하기 위한 것이다. 반대로 별학을 지지하는 논거는 Cowell(1981)과 Marland(1983)의 연구결과 ① 발달상의 성차에 적합한 교육을 제공하고, ② 전통적 성역할을 형성하며, ③ 역할모델을 제공, ④ 잘못된 청소년 문화를 약화시키고 학구적 풍토를 조성하기 위한 것으로 요약될 수 있다.

다. 남녀공학의 학업성취에 관한 국내외 연구 동향

1) 국내 연구결과

남녀공학이 학업성취에 미치는 영향에 관한 선행연구는 남녀공학 편성이 학업성취에 미치는 영향이 긍정적인 연구에서는 남녀공학 유지를, 반대로 학업성취가 부정적으로 나올 경우 남녀별학을 주장하고 있다.

남녀공학이 학업성취에 미치는 영향을 탐색한 국내 연구자의 연구결과를 요약하면 <표 Ⅳ - 10>과 같다.

〈표 Ⅳ - 10〉 남녀공학 - 학업성취에 관해 탐색한 국내 연구

연구자	연구 내용	시사점
신세호 외 (1977)	남녀공학과 별학 학생의 가정과, 기술과의 성 역할관에 대한 사전, 사후 검사 실시·분석	- 남녀공학이 가정과, 기술과의 학습에서 남녀 간의 이해와 협조를 이끌어 내 효과적임
한국교육개발원 (1987)	우리나라 남녀공학의 효과성 분석	- 남녀공학의 효과는 남녀 간의 상호이해와 협조, 평등한 생활태도를 위한 효과임
이선주 (2001)	남녀공학 및 별학의 교육효과 분석	- 남녀공학은 학습효과 및 사회성 발달에 긍정적인 영향을 미치지 않음
최항섭 (2003)	국어, 수학, 영어, 사회, 과학교과의 내신 성적을 남, 여별로 분석	- 남학생은 남녀공학을 기피, 학업성취의 차이가 심화됨
한국교육과정평가원(2004)	수학, 과학교과에서 남학생과 여학생의 학력 차이 원인	- 여학생이 남학생보다 수학, 과학 성취도가 떨어져서 대책 마련이 필요함
홍준희 외 (2006)	체육 수업에 있어 남성과 여성의 평가 적용 기준 분석	- 체육교과에 남성과 여성의 차별적 기준은 적용되지 않음

과거와 비교하여 우리 사회의 남성과 여성의 교육격차는 상당 부분에 있어 감소해 온 것이 사실이다. 그러나 형식적인 교육형태의 구조 속에서 표면적으로 남성과 여성의 교육형태가 평등하게

보일 뿐이지 학생들의 일상생활과 교육과정의 구체적인 영역과 요소들 사이에서는 여전히 잠재적으로 성별에 따른 현격한 차이가 이루어지고 있는 것이 학교 현실의 모습이다(곽윤숙, 1997).

먼저 국내 연구자를 살펴보면 신세호 외(1977)는 교과목에서 가정과와 기술과를 분리시켜 교육하는 것보다 통합하여 교육하는 것이 현대적 가치관 형성을 위해서 더욱 바람직하며, 이러한 통합교과목은 남녀혼성의 학급에서 교육하는 것이 남녀가 분리된 학급에서 교육하는 것보다 학습효과의 증진에 훨씬 유리하다고 말하고 있다.

한국교육개발원(1987)이 실시한 우리나라 남녀공학의 효과성 보고에서도 남녀공학의 교육적 효과는 단순히 남녀 간의 상호이해와 협조 및 평등한 생활 태도를 위한 효과이며 이러한 가치가 남녀공학 추진의 가장 주요한 원인이 됨을 선행연구와 국가별 남녀공학의 사례를 통해 보고하고 있다. 그리고 실증적 자료를 바탕으로 남녀공학의 교육 성취도의 효과성에 대하여서도 보고하였는데, 면담과 설문지조사를 병행하여 설문지는 학생 3,706명, 교사 557명, 학부모 1,187명으로 구성되어 진행되었는데 남녀공학에 대한 학부모들의 입장은 고등학생의 자녀를 둔 학부모들은 남녀공학보다는 남녀별학이나 남녀분리를 더 선호하는 경향이 있었으며, 학업성취에 있어서는 학생 간의 전체의 44% 차이가 없다고 응답하였으나 나머지 학생들에 있어서는 회의적인 경향을 보였으며, 학생들의 태도에 있어 분석력과 발표력 능력이 여학생들에게 있어 월등히 뛰어나고 있음을 보고한다. 특별히 이 부분은 현행 수행평가 혹은 학급운영에 있어 남학생들에 비해 여학생들의 우위를 강력하게 시사해 주는 영역이다. 또한 교사들의 응답은 학급운영에 있어 학급

내 남녀 구성이 남학생이 1/3이 될 경우 여학생에 대하여 남학생이 위축되고, 저하되는 경향을 보인다는 내용과 혼성에 따른 교수·학습활동에 많은 어려움을 느낀다고 응답하였다.

정미경(2000)은 실과 교과의 성별 흥미도 분석에서 가정영역에 있어 성역할 유형에 따라 남성성 유형과 성역할 미분화 집단의 흥미도가 가장 낮게 나타났음을 보고하였으며, 이선주(2001)도 남녀공학과 별학을 모두 경험한 교사를 대상으로 남녀공학에 대한 인식을 조사한 결과 남녀공학으로 인한 학생들의 학습효과에 대해서 긍정적으로 인식하지 않았으며, 사회성 발달에도 긍정적으로 인식하지는 않았다. 교사들의 입장에서 남녀공학에 대한 만족도를 영역별로 살펴보면 '남녀평등', '이성관', '사회성 발달'의 순이었으며 '학습효과'가 가장 낮았다. 교사들의 남녀공학에 대한 인식을 정리하여 보면 남녀공학의 학교 형태가 교사들에겐 그다지 만족하지 않다고 볼 수 있다.

최향섭(2003)도 일반계 남녀공학 8개 학교 1학년 학생 전체를 대상으로 국어, 수학, 영어, 사회, 과학의 교과목의 내신 성적을 구성하는 지필고사, 수행평가의 총점을 통한 학업성취도를 남학생과 여학생의 집단으로 비교 분석한 결과 5개 과목 모두에서 남녀 간의 유의미한 차이를 보였으며[23] 이는 남학생들의 입장에서는 남녀공학의 학교를 기피하게 만들어 내며 학업성취의 차이를 심화시킨다.

실제로 학교 현장에서 체육수업에 대한 평가 적용에 있어 남학생과 여학생을 비교하여 남성과 여성의 1차적인 신체 차이, 남성과 여성의 신체활동에 대한 흥미도와 활동의 시간 정도, 그리고

---

23) 학교별 내신 성적이 8개 학교 개별로 이루어져 5개 과목의 평균점수에서 여학생이 남학생보다 높은 평균 점수를 나타내고 있었다.

관심의 차이에 바탕을 두고 남성과 여성에 대한 체육평가(홍준
희·임무경, 2006)의 차이를 두고 있음에도 불구하고 체육 이외의
과목에 대한 평가는 남성과 여성의 차이를 인정하지 않은 가운데
수업과 평가가 진행되고 있다. 즉 국민공통기본교과 내의 11과목
중 기술·가정, 음악, 미술의 경우 남성과 여성의 흥미도와 관심의
차이가 분명히 있음에도 불구하고 각 과목의 평가에 체육과목에
적용하는 남성과 여성의 차별적 기준은 적용되지 않고 있다.

이러한 내용들을 정리하여 보면 남녀공학에 대한 학생, 교사, 학
부모들의 입장은 학생들의 사회·정서적인 측면에는 유의한 영향을
줄 수 있으나, 학습능률과 성취의 측면에서는 특별한 영향을 미치
지 않는다는 반응을 보여주고 있는 것이다. 다음의 <표 Ⅳ-11>
은 학생, 학부모, 교사의 남녀공학에 대한 견해를 요약한 것이다.

<표 Ⅳ-11> 학생·학부모·교사 남녀공학에 대한 견해

교육 구성원	남녀공학에 대한 견해	종합
학 생	○학업성취에 있어서 회의적인 경향이 있음 ○학생들의 학습태도에 있어 분석능력이 여학생들에게 있어 월등히 뛰어나고 있음 ○학생들의 학습태도에 있어 발표능력이 여학생들에게 있어 월등히 뛰어나고 있음	학생들의 사회·정서 적인 측면에는 유의 한 영향을 줄 수 있 으나, 학습능률과 성 취의 측면에서는 특 별한 영향을 미치지 않으며 오히려 부정 적인 영향이 있음
학 부 모	○고등학생의 자녀를 둔 학부모들은 남녀공학보다는 남녀별학이나 남녀분리를 더 선호하는 경향이 있음	
교 사	○남녀 구성에 따라 남학생이 여학생에 대하여 위축 ○혼성에 따른 교수·학습활동에 많은 어려움	

2) 국외 연구결과

남녀공학이 학업성취에 미치는 영향을 탐색한 국외 연구자의 연
구결과를 요약하면 <표 Ⅳ-12>와 같다.

〈표 Ⅳ - 12〉 남녀공학 - 학업성취에 관해 탐색한 국외 연구자

연구자	연구 내용	시사점
Dale (1974)	○ 성별 학교유형이 학업성취에 미치는 영향을 탐색	- 공학에서는 남학생이, 별학에서는 여학생이 학업성취가 더 높게 나타남
Spender (1982)	○ 공학교육의 중요성을 검증	- 공학교육의 사회적 이점이 크고 중요해서 여학생의 학업 불이익은 중요하지 않음
Marsh (1989)	○ 별학에서 공학으로 전환한 학교학생들의 종단연구	- 학교유형에 따른 학업성취의 차이가 없음
Riordan (1990)	○ 공학이 여학생의 학업성취에 미치는 영향 탐색	- 학보다 별학의 여학생들이 학업성취가 높게 나타남

Dale(1974)은 성별 학교유형이 학생들의 학업성취에 어떠한 영향을 미치는가의 문제에 대한 연구를 추진하였다. 그 결과 남학생들의 학업수행이 공학에서 높은 반면, 여학생은 별학에서 더 높게 나타났음에도 불구하고 공학을 바람직한 학교유형이라고 주장하였다. Spender(1982)는 Dale의 주장에 대해 공학교육의 사회적 이점은 상당히 크고 중요하기 때문에 여학생의 학업적 불이익의 문제보다 중요하다고 주장하였다.

Marsh(1989)는 가톨릭 공학고등학교 및 별학에 다니는 고등학생들을 대상으로 학업성취도에 대한 성별 학교유형효과 분석에서 배경변인과 선재하는 차이를 통제한 결과 학교유형 효과는 없다고 보고하였다. Riordan(1990)은 공학 대 별학의 효과성의 논쟁은 여학생들의 학업성취에 공학이 어떠한 영향을 미치는가로 모이고 있다고 한다. 일반적으로 학업성취도에 영향을 미치는 학교유형 효과를 분석하기 위한 연구들은 별학의 여학생들이 보다 나은 성취를 보여주는 것으로 나타난다.

위의 국내외 공학과 별학의 성별에 따른 학업성취의 차이와 공학의 학교효과에 관한 연구들을 분석해 본 결과 학업성취에 있어

공학의 효과성과 공학의 비효과성으로 서로 상반되는 논쟁이 진행되고 있음을 알 수 있다.

3. 가족 내 사회적 자본과 학업성취

가. 가족의 사회적 자본과 학업성취와의 이론 모형

학생의 가족배경, 부모 – 자녀 관계의 사회적 자본, 학군 등의 변인은 학생들의 학업성취도를 고양하는 데 있어 상호 관련을 맺고 있으며, 밀접한 영향을 미치는 인과관계에 놓여 있다. 이를 토대로 하여 본 연구의 이론 모형을 제시하면 <그림 IV –9>와 같다.

이 모형에서는 가족배경의 사회적 자본으로 출생순위, 형제자매 수, 부모의 학력과 직업, 모의 취업 유무, 종교활동 여부, 가족구조 등을 상정하고, 부모 – 자녀 관계의 사회적 자본으로 교육적 관심 및 대화, 적극적 지원, 교육활동 참여, 교우 및 사회관계망, 기대와 규범, 생활통제 등을 상정하여 이들을 독립변인으로, 학군을 매개변인으로, 학업성취도를 종속변인으로 하여 연구의 기본 틀을 마련하였다.

자녀의 학업성취를 위해 실제로 각 가정에서는 부모의 역량(계층, 학군)에 따라 다양한 방법으로 교육지원 활동이 이루어지고 있다. 부모와 자녀 사이의 상호 신뢰 및 유대를 바탕으로 한 사회적 자본의 형성으로 인한 자녀에 대한 관심과 격려는 낮은 사회경제적 지위에 있는 자녀의 귀속적 요인에 기인한 불리함을 극복하는 데 상당 부분 기여할 수 있을 것이다. 실증적으로 부모의 교육지원 활동은 부모의 사회경제적 지위와 독립적으로 학업성취에 영향을 미치고 있는 것으로 나타났으며, 이를 통해 귀속적 지위의 불리함을 상쇄해 줄 수 있다(김경근, 2000, Stanton-Salazar & Dornbusch, 1995, Stanton-Salazar's, 1997).

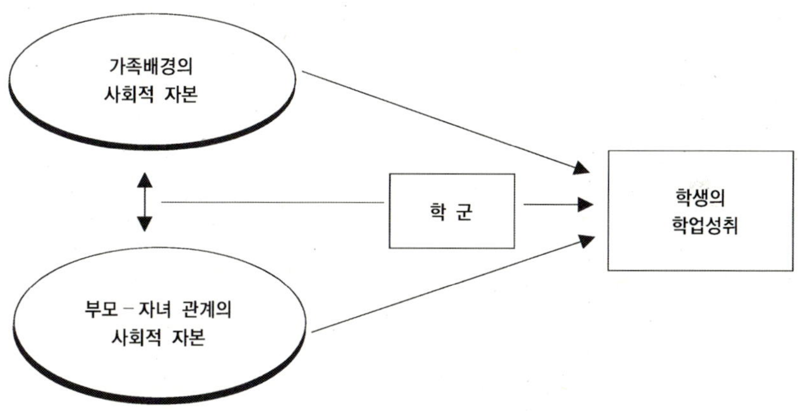

〈그림 Ⅳ-9〉 사회적 자본이 학업성취에 미치는 영향력의 이론 모형

그리하여 가족 내 사회적 자본의 축적에 따라서 학업성취는 변화될 수 있다(Topping, 1992, Muller, 1994, Valenzuela and Dornbusch, 1994, Furstenber and Hughes, 1995, Parcel and Geschwender, 1995, Ho sui-chi & Willms, 1996). 학부모의 교육시장 참여 방식이 학군별, 지역별, 계층적으로 차이가 있으며, 학생 및 교육자원에 대한 경쟁을 강요받고 있는 생산자 또는 교육자의 정책과 실천, 담론의 방식도 학교가 위치한 곳의 사회경제적 배경과 지역의 학군에 따라 상이하고(Ambler, 1997, Wells, 1997), 지역사회 내의 사회자본이 집단에 따라 다르게 활용되고 집단 간에도 차이가 존재

한다(이정선, 2001).

나. 부모의 학교교육 관여

산업사회에서 교육은 사회이동을 예측하는 주요한 요인으로 작용한다(Blau & Duncan, 1967, Sewell & Hauser, 1975, Featherman & Hauser, 1978, Erickson & Goldthorpe, 1992). 계층화 연구에서 가장 지속적인 사실은 자식의 성공과 높은 지위의 획득은 부모의 교육 수준과 연관이 있음을 보여준다. 가족 중심의 연구는 부모의 교육 수준과 직업적 위치(Blau & Duncan, 1967, Sewell & Hauser, 1975), 문화적 자본과 같은 가용 가능한 가정의 환경적인 측면(Bourdieu & Passeron, 1977, Dimaggio, 1982, Teachman, 1987)과 관련된 사회적 지원체제, 즉 사회적 자본(Coleman & Hoffer, 1987, Coleman, 1987, 1988)의 검정에 집중한다. 이것들의 각 요소는 학업성취에 긍정적인 영향을 주는 것들로 밝혀졌다.

대부분의 연구들은 부모의 자녀교육에 대한 관여는 학업성취로 연결된다고 한결같이 주장한다(Majoribanks, 1979, Walberg, 1984, Boger, Richter & Paolucci, 1986, Coleman, 1991, Rock, Pollack & Hafner, 1991, Epstein, 1991, 1992, National Association of Secondary School Principal. 1992, Topping, 1992, Ho sui-chi & Willms, 1996). 반면 다른 연구들은 부모의 관여는 낮은 학업성취 수준과 관련된다고 보고하거나(Milne et al, 1986, Horn & West, 1992), 학업성취에 어떠한 영향도 주지 않는다고 한다(Epstein, 1991, Keith, 1991). 나아가 부모의 관여에 의한 학생의 학업성취는 소수민족이

나 학생의 사회계층에 따라 다양한 가능성이 내재해 있다고 한다(Lareau, 1989, Madigan, 1994).

부모의 학교교육 관여에 관한 연구는 많으나, 이를 사회적 자본이라는 개념화된 틀로 정확하게 진술하는 것은 쉽지가 않다. 지난 20년간 사회적 자본은 다양한 방식으로 개념화되고 조작되어 왔다(Bourdieu, 1977, 1986, Coleman, 1988, Woolcock, 1988). 부모의 관여는 부모와 자녀, 부모와 교사, 부모와 다른 부모 간의 두 개의 쌍을 포함하는 것으로 생각할 수 있다. 이러한 두 쌍의 관계는 진공 상태가 아닌 유대(tie)의 관계를 발생시킨다.

부모와 자녀와의 관계는 혈족관계라 할 수 있다. 이러한 혈족관계는 보다 쉽게 자녀의 부모에 대한 복종의 규범과 상호 호혜성을 가진다. 부모는 다양한 수준의 물적, 인간적, 문화적 자본을 동원하여 그들 자녀에게 투자한다. 여기서 사회적 자본의 강력한 이점은 관계성과 사회적 위계(social hierarchy)에 따른 부모의 지위에서 파생하는 무형의 네트워크에 의존하는 성질을 가진다. Coleman과 그의 동료(Coleman & Hoffer, 1987)들은 사회적 자본은 학생의 학업적 성공을 결정하는 실질적인 결정체라 주장한다. 더불어 Coleman은 부모의 학생에 대한 학교교육에 대한 관여(학교교육활동의 참여, 자녀 친구의 부모와의 관계 형성, 학교생활에 관한 부모 - 자녀 간의 토론과 대화)는 학생의 행동에 영향을 주는 사회의 제약적인 다른 자원을 창출한다고 주장한다. 예를 들어, 부모와 자녀 간의 대화나 자녀 학교에의 관여는 자녀로 하여금 학교교육과 교육의 중요성에 대한 메시지를 전달하는 기능을 수행한다는 것이다.

Epstein은 부모들이 자녀의 학습에 도움을 주지 않아도 된다고 인식하는 과목에 한해서 자녀의 학업성취가 고양된다고 주장한다.

이와 관련하여 Griffore와 Bubolz(1986)도 동일한 논증을 하고 있다. 그러나 이러한 가설에 관하여 그녀는 검정된 결과를 내놓지는 않았다. 초기 연구에서 Epstein(1988)은 부모가 자녀의 숙제를 돕는 것과 수학, 읽기 과목의 성적 간에는 부적인 관계가 있음을 보고하였다. 이를 그녀는 자녀의 도움이 필요한 경우 부모의 조력은 자녀의 학업에 부정적인 결과를 미친다고 해석하고 있다. 이러한 숙제의 조력과 학업성취의 부적인 관계는 Horn과 West(1992) 등에 의하여 지지되었고, 이와 유사한 연구가 Milne 등(1986)에 의해 드러났다. 그러나 Milne와 그의 동료들은 숙제 조력과 낮은 학업성취 간의 부정적인 관계 효과는 흑인 학생이 아닌 백인 학생에게서 나타났다고 보고하고 있다.

부모와 자녀 간의 학교교육활동에 대한 토론은 학생으로 하여금 보다 나은 학업성취를 위해 노력하게끔 유도할 뿐만 아니라 무단결석, 비행과 같은 비규범적인(non – normative) 일탈 행동의 가능성을 줄여 준다. 더불어 자녀와의 대화, 토론은 자녀의 학업성적 저하나 학교 중도 탈락의 가능성에 대한 예측을 가능해 주기도 한다(Finn, 1989, Mcneal, 1995). 부모의 학교교육 관여로서 사회적 자본의 하나인 부모 – 교사 조직(PTO: parent – teacher organization)은 부모의 학교교육에 대한 관여의 전형적인 한 요소이다. 이것은 부모의 학교교육 인식에 대한 정보망(network)의 확장과 정보공유로 인해 자녀의 발달 기제로 작용한다. 이것은 더불어 자녀의 비규범적인 사회적 행동을 통제하는 하나의 자원이 된다. 부모의 PTO 참여는 자녀의 무단결석과 중도 탈락의 가능성을 줄여주는 데 의미 있는 관련성을 가진다(McNeal, 1999).

부모의 자녀에 대한 학교교육 관여는 사회적 자본으로 감독

(monitoring) 기능을 들 수 있다. 이는 자녀의 행동과 발달에 또한 영향을 미친다(Coleman, 1987, 1988). 부모의 긴밀한 자녀의 행동에 대한 감독과 관리는 자녀의 교육적 성취와 문제 행동의 감소로 연결된다. 이러한 부모의 감독 기능은 일반적으로 자녀의 학업성취보다는 행동에 보다 더 영향을 끼친다(McNeal, 1999). 예를 들어, 집안일의 요구, 학생 숙제 검사나 TV시청의 제한 등은 부모의 자녀에 대한 호혜적인 양육 방식이나 이것이 학업성취와의 직접적인 연관성은 불명확하다. 부모의 자녀와의 토론과 대화, PTO 참석, 감독, 교육적인 지원 등의 사회적 자본은 자녀의 학업과 행동 면에서 각각 차별적으로 영향을 매개한다고 할 수 있겠다.

다. 신뢰의 사회적 자본과 학업성취

1) 신뢰의 사회적 자본

사회적 자본은 새로운 현상을 설명하기 위한 개념이 아니라 기존의 자본 개념으로는 설명할 수 없었던 기존 현상의 암영대(shadow zone)를 보다 잘 이해하기 위한 개념으로 정립되어 가고 있다. 개별 단위의 존재가치 외에 구성원 간의 신뢰(trust)라든지 네트워크와 같은 또 다른 유형의 자본이 개입되어 있을 가능성이 있다. 즉 개별 구성원을 단순히 합해 놓았다고 해서 전체 사회를 이루는 게 아니라면 개인적 자본(personal capital)과는 별개의 사회적 자본 (social capital)이 사회 형성과정에서 개입되어 있을 가능성을 배제할 수는 없다.

신뢰는 사회적 자본의 대표적인 경우이다. 신뢰는 사람 간의 관계에 관한 것이고, 그 관계 속에서 존재하며, 신뢰가 있음으로 해서 관련 행위자들은 서로 협동, 감시, 통제 비용을 절감할 수 있다는 점에서 사회적 자본의 전형적인 예라고 할 수 있다. 더불어 신뢰는 사회적 자본으로서 공공재로서의 성격을 지닌다. 이 말은 가족과의 인간관계와는 달리 학교 내에서 교직원 간의 인간관계는 일면 감시, 제재, 선택적 유인이라는 속성을 가진다고 볼 수 있다. 신뢰는 많은 생산적 원천을 가지고 있다. 즉 이해관계에 기초한 타산적 형태의 신뢰로부터, 지속적인 상호작용과 경험을 통해 상대방에 대한 축적된 지식에 기반한 신뢰, 동일집단의 이념이나 가치 등을 공유하기 때문에 발생하는 신뢰 등 다양한 기반을 가지고 있다(Lewicki & Bunker, 1996). 신뢰를 구성하는 속성 또한 다양하다. 신뢰의 구성적 속성으로는 능력(competence)과 개방성, 상대 배려, 행동의 일관성 등이다.

신뢰의 구성요소는 첫째, 위험(risk)을 항상 전제로 한다. 둘째, 신뢰는 정보의 불확실성과 감시의 불완전성을 전제로 한다. 셋째, 신뢰는 자발적이다. 넷째, 신뢰는 신뢰자의 계산성(calculativeness)을 전제로 한다. 이것은 신뢰자가 신뢰의 대상이 신뢰의 기대대로 행동할 확률과 실제로 기대대로 행동했을 때의 이익과 배반했을 때의 손실을 예상하고 이에 따라 신뢰할 것인가 아닐 것인가를 미리 정한다는 것이다. 다섯째, 신뢰의 궁극적인 목표는 협조(cooperation)이다. 여섯째, 신뢰란 사회적 관계성을 전제로 한다. 가족 차원이나 학교조직 차원에서의 신뢰에 대한 연구는 많이 부족한 실정이다. 가족관계의 몰입, 학업이나 학교조직 몰입이나 학업에 대한 만족 등의 범주와 연계되어 학생의 학업성취를 거양할 수 있는 차원에서의 학교조직 효과성에 대한 연구가 필요한 실정이다.

　가족 간의 신뢰(정상, 편친 가족 상태에서의 관계 신뢰), 학생과 교사 간, 학부모와 학교 및 교사 간의 신뢰가 부족하게 되면 그들은 불확실성과 위험으로부터 자신을 보호하려 할 것이고, 그 결과 학부모들은 자녀를 학교에 맡긴 죄송한 채무자의 입장에서 자신의 자녀에 대한 보호와 보다 나은 교육적 훈육을 위해 비용과 희생을 감내하려 할 것이다. 학생의 입장에서는 교사의 교육적인 지도에 대하여 불신을 하게 되어 학업성적의 저하, 비행행동, 학업의 중도포기라는 인지적, 정서적, 행동적인 측면에서의 이상이 나타날 수도 있다. 교사 차원에서는 교수활동, 생활지도, 연구활동이나 학교조직에 몰입하기보다는 자신의 방어에 보다 많은 에너지를 쏟게 되어 결과적으로 학교불신 등의 학교효과성이 떨어지게 된다. 즉 불신은 규제를 강화시켜 성과의 퇴보를 가지고 오며, 신뢰는 오히려 방어비용을 낮추고 창의적 일에 자신을 투자할 기회를 만들어 준다(김호정, 1999). Coleman은 신뢰를 합리적 선택이론에 의거하여 사회적 관계에서 이익을 얻을 기회가 손해를 볼 기회보다 높을 때 신뢰가 생겨난다고 보고 있다(Coleman, 1990).

　신뢰가 생겨나는 방법에 따른 유형[24]을 살펴보면 첫째, 과정 의존적 신뢰(process-based trust)로서 개인에 대한 평판이나 선물교환 등 기대에 근거한 교환행위나 상대방의 과거의 행위와 관련되어 있다. 이는 게임 이론가들이 말하는 반복적인 PD 게임과 같은

---

24) 신뢰의 유형을 구분하는 것이 중요한 이유는 최근의 비교·역사적 연구들은(Zucker, 1986, Gambetta, 1988, Putnam, 1993) 공통적으로 신뢰의 조건 자체가 사회, 역사적으로 다양하게 나타났다고 주장한다. 더불어 신뢰를 동일성 기반의 신뢰, 속성적 신뢰, 무조건적 신뢰, 절차 의존적 신뢰, 지식 의존적 신뢰, 약한 신뢰, 강한 신뢰 등 신뢰의 개념과 유형화가 다차원적으로 현재 진행되고 있다.

것으로 신뢰는 한 행위자가 반복적으로 신뢰에 부응하는 행위를 했을 때 형성되는 평판을 통해 형성된다. 둘째, 특성 의존적 (characteristic - based trust) 신뢰로서 한 개인이 속하는 집단의 귀속적 특성에 기반한다. 이 경우 잠재적인 신뢰자와 신뢰의 대상 간에 같은 귀속적인 특징을 공유함으로써 이 유형의 신뢰는 높은 수준에 도달하게 된다. 셋째, 제도 의존적 신뢰(institutionally - based trust)로서 공식적인 제도에 의해서 신뢰가 제공되는 것으로 보다 광범위한 사회적 제도, 개인 혹은 조직의 특정한 속성 혹은 그 매개 메커니즘 등에 의존하는 것이다(Zucker, 1986). 현대사회에서의 신뢰의 유형은 주로 제도 의존적인 신뢰라 할 수 있다. Zucker(1986)는 20세기 초부터 현재까지 미국 역사 분석을 통하여 사회의 지배적인 신뢰의 유형이 과정 의존적인 신뢰에서 제도 의존적인 신뢰로 변하여 왔다고 한다.

2) 학업성취를 설명하는 신뢰의 사회적 자본

학생 개인의 학업성취는 그들 개인의 특성과 기질에 의하여 영향을 받는다. 이와 더불어 학생은 가정, 학교, 지역사회의 구성원으로서 그들 학교교육에서의 성공에 도움이 되는 사회적인 다양한 형태의 지원을 받는다. 대부분의 연구자들은 학생의 학업성취에 영향을 주는 사회적 지원의 중요성에 대하여 인식하여 왔다. 즉 학생의 학업성취와 강한 관계구조에 연구자들은 주목을 하고 연구를 수행해 오고 있다(Lareau, 1987, Jones & Maloy, 1988, Bank & Slavings, 1990, Garnier & Raudenbush, 1991, Lee & Croninger, 1994, Sui - chu & Douglas, 1996, Bryk & Schneider, 2002).

Steinberg(1996)는 부모의 학교 방문 형태의 관여는 학업성취에 긍정적으로 관여한다고 보고한다. 이러한 사실을 Coleman(1990)의 사회 이론(social theory)의 시각에서 본다면, 사회적 자본이라는 부모와 자녀 간의 강한 유대는 학생의 학업 성공에 긍정적인 효과로 작용한다. 그러나 부모와 자녀 간의 관계 개념은 단순히 사회적 자본의 형태는 아니다. Coleman과 Hoffer(1987)는 사회적 자본은 구조적, 기능적 두 가지 모두의 측면을 가지고 있다고 주장한다. 엄격히 말해서 관계는 사회구조의 한 형태이다. 그러나 한 개인이 다른 사람을 알고 있는 사실만으로는 생산적인 상호작용을 보장하지는 않고, 관계에 있어서 기능성이(functionality) 있어야 한다. 이리하여 추가적인 관계망(relational networks), 상호간의 신뢰(trust), 집단 규범(norms)의 지원은 아주 중요하다.

부모와 자녀 간의 낮은 신뢰나 관계, 규범은 자녀로 하여금 낮은 학업성취와 낮은 학업몰입(academic commitment) 상태로 가게 할 수도 있다. Furstenberg와 Hughes(1995)는 사회적 자본의 구조적(관계망), 기능적(신뢰, 규범) 문항 측정을 위해 부모의 자녀나 지역사회에 대한 투자는 자녀의 고등학교 졸업 가능성과 대학 진학의 가능성을 높여 준다고 한다. 이러한 이들의 연구에서 사회자본의 구조는 부모, 자녀, 지역사회의 연관과 더불어 행위자 간 상호작용의 질(quality)적인 측면에도 관련된다고 볼 수 있다.

학업성취 면에 주목을 하면서 학업몰입과 학생의 성공 가능성 연구를 다룬 Goddard(2003)는 45개 시 지역의 초등학교 학생 2,429명과 444명의 교사를 대상으로 한 경험 연구에서 부모와 자녀 간의 사회적 자본의 유의미성은 자녀의 학업몰입과 주에서 실시하는 시험에서 성공할 가능이 높음을 경험적으로 보여주고 있다.

Coleman(1990)은 사회 이론을 다룬 그의 논문에서 3장에 걸쳐 간략하게 사회적 자본에 대하여 언급을 하고 있다. 그가 개념화한 사회적 자본의 3대 개념은 관계망, 사회적 신뢰, 규범이다. 첫째 장에서 그는 한국 사회에서 사회적 망(연줄)에 의한 개인의 뛰어난 성취를 사회적 자본이라는 시각에서 분석하고 있다. 관계망(사회망 = 연줄)에 속한 개인은 집단의 구성원으로서 자신의 출세와 성공 가능성에 대한 유익한 정보를 집단의 연줄, 관계망에 의해 획득하고 활용한다고 보면서 한국 사회에서의 높은 사회적 자본에 대하여 분석하고 있다. 사회적인 관계가 없이는 집단의 목표 달성에 용이한 규범의 강화나 정보 교환의 가능성은 줄어든다.

조직이나 단체 차원에서의 높은 사회적 자본은 조직에 속한 개인으로 하여금 보다 더 조직에 몰입할 수 있는 자원을 제공해 준다. Coleman(1990)은 또한 정보 교환의 질은 개인이 관여하는 관계의 기능에 의존한다고 본다. 둘째 장에서는 환자와 내과의사 간의 무너진 신뢰와 관계된 의료비용(의사의 불신으로 인한 약물 과다복용)의 증가를 들면서 신뢰를 설명하고 있다. 조직에서의 신뢰는 타인을 신뢰하고 믿음으로써 타인을 신뢰, 존중하는 풍토를 의미한다. 높은 신뢰는 개인 간의 자유로운 정보 교환과 애정이 발생하여 우호적인 조직 풍토 형성에 기여하여 종국에는 조직의 목표 달성에 유리하게 작용한다. Bryk & Schneider(2002)는 최근의 한 연구에서 학교 내에서 성인들의 관계 신뢰는 학생의 학업성취, 학업 몰입에도 아주 중요하게 작용한다는 사실을 시카고 초등학교 연구를 통해서 밝히고 있다.

셋째 장에서는 학생이 학교에서 가정으로 안전하게 등·하교할 수 있다는 사실을 규범적인 구조에서 찾고 있다(Coleman, 1990:

303). 학교교육활동에 있어서 학생의 철저한 수업준비와 숙제 이행이라는 규범의 준수 가능성은 그들 학업의 성공 가능성을 높여 준다고 본다. 규범은 단체나 조직에 속한 개인의 행동에 효율적으로 작용한다. 이는 한 개인의 행동이나 행위는 개인이 속한 단체, 조직의 규범으로써 평가되기 때문이다.

사회적 자본은 집합적인 자원으로서 학교 내에 있는 모든 학생들의 학업적 성공과 같은 산출 결과의 자원으로서 작용하거나(Coleman, 1985), 지역사회(Hagan, Macmillan & Wheaton, 1996)나 사회의 경제적 자산으로 작용한다(Putnam, 1993). 이러한 속성은 사회적 자본이 공공재(public good)인 것으로 비친다. 반면에 사회적 자본은 또한 개인의 직업적 이동과 같은 생산적인 자원으로 이용이 되기도 하고(Granovetter, 1985), 개인의 건강과 심리적인 행복에도 기여한다. Lee와 Brinton(1996)에 의해 수행된 한국 사회의 엘리트 교육 연구에서 그들은 개인적인 사회적 자본과의 대척점으로서 제도적인 사회적 자본은 대학 졸업생들에게 좋은 직장을 얻는 데 유익한 자원이 되는 것으로 보고하고 있다.

라. 가족의 사회적 자본과 학업성취

사회적 자본과 학업성취와의 관계 연구 형태를 띤 교육(효과성) 연구는 주로 투입 - 과정 - 산출 연구의 형태를 띠고 있다. 학업성취에 영향을 주는 것으로 가족배경과 학업성취, 가족배경 - 학교(학급)풍토와 학업성취, 가족배경 - 교사 상호작용과 학업성취, 가족배경(사회적 자본) - 교사효율성 인식과 학업성취 등의 형태로 연구가 진행되어 왔다. 국내 교육학계에서 사회적 자본이라는 주제어로 연구를 수행한 연구물은 상당히 부족한 실정이다. 학위논문으로 발표한 사례는 찾아보기 어려우나, 학술지에 발표된 연구물은 그나마 사회적 자본에 대한 개념의 소개 수준에 머무르는 실정이다.

사회적 자본과 학업성취 관련 연구자들은 주로 가족 내의 사회적 자본 축척에 따른 학업성취와의 관련성에 초점을 맞추어 연구를 진행해 왔다(Muller, 1994, Valenzuela and Dornbusch, 1994, Furstenber and Hughes, 1995, Parcel and Geschwender, 1995). 즉 그들은 대인관계구조에 의하여 창출된 사회적 자본이 학업성취에 주는 영향을 다루고 있다. 이들 연구에서 나타난 공통적인 점은 가족의 사회적 자본인 지속적인 부모 - 자녀 간의 상호작용, 정상가족, 적은 형제자매 수가 보다 자녀의 학업성적에 유의미한 영향력을 매개함을 보고하고 있다(Blake, 1985, 1989, Alwin, 1991, Lee, 1994, Muller, 1994, Downey, 1995, Pong, 1997, 1998, Sun, 1998). 이와 더불어 이러한 가족 내의 사회적 자본이 자녀의 정상적인 고등학교 졸업 기회를 제공해 주고 있음을 더불어 밝히고 있다(Hoffer, 1986, Coleman and Hoffer, 1987, Coleman, 1988, Israel and Beaulieu, 1995, Teachman, Paasch, and Carver, 1996). 이러한 연구들은 가족 내의 사회적 자본이 자녀의 학업성취를 고양하는 데 일관되게 중요한 기여를 하고 있음을 시사하고 있다.

가족의 사회적 자본과 학업성취에 대한 연구는 크게 두 가지 패러다임의 양상을 보이고 있다. 첫째, 가족배경에 초점을 둔 사회적 자본과 학업성취 관련 1950년대 초기의 연구가 있으며 둘째, 1980년대부터 등장하는 가족배경의 사회적 자본과 더불어 부모 - 자녀 간의 관계, 상호작용에 초점을 둔 사회적 자본과 학업성취 관련 연구들이 그것이다. 이러한 경향에 맞추어 논의를 진행하고자 한다.

가족배경 중에서 특히, 가족구조와 자녀의 학업성취 연구는 다시 가족의 구조적 결손이 자녀에게 미치는 부정적인 측면의 연구와 중립적인 측면의 연구로 다시 구분된다. 부정적인 분야의 연구들은 한결같이 가족구조의 결함은 자녀들의 학업성취에 심각한 장애가 되어 성인기 이후 삶의 방식과 문화의 향유 기회를 제한함으로써 자녀에게 심각한 부정적 영향을 미친다는 것이다. 중립적인 측면의 연구들은 편친가족이나 한 가족이라는 형태의 결손가족구조는 단순히 생물학적인 부모와 함께 살지만 않을 뿐이지 정상가족의 경우와 비교하여 부족한 지원을 받는 것은 아니라는 것이다.

부모와 함께하는 시간이 학업성취에 긍정적인 영향을 미친다는 Coleman(1988)은 아시아계 이민자의 자녀가 뛰어난 학업성취를 보이는 이유를 어머니들이 주로 집에 머무르면서 자녀들을 지도하는 데서 찾고 있으며, McLanahan & Sandefur(1994)는 편친가족의 학생들이 낮은 학업성취를 보이고 비행에 빠지기 쉬운 이유를 이들이 집에 머무르면서 자신들을 돌보는 부모로부터의 혜택을 기대할 수 없는 데서 찾고 있다. 아울러 이러한 가족의 경우는 대개 거주지를 자주 옮김으로써 지역사회의 다른 성인들과 돈독한 친분을 쌓을 기회가 적어져 사회적 자본이 결여되기 쉽다는 점도 지적하고 있다.

Thomas(2001)는 정상적인 부모와 함께 살고 생활하는 학생이 그와 반대의 경우 학생보다 좋은 학업성취를 보이며, 또한 부모와 떨어져 있거나 사람들로부터 고립된 학생들보다도 학업이 뛰어났다는 결과를 제시하고 있고, Zick(2001)과 그의 동료들은 직장을 가진 부모가 직장이 없는 부모보다 더욱 많이 읽게 하고, 숙제검사 같은 학습 보조 활동을 많이 함으로써 학생의 문제 행동 교정과 학업성취에 긍정적인 영향을 준다고 하며, 동시에 학생의 학교 입학 전 모의 취업은 일반적으로 학생의 학업성적에 어떠한 영향력도 매개하지 않는다고 한다. 이러한 Zick과 그의 동료들에 의한 연구결과는 기존의 연구와는 아주 상반된 결과로 이에 대한 보다 심도 있는 탐색 연구가 요청되고 있다.

가족의 경제적 자본은 가족의 구조에 따라 차이가 있을 뿐만 아니라, 자녀의 학업성취를 예언하는 강력한 요인이라는 점에서 가족의 구조와 자녀의 학업성취 간 관계를 매개하는 요인으로서 가장 많은 관심의 대상이 되어 왔다(김경근·오계훈, 2001). 가족의 경제적 자원이라는 측면에서 편친가족이 절대적 및 상대적 빈곤 상태에 있다는 것은 많은 연구결과에 의해서 뒷받침되고 있다. 편친가족보다 정상가족에서의 높은 사회적, 경제적 자원은 초등학교 5학년 학생의 학업성취에 긍정적인 영향을 끼치며(Brenda, 2000), 가정의 수입(경제적 자본)은 아동기(0~5세), 청소년기(11~15세)의 학업성취에 긍정적인 관계가 있고, 고등학교 시절 사회적 자본인 동료 학생의 음주 행동은 대학에서의 학업성취에 부정적인 영향을 끼치는데 이는 여자보다 남자에게 더 의미 있는 것으로 보고하고 있다(Maurice, 2000). 이러한 사실은 미국 인구 조사국에서 1992년에 발표한 미국 편모가족의 약 45%가 빈곤선(poverty line) 이하에서 생활하고 있으며, 이는 정상가족의 8.4%와 비교하여 매우 높은 비율로 볼 수 있다(McLanahan & Sandefur, 1994, 김경근·오계훈, 2001에서 재인용). 오계훈·김경근(2001)은 구조적 결손가족의 학생 연구에서 양친가족의 학생에 비하여 결손가족의 학생이 유의미하게 낮은 학업성취 수준을 보고하면서 이러한 결손가족 학생의 상대적으로 낮은 학업성취 수준은 부모의 부재 그 자체보다는, 이들이 직면하고 있는 열악한 경제적 여건에 의하여 초래되고 있을 가능성이 큰 것으로 해석하고 있다.

가족의 구조가 학업성취에 미치는 효과를 분석한 Thomas(2001) 는 정상가족, 이혼한 가족, 편친가족, 계모, 양모, 수양가족 등의 가족구조 배경으로 구성된 고등학생들의 학업성취를 분석한 결과 정상적인 부모와 함께 살고 생활하는 학생이 그와 반대의 경우 학생보다 나은 학업성취를 보였으며, 또한 고등학생들의 학업성취는 부모와 떨어져 있거나 사람들로부터 고립된 학생들보다는 부모와 함께 지내며 생활하는 사회적 자본이 풍부한 학생의 학업이 보다 뛰어남을 더불어 밝히고 있다. White(1982)는 가족의 사회적 자본과 관련된 학업성취 요인을 다룬 연구물들을 메타 분석을 통하여 가족배경의 사회적 자본 요인이 학생의 학업성취에 미치는 영향력은 53% 정도 된다는 사실을 제시하고 있다. 이러한 연구의 시사점은 가족의 구조적인 배경이 자녀의 사회적 자본 형성에 부모의 존재 여부가 자라는 시기에 중요한 역할을 매개하며, 타인과의 영향력 또한 자녀의 보다 나은 학업성취에 중요한 문항으로 작용하고 있음을 보여주고 있다.

가족의 구조적 결손, 가족 내의 경제력과 더불어 부모의 자녀에 대한 높은 기대와 포부, 학교생활 및 학업과 관련된 대화, 학교행사의 참여 등과 같은 자녀교육에 대한 부모의 관심사도 학업성취에 긍정적인 영향을 주는 것으로 나타나고 있다. 김경근(2000)은 학생에 대한 부모의 기대교육 수준이나 학습활동에 대한 지원과 관여는 부모의 사회경제적 지위와는 독립적으로 학생의 학업성취에 영향을 주며, 그리고 가족 내의 사회적 자본이 한정된 상황에서 형제자매 수가 늘어나면 학업성취는 부정적인 영향을 받는 것으로 보고하고 있다. 그리하여 부모의 관여는 학생들의 학업성취에 매개(주동범, 1988)하며, 부모의 학교 참여는 학생의 학업성취를 끌어올릴 수 있다(Edwards & Warin, 1999)는 것이다.

Pamela(2000)와 Beth(2000), Caldwell(2001)의 연구는 가족의 배경요인에 더해 과정적인 변인으로 학교요소에 관여하는 부모 변인들을 투입하여 수행된 연구들로서 Pamela(2000)는 학생의 수학 숙제를 지원하기 위하여 부모 훈련 프로그램에 참여한 학부모들은 그렇지 않은 학부형보다 그들의 자녀들이 ITBS(Iowa Test of Basic Skill) 수학 시험에서 보다 나은 학업성취를 보인다고 한다. Caldwell(2001)은 초등과정에서 중등과정으로 전환하는 시점에서의 학업성취는 각 인종의 민족성과 사회경제적 지위배경이 유의미하게 영향을 끼치며, 부모의 스타일은 매개하지 않음을 밝히고, 가정에서 부모의 양육과 학업동기는 유의미하나 전환 과정에서의 이러한 문항은 매개하지 않았음을 밝히고 있다.

Beth(2000)는 학교 관여에 대한 부모의 유형 중 학생 중심 관여와 학교활동 중심 관여에 따른 학생의 학업성취를 살펴본바 학생 중심의 관여 형태가 학교 중심 관여에 비하여 3배 정도 읽기 학습에 우월한 성취를 보이며, 수학 성적에는 양 유형 모두 동일한 영향력이 매개하였다고 밝히고 있다. Rosenzweig(2000)는 이러한 부모의 학생에 대한 관여가 학업성취에 미치는 효과 중 교육적 열망, 부모의 관여, 부모의 권위, 부모의 학생에 대한 자율적인 지원, 감정적인 지원, 학습에 대한 경험적 자원의 제공, 부모의 학교 활동에 대한 참여는 긍정적으로 작용하여 SES, 학년, 인종 등의 세 문항과 더불어 학업성취 사이의 관계에서 서로 상호작용하는 결과로 나타났고 낮은 성적에 대한 제한, 외부적 보상, 부정적인 통제, 숙제 검사, 부모로부터의 이탈, 순종에 대한 격려, 허용과 통제 등은 학생의 학업성취에 부정적인 요인으로 작용한다는 사실을 제시하고 있다.

Dave(1963)는 학생의 학업성취에 영향을 미치는 6가지 가족의 과정 변인을 다음과 같이 제시하고 있다. 첫째, 성취압력(부모의 높은 기대와 열망), 둘째, 언어(언어 발달의 기회와 복잡하고 다양한 수준의 언어 구사), 셋째, 학업적인 지도(학업과 관련한 가족의 물질적인 측면의 지원), 넷째, 적극성(부모의 적극적인 학생 교육에의 관여), 다섯째, 지적자극의 제공(학생에게 일상의 활동에 대한 창의적인 사고 기회 제공), 여섯째, 학습습관 조절(학습에 적절한 시간, 장소의 학습습관 관리). 한편, 가족의 사회적 자본과 더불어 지역사회에 내재해 있는 학생들의 학습에 도움이 되는 지역사회의 사회적 자본을 연구한 연구물도 있다. Sun(1999)은 학업성취에 영향을 미치는 사회적 자본의 효과 분석에서 지역사회의 사회적 자본이 가족의 사회적 자본과 인구통계학적 요소를 통제한 후에도 8학년 학생들의 학업성취에 끊임없이 관여한다는 사실을 경험적으로 보여주고 있다.

Pong(1998)은 부모 - 자녀의 사회적 참여 및 활동을 통한 사회적 자본 획득을 다음과 같이 열거하고 있다. 지역사회 스포츠 참여, 종교활동, 부모의 지역사회 모임 참석, 학생의 친구 부모인지도 등을 통해서 교육적 정보나 경험의 교환을 통해 학생은 다른 성인들로부터 교육적 충고, 조언, 지도, 감독을 받게 된다고 한다. 더불어 편친가족구조나 가족의 잦은 이사는 학교, 지역사회활동의 축소로 이어져 사회적 자본의 약화를 초래한다고 한다. 이는 학생이 지역사회로부터 받을 수 있는 사회적 지원이나 다른 부모의 관심으로부터 제약을 가져오기 때문이라고 한다. 이상으로 가족배경의 사회적 자본과 부모 - 자녀의 관계, 상호작용의 사회적 자본과 학업성취와 관련한 연구는 다음과 같이 아홉 가지 측면에서 그 중요성을 종합해 볼 수 있겠다.

첫째, 가족의 구조적인 결손 요인은 자녀의 인지적, 정서적인 발달 측면에 부정적으로 작용한다.

둘째, 자녀가 정상적으로 성장, 발달하는 데에는 부모와의 원만한 관계와 상호작용이 필요하다.

셋째, 가족구조, 부모 - 자녀 관계의 사회적 자본은 모두 자녀의 학업성취에 영향력을 주는 요소이다.

넷째, 가족배경의 사회적 자본은 자녀의 비언어적인 능력보다는 언어적인 능력의 측정에 보다 연관이 된다.

다섯째, 가족구조, 부모 - 자녀 관계의 사회적 자본 연구들은 보다 자녀들의 학업성취와 관련되고, 언어적 능력이나 일반적인 학업 능력보다는 읽기, 수학 과목의 측정에 보다 더 밀접하게 관련이 되어 있다.

여섯째, 학업성취 부분의 영역 내에서 가족배경의 사회적 자본은 과학과목과 같은 보다 세분화된 교과목보다는 읽기와 같은 보다 일반적인 영역의 학업성취 부분과 연관이 있다.

일곱째, 사회경제적 배경과 민족 집단 내에 존재하는 가족환경의 서로 다른 차이는 자녀의 부모 배경과 더불어 가족 내의 사회적 자본도 자녀의 전반적인 발달에 아주 중요하게 작용하고 있다.

여덟째, 가족의 구조적인 배경이 자녀의 사회적 자본 형성에 부모의 존재 여부가 자라는 시기에 중요한 역할을 매개하며, 부모 - 자녀 간의 관계와 상호작용, 타인과의 영향력(지역사회의 사회적

자본) 또한 자녀의 보다 나은 학업성취에 중요하게 작용하고 있음
을 보여주고 있다.

아홉째, 그리하여 한국 사회, 문화 풍토에 적합한 부모 - 자녀 관
계의 사회적 자본 변인을 발굴하여 이를 가족배경의 자본과 연결
하여 학업성취와의 관계를 적용하는 실증적인 연구가 요청된다 하
겠다.

참고문헌

고영복(1997). 『사회심리학 개론』, 서울: 사회문화연구소.

고은실(1993). 「교과목에 대한 초등학교 아동의 선호 및 중요성에 대한 인식」, 이화여자대학교대학원 석사학위논문.

곽윤숙(1997). 「학교 지식에 대한 페미니스트적 논의」, 『교육사회학연구』, 7(2), 54 - 67.

교육개혁위원회(1998). 21세기 한국 교육의 발전지표.

김경근(1996). 「한국 중학생의 학업성취 결정요인」, 『교육사회학연구』, 8, 85 - 88.

김경근(2000). 「가족 내 사회적 자본과 아동의 학업성취」, 『교육사회학연구』, 10(1), 22.

김경식 · 안우환(2003). 「한국교육사회학의 연구동향 분석」, 『교육사회학연구』, 13(2).

김경식 역(2000). 『학급의 사회심리학』, 서울: 원미사.

김경식(1994). 「학생이 지각한 선호 - 실제 학급풍토와 학업성취의 관계」, 경북대학교 박사학위논문.

김경식(1996). 「공고생의 학급풍토 지각과 결석률, 중퇴율과의 관계」, 『교육사회학연구』, 6(2), 248 - 249.

김경식(1999). 「한국의 학급풍토 연구의 동향」, 『교육사회학연구』, 9(2).

김경식(2003). 「학교 학업성적에 대한 과외학습의 효과」, 『교육사회학연구』, 13(3).

김경식 · 안우환(2003). 「학업성취 결정요인으로서 가족의 사회적 자본 탐색」, 『교육학논총』, 24권 1호, 81 - 99.

김경애 · 정난희 · 신부용(2003). 「중 · 고등학생의 제7차 기술 · 가정 교과 내용에 대한 인식」, 『한국가정과 교육학회지』, 15(2), 101 - 120.

김광웅(1978). 「부자 관계에 따른 인성 특징에 관한 연구」, 『아동연구』, 3권, 숙명여자대학교, 7 - 20.

김남선(2001). 「사회자본의 연구동향과 측정 방법의 탐색」, 『지역사회

개발연구』, 26(2), 27 - 46.

김미숙 외(1999). 『현대 사회학』, 서울: 을유문화사.

김미정(2005). 「성별과 학년에 따른 중학생의 체육인식도 비교」, 울산대
학교교육대학원 석사학위논문.

김병성(1981). 「교육격차의 관련요인」, 『연구보고』, 제138집, 한국교육
개발원.

김병성(1984). 『학교학습풍토와 학업성취』, 교육과학사.

김병성(1991). 『학교의 사회심리학』, 서울: 양서원, 195 - 200.

김병성(2004). 『교육사회심리학』, 한국교원대학교출판부.

김세균(1998). 『신자유주의와 정치구조의 변화』, 김성구·김세균 외.『자
본의 세계화와 신자유주의』, 서울: 문화과학사, 61 - 77.

김신일(2003). 『교육사회학』, 서울: 교육과학사.

김영찬 외(1990). 「중등학교의 교직현실과 교원의식에 관한 연구」, 서울
대학교교육연구소.

김영화 외(1992). 『한국교육의 종합이해와 미래구상(Ⅲ): 학부모와 자녀
교육편』, 한국교육개발원.

김영화 외(1999). 「생산적 복지와 교육의 역할 분석 연구」, 한국교육개
발원 수탁연구 CR99 - 42.

김영화(1992a). 「학부모의 교육열: 사회계층간 비교를 중심으로」,『교육
학연구』, 30(4), 173 - 198.

김영화(1993). 『한국의 교육불평등: 고등교육 팽창의 과정과 결과』, 서
울: 교육과학사.

김영화·김병관(1999). 「한국 산업화 과정에서의 교육과 사회계층 이동」,
『교육학연구』, 37(1), 155 - 172.

김왕근(1988). 「사회경제적 배경이 학업성취에 미치는 영향에 대한 조
사 연구」, 서울대학교 석사학위논문.

김왕배·이경용(2002). 「사회자본으로서의 신뢰와 조직몰입」, 『한국사
회학』, 36(3), pp.1 - 23.

김용일(2001). 『위험한 실험, 교육개혁의 정치학』, 서울: 문음사.

김인홍(1997). 「아버지상의 역사적 변천」, 『교육사회학연구』, 7(1).
pp.73 - 84.

김정호(2004). 『신교육사회학』, 서울: MJ미디어.

김정희(1982). 「부친부재가 아동의 학업성취에 미치는 영향」, 서울대학
　　　교 석사학위논문.

김천기(2003). 『교육의 사회학적 이해』, 서울: 학지사.

김호정(1999). 「신뢰와 조직몰입」, 『한국행정학회보』, 33(2), 19 - 35.

김희복(1992). 「학부모 문화연구」, 서울대학교 박사학위논문.

나익찬(1985). 「중학교 남녀혼성학급의 교육적 효과에 관한 연구」, 동국
　　　대학교 석사학위논문.

노경주(1999). 「교사 - 학생 상호작용에서 교환되는 교실 언어의 유형
　　　연구」, 『교육사회학연구』, 9(2), 97 - 119.

≪매일신문≫ 2005년 3월 2일 1면 "올 서울대 합격자 수성구서 52%차
　　　지"

민경배(1994). 『신세대를 위한 사회학 나들이』, 퇴설당.

박남기(2003). 『교육전쟁론』, 서울: 장미출판사.

박명애(1981). 「학년별 학업성취에 대한 사회계층요인의 영향에 관한
　　　연구」, 서울여자대학교 석사학위논문.

박문태·나정·이재분(1987). 『남녀공학(병학) 운영 효과 분석 연구』,
　　　한국교육개발원.

박소진(2003). 「한국의 교육열과 모성: 신자유주의적 변화 속에서 본 어
　　　머니들의 자녀교육지원의 계층적 다양성」, 『2003 교육열 국제학
　　　술회의 자료집』, 강원대 교육연구소, 249 - 281.

박순미(2000). 「조직의 사회적 자본이 새로운 지적자본 창출에 미치는
　　　영향」, 『인적자원개발연구』, 2(1), 171 - 203.

박용헌(1992). 『학교사회』, 서울: 배영사.

박인규(2003). 「남녀공학과 별학 중학생의 학교생활태도 차이」, 경북대
　　　학교 석사학위논문.

박재환(1994). 『일상생활의 사회학』, 도서출판 한울.

박정수(1999). 「국가 재정의 효율적 운용과 교육재정의 안정적 확보」,
　　　새교육공동체위원회, 교육재정의 안정적 확보방안 모색을 위한
　　　정책토론회, 43 - 62.

박희봉·김명환(2000). 「지역사회 사회자본과 거버넌스 능력」, 관료제

　의 반성과 대안,『한국행정학회 2000년 추계학술대회 발표논문집』, 475 - 96.

부르디외·삐에르·최종철 역(1995),『구별짓기: 문화와 취향의 사회학』, 새물결, p.196.

새교육공동체위원회(2000). 지식기반 사회의 교육공동체 구축을 위한 교육정책보고서(대통령보고서).

설동훈(1994).「한국 노동자들의 세대간 사회이동 1987 - 1989년: 사무직과 생산직의 남녀노동자를 중심으로」,『계급과 한국사회』, 한국산업사회연구회, 서울: 한울.

성기선(2000).「학교장지도성과 학교효과와의 관련성에 대한 탐색적 분석」,『교육사회학연구』, 10(2), 89 - 113.

성기선(2003).「서울시 고등학교 학군 효과 분석」,『교육사회학연구』, 13(2).

손경희(1992).「남녀공학과 분리교 고등학생의 자아개념」,『서울대학교부속학교교육논문집』, 13, 165 - 200.

손장권 외(1994).『미드의 사회심리학』, 서울: 일신사.

손준종(2001).『교육사회학』, 서울: 문음사.

신경희(2002).「평생 학습을 통한 서울시 사회적 자본 형성에 관한 연구」, 서울시립대학교 박사학위청구논문.

신세호 외(1977).「생활기술교과와 남녀공학 학습조건이 역할편견수정에 미치는 영향」,『연구보고』, 58, 서울: 한국교육개발원.

신용하(1985).『공동체 이론』, 서울: 문학과 지성사.

심미옥(2003).「초등학교 학부모의 자녀 교육지원활동에 관한 연구」,『초등교육연구』, 16(2), 333 - 358.

안우환(2003).「가정의 사회적 자본이 아동의 학업성취에 미치는 효과 분석」,『한국교육』, 30(3), 161 - 184.

안우환(2004).「가족 내 사회적 자본과 학업성취와의 관계」, 경북대학교 교육학박사학위논문.

안정훈·정미화 역(2004).『효과적인 수업을 위한 교실 상호작용』, 서울: 법문사.

양정호 외(2005),「부모의 가족배경과 사회문화적 자원이 자녀의 학업성취에 미치는 영향」,『제1회 한국교육고용패널 학술대회 논문집』.

오계훈 외(2001). 「가족구조가 아동의 학업성취에 미치는 영향」,『교육사회학연구』, 11(2), 101 - 123.

오성삼·구병두(1999). 「메타 분석을 통한 한국형 학업성취 관련 변인의 탐색」,『교육학 연구』, 37(4), 99 - 122.

오성심·이종승(1982). 「부모의 양육 방식에 대한 아동의 지각과 정의적 특성간의 관계」,『행동과학 노우트』, 114(4).

오영호(2003). 「남녀공학 중학생의 체육혼성수업 선호도 분석」, 한서대학교교육대학원 교육학과 석사학위논문.

오욱환(1999). 「한국사회의 교육열에 대한 고유 이론 모형의 탐색」,『교육학연구』, 37(4). 1 - 28.

오욱환(2002).『교육사회학의 이해와 탐구』, 서울: 교육과학사.

오재길(2003). 「농촌 분교 학부모들의 교육열 현상」,『2003 교육열 국제학술회의자료집』, 강원대 교육연구소, 361 - 375.

유영수(1980).『가정 관계학』, 서울: 교문사.

유재원(2000). 「사회 자본과 자발적 결사체」,『한국정책학회보』, 9(3), 243 - 260.

윤선구(1999). 「제3의길: 신자유주의에 대한 한국적 대응 모색」,『당대비평』, 봄호, 107 - 135.

윤정일(1990), 「21세기 사회의 교육복지정책」,『교육이론』, 5(1), 서울대학교교육학과, 한국교육개발원, 21세기 교육복지방안 연구에서 재인용.

이광자·엄신자·전신현(2002).『현대사회심리학』, 아세아문화사.

이기범(1996). 「복지사회와 교육: 자유, 평등, 공동체를 위한 교육복지」,『교육학연구』, 34(2).

이남기(1979). 「가족의 구조적 결손이 아동의 성격 형성에 미치는 영향 - 부 결손 가정의 아동을 중심으로」, 건국대학교 석사학위논문.

이남복(1997).『현대사회학 이론의 가능성과 한계』, 청주대학교 출판부.

이돈희(1993). 「교육정책과 사회정의」, 한국정신문화연구원,『공공정책과 사회정의 보고논총』, 93 - 1, 137 - 150.

이명주(2000). 「사회적 자본 개발을 위한 지도성 연구 동향」, 『한국교육』, 27(1), 195 - 216.

이상노(1968). 「교사 - 학생의 인간관계에 관한 일 연구」, 『학생지도연구』, 1(1), 1 - 8.

이상주(1987). 『학급의 사회적 환경과 학습』, 서울: 교육출판사.

이선주(2001). 「남녀공학 고등학교에 대한 교사들의 인식 조사: 비공학과 공학을 모두 경험한 교사를 대상으로」, 이화여자대학교교육대학원 석사학위논문.

이순묵(1990). 『공변량구조분석』, 서울: 성화사.

이순형·류정순(1999), 「한국 도시가계의 사교육비의 지출 - 계층별 불편등과 사회정책적 함의 - 」, 건국대학교 한국문제연구원 편, 『교육과 삶의 질』, 건국대학교교육출판부.

이영호(2002). 「입시경쟁체제에서의 청소년 학습문화」, 『교육사회학연구』, 12(1), 135 - 172.

이위환(1994). 「아동의 가정특성에 따른 사회성발달이 학업성취에 미치는 영향」, 계명대학교 박사학위논문.

이인효(1990). 「인문계 고등학교 교직문화 연구」, 서울대학교 박사학위청구논문, 126 - 136.

이재열(1996). 『경제의 사회학』, 나남출판.

이정선(2001). 「초등학교에 있어서 학업성공과 사회자본 관계: 문화기술적 연구」, 96 학술진흥재단 신진교수과제 연구보고서.

이정숙(1979). 「부친 부재가 자녀의 성장에 끼치는 영향」, 『대한가정학회지』, 17(4), 75 - 93.

이종각(2000). 『교육열의 개념 재정립, 교육열의 사회문화적 구조』, 한국정신문화연구원.

이종각(2002). 「교육열의 운동법칙과 결합법칙」, 『교육사회학연구』, 12(1). 173 - 192.

이종각(2005). 『새로운 교육사회학총론』, 서울: 동문사.

이종승(1981). 「학업성취에 관한 변인의 한 인과분석」, 『교육학연구』, 19(3), 109 - 122.

이종재 외(1978). 『한국 초중등학교 학생의 특성과 학업성취 수준』, 서

울: 한국교육개발원.

이종재 외(2001). 『학교위기의 실상분석 및 공교육 내실화 방향과 과제』, 한국교육개발원, 153－175.

이희자·정영숙(1979). 「아버지의 양육태도 및 관심도와 자녀의 인성간의 상관연구」, 『대한가정학회지』, 17(2), 83－105.

임옥희(2001). 「제도화된 모성과 자녀 교육 히스테리」, 『여성이론』, 4호, 여름호, 여성문화이론연구소 간, 도서출판 여이연, 35－57쪽.

정미경(2000). 「초등학생의 성역할 유형과 실과교과 흥미도와의 관계」, 『한국가정과교육학회지』, 12(2), 95－106.

정영숙·이희자(1980). 「아버지의 양육태도에 영향을 주는 요인에 관한 연구」, 『대한가정학회지』, 18(2), 23－39.

정윤득(1999). 「효과적인 학교를 결정하는 과정변인에 대한 연구」, 『지방교육경영』, 제4권, 79－114.

정태범(1998). 『학교교육의 구조적 개혁』, 서울: 양서원, 18.

정해숙·정경아(1995). 「남녀공학 고등학교의 운영 개선방안에 관한 연구」, 95연구보고서 200－13, 서울: 한국여성개발원.

조연순·김아영·허미화·김인전(2001). 「교사－학생 간 상호작용 분석을 통한 인성교육의 현황 및 가능성 탐색」, 『교육학연구』, 39(3), 233－258.

조용래(1999). 「역기능적 신념과 사회공포증상간의 관계에서 부적응적인 자동적 사고의 매개효과 검증」, 『한국심리학회지: 임상』, 18, 17－36.

주동범(1997). 「어머니의 직업이 자녀의 교육 포부수준에 미치는 영향」, 『교육학논총』, 제18집, 385－416.

주동범(1998). 「학생배경과 학업성취: 어머니의 자녀교육에의 관여가 매개하는가?」, 『교육사회학연구』, 8(1), 41－56.

주동범·안우환(1999). 「초등학생들이 지각한 효과적인 교사분석」, 『교육학논총』, 19(2), 247－267.

≪중앙일보≫, 김남중 기자, 2004. 11. 11 19:01 입력/2004. 11. 11 22:14 수정

차경수 외(1999). 『교육사회학의 이해』, 서울: 양서원.

천세영(1999). 「교육재정 구조의 개혁 과제」, 새교육공동체위원회, '새
　　　　천년 맞이 교육공동체 한마당' 교육현안 토론회, 103 - 118.

천세영·황현주(1999). 「학생, 교사, 교장의 수업지도성에 따른 학업성
　　　　취도 차이 연구」, 『교육행정학회』, 17(2).

최샛별(2002). 「상류계층 공고화에 있어서의 상류계층 여성과 문화자본」,
　　　　『한국사회학』, 36(1), 113 - 144

최승우(2001). 「교사 - 학생의 상호작용 유형과 학업성취와의 관계」, 한
　　　　국교원대학교 석사학위논문.

최향섭(2003), 「남녀공학 일반계 고등학교의 학업성취도 비교 연구」, 부
　　　　산대학교 석사학위논문.

통계청(1999). 『사회통계조사보고서』, pp.247 - 264.

통계청(2002). 경제활동 인구 연보.

통계청(2002). 한국의 사회지표.

≪한겨레≫(2003). 경제자유구역 교육시장 전면개방, 종합면, 2003년
　　　　10월 6일자.

한국교육개발원(1987). 「남녀공학(병학) 운영 효과 분석 연구」, 연구보
　　　　고RR87 - 46. 서울: 한국교육개발원.

한국교육개발원(2005). 『교육통계연보』, 서울: 한국교육개발원.

한국교육과정평가원(2004). 「2003국가수준 학업성취도 평가 교육지표:
　　　　초등학교」, 연구보고 CRE 2004 - 2 - 1.

한국교육과정평가원(2004). 「남여학생의 학력 차이, 무엇이 문제인가?」,
　　　　『세미나자료집』.

한대동·성병창·길임주(2001). 「고등학생 학업성취에 대한 학교효과와
　　　　과외효과의 비교연구」, 『교육사회학연구』, 11(1), 35.

한충효(1989). 『교육심리학의 구조탐구』, 서울: 교육과학사.

홍봉선(2003). 「저소득층의 교육열과 교육복지」, 『2003 교육열 국제학
　　　　술회의 자료집』, 강원대 교육연구소, 183 - 206.

홍영희(2000). 「남녀 고등학생의 수행평가 선호성 연구」, 동아대학교 석
　　　　사학위논문.

홍준희·임무경(2006). 「체육 수업에서 성적과 성별에 따른 걱정거리
　　　　분석」, 『한국스포츠심리학회』, 17(1), 79 - 90.

황순희(1993). 「학력의 사회적 기능」, 『교육사회학연구』, 3(1), 157 - 177.

황호진(1999). 「지식기반 사회에 따른 교육체제의 대응방안」, 교육부 교육정책연구자료.

Alan Russell & Judith Saebel(1997), Mother - Son, Mother - Daughter, Father - Son, and Father Daughter: Are They Distinct Relationships? *Developmental Review*, 17, 111 - 147.

Alexander, K., & McDill, E.(1976). Selection and Allocation within Schools. *American Sociological Review*, 41, 963 - 980.

Alexander, L., & Simons, J.(1975). *The Determinants of School Achievement in Developing Countries*. World Bank Staff Working Paper.

Alwin, D. F.(1991). "Family of origin and cohort differences in verbal ability", *American Sociological Review*, 56, 625 - 38.

Ambler, J. S.(1997). Who benefits from educational choice? some evidence from europe. cohn, elchannan(ed.). *Market approaches to education: vouchers and school choice*, Oxford · New york · Tokyo: Pergamon, 353 - 379.

Anderson, L. W.(1992). *Teachers, Teaching & educational effectiveness*. Philadelphia Research for better schools. ERIC Document Reproduction Service No.241523.

Andrea. S.(2000),The influences of parent, peer, demographic, and cultural factors on Black Canadian students' academic performance and attitudes toward school, Unpublished Doctoral Dissertation, University of Toronto(Canada)

Anyon, J.(1979). Ideology and United States history textbooks. *Harvard Educational Review*. 49(3), 361 - 386.

Anyon, J.(1981). Social class and the hidden curriculum of work, H. A. Giroux, A. N. Penna, W. F. Penna and W. F. Pinar, *Curriculum & Instruction*, Berkeley: McCutchan Publishing Corporation. 317 - 341.

Apter. T.(1990). Altered loves: *Mothers and daughters during adolescence.*

Hemel Hemp－stead, UK: Harvester Wheatsheaf.

Arbuckle, J. L.(1997). *Amos User's Guide*. Chicago: Smallwater's Corporation.

Arcana, J.(1983). *Every mother －son: The role of mothers in the making of men*. New York: Anchor Press.

Astone, N. M and S, McLanahan(1991). Family structure, parental practices and high school completion. *American Sociological Review*, 56, 309－20.

Austin, J. L.(1962). *How to do thing with words*. Oxford: Clarendon Press.

Averch et al(1974). How effective is schooling? A critical review of research. A rand educational policy study. Englewood cliff, NJ: Educational Technology Publication.

Averch, H. et al.(1972). *How Effective is Schooling? A Critical Review and Synthesis of Research Findings*. Santa Monica, CA: Rand.

Averch, H. et al.(1974). *How effective is schooling? A critical review of research*. A rand educational policy study. Englewood cliff, NJ: Educational Technology Publication.

Bales, R. F.(1970). *Personality and interpersonal behavior*. New York: Holt, Rinehart and Winston.

Balswick, J.(1988). *The inexpressive male*. Lexington, MA: Lexington Books.

Bank. B. J., & Slavings. R. L.(1990). Effects of peer, faculty, and parental influence on students' persistence. *Sociology of education*, 63, 208－225.

Barker－Lunn, J.(1970). *Class, Codes and Control, 2, Applied Studies towards a Sociology of Language*. London: Routledge and Kegan Paul.

Barker－Lunn, J.(1970). *Class, Codes and Control, 2, Applied Studies towards a Sociology of Language*. London: Routledge and Kegan Paul.

Bassoff, E. S.(1987). Mothering adolescent daughters: A psychodynamic perspective. *Journal of Counseling and Development*, 65, pp.471－474.

Baydar, N and J. Brooks－gunn.(1991). Effects of maternal employment and child－care arrangement on preschoolers' cognitive and behavioral outcomes: evidence from the children of the national longitudinal survey of youth, *Development psychology*, 27, 932 — 45.

Belenky, M. F., Clinchy, B. M., Goldberger, N. R., & Tarule, J. M.(1986). *Women' ways of knowing: The development of self, voice, and mind.* New York: Basic Books.

Belsky, Jay.(1990). Parental and nonparental child care and children's socioemotional development: A decade in review, *Journal of mariage and the family*, 52, 885 — 903.

Belton(1994). A pilot study of interactions between teachers and senior students at the Brishbans school of ciatance Education

Bender. L.(1947). *Psychopathic behavior disorders in children.* In R. M. Lindner(eds.), Handbook of correctional psychology, N.Y.: Philes, Lib., 360 — 377.

Bentler, P. M.(1990). *Comparative fit index's instructional models.* Psychological Bulletin. 107, 239 — 246.

Beth. L. C.(2000). The effects of child — centered and school — centered parent involvement on children's achievement: Implications for family interactions and school policy. Unpublished Doctoral Dissertation, The University of Chicago.

Biller. H. B.(1971). Father availability and academic performance among third — grade boys. Developmental psychology, 4, 301 — 305.

Blackledge, D., & Hunt, B.(1985). *Sociological Interpretations of Education.* Croom Helm.

Blake, J.(1985). "Number of siblings and educational mobility", *American Sociological Review*, 50, 84 — 94.

Blake, J.(1989). *Family Size and Achievement*, Univ. of California Press, Los Angeles, CA.

Blau, peter, and Otis Duncan(1967). *The american occupational structure.* wiley.

Boger. R. P, Richter. P. and B. Paolucci.(1986). *Parents as teacher: what do we know? child rearing in the home and school*, edited by robert griffore and robert boger, plenum.

Bonner, H.(1959). Group dynamics: *Principles and applications*.

Boocock, S. S.(1980). *Sociology of Education: An Introduction*, 2nd edition. Houghton Mifflin Company.

Bordieu, P.(1977). *Cultural Reproduction and Social Reproduction*. pp.487 − 511 in Power and Ideology in Education. Edited by J. Karabel and A. H. Haley. Oxford.

Bordieu, P.(1986). The forms of capital. pp.241 − 58. *in handbook of theory and research for the sociology of education*, edited by J. Richardson. Greenwood Press.

Boudon, R.(1973). *Education, Opportunity, and Social Inequality*. New York: Wiley.

Bourdieu, P. and J. C. Passeron(1977). *Reproduction in education. society and culture*, London: Sage.

Bowles, S., & Gintis, H.(1976). *Schooling in Capitalist America: Educational Reform and the Contradictions of Economic Life*. New York: Basic Books.

Brehm, John and Wendy Rahn(1997). "Individual − Level Evidence for the Causes and Consequences of Social Capital", *American Journal of Political Science* 41(3): 99 − 1023.

Brenda. L. J.(2000). *School and family contexts: Relationship to coping with conflict during the individuation process*. Unpublished Doctoral Dissertation, The ohio state university Press.

Brim. O. G.(1952). The parent − child relation as a social system. *Child development*, 28(3), 343 − 394.

Brookover et al.(1977). *Schools Can Make A Difference*. East Lansing, MI: Michigan State University.

Brookover, W., Beady, C., Flood, P., Schweiter, J., & Wisenbaker, J.(1975). School social systems and student achievement: schools can make a difference. New York: Praeger.

Brophy, J. E., & Good, T. L.(1970). Teacher's Communication of Differential Expectations for Children's Classroom Performance:

Some Behavioral Data. *Journal of Educational Psychology*, 60, 365 – 374.

Brophy, J., & Good, T. L.(1986). Teacher behavior and student achievement. In M. C. Wittrock(Ed.), Handbook of research on teaching(3rd ed). NY: Mcmillan, 328 – 375.

Bruner, J. S.(1960). *The process of education*. Boston: Harvard University Press.

Bryk, A. S. and M. E. Driscoll(1988). *The high school as community: Contextual influences and consequences for students and teachers*. Madison, WI: University of Wisconsin, National Center on Effective Secondary Schools.

Bryk. B. J., & schneider. B.(2002). *Trust in schools: a cored resource for improvement*. New York: Russell Sage Foundation.

Caldwell. H. C.(2001), Parent involvement, motivation, and achievement over the transition to middle school. Yale University.

California Department of Education.(2002). Standards – Based Reform in California. Retrieved November 19, 2002, from http://www.cde.ca.gov/iasa/standards.

Canter, R.(1982). Sex differences in self – report delinquency. *Criminology*, 20, 373 – 93.

Caplan, P.(1989). *Don't blame mother: Mending the mother –daughter relationship*. New York: Harper Collins.

Carlsmith. L.(1964). *Effect of early father absence on scholastic aptitude*. Harvard educational review, 34, 3 – 21.

Caron, A. F.(1994). *Strong mothers, strong sons: Raising adolescent boys in the '90s*. New York: Harper Perennial.

Cheng, Valerie Ka – Wei(2001). Social capital: Resources for the production of human capital within and across time. University of Minnesota.

Cheng, Y. C.(1991). *The meanings and functions of parental involvement in school education*. May.

Cohen, A.(1955). *Delinquent boys*. Glencoe, IL: Free Press.

Coleman, J. S. et al.(1966). *Equality of Educational Opportunity*. Washington, D.C.: Office of education, W.S. Department of Health, Education, and Welfare.

Coleman, J. S.(1961). *The Adolescent Society*. New York: The Free Press.

Coleman, J. S.(1987). Families and schools. *Educational researcher*, 16, 32－38.

Coleman, J. S.(1988). Social Capital in the Creation of Human Capital. *American Journal of Sociology*, 94, S95－S120.

Coleman, J. S.(1988). Social Capital in the Creation of Human Capital. *American Journal of Sociology*, 94, S95－S120.

Coleman, J. S.(1988). Social capital in the creation of human capital. *American Journal of Sociology*, 94, supplement 95, pp.S95－S120. Social Capital Theory.

Coleman, J. S.(1990). *Foundations of Social Theory*. Cambridge: Harvard University Press.

Coleman, J. S.(1991). Parent involvement in education. *policy perspective: office of educational research and improvement*, u. s. department of education.

Coleman, J. S., and T. B, Hoffer(1987). *Public and Private Schools: The Impact of Communities*. Basic, New York.

Coleman, J. S., E. Q. Campbell, C. J. Hobson, J. McPartland, A. M. Mood, F. D. Weinfeld, & R. L. York(1966). *Equality of Educational Opportunity*. Washington, D.C.: US. Congressional Printing Office.

Coleman, J. S., Hoffer, T. B., and kilgore, S.(1982). *Public and private schools, reprint submitted to the national center for educational statistics*. chicago: national opinion center.

Coleman. J. S. (1985). Schools and the communities they serve. *Phi Delta Kappan*, 66, 527－532.

Connell, R. W., et als.(1982). *Making the difference*. Sydney London

Boston: George Allen & Unwin.

Cowell, B. S.(1981). Miced and Single－Sex Grouping in Secondary Schools, *Oxford Review of Education*, 7(20, 165－172.

Craig. G. J.(1979). *Child development*. prentice－hall.

Creemers Bert P. M and Jaap Scheerens(1994). "Developmens in the Educational Effectiveness Research Programme", in *International Journal of Educational Research*, vol.21. Number 2, 125－140.

Dale, R. R.(1974). *Mixed or Single Sex Schools(Vol. Ⅱ): Some Social Aspects*, London: Routledge & Kegan Paul.

Daniel U. Levine・Rayna F. Levine(1996). *Society and Education: Ninth Edition*. ALLYN AND BACON.

Dave. R. H.(1963). The identification and measurement of environmental process variables related to educational achievement. doctoral dissertation, university of chicago.

David L. Levinson・Peter W. Cookson, Jr・Alan R. Sadovnik(2002). *Education and Sociology :an Encyclopedia*. RoutledgeFalmer, pp.350－351.

Davies, D.(1991). Schools reaching out: family, school, and community partnerships for student success. *Phi Delta Kappan*, Vol.72. No.5, pp.376－382.

Debold, E., Wilson, M., & Malave, I.(1993). *Mother and daughter revolution: Good girls to great women*. Sydney: Doubleday.

Dekker, P., Uslaner, Eric. M.(2001). Social capital and participation in everyday life. Routledge, London.

Demo, David. H., and Alan. C. Acock.(1991). The impact of divorce on children. 162－191, in *contemporary Families: Looking forward, Looking back*, edited by alan booth, Minneapolis: National council on Family Relation.

Dimaggio, Paul.(1982). Cultural capital and school success: the impact of status culture participation on the grades of u.s high school students. *American Sociological Review*, 47, 189－201.

Downey, D. B.(1995). When bigger is not better: Family size, parental resources, and children's educational performance. *American Sociology Review*, 60(2), 746−761.

Eckert, P.(1989). *Jocks and burnouts: social categories and identity in high school*. New York: Teachers College Press.

Edgar F. B.(1965). The Analysis of Patterns of Social Interaction. Social Forces, 44(1), 27−34.

Edmond, R. R.(1979). "Effective Schools for the Urban Poor", *Educational Leadership*, vol.37:15−27.

Edmond, R. R.(1979). *A Discussion of the Literature and Issues Related to Effective Schooling*. Cambridge, Mass.: Center for Urban Studies. Harvard Graduate School of Education.

Edwards, A. and J. Warin(1999). Parental involvement in raising the achievement of primary school pupils. *Oxford Review of Education*, 25(3).

Elliott, D., D, Huizinga, and S, Ageton(1985). *Explaining delinquency and drug use*. Beverly Hills, CA: Sage Publications.

Emerson, R. M.(1972). Exchange Theory, Part Ⅰ: A Psychological Basis for Social Exchange. *Sociological Theories in Progress*, Vol.2, 38∼57.

Epstein, Joyce.(1991). Effects on student achievement of teachers' practices of parent involvement. *advances in reading/language research*, 5, 261−276.

Epstein, Joyce.(1992). School and family partnership. pp.1139−51, *in encyclopedia of educational research*, 6th ed., edited by M. alkin. Macmillan.

Erickson, Robert, and John H. Goldthorpe(1992). *The constant flux: a study of class mobility in industrial societies*, Oxford University Press.

Etzioni, Amitai.(1998). *The moral dimension: towards a new economics*. New york: the free press.

Eva Gamarnikow & Anthony. G. Green.(1999), The Third Way and Social Capital: Education Action Zones and a new agenda for education, parents and community? *Institute of Education, University of London, United Kingdom.*

Farrell, J. P., & Schiefelbein(1974). Expanding the Scope of Educational Planning. Interchange, 5(2), 18 − 30.

Featherman, David L., and Robert M. Hauser(1978). *Opportunity and change.* Academic Press.

Field. J, Schuller. T, Baron. S.(2000). *Social capital: a review and critique.* in, Field. J, Schuller. T, Baron. S(ed.)., social capital, oxford university press, oxford, p.4.

Findley, W. G., & Bryan(1970). *Ability Grouping: 1970 − I . Common Practices in the Use of Tests for Grouping Students in Public Schools.* Athens, Georgia: The Center for Educational Improvement, University of Georgia. Ed 048381.

Finn. J.(1989). Withdrawing from school. *Review of educational research,* 59, 117 − 142.

Fisher. et al.(2001). A multi − level model of classroom Interactions using teacher and student perceptions, Annual Conference of the Australian Association for Research in Education, 3 − 15.

Fukuyama, F.(1995). *Trust: the social virtues and the creation of prosperity.* London: Hamish Hamilton.

Furstenber, F. F. and M. E. Hughes(1995). Social capital and successful development among at − risk youth. *Journal of Marriage and the Family,* 57(1), 580 − 592.

Gagnon, C., Tremblay, R. E., Larivee, S., & Charlebois, P.(1986). Developpement cognitif 144 RUSSELL AND SAEBEL de pre − adolescentes et attitudes paternelles: Effets interactifs sur le comportement non verbal du pe`re en situation d'apprentissage[Cognitive development of preadolescents and paternal attitudes: Interactive effects on the father's nonverbal behavior in a learning situation]. [CD − ROM]. *Psychologie francaise,* 31(2), 164?71. Abstract from: Silver − Platter File: PsycLIT Item: 25 − 70924.

Gahng, Tae－Joong(1993). *A Further Search for School Effects on Achievement and Intervening Schooling Experiences: An Analysis of the Longitudinal Study of American Youth Data*, University of Wisconsin－Madison.

Garnier. C. L., & Raudenbush. S. W.(1991). Neighborhood effects on educational attainment: A multilevel analysis. *Sociology of education*, 64, 251－262.

Giddens, A.(1984). *The Consequences of Society: Outline of a Theory of Structure*. Cambridge, England: Polity Press.

Glass, et al.(1982). *School Class Size: Research and Policy*. Sage Publications.

Goddard. R. D.(2003). Relational networks, social trust, and norms: A social capital perspective on students' chances of academic success. *Educational evaluation and policy analysis*, 25(1), 59－74.

Goldstein, H.(1980). "Fifteen Thousand Hours: A Review of its Statistical Procedures", *Journal of Child Psychology and Psychiatry and Allied Disciplines*, Vol.21, 364－369.

Good, T. L., & Brophy, J. E.(1986). School Effects. In Wittrock, M.(ed.), *Handbook of Research on Teaching*. New York: MacMillan Publishing Company, 570－602.

Gove, W., and R, Crutchfield(1982). The family and juvenile delinquency. *Sociology Quarterly*, 23, 301－319.

Granovetter. M.(1985). Economic action and social structure: the problem of embedness. *American Journal of Sociology*, 91, 481－510.

Griffore. R. and M. Bubolz(1986). Limits and possibilities of family and school as educations. in *child rearing in the home and school*, pp.61－104, edited by robert griffore and robert boger. plenum.

Halstead, M.(1991). Radical Feminism, Islam and the Single－sex School Debate, *Gender and Education*, 3(3), 263－278.

Hargreaves, D.(1972). *Interpersonal relations and education*. London: Routledge.

Hetherington, E. M.(1972). Effects of father absence on personality development in adolescent daughters. *Developmental Psychology*, 7, pp.313－326.

Hetherington, E. M.(1988). Parents, children, and siblings: Six years after divorce. In R. A.

Hindelang, M.(1979). Sex differences in criminal activity. *Social Problems*, 27, 143 — 156.

Hirschi, T.(1969). *Causes of delinquency*. Berkeley: University of California Press.

Ho sui — chi, esther and D. J. willms.(1996). Effects of parental involvement on eighth — grade achievement. *sociology of education*, 69, 126 — 141.

Hoffer, T. B.(1986). Educational Outcomes in Public and Private High Schools. Ph.D. dissertation. University of Chicago, Department of Sociology.

Hoffman, Lois. W.(1973). Effects of maternal employment on the child: A review of the research. Developmental psychology 10. 204 — 228.

Hoffman, Lois. W.(1989). Effects of maternal employment in the two — parent family. *American psychologist*, 44, 283 — 292.

Hoffman. M. L. and Saltzstein. H. D.(1967). Parent discipline and child's moral development. *Journal of personality and social psychology*, 5, 45 — 57.

Honcharski, Edward(2001), Degree of congruence between family and classroom functioning and its relationship to academic performance, City University of New York.

Jackon, P. W.(1968). *Life in Classroom*. New York: Holt, Rinehast & Winston.

Jansen, J. D.(1995). "Effective Schools?", *Comparative Education*, vol.31, No.2, 181 — 200.

Jencks, C. et al.(1972). *Inequality: A Reassessment of the Effect of Family and Schooling in America*. New York: Basic Books.

Jencks, et al.(1972). *Inequality*. New York: Basic Books.

Johnson, M. M.(1963). Sex role learning in the nuclear family. *Child*

Development, 34, pp.319 − 333.

Johnson, M. M.(1975). Fathers, mothers, and sex typing. *Sociological Enquiry*, 45, pp.15 − 26.

Jones. B. L., & Maloy. R. W.(1988). *Partnerships for improving schools*. New York: Glenwood.

Ka − Wei. C. V.(2001),Social capital: Resources for the production of human capital within and across time, University of Minnesota.

Keith W. Prichard, Thomas H. Buxton(1973), *Concepts and Theories in Sociology of Education*. PROFESSIONAL EDUCATION PUBLICATION, INC.

Kim. A.(2000), Personal social networks, social capital, and the transition of adolescents into young adulthood in an LDS population, Brigham Young University.

Lamb. M. E.(1975). Father: forgotten contributors to child development. Human development, 18, 245 − 266.

Lamb. M. E.(1976). *The role of the father in child development*. John Wiley & Son's.

Lareau A.(1987). Social class differences in family school relationship: The importance of cultural capital. *Sociology of education*, 60, 73 − 85.

Lareau A.(1989). *Home advantage: social class and parental intervention in elementary education*. Falmer Press.

Laver, J, & Hutcheson, S.(1972). *Communication in face − to −face interaction*. Harmondsworth: Penguin.

Laver, J, & Hutcheson, S.(1972). *Communication in face − to −face interaction*. Harmondsworth: Penguin.

Leana & Buren Ⅲ(1999), Organizational Social Capital and Employment Practices, *Academy of Management Review*, 24(3), 538 − 555.

Leary, T.(1957). *An interpersonal diagnosis of personality*. New York: Ronald Press.

Lee, S.(1994). *Family structure effects on students outcomes. in* Parents, Their Children and Schools(B. Shneider and J. Coleman, Eds.), Westerview

Press, Boulder, CO.

Lewicki, R. J. and B. B. Bunker(1996). Developing and Maintaining Trust in Work Organization. pp.114 – 139 in R. M. Kramer, T. R. Tyler(eds.), *Trust in Organizations: Frontiers of Theory and Research*. London, Sage Publications.

Littman, Cheryl Beth.(2000). The effects of child – centered and school – centered parent involvement on children's achievement: Implications for family interactions and school policy. The University of Chicago.

Loury, Glen.(1977). *A dynamic theory of racial income differences.* in P. A. Wallace & a. lemund, eds., women, minorities, and employment discrimination. lexington: lexington books.

Marland, M.(1983). Should the Sexes be Separated? *Sex Differenciation and Schooling*, London: Heinemann Educational Books, 181 – 186.

Marsh, H. W.(1989). Effects of Attednding Single – Sex and Coeducational High Schools on Achievement, Attitudes, Behaviors, and Sex Differences, *Journal of Educational Psychology*, 81(1), 70 – 85.

McDill, E. et al.(1967). Institutional Effects on the Academic Behavior of High School Students. *Sociology of Education*, 40, 181 – 199.

Mcneal. R. B.(1995). Extracurricular activities and high school dropouts. *Sociology of Education*, 68, 62 – 81.

Mcneal. R. B.(1999). Parental involvement as social capital: Differential effectiveness on science achievement, truancy, and dropping out. *Social Forces*, 78(1), 117.

Merton(1957). *Social theory & social structure.* Glencoe. I 11: Free Press.

Miles, M. B., & Huberman, A. M.(1994). *Qualitative data analysis*(2nd ed.). Thousand Oaks, CA: Sage Publications.

Muller, C.(1994). *Parent involvement and academic achievement: An analysis of family resources available to the child.* in Parents, Their Children and Schools(B. Schneider and J. Coleman, Eds.), Westerview Press, Boulder, CO.

Myers, David, A. Milne, K, Baker, and A, Ginsburg(1987). Student discipline and high school performance. *Sociology of education*, 60, 18 − 33.

National Association of Secondary School Principal(1992). *School and family partnerships*. practitioner, 18, 1 − 8.

National Research Council.(1996). National science education standards. Washington, DC: National Academy Press.

Nye, I.(1958). Family relationships and delinquent behavior. New York: John Wiley & Sons.

OECD(2000). Knowledge management in the learning society.

OECD(2001). Cites and region in the new learning economy.

OECD(2001). The well − being of nation: the role of human and social capital. OECD, paris, p.40.

Olive Banks(1968). *The Sociology of Education*. B.T BATSFORD LTD, London

Patton, M. Q.(1990). Qualitative evaluation and research methods. Newbury Park, CA: SAGE Publications. Inc.

Pestello, F.(1989). Misbehavior in high school classrooms. *Youth and society*, 20, 290 − 306.

Pianta, R. C.(1991). The Student − Teacher Relationship Scale. Unpublished Dissertation. University of Virginia, Charlettesvill, VA.

Pong, S.(1998). The school compositional effect of single parenthood on 10th − grade achievement. *Sociology of Education*. 71(2), 24 − 43.

Portes. A.(1998). Social capital: Its origin and applications in mordem sociology, *Annual review of sociology*, 24, 1 − 24.

Purves, A.(1973). *Literature Education in Ten Countries: International Studies in Evaluation Ⅱ*. Stockholm: Almqvist and Wiksell, 1973.

Putnam, R. with Leonardi, R. & Nanetti, R.(1993), *Making Democracy Work: civic traditions in modern Italy*. Princeton: Princeton University Press.

Putnam, Robert D.(1993a). *Making Democracy Work: Civic Traditions in*

Modern Italy. Princeton, NJ: Princeton Univ.

Putnam, Robert D.(2000). Bowling Alone. simon & schuster, new york.

Ramsay, W. and clark, E. E.(1990). *New ideas for effective school improvement: vision, social capital, evaluation*. Falmer Press.

Redding, S.(1991). Alliance for achievement: an action plan for educators and parents. *International Journal of Educational Research*, Vol.15, pp.147 − 162.

Riley, D.(1987). Sex differences in teenage crime: the role of lifestyle. London: Her Majesty's Stationery office.

Riordan, C.(1990). *Girls and Boys in School: Together or Seperate?* New York: Teachers College Press.

Robinson, L. A.(1973). *Teacher Cognitive Complexity and Cognitive Demands Made upon Perceived High and Low Achieving Students*. Unpublished Doctoral Dissertation, Indiana University.

Rogers, C. R.(1969). *Freedom to learn*, Columbus, OH: Charles E. Merrill Publishing Co.

Rosenthal, R., & Jacobson, L.(1966). Teacher's Expectancies: Determinants of Pupil's IQ Gains. *Psychological Reports*, 19, 115 − 118.

Rutter, M.et al(1979). Fifteen thousand hours: Secondary schools and their effects on children, Harvard University Press, Cambridge, Mass.

Searle, J. R.(1969). *Speech Acts: An essay in the philosophy of language*. Cambridge: Cambridge University Press.

Spender, D.(1982). Invisible Women: *The Schooling Scandal*, London: Writers and Readers Publishing Cooperative Society Ltd.

Stefanie K. Halverson(2004). Emotional Contagion in Leader − Follower Interactions. Hoston: Rice University.

Tsai, W., and S, Ghoshal(1998). Social Capital and Value Creation: The Role of Intrafirm Networks. *Academy of Management Journal*, 40(4), 464 − 476.

Tygart, C. E.(1991). Juvenile delinquency and number of children in a family. *Youth and Society*, 22, 525 − 536.

Tyler, L, L.(1964). The conception of an ideal teacher − student relationship. Journal of Educational Research, 58(3), 112 − 117.

Tyler, T. R., and R. M, Kramer(1996). *Whither trust? Trust in organizations*: Frontiers of theory and research: 1 − 15. Thousand Oaks, CA: Sage.

Valenzuela, A., and Dornbusch, S.(1994). "Familism and social capital in the academic achievement of Mexican − origin and Anglo high school adolescents", *Social Science Quarterly*, 75, 18 − 36.

Van Deth, Jan W., Marco Maraffi, Kenneth Newton, and Paul F. Whiteley(eds.)(1999). *Social Capital and European Democracy*. London: Routeledge.

Vandell. D. and J. Ramanan.(1992). Effect of early and recent maternal employment on children from low − income families. *Child development*, 49, 23 − 37.

Vogt, G. M., & Sirridge, S. T.(1991). *Like son, like father: Healing the father − son wound in men's lives*. New York: Plenum.

Wakeford, J.(1969). *The cloistered elite: A sociological analysis of the English boarding school*. London: Macmillan.

Walberg. H. J.(1984). *Families as partners in educational productivity*. phi delta kappan, fed., pp.397 − 400.

Walkerdine, V., & Lucey, H.(1989). *Democracy in the kitchen: Regulating mothers and so − cialising daughters*. London: Virago.

Warrick, P. L.(2000). *An intervention program for parental assistance with mathematical homework and the relationship with increased student achievement*. Wellden University Press.

Wasserman. H. L.(1969). Father − absent and father present lower − class negro families: a comparative study of family functioning. dissertation abstracts, 29(12 − a), 4569 − 4570.

Wells, A. S.(1997). Markets, choice and equity in education(book review). *Educational Administration Quarterly*, 33(2), 247 − 253.

White. K. R.(1982). The relationship between socioeconomic status and academic achievement. *psych, bull*, 91(3), 461 − 481.

Williams, J., and M, Gold(1972). From delinquent behavior to official delinquency. *Social Problems*, 20, 209 − 229.

Winder. C. L. and Rau. L.(1962). Parental attitudes associal deviance in preadolescent boys. *Journal of abnormal & social psychology*, 64, 418 − 424.

Woolcock. M.(1988). Social capital and economic development: toward a theoretical synthesis and policy framework. *theory and society*, 27, 151 − 208.

Wubbels, T. & Levy, J.(1993). *Do you know what you look like? Interpersonal relationships in education*, London, England: Falmer Press.

Wubbels, T., Creton, H., & Hooymayers, H.(1985). Descipline problems of beginning teachers. Paper presented at annual meeting of American Educational Research Association, Chicago, Ⅱ.

Zick, C. D. and W. K. Bryant, & E. Osterbacka(2001). Mothers' Employment, Parental Involvement, and the Implications for Intermediate Child Outcomes. *Social Science Research*, 30(1), 25 − 49.

V

교사평가

1. 교사평가의 목적

공교육체제에서 학교교육을 담당하고 있는 교원의 전문성과 질 관리에 대한 관심과 노력은 어느 나라에서나 한결같이 중요한 과제이다. 조직운영에 있어서 '인사가 만사다.'라는 말이 있듯 공정한 인사의 중요성은 아무리 강조해도 지나치지 않을 것이다. 공무원들이 가장 큰 관심을 보이는 인사 분야는 승진이며, 이 승진제도 중 큰 비중을 차지하는 부분이 인사 고과평정이라 하겠다.

1980년 이래 각국의 교육개혁에서는 교원교육과 현직교육의 질 관리의 중요성을 강조하고 있다. 한국의 경우도 학교교육의 위기 현상의 중요한 문제로 교직의 위기가 점차로 부각되고 있다. 근래에 교원들의 자긍심(자긍심) 및 사기 저하, 교권의 추락, 학생·부모·교사 간의 신뢰 붕괴와 대립·갈등으로 인한 교육공동체 붕괴, 교원단체 간의 대립, 정부정책에 대한 불신, 교원의 자질 저하와 교육력 약화 등 심각한 현상이 계속되고 있다. 이러한 교직의 위기를 극복하고 교육의 경쟁력을 높이기 위해서는 교원의 전문성 향상과 질 관리가 핵심적 과제라는 것은 정부나 교직계, 학자, 국민들이 함께 인식하고 있다(강인수, 2003).

평가(evaluation)는 사람이 생활하는 곳 어느 곳에서든 현재 이루어지고 있으며, 평가의 사전적 의미는 사물의 가치를 좋고 나쁨 따위로 가치를 매겨 따지는 것이다. 이러한 평가의 의미는 여러 분야에서 다양하게 사용되고 있다. 교육행정뿐만 아니라 일반행정에서는 근무성적평정으로, 경영학에서는 인사고과라는 용어를 사용하였으나 문민정부의 개혁안이 발표되면서 교육행정, 일반행정, 경영학 등 모든 분야에서 평가라는 용어가 일반적으로 사용되기 시작하였다(전제상, 2001).

그동안 교사평가는 문민정부하에서 1995년의 대통령자문교육개혁위원회의 제1차 보고서와, 1996년의 동위원회의 제3차 보고서에서, 국민의 정부하에서의 대통령자문 교육인적자원정책위원회의 1998년 '교육비전 2002: 새로운 학교문화 창조'와, 1999년 '교육발전 5개년 계획 시안', 2001년의 '교직발전종합방안', 그리고 현 정부의 공약 사항 등에서 교직의 전문성과 질 관리 문제가 계속적인 과제로 부각되어 왔었다.

교육개혁위원회에서는 신교육체제 수립을 위한 교육개혁방안에서 "품위 있고 유능한 교원육성 정책으로 능력중심 승진·보수체계로의 개선과 이를 위해 교원에 대한 종합적인 평가와 함께 능력이 우수한 교원을 우대하겠다."고 제안했다(교육개혁위원회, 1995: 66-68). 그 후 교육부는 교육발전 5개년 계획안에서 새로운 교원평가제도를 도입하겠다고 제시하였으며(교육부, 1992, 92-94), 2000년 교직발전종합방안에서 교원승진·평가제도 개선을 위해 교원직무 수행기준과 교원평가 요소와 기준을 재검토하고 학교별로 평가위원회를 구성하는 등 교원평가제도 개선방안을 제시하였다(교육부, 2000: 18-21). 2001년 교육부의 교직발전종합방안(최종안)에서는 직무수행기준마련이 검토 후 추진과제로 분류되었고, 2002년 6월 25일 교육공무원승진규정의 근무성적평정을 개정하였다. 개정된 승진규정에서 근무성적평정 부분에 대하여 배점 및 평정기간은 종전대로 유지하고 평정요소 및 내용(기준)을 약간 보완하기에 이르렀다.

새 정부에 들어 교원평가에 대한 다면평가의 필요성 등이 주장되면서 최근 한국교육개발원의 교원인사정책혁신방안 수립을 위한 워크숍 등에서 이에 대한 논의가 이루어지고 있다.

한국에서 교원평가에 대한 연구와 논의는 교원제도의 다른 부분보다 활발하지는 않지만 1800년대 이후 계속되어 왔다. 연구주제와 내용별로 보면 교원인사행정에서의 교원평정제도의 문제와 제도개선(서정화, 1989), 교사평가체제의 개선에 대한 연구(박영숙, 1992, 김남순, 1999, 김정한, 2000)와 교사평가의 준거 개발 연구(전제상, 2000), 교사의 교수수행평가 요소와 내용의 연구(송용운, 1982, 김충행, 1983, 배호순, 1992, 원효헌, 1997), 교원평가에 대한 교원의 인식 연구(정수현, 1999, 최희선·권기욱·전제상, 1999) 등이 있다(강인수, 2003).

평가활동 측면에서 보면 평가와 관련한 최초의 개념은 평정(rating)이다. 평가(evaluation)에 비해 사람의 의식 속에 있는 주관적 기준과 비교한다는 의미가 강하다. 평가와 비슷한 의미로 사용되고 있는 측정을 비교할 수 있는데 평가는 가치 지향적 활동으로 평정에 비해 객관적 기준에 의해 비교하는 반면에, 측정은 가치중립적 활동으로 평가에 비해 보다 더 객관성이 높다고 할 수 있다.

평가의 개념을 종합하면 첫째로 조직 구성원의 성격, 태도, 적성 등을 판단하며, 둘째로 조직 구성원의 직무수행상의 업적이나 성과들을 측정하고, 셋째로는 조직 구성원의 능력, 즉 현재의 능력과 잠재능력을 동시에 개발하는 것이라고 정의할 수 있다(전제상, 2001).

일반적으로 평가의 목적은 형성평가(formative evaluation)와 총괄평가(summative evaluation)로 구분할 수 있으며, 다음은 교사평가[25)]

---

25) 교원평가에는 교사, 교감, 교장이 포함되나 본 장에서는 교사평가를 중심으로 하여 살펴보

<표 V-1> 교사평가의 목적 분류

형성평가	총괄평가
· 과정에 초점 · 개선의 정보 제공 · 교사의 효과성 개선 · 전문성을 신장	· 결과에 초점 · 인사 근거자료 · 문제 교사 개선 및 퇴출

에서 평가의 목적을 분류한 것이다.

현행 교원평가제도의 문제점을 살펴보면 다음과 같다(서정화, 1989, 박영숙, 1991, 김남순, 1992, 최희선·권기욱·전제상, 1999, 최준열 외, 1999, 홍광식, 1999, 김정환, 2000, 전제상, 2001a, 강인수, 2003).

첫째, 교원의 근무성적평정제도의 목적과 기능이 승진 등 인사행정의 자료로만 활용되고, 자질 및 능력개발과 전문성 향상으로 연계되지 못하고 있다.

둘째, 교사평가도구로 사용되고 있는 승진규정상의 교사평정요소와 평가내용·기준이 너무 추상적이고 구체적인 내용으로 제시되어 있지 않다.

셋째, 평가자가 교장, 교감으로 한정되어 있다.

넷째, 평가과정과 결과가 비공개로 되고 있어 협의적이지 못하고 절차가 체계적이지 못하다는 점 등이 지적되고 있다.

다섯째, 현행 근무성적평가는 교사 개인이 담당하고 있는 직무의 전문적인 성장을 위한 것으로 실시되지 않고 인사행정의 기초 자료만을 얻기 위한 것으로 실시되어 장학지도와의 연계가 미흡하다.

여섯째, 평가내용과 기준이 직무내용과 담당교과 성격에 따라 구체적인 형태로 제시되지 못하고 추상적인 용어로 제시되고 있다.

기로 한다.

일곱째, 평가방법은 교장과 교감에 의한 평가방법만이 활용되고 있으며, 평가도구는 근무성적평정표에 근거한 일정한 평정분포 비율에 따라 평정하는 평정척도에만 의존하고 있어 다양한 평가도구가 활용되지 못하고 있다.

그리고 현행 평가체제에 대한 교원들의 인식에 관한 연구들에서는 교사들이 평가의 실제를 불공정하고 제약이 많은 경쟁, 주관적이고 편파적인 평가, 직무수행과 평가가 불일치하는 평가, 평가체제의 부정적 결과로 나타나는 인간관계의 약화, 비본연적 업무의 중시, 교사에 대한 통제 강화 등으로 인식하고 있는 것으로 나타났다(정수현, 2000).

교사평가는 조직 내에서 승진, 전보 및 면직 등과 같은 인사행정상의 결정을 위한 자료를 제공함과 동시에 교사 개인의 전문적 성장을 촉진시키며, 나아가 교수활동의 개선과 교육조직의 효과성을 증진시키는 기능을 한다(신상명, 2002). 교원평가체제는 아래의 〈그림 Ⅴ-1〉과 같이 발달적 기능과 행정 및 통제 기능을 수행함으로써 보다 높은 교육의 질을 달성할 수 있다.

교원평가와 교육의 질을 향상하기 위한 측면에서 교사평가의 목적은 교사의 수업전문성 및 관리자의 학교경영과 관리 전문성 향

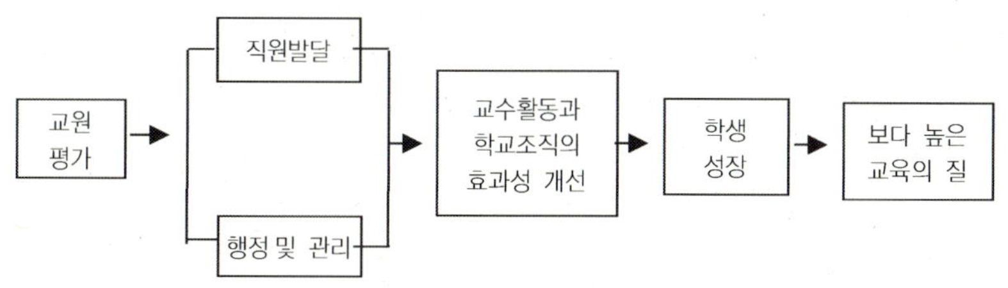

자료: 전제상(2001), 「교원평가와 성과금」, 『한국교원교육연구』, 11(2), 143-186.

〈그림 Ⅴ-1〉 교원평가와 교육의 질 향상

상 및 능력개발을 할 수 있도록 계기를 제공하고, 전문직으로서 교사의 전문성 수준에 대한 자체적 평가체제를 구축하여 학교수업의 질을 향상시키는 데 있다. 여러 학자들이(Smith, Murphy, 최종태, 오석홍, 박영숙 등) 제시하고 있는 교사평가의 목적은 대체로 ① 구성원 또는 직원의 전문적 발달과 능력개발 ② 승진, 전보 또는 해고 등 상벌과 같은 인사관리의 합리적 근거 제공 ③ 근무 수행 측정 결과에 따라 부족한 부분을 도와주기 위한 것으로 구분할 수 있다(박상완, 1997).

2. 교사평가의 논의 배경

가. 교사평가제도 논의의 본질

교사평가제도의 문제는 평가 자체의 문제보다는 평가를 둘러싼 교원인사제도 전반과 관련된 문제로 인식하여 교사평가제도 개선과 더불어 교원인사제도의 개선을 함께 고려하여야 할 것이다. 이종재(2004)에 의하면 현재 교원인사제도 관련 문제의 특징은 입시 위주의 교육, 학교폭력, 교실붕괴 등 그동안 우리 교육의 문제로 제기된 것들은 주로 불리한 교육여건이나 사회문제와 관련된 문제들로 교육계 내부의 힘을 합쳐 공동의 해결을 요구하는 것이었으나, 교사평가의 문제는 교육계 내부의 갈등과 분열을 가져다줄 수 있는 문제로 인식하였다.

교원인사제도에 관한 문제의 본질은 구성원들 간의 갈등 양상을 자연스러운 일로 인식하고, 교사, 학부모, 학생, 교육행정가 등 교육공동체 구성원들 모두에게 알맞은 역할과 권한을 부여하여 전문성을 신장시킬 수 있는 교사인사제도를 마련하고 그에 합당한 평가제도를 도입하여 책무성을 확보하는 일일 것이다.

나. 교사평가의 배경

교사의 전문성으로서 요구되는 것으로 이돈희(1977)는 다음 네 가지를 제시하고 있다. 첫째, 교수과정에 요구되는 능력과 기술은 교직 그 자체를 특징짓는 가장 중핵적인 것이다. 둘째, 학생생활의 지도에 요구되는 전문적 능력과 기술은 인간의 성장과 발달, 행동의 심리, 정신의 건강과 위생, 학생의 요구에 관한 깊은 이해를 필요로 한다. 셋째, 지역사회에서의 지도력은 일반시민으로서의 지도적 기능과 전문적 기능이 함께 고찰되어야 한다. 넷째, 교육의 정책과 계획의 입안과 결정에 교사가 참여한다는 것은 교사의 새로운 전문직적 요소로 이해되는 경향이 높아 가고 최근에 와서 교사의 기능이 강조되고 있다.

공교육체제에서 학교교육을 담당하고 있는 교사의 전문성과 질 관리에 대한 관심과 노력은 세계 어느 나라에서나 한결같이 중요한 과제로 부각되어 1980년대 이후 각국의 교육개혁에서 교사교육과 현직교육의 질 관리의 중요성을 강조하고 있다(안우환, 2004).

우리나라의 교사평가는 1964년에 교육공무원승진규정(대통령령 제1963호, 1964. 7. 8.)이 최초로 제정되고, 이후 교사평가와 관련된 규정이 교육공무원승진규정 속에 포함되면서 근무성적평정표에 의해 실시되고 있다. 이후 수차례의 부분개정과 1997년의 전문개정, 2002년의 개정 등 총 19차례의 개정을 거쳐 지금에 이르고 있다. 보다 자세한 교사평가의 변천사항을 정리하면 <표 V-2>와 같이 정리할 수 있다.

〈표 V-2〉 교사평가의 변천사항

구분	1964년 최초법 제정	1972년 개정	1986년 개정	1990년 개정	2002년 개정
평가목적 (제1조)	·승진임용에 있어서 인사행정의 공정을 기함				
평가기준 (제16조④)	·직위별로 타당한 요소의 기준에 의하여 평가할 것 ·평가자의 주관을 배제하고 객관적 근거에 의해서 평가할 것 ·신뢰성과 타당성을 보장하도록 할 것 ·평가대상자의 근무성적을 종합적으로 분석 평가할 것				
평가준거 및 배점	·근무실적: 30점 ·학급운영: 8점 ·학습지도: 8점 ·직무수행: 15점 ·기본실력: 5점 ·지도력: 5점 ·창의력: 5점 직무수행태도(15점) ·책임감 5점 ·협조성 5점 ·준법성 5점	40점 20점 20점	평가 요소별 배점을 일률적으로 8점으로 함	자질 및 태도 (24점) ·교육자의 품성 12점 ·사명의식 12점 근무실적(56점) ·학습지도 24점 ·생활지도 16 ·학급경영 16점 으로 개정	·자질 및 태도: 24점 ·교육자로서의 품성: 12점 ·공직자로서의 자세: 12점 ·근무실적 및 근무수행능력: 56점 ·학습지도: 24점 ·생활지도:16점 ·교육 연구 및 담당업무: 16점으로 개정
평가분포 비율	우 20% 양 70% 가 10%	수 10%(74점 이상) 우 30%(58~73점) 양 50%(32~57점) 가 10%(31점 이하)	수 20% (72점 이상) 우 30%(64~71점) 미 40%(56~63점) 양 10% (31점 이하)	수20% 우40% 미30% 양10%	수20% 우40% 미30% 양10%
평가시기	매년 6월과 12월 2회 (1965년 3월 5일 법개정으로 매년 12월로 개정)	연 1회 12월 말			
평가기간	1년		3년	2년(1994년부터)	
평가결과의 공개	비공개의 원칙				

자료: 전제상(2000). 「교사평가의 준거 개발에 관한 연구」. 홍익대학교 박사학위논문.

우리나라의 교사평가는 교사들에게 교육의 질을 개선하기 위해 교수·학습활동의 결과를 알려주기보다는 개인의 승진점수로 활용되고 있고, 법규상으로는 교육공무원 승진규정의 하위 영역으로 규정되어 있을 뿐 별도의 교사평가를 위한 법 규정이 없는 실정이다. 이러한 문제점으로 인해 최근 사교육의 팽창으로 인한 공교육 위기 극복론 차원에서 2004년 2월 안병영 교육부총리가 '학교교육 정상화 촉진대회'에서 "교직과 학교에 경쟁체제를 도입하는 방안으로 교사평가를 실시하겠다."고 밝혔다(교육부, 2004). 이를 계기로 교육계에서는 교사평가가 최대 쟁점의 하나로 부각되었다. 교사평가제도는 단기간에 걸쳐서 부각된 것이 아니라 <표 V-3>과 같은 과정을 거쳐서 추진되었다.

〈표 V-3〉 교사평가의 추진 과정

연도	추진 내용
1992년	·교육발전 5개년 계획안: 새로운 교원평가제도 도입 제시
1995년	·교사를 제외하고 공무원을 대상으로 성과급제를 시행
2000년	·교직발전종합방안: 교사승진, 평가제도 개선을 위한 교사직무수행기준과 교사평가 요소와 기준을 재검토, 학교별 평가위원회 구성 등 교원평가제도 개선방안 제시 ·교원성과급제 시행
2002년	·교육공무원승진규정 중 근무성적평정 개정: 평정요소 및 내용의 부분 수정·보완
2003년	·교원평가제 등의 논의를 위한 교육현장안정화대책위원회 출범 ·교원인사제도 혁신방안 주제 토론회
2004년	·교원인사제도 혁신 방안 수립을 위한 공청회 ·학교교육력 제고를 위한 교원평가제도의 개선방안 공청회: 2006년 1학기부터 교원 평가 시행
2005년	·교원평가를 포함한 학교교육력 제고 시범학교 48개 교 선정 및 운영

다. 현행 교원 근무성적평가제도의 내용 및 문제점

1) 근무성적평정의 내용

교육공무원승진규정은 2000년 2월 28일에 대통령령 제16733호
(2000. 2. 28.) 일부개정, 대통령령 제17104호(2001. 1. 4.) 공무원
수당 등에 관한 규정 일부개정, 대통령령 제17115호(2001. 1. 29.)
교육인적자원부와 그 소속 기관직제 일부개정, 대통령령 제17292
호(2001. 7. 7.) 일부개정, 대통령령 제17635호(2002. 6. 25.) 일부
개정이 있었다.

교육공무원승진규정은 전체 5장 48조로 구성되어 있으며, 보다
구체적인 내용들로는 제1장 총칙, 제2장 경력평정, 제3장 근무성적
평정, 제4장 연수성적의 평정, 제5장 승진후보자명부에 관한 사항
들이 포함되어 있다. 이 중에서 근무성적 평정은 제3장의 제16조
부터 제28조까지 규정되어 있고, 별지서식 4호에 교원근무성적평
정표와 평정사항이 규정되어 있다. 교육공무원승진규정 제3장 근
무성적 평정 규정을 살펴보면 다음과 같다.

제3장(근무성적평정)

제16조(평정의 기준)

① 근무성적의 평정은 당해 교육공무원의 근무실적·근무수행능력 및 근무수행태도를 평가한다.

② 근무성적평정자는 평정대상자로 하여금 평정대상기간 동안의 업무수행실적에 대하여 매년 12월 31일을 기준으로 교육공무원자기실적평가서를 작성하여 제출하게 하여야 한다.

③ 제2항의 규정에 의한 교육공무원자기실적평가서는 별지 제2호 서식에 의한다.

④ 근무성적평정자는 근무성적평정 시 다음 각 호의 기준과 제2항의 규정에 의하여 평정대상자가 작성하여 제출한 교육공무원자기실적평가서를 참작하여 평가하여야 한다.

1. 직위별로 타당한 요소의 기준에 의하여 평정할 것
2. 평정자의 주관을 배제하고 객관적 근거에 의하여 평정할 것
3. 신뢰성과 타당성을 보장하도록 할 것
4. 평정대상자의 근무성적을 종합적으로 분석·평가할 것

제17조(평정표)

근무성적평정표는 교감·장학사 및 교육 연구사에 대하여는 별지 제3호 서식에 의하고, 교사에 대하여는 별지 제4호 서식에 의한다. 다만 제42조의 규정에 의한 명부작성권자는 필요하다고 인정하는 경우에는 교육인적자원부장관이 정하는 범위 안에서 제23조의 규정에 의한 근무성적평정조정위원회의 심의를 거쳐 평정요소별 평정점을 조정할 수 있다[개정 2002. 6. 25].

제18조(평정자와 확인자)

근무성적의 평정자 및 확인자는 승진후보자명부작성권자가 정한다.

제19조(평정의 시기)

근무성적평정은 매년 12월 31일을 기준으로 하여 정기적으로 실시한다.

제20조(평정의 예외)

① 교육공무원이 휴직·직위해제 기타 사유로 평정단위연도의 전 기간을 근무하지 아니한 경우에는 평정하지 아니한다.

② 교육공무원이 평정단위연도의 전 기간을 연수나 교육기관·교육행정기관 또는 교육연구기관 외의 기관에의 파견으로 인하여 근무성적을 평정할 수 없을 때에는 직무에 복귀한 후 최초의 정기평정이 있는 때까지 파견 전 2회의 근무성적평정의 평균을 당해 교육공무원에 대한 평정으로 갈음한다.

③ 교육공무원이 2개월 이상 교육기관·교육행정기관 또는 교육연구기관의 다른 직위를 겸임하거나 연수 외의 사유로 교육기관·교육행정기관 또는 교육연구기관에 파견근무하게 된 경우에는 겸임기관 또는 파견되는 기관의 의견을 반영하여 제16조 및 제21조의 규정에 의하여 평정한다.

④ 교육공무원이 승진후보자명부 작성단위를 달리하는 기관으로 전보된 때에는 당해 교육공무원의 근무성적평정표를 지체 없이 그 기관에 이관하여야 한다.

⑤ 교육공무원이 신규채용 또는 승진 임용된 경우에는 2개월이 경과한 후의 최초의 정기 평정일에 평정하여야 한다. 다만 강임된 교육공무원이 승진 임용된 경우에는 강임되기 이전의 직위에 있어서의 평정을 기준으로 하여 즉시 평정하여야 한다.

⑥ 교육공무원이 상위의 교사자격을 취득한 때에는 그로부터 2개월이 경과한 후에 상위의교사자격 취득 전의 평정을 참작하여 평정하여야 한다.

⑦ 교육공무원이 전직된 경우에는 전직된 당해 연도 평정 외의 평정은 전직되기 전의 직위에서 받은 근무성적평정을 당해 평정으로 한다. 다만 장학사 또는 교육 연구사의 경우에는 교감, 장학사 또는 교육 연구사의 직위에서 받은 근무성적평정을 당해 평정으로 한다[개정 2002. 6. 25].

제21조(평정점의 분포비율)

① 근무성적은 평정결과가 다음 각 호의 분포비율에 맞도록 평정하여야 한다. 다만 제4호의 근무성적평정점에 해당하는 자가 없거나 그 비율 이하일 때에는 제4호의 비율을 적용하지 아니할 수 있다. 이 경우 제4호의 비율 또는 나머지 비율은 제3호에 가산한다.

1. 수(72점 이상) 20퍼센트
2. 우(64점 이상 72점 미만) 40퍼센트
3. 미(56점 이상 64점 미만) 30퍼센트
4. 양(56점 미만) 10퍼센트

② 제1항의 규정에 의한 평정점의 분포비율을 적용함에 있어서 평정자 및 확인자는 소속 평정대상자의 직위별로 평정분포 비율에 맞도록 평정하여야 한다.

③ 평정대상 교육공무원의 근무성적 총평정점은 특별한 사정이 없는 한 동일하지 아니하도록 하여야 한다.

제22조(평정의 채점)

① 근무성적의 평정점은 80점을 만점으로 하되, 평정자의 평정점과 확인자의 평정점을 각각 50퍼센트로 환산한 후 그 환산된 점수를 합산하여 산출한다.

② 확인자가 교감·장학사 및 교육 연구사의 근무성적을 평정할 때에는 근무성적평정확인위원회의 심의를 거쳐야 한다.

③ 제2항의 규정에 의한 근무성적평정확인위원회는 근무성적평정확인자가 소속된 기관에 설치하되, 그 구성 및 운영 등에 관하여 필요한 사항은 설치기관의 장이 정한다.

제23조(근무성적평정조정위원회)

① 교육공무원의 근무성적을 평정할 때에는 근무성적평정조정위원회(이하 '조정위원회'라 한다)의 심의·조정을 거쳐야 한다.

② 조정위원회는 승진후보자명부작성 단위기관별로 둔다. 다만 중학교 또는 이와 동 등급 학교의 교사와 초등학교 또는 이와 동 등급 학교의 교감 및 교사의 경우에는 승진후보자명부작성 단위기관 외에 교육장 소속하에 둘 수 있다.

③ 조정위원회는 평정대상자의 상위직 공무원 중에서 그 설치기관
의 장이 지정하는 5인 이상 7인 이내의 위원으로 구성하고, 위
원장은 그 설치기관의 장의 차순위자가 된다.

제24조(근무성적평정의 조정)

① 조정위원회는 다음 각 호의 사항을 참작하여 평정대상교육공무
원의 평정점을 조정할 수 있다.

1. 평정대상 교육공무원 전원의 분포비율

2. 소속기관 간 및 보조기관 간의 균형

3. 기타 근무성적평정의 신뢰성과 타당성을 높이기 위하여 필요한
사항

② 조정위원회의 설치기관의 장은 제1항의 규정에 의한 조정결과가
심히 부당하다고 인정하는 경우에는 당해 조정위원회에 대하여
이의 재조정을 요구할 수 있다.

제25조(평정결과의 보고)

제14조의 규정은 근무성적평정의 결과보고에 이를 준용한다.

제26조(평정결과의 비공개)

근무성적평정의 결과는 이를 공개하지 아니한다.

제27조(근무성적평정 결과의 활용)

근무성적평정의 결과는 전보·포상 등 인사관리에 반영하여야 한다.

제28조(특별근무성적평정)

① 공무원수당등에관한규정 제7조의 2의 규정에 의한 성과상여금을
지급하기 위하여 제16조의 규정에 의한 근무성적평정결과 근무
성적이 우수한 자에 대하여 특별근무성적평정을 실시할 수 있다
[개정 2001. 1. 4].

② 제1항의 규정에 의한 특별근무성적평정 실시의 방법·시기 및
횟수 등에 관하여 필요한 사항은 교육인적자원부장관이 정한다
[개정 2001. 1. 29. 대령 제17115호].

2) 현행 근무성적평정의 문제점

현행의 교사평가, 즉 근무성적평정의 문제점을 이론적인 쟁점에 따라서 살펴보기로 하자.

<그림 V-2>에 의하면 교원평가의 쟁점은 첫째, 교원평가의 목적(why, 왜 평가를 해야만 하는가?), 둘째, 교원평가의 주체(who, 교육공동체 중 누가 평가를 주도해야 하는가?), 셋째, 교원평가의 내용(what, 무엇을 평가하여야 하는가?), 넷째, 교원평가의 방법(how, 어떻게 평가를 해야 하는가?), 다섯째, 교원평가결과의 활용(use & feed-back, 평가결과의 사후처리는 어떠해야 하는가?)으로 볼 수 있다.

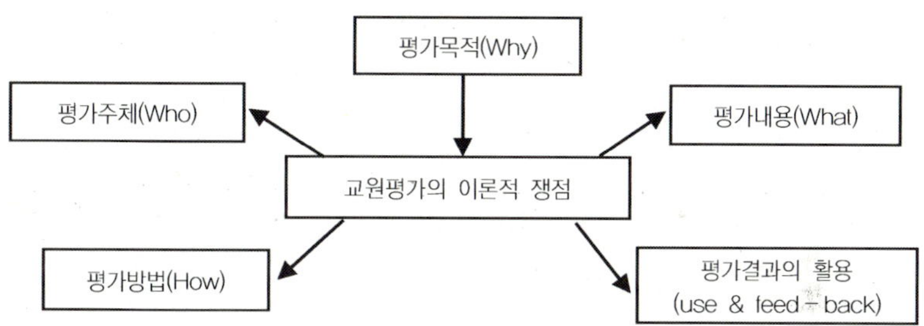

자료: 안우환(2004). 「교원평가 어떻게 봐야 할 것인가」, 「교원정책현안 토론회 자료집」, 한국교원단체총연합. 46.

〈그림 V-2〉 교원평가의 5가지 쟁점

가) 평가목적(Why)

교육공무원승진규정 제1조의 목적을 보면 "이 영은 교육공무원법 제13조 및 제14조의 규정에 의하여 교육공무원의 경력, 근무성적 및 연수성적의 평정과 승진후보자명부의 작성에 관한 사항을 규정함으로써 승진임용에 있어서의 인사행정의 공정을 기함을 목적으로 한다."라고 제시되어 있다.

이 조항의 내용만을 봐도 현재의 교사평가는 교사에서 교감(교장)으로의 승진 임용을 위한 인사자료 작성에 그 목적을 두고 있음을 알 수 있다. 이로 인해 승진에 관심이 없거나 포기한 교사의 경우 자신의 교육활동 결과에 대해 책무성을 확보하기 어렵다. 이로 인해 교육수요자인 학생과 학부모에게 불만족을 제공하고, 더불어 교사의 전문성을 신장시켜 교육의 질을 향상시키는 것과는 무관한 교사평가가 이루어지게 되는 문제점이 발생할 수 있다.

나) 평가주체(Who)

현재의 교사평가는 평가주체로 교육수요자인 학생, 학부모, 교육전문가, 교육행정가가 제외되고, 해당 학교의 교감, 교장과 소속기관의 상급자에 의해 이루어지는 하향식 평가제도라고 볼 수 있다. 이로 인해 상급자의 평가에 대한 전문성 부족으로 인하여 평가결과의 공정성과 객관성에 많은 문제가 제기되고 있다. 전제상(2004)은 평가자가 피평자를 객관적이고 공정하게 평가하지 못하는 이유를 다음과 같이 말한다.

첫째, 온정주의의 팽배. 평가자들이 좋은 것이 좋다고 승진을 앞두고 있는 교사에게 우선적으로 좋은 근무성적을 주어야 한다는 생각과 그리고 동료교사들의 묵인이다.

둘째, 교직사회의 평등주의적 공평성 의식 구조이다. 나눌 수 있는 것은 무엇이든 함께 나누고, 나누기 어려운 것은 차례가 올 때까지 기다렸다가 돌아가며 주고받는 것이 공평하다는 인식이 강하다.

셋째, 평가자의 책임의식의 결여이다. 평가자가 자신의 평가에 대해 전혀 책임을 지지 않는다는 것이다.

넷째, 평가결과에 대한 비밀보장의 취약성이다. 교육공무원 승진 규정 제3장 제26조 평정결과의 비공개의 원칙에 의거하여 근무성적평정의 결과는 공개하지 않아야 하는데 인간관계상 평가자가 피평가자에게 공개하는 경우가 많다는 점이다.

이러한 평가주체의 하향식 평가와 전문성 부족으로 말미암아 승진을 앞둔 교사의 경우 좋은 근무성적을 받기 위해서는 교감, 교장에게 무조건적으로 복종을 해야 할 수밖에 없고, 교감의 경우 평정자가 교장이기 때문에 역시 교장으로 승진하기 위해서는 교장의 명에 절대적으로 복종을 해야만 한다.

다) 평가내용(What)

평가내용인 교사 및 교감의 근무성적평정표를 살펴보면 <표 Ⅴ-4>, <표 Ⅴ-5>와 같다. 여기에 제시된 평정내용을 살펴보면 교사 및 교감의 직무 전반을 평가할 수 있도록 구성되어 있지 않고, 제시된 내용도 구체적인 진술보다는 추상적인 진술이 제시되어 있어 평가의 전문성과 객관성을 확보하기 어렵다.

이러한 평가내용이 전국의 모든 국·공립 초·중등 교사 모두에게 획일적으로 평가되어 지역 및 학교의 특성에 따라 교사 역할의 특수성이 반영되지 못하고 있는 실정이다.

<표 Ⅴ-4> 교사의 근무성적 평정표

평정사항	평정요소	평정내용
자질 및 태도 (24점)	교육자로서의 품성 (12점)	교사의 사명과 직무에 관한 책임과 긍지를 지니고 있는가
		교사로서의 청렴한 생활태도와 예의를 갖추었는가
		학생에 대한 이해와 사랑을 바탕으로 교육에 헌신하는가
	공직자로서의 자세 (12점)	교육에 대한 올바른 신념을 가지고 있는가
		근면하고 직무에 충실하며 솔선수범하는가
		교직원 간에 협조적이며 학생에 대해 포용력이 있는가
근무실적 및 근무수행 능력 (56점)	학습지도 (24점)	수업연구 및 준비에 최선을 다하는가
		수업방법의 개선 노력과 학습지도에 열의가 있는가
		교육과정을 창의적으로 구성하며 교재를 효율적으로 활용하는가
		평가계획이 적절하고, 평가의 결과를 효율적으로 활용하는가
	생활지도 (16점)	학생의 인성교육 및 진로지도에 열의가 있는가
		학교행사 및 교내외 생활지도에 최선을 다하는가
		학생의 심리, 고민 등을 이해하기 위하여 노력하고 적절히 지도하는가
		교육활동에 있어 학생의 건강·안전지도 등에 충분한 배려를 하는가
	교육 연구 및 담당업무 (16점)	전문성 신장을 위한 연구·연수활동에 적극적인가
		담당업무를 정확하고 합리적으로 처리하는가
		학교교육목표의 달성을 위한 임무수행에 적극적인가
		담당업무를 창의적으로 개선하고 조정하는가

> 근무성적평정점 = (최근 1년 이내에 평정한 평정점×60/100) +
> (최근 1년 전 2년 이내에 평정한 평정점×40/100)

아울러 평정 사항 및 평정 요소의 가중치 선정에 있어서 학생의 학업성취, 교수·학습, 업무처리, 생활지도, 학급(교)경영, 교육여건 개선 등 여러 영역 중에서 객관적인 합의가 이루어지지 않았고, 특히 교수·학습 영역의 평가에 있어서 어려움이 고려되지 않았다는 점이다. 특히 7차 교육과정이 지역별, 학교 급별로 다양하게 지역사회와 학교의 실정에 맞게 운영되게 되어 있음에도 불구하고 교사를 평가하는 기준이 표준화될 경우 교수·학습 면에서의 획일화 고착을 피할 수 없음을 명심해야 할 것이다(안우환, 2004).

<표 Ⅴ-5> 교감의 근무성적 평정표

평정사항	평정요소	평정내용
자질 및 태도 (24점)	교육자로서의 품성 (12점)	학교의 관리·경영에 있어서 교직원의 신뢰와 존경을 받고 있는가
		교육자로서의 사명과 직무에 관한 책임을 자각하고 있는가
		다른 의견 입장 습관에 대한 이해나 포용성이 있는가
		교육자로서의 청렴한 생활태도와 예의를 갖추었는가
	공직자로서의 자세 (12점)	교육에 대한 올바른 신념을 가지고 있는가
		근면하고 직무에 충실하며 솔선수범하는가
		교육계획의 개선에 힘쓰며 적극적으로 직무를 수행하는가
		공무수행 시 공사의 구분은 적정한가
근무실적 및 근무수행 능력 (56점)	교육활동지원 및 교육 연구 (24점)	학교가 당면하고 있는 문제를 파악하고 개선하려는 노력이 적절한가
		교육활동의 교육적 배려가 적절한가
		교사의 자질·능력·경험에 따라 교무분장을 하고 지원하는가
		교사 연구·연수활동의 추진과 지원을 효율적으로 추진하는가
	교사지원 (16점)	직원에 대한 지도력이 있으며 교내의 질서를 유지하는데 힘쓰고 있는가
		교육활동의 평가는 적절하게 이루어지고 있는가
		교직원의 복무·복지후생 등에 관하여 필요한 배려를 하고 있는가
		교사의 인사와 관련한 의견을 적절하고 공정하게 반영하고 있는가
	행정·사무관리 (16점)	사무처리가 합리적이고 정확하며 적절한가
		교내의 제 규정을 적절히 적용하며 잘 정비하는가
		교육시설·설비를 교육활동에 유효하게 활용하고 있는가
		학교안전관리와 보안에 적절한 조치를 취하고 있는가

라) 평가방법(How)

교사평가방법은 객관적 측정에 의한 양적 평가에 전적으로 의존하고 있다. 평정점의 비율이 교육공무원승진규정 제21조 평정점의 분포비율에 의하면 수(72점 이상)는 20%, 우(64점 이상 72점 미만) 40%, 미(56점 이상 64점 미만) 30%, 양(56점 미만) 10%로 할당되어 근무성적평정을 강제배분하고 있다. 이는 일부분 승진을 앞둔 교사들에게는 동기부여가 될지는 몰라도 아직 승진대상에 미치지 못하는 교사들에게는 근무성적평정에 관심을 끌 수가 없다.

평가과정에 있어서 평가절차가 체계적으로 제시되어 있지 못하고, 평가방법으로서의 평정에 관한 사항만 규정되어 있다(전제상, 2003). 평가가 매년 한 번밖에 이루어지지 않아 평가자와 피평가자가 평가절차와 방법에 대해 상호 협의하거나, 평가결과가 피평가자에게 공개되지 않아 진정한 평가를 위한 평가가 이루어지지 않는 실정이다.

이로 인해 승진대상자가 많은 학교의 경우 상대적으로 근무성적평정점 획득이 유리한 업무부장에 대한 선호도가 높은 반면, 승진대상자가 없거나 극소수인 경우 업무부장에 대한 기피현상으로 학교경영에 문제가 발생하는 등 학교의 특성에 따른 업무부장의 선호도가 양극화되고 있다(이병환, 2004).

마) 평가결과의 활용(use & feed-back)

현행 근무성적평정은 교사의 승진과 전보 등 인사관리 용도로만 사용되고 있어, 평가결과를 공개하여 개인의 전문성 신장을 위한 자료로 활용되지 못하는 실정이다. 또한 평가결과를 통해 우수한 교사에게 표창, 호봉 승급, 해외연수 기회 부여 등 인센티브(incentive)를 부여한다거나, 평가결과가 미비한 교사에게 자기반성이나 재연수의 기회가 부여되지 않는 문제점이 있다.

3. 교사평가를 둘러싼 논쟁

가. 교사의 입장

교사평가에 대한 교사의 입장으로 안우환(2004)은 다음과 같은 문제점을 지적하고 있다.

첫째, 현재 공교육의 위기는 한국사회에 만연되어 있는 왜곡된 입시풍토, 학벌 위주의 사회, 대학 서열 구조, 사교육의 팽창 등이 총체적으로 맞물려 이루어진 결과이며, 그 책임을 교사평가를 통해 교사들에게 책임을 전가한다고 해서 근본적인 문제 해결이 되지 않는다.

둘째, 신자유주의 사조에 의해 교육공급자(학교) 간의 자유 경쟁을 통한 수요자의 요구 충족과 만족 추구는 교육적인 상황에서 가장 비교육적인 처방으로 교육적인 문제를 해결하려는 발상이며, 자유 경쟁하에 놓인 학교 입장에서는 생사를 걸고 학업성취, 학생 유치와 취업을 위해 전심전력을 다함으로써 교단 갈등을 조장·심화하고, 교육 공공성의 와해를 가져올 것이다.

정수현(2000)의 교원평가에 대한 교사들에 대한 고찰에서 교사들은 교원평가를 분명한 목표를 갖고, 단기간의 효과를 가지며, 경쟁과 통제를 강조하여 결과를 중시하는 기업적 사고의 소산으로 보고, 그러한 기업적 사고는 불분명한 목표를 갖고, 장기간의 효과를 가지며, 자율과 화합을 강조하여 과정을 중시하는 교육적 사고와는 맞지 않는다고 본다.

이러한 교사들의 인식은 상호 모순되는 딜레마, 즉 독립성과 상

호의존성, 느슨한 결합의 원리와 공동체 원리, 자율과 평등이 상충
되어 학교에서 공존하는 특징을 나타낸다. 교사들의 학교운영 원리
와 평가체제를 도식화하면 <그림 Ⅴ-3>과 같다.

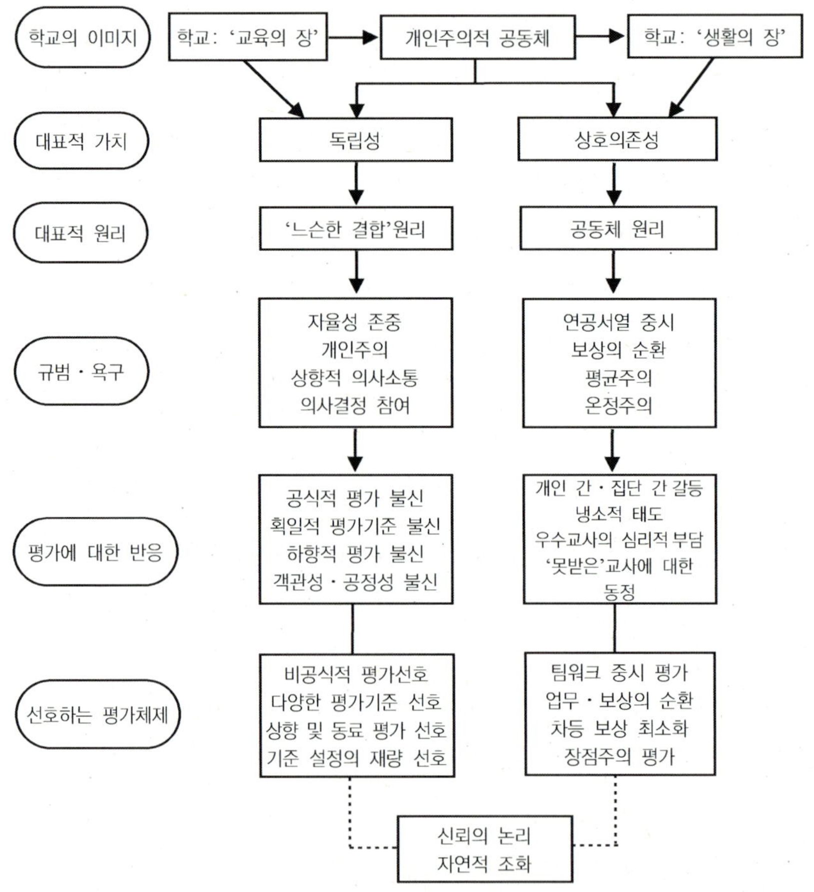

자료: 정수현(2000). 「교원평가와 학교현실에 대한 교사들의 인식」, 『교육행정학연구』, 18(2), 269.

<그림 Ⅴ-3> 교사들의 학교운영 원리와 평가체제

나. 학부모의 입장

학부모는 교육공동체로서 학생뿐만 아니라 교사, 교육부, 지역사회 등과 함께 이해관계 공동체로서 교육을 위해 대화와 타협을 통해 문제를 해결해야 할 것이다. 그러나 이제까지 학부모는 자식을 학교에 맡겼다는 죄로 학교교육에서 발생하는 문제에 직접적으로 의사표현을 하기보다는 간접적으로 표현할 수밖에 없어 의사소통의 장애로 인한 교사에 대한 불신의 폭만 커져 온 실정이었다. 이로 인해 학부모들은 왜 교사는 한번 선생님이면 영원한 교사일 수 있는지에 대해서 더 이상 사회적으로 받아들여지지 않는 환경이 되었고 교직 전반에 대한 점검의 필요를 느끼면서 본격적인 교육계 내부의 개혁을 요구하게 된 것이다.

학교교육에 대한 불신과 부실은 교육계 관료와 교장, 교감, 교사 간의 수직적 구조와 마찬가지로 교사와 학부모, 학생 간의 수직적 구조 역시 교단의 모습이었으며, 이로 인해 교육계의 권위주의적인 구조의 척결과 원활한 의사소통을 통한 신뢰구조는 교원평가를 통해 가능할 수 있는 절호의 기회다(박인옥, 2004)고 본다.

학부모들의 요구는 선생님들의 인사나 승진에는 큰 관심이 없으며 오로지 학생들을 위해 최선을 다해 도와주고 진로나 적성에 대해 깊이 고민하고 상담해 주며 모르는 것을 물었을 때 알 때까지 남아서라도 친절하게 가르쳐주어서 학원이 필요 없다고 느끼게끔 해 주시는 열의 있는 선생님을 찾아내고 만들어 내는 교원평가제도를 원할 뿐이다(이경자, 2004)는 것이다. 아울러 자질이 부족하고 부적격한 교사에 의한 학생과 학부모의 피해와 상처는 너무 오랫동안 묻혀 왔다는 점에서 학생의 성폭력, 폭언, 폭력에 가까운

체벌, 의도적 왕따, 촌지 및 불법찬조금 요구 등 부적격 교사의 퇴출 또는 강력한 조치를 목적으로 한 교원평가가 이루어져야 하며, 이를 통해 부적격 교사의 퇴출 또는 검증으로 교사의 책무성 강화와 교사의 자기 계발, 전문성 강화를 위해 도입되고 추진되어야 한다(박인옥, 2004)고 인식한다.

학부모와 학생의 교사평가 참여에 대해서는 수요자적인 측면에서 학생들의 의견은 평가에 가장 중요한 영향을 미치므로 학생의 발달단계에 맞는 평가 문항을 개발하여 요구를 수용해야 하며, 학부모들은 직접적인 평가보다는 부적격 교사의 퇴출을 위한 인사위원회의 구성원으로 참여하거나, 교직사회의 온정주의를 감안한다면 교사들만의 교원평가는 공정성을 확보하기 어렵기 때문에 직접적으로 참여해야 한다는 것이 학부모들의 주장이다.

다. 교원단체의 입장

교사들의 권익을 대변하는 교원단체로 한국교원단체총연합회(이하 한국교총), 전국교직원노동조합(이하 전교조), 한국교직원노동조합(이하 한교조) 3개 단체가 있다. 이들 단체들 중에서 한국교총과 전교조의 주장을 중심으로 하여 교원단체의 입장을 살펴보자.

한국교총에서는 교원평가의 배경에는 공교육의 부실이나 파탄의 책임을 정부에 두는 것이 아니라 학교와 교사에게서 그 해법을 찾고자 하므로, 교원평가에 대해 신중한 입장을 취하고 있다. 그 이유로 정동섭(2004)은 다음과 같이 세 가지를 들고 있다.

첫째, 교사평가가 교직사회에 맞는가의 문제이다. 교원들은 자격증을 가진 전문가 집단이기 때문에 이들을 평가하기 위해서는 전문가 이상의 전문성과 안목이 있어야 한다는 것이다.

둘째, 교원평가가 몰고 올 파장에 대한 우려의 문제이다. 우수한 평가를 받는 교사는 급여에서 우대, 연수 기회의 부여, 승진의 우대를 받을 것이며, 문제가 있는 교사는 퇴출까지 이어진다면 교직사회는 치열한 경쟁구도로 이어져 그 결과가 학생들에게 부정적인 영향을 끼칠 것이다.

셋째, 교원단체가 교원평가에 신중하게 접근하는 것은 교원단체의 고유활동 영역의 문제이다. 법률적으로 교원지위 향상을 위한 특별법 제2조 제2항에 의하면 "국가·지방자치단체 기타 공공단체는 교원이 학생에 관한 교육과 지도를 함에 있어서 그 권위가 존중되도록 특별히 배려하여야 한다."라고 되어 있고, 교원지위 향상을 위한 교섭·협의에 관한 규정의 제3조는 교원단체가 교원의 근무조건에 관한 사항을 교섭하도록 되어 있다. 이 조항에 따르면 교원단체는 교원평가에 신중하게 접근하는 것은 법률적으로 보장된 교원단체의 권리를 행사하는 것이다.

교사평가의 체제 및 목적에 대한 교원의 인식조사(최희선·권기욱·전제상, 1999)로 전국 초·중등교원 1,574명을 대상으로 한 조사에서 매우 불만이 34.1%, 약간 불만이 36.5%로 70.6%가 불만을, 약간 만족에 3.6%, 매우 만족에 0.6%로 4.2%가 만족을, 그리고 보통이 25.3%로 반응하였다. 그리고 교사평가체제의 목적의 적절성에 대하여 전혀 바람직하지 않다가 32.0%, 바람직하지 않다가 39.9%로 부적절성에 71.9%, 바람직하다에 5.9%, 매우 바람직하다에 0.8%로 7.7%가 적절하며, 보통이 21.5%로 반응하였다. 그리고 교사평가체제가 추구해야 할 바람직한 목적에 대해서는 교원의 자질계발이 80.0%, 승진 예정자 결정이 12.4%, 보수 결정이 1.8%, 기타가 5.8%로 나타났다.

또한 현행 교사평가체제가 교원의 자질 및 근무능력 향상에 기여하는 정도에 대해서는 전혀 기여하지 못한다가 24.9%, 별로 기여하지 못한다가 44.4%, 보통이다가 17.1%, 약간 기여한다가 11.6%, 매우 기여한다가 2.0%로 나타났다.

교사평가결과의 공정성에 대해서는 매우 불공정하다에 23.3%, 다소 불공정하다에 37.4%, 보통이 25.5%, 약간 공정하다가 11.3%, 매우 공정하다에 2.6%로 나타났으며, 교사평가결과의 불공정 이유에 대해서는 평정자의 편견 작용이 27.2%, 연공서열 우선이 28.6%, 헌신적인 노력과 능력을 인정하여 제대로 반영하지 않기 때문이 17.6%, 평가내용 및 기준의 모호가 12.5%, 평가자의 지연, 학연 등의 인간관계가 11.3%, 기타가 2.8%로 분석되었다(강인수, 2003).

전교조에서는 교원평가가 교육력 향상을 도모하기 위해 교사의 활동을 다양한 방면에서 반성하고 조명함으로써 다음의 교육과정에 개선된 형태로 반영될 수 있도록 하기 위해 필요하다고 주장한다. 현행의 교사평가제 문제는 첫째, 교장 1인의 주관적 판단에 의해 승진을 위해 불합리한 줄 세우기 평가이다. 둘째, 교육부 - 교육청 평가 - 학교평가 - 교감근무성적평정과 연계된 하향식 평가로 수직적인 통제기제이다. 셋째, 교사들을 수동적으로 만들어, 창의적 교육활동을 하는 데 능력과 의욕을 사장시켜 궁극에는 국가 경쟁력을 죽이는 평가이다.

전교조에서 추구하는 교사평가의 방향에 대하여 우옥영(2004)은 다음의 두 가지 방향에서 제시하고 있다.

첫째, 교사평가는 교육시스템의 구성요소의 하나임을 인식하고,

피드백, 참여와 개선, 수평적 리더십을 지향하는 유기적 참여평가를 지향해야 한다.

둘째, 근무성적평정과 수직적 관료 시스템을 폐지하고 유기적 참여평가와 학교자치체제를 도입해야 한다. 유기적 참여평가는 교사, 학생, 학부모의 교육3주체들이 참여하는 평가이며, 이를 위해 교육활동의 계획, 수행, 평가의 전권을 학교 구성원에게 부여하여 운영하는 학교자치체제(교장선출보직제, 교사회·학생회·학부모회 법제화)를 도입해야 한다.

4. 교사평가의 국제적 동향

최근 OECD가 교사정책을 주제로 수행한 25개국 국제공동 연구에 따르면, 많은 선진국들이 우수 인재의 교직 기피 및 이직률 증가로 교사부족 문제를 겪고 있으며, 현직교사들은 교사양성 과정과 연수의 단절, 지식과 기술의 부족 등으로 어려움을 겪고 있다. 게다가 우수한 업무수행능력에 대한 보상책도 부족하고, 부적격 교사에 대한 처방도 미흡하여 교직의 이미지와 매력은 지속적으로 실추되고 있다. 전 세계적으로 확대되고 있는 교사평가동향은 다음과 같이 요약될 수 있다(김이경, 2004).

첫째, 교사의 질을 향상시키기 위한 기제로서 현직교사의 전문성 개발에 우선순위가 주어지고, 평가결과에 따라서 필요한 연수를 의무화하는 방안이 점차 확대되고 있다.

둘째, 능력과 자질이 현저하게 떨어지는 교사에 대한 문제인식이 증대되고 있으며, 개선기회를 주되 개선이 이루어지지 않을 경우 해임하거나 최소한 교단에 서지 못하도록 하는 방안도 강구되고 있다. 그러나 교사 노조의 강한 반발에 부딪히거나 정치적으로 쟁점화되는 것을 우려하여 매우 신중하게 접근하고 있다.

셋째, 교사평가의 객관성과 신뢰성을 담보하기 위하여 교사의 직무분석과 전문성 기준 개발에 관심을 기울이고 있으며, 이러한 준거를 교사평가뿐만 아니라 양성 및 연수 프로그램과도 긴밀하게 연관시키고 있다.

넷째, 교사평가가 목적에 따라 구분하는 한편, 다양한 유형의 평가를 병행적으로 실시하고 있다. 과거에는 한 가지 기제를 가지고 다목적으로 활용하는 경향이 많았다. 그러나 근래에는 보다 분명한 목적에 봉사할 수 있는 복수의 평가기제를 다원적으로 활용하는 추세가 늘어나고 있다.

위의 교사평가 동향을 바탕으로 외국의 교사평가 사례를 살펴봄으로써 우리나라에 적용할 수 있는 시사점을 얻고자 한다. 미국, 일본, 녹일, 러시아, 중국을 중심으로 하여 살펴보고자 한다.

가. 미국

부시 행정부는 지난 1965년에 제정된 초·중등 교육법의 개정을 단행하여 2002년도에 학교의 책무성 강화, 학부모에게 학교선택권을 부여, 교사의 자질 확보 등을 주요 내용으로 하는 'No Child Left Behind'라는 전원성취 교육법을 도입하였다(이종재, 2004). 이 전원성취 교육법에 의하면 교사평가는 학생들의 학업성취도에 의하여 교사의 능력을 평가하게 되었다. 이처럼 미국의 교사평가제도는 교사가 학생의 학업성취도를 향상시키기 위하여 자신의 수업의 질을 개선하는 데 그 목적을 두고, 현재 교사의 자질과 수업의 질을 측정함과 동시에 미래의 수업의 질을 향상시키고자 한다.

미국에서는 모든 주에 획일적인 평가제도가 존재하는 것이 아니라, 주 단위로 별도의 평가규정을 마련하여 단위학교에서는 이 평가규정에 의거하여 자체적으로 교사평가지침을 마련하여 운영하고 있다. 주마다 나름대로의 교사평가제도를 운영하고 있지만 일리노이 주, 텍사스 주, 버지니아 주의 사례를 통해 미국의 교사평가 동향을 고찰하고자 한다(이태상, 2004).

1) 일리노이(Illinois) 주의 교사평가

일리노이(Illinois) 주의 애디슨(Addison) 학교구는 교수·학습의 수월성을 추구하는 세 가지 트랙별(three-track) 전문성 교사평가 체제를 도입하고 있다. 이러한 평가체제는 교사평가위원회에서 수습단계 트랙, 전문성 신장 트랙, 전문성 지원 트랙으로 구분하여 각 단계별 평가 요소를 개발, 평가위원회를 구성, 평가지침을 개발, 핵심 준거를 설정, 각 트랙별 구성요소를 설계, 새로운 평가제에 대한 소개문 등을 마련한다. 트랙별 평가체제의 구체적인 내용은 <표 Ⅴ-6>과 같다.

〈표 Ⅴ-6〉 트랙별 평가체제 내용

트랙	평가내용
수습 단계 트랙	·4년간 수습교사 기간 중에 실시 ·전문성 향상을 위한 활동, 공식적 수업관찰, 요구된 자료 제출, 논문 작성 등을 통해 평가 ·신규 교사 적응 프로그램과 교사 개발 프로그램이 동시에 지원
전문성 신장 트랙	·정년이 보장된 정규 교사를 대상으로 실시 ·교사 간 상호작용, 방문, 이해당사자의 환류를 통해 수집된 지속적 환류로 평가가 이루어짐 ·전문성 개발 계획안 수행과 교사들의 팀 논문 작성이 중요함
전문성 지원 트랙	·문제가 있는 정규 교사를 대상으로 실시 ·교장은 대화와 관찰을 통해 문제 교사를 위한 지원 전략을 수립 ·문제 해결을 위해 재활 프로그램을 제공하고, 개선의 여지가 보이지 않으면 주법에 의거하여 해고 절차를 밟음

2) 텍사스(Texas) 주의 교사평가

텍사스의 교사 연수·평가 시스템은 평가내용을 ① 학생들의 적극적이고 성공적인 학습과정 참여, ② 학습자 중심의 학습지도, ③ 학생들에게 적절한 피드백 제공, ④ 정해진 학생 훈육 절차의 적용, ⑤ 전문적인 의사 전달, ⑥ 개인 연수를 통한 전문성 향상, ⑦ 각종 법규의 준수, ⑧ 소속 학교 전체 학생들의 학력 향상과 출석률 제고 및 중도 탈락의 방지를 위한 노력의 8개 분야로 교사를 평가하고 있다.

8개 분야의 교사평가결과 1개 이상 분야에서 '부족' 판정이나 2개 이상 분야에서 '기대 이하'의 판정을 받은 교사는 '지원 대상 교사(teacher in need of assistance)'로 지정되어, 지정된 교사의 평정자 또는 감독자는 개선이 필요한 분야, 개선을 위한 연수방법, 개선의 판단 자료, 개선 일정을 포함한 개선 계획을 수립하여 실행한다. 이러한 실행을 이행하지 않는 교사는 면직 또는 해고의 대상이 될 수 있다.

3) 버지니아(Virginia) 주의 교사평가

버지니아(virginia) 주의 페어팩스(fairfax) 학교구에서는 5년에 한 번 있는 교사평가를 통하여 계속적인 교사직 수행 여부를 결정하여 교사 자질 향상을 도모하고 있다. 효율적인 평가를 위해서 교사들의 공식적 자기평가(self-assessment)와 비공식적 자기평가를 포함한 자기진단(self-appraisal)과 평가자와 평가대상자들의 지속적인 논의가 필요하다.

교장은 교사를 평가할 때 교사직무 수행에 관련된 관찰 보고서 등 모든 자료를 검토한 후에 최종적인 교사평가를 완성한다. 평가를 실시한 결과가 '불만족' 또는 '무능' 판정을 받은 교사는 개선이 필요한 영역에 대해 평가자와 사전 상담을 실시해야 하고, 보고서의 논평란에 교수법이나 교사 수행의 불만족 정도의 기록을 직접 해당 교사가 확인하도록 한다. 이러한 불만족을 개선하기 위한 중재팀은 해당 교사의 발전 계획을 수립하고, 프로그램을 운영하여 다음 해에 다시 평가를 받도록 한다. 해당 교사는 그동안 봉급이 동결되고 다음 평가에서 '만족'이나 '우수' 판정을 받지 못하는 경우에는 해직이 권고된다.

나. 일본

1) 지도력 부족 교사의 관리 정책

2000년 이후 일본은 공교육의 신뢰를 회복하기 위해서 여러 가지 교육개혁을 추진하고 있다. 그중에서 교사 면허(자격)제도의 개혁을 하고자 하는데 그 방안으로는 교사 면허 및 연수 제도의 개선과 새로운 교사평가 시스템을 들 수 있다. 윤종혁(2004)은 일본의 지도력 부족 교사에 대한 관리 정책으로 다음과 같이 세 가지를 제시하였다.

첫째, 능력평가와 업적평가를 종합한 공정성 중심의 새로운 평가제를 도입한다. 우수한 교사를 확보하기 위하여 인물평가 중심으로 채용 선발제도를 도입하고 개인의 실적을 중심으로 신급여 제도를 도입한다는 것이다.

둘째, 지도력이 부족한 교사에 대한 계속적인 지도·연수를 한다.

셋째, 다양한 방식의 인사관리 시스템을 적용한다. 지도력이 부족한 교사를 대상으로 연수 및 희망퇴직, 조건부 채용제도 등 다양한 방식의 인사관리 시스템을 보완하고 있다. 교육위원회에서 판정기준을 갖고 지도력이 부족한 교사를 판정하는데 그 인원을 살펴보면 2000년에는 65명, 2001년에는 149명, 2002년에는 289명으로 해마다 증가하는 추세를 보이고 있다.

2) 새로운 교사인사 고과제도

일본은 교사평가가 근무 평정을 통해 이루어지는 것이 우리나라와 유사하나, 최근에 지도력 부족 교사가 사회적 문제로 대두되어 새로운 교사평가제도를 도입하기에 이르렀다.

<표 Ⅴ-7> 일본 3개 지역의 교사평가

내용＼지역	도쿄 도	카나가와 현	히로시마 현
평가자	교감(1차), 교장(2차), 교육장(최종)	교감(1차), 교장(2차)	교감(1차), 교장(2차), 교육장(조정자)
평가항목	학습지도, 생활지도, 진로지도, 학교운영, 특별활동, 기타	교과지도, 학교운영, 교과 외 지도	학습지도, 학생지도, 진로지도, 학급경영 분장처리, 특별활동, 기타
평가분야	능력, 정의, 실적	능력, 실적	능력, 의욕, 실적
평가방법	절대평가와 상대평가를 병행	자기평가를 통한 5단계 절대평가	절대평가와 상대평가를 병행
평가결과	관리직으로 승진 선고 시 참고자료로 활용	자기 계발에 활용	자기 계발에 활용

2001년 1월에 일본 문부 과학성에서1 교사의 의욕과 노력이 보상되고 평가되는 체제를 만들기 위해 교사의 임용, 연수에 대해서도 평가결과를 기초로 하겠다는 능력주의, 업적주의적 사고를 포함한 '21세기 교육신생 플랜'을 발표하였다(정광희, 2004). 이에 따라 도쿄 도, 카나가와 현, 오사카 부, 카가와 현, 히로시마 현 등 일부 지역에서 현재 교사평가를 실시하고 있으나, 다소 운영상에서는 차이가 있다. 그 차이점을 살펴보면 <표 Ⅴ-7>과 같다.

도쿄 도의 교사평가를 구체적으로 살펴보면 다음과 같다. 2000년 4월부터 교사의 자기 신고와 교감과 교장의 업적 평가로 구성된 새로운 교사인사 고과제도를 도입하여 실시하고 있다. 자기 신고는 교사가 학기 초에 학교경영 방침에 따라 목표를 설정하고 학년 말에 자기 실적을 평가하는 것이다. 업적 평가는 교사의 자기 신고를 참고로 하여 1차로 교감이 평가를 하고, 2차로 교장이 절대평가를 하고, 최종적으로 교육장이 분포비율에 따라 상대평가를 실시하는 것이다. 여기서 업적 평가의 기준은 사무 분장에 따라 분류되고, 평가항목은 학습지도, 생활지도, 학급운영, 특별활동, 진학지도 및 기타로 분류된다. 이 평가항목에 대해 능력, 정의, 실적의 각각에 대해 S(아주 우수), A(우수), B(보통), C(다소 열등), D(열등)의 5단계로 평가를 실시한다.

다. 독일

1) 교사양성 시스템

독일에서는 공식적인 교사평가 시스템이 없고, 일부 학교에서만 자율적으로 교사평가가 이루어지고 있다. 독일은 우수한 교사를 확보하기 위해 교사양성 과정에서부터 제도화하고 있다. 김창환(2004)에 의하면 독일은 공교육의 질 확보를 위해 다음과 같은 교사정책을 운영하고 있다.

첫째, 독일에서는 교사의 질을 확보하기 위하여 최상의 교사교육 시스템을 갖추고 있다. 독일의 교사양성 과정을 살펴보면 다음의 <그림 Ⅴ-4>와 같다.

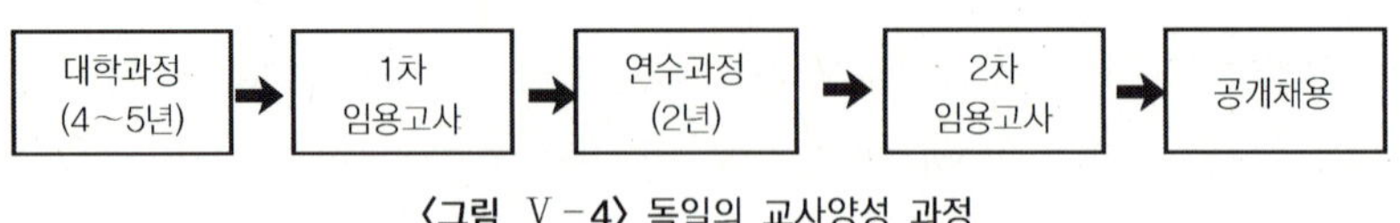

〈그림 Ⅴ-4〉 독일의 교사양성 과정

위 과정을 보면 최소 6~7년의 교육과정을 받고, 2번의 임용고

사를 보고, 그리고 공개 채용에 응시해야 교사로 채용이 되기 때문에 이 과정을 통해 우수한 교사를 확보할 수 있는 것이다.

둘째, 교사연수원에서 2년 동안 실시하는 교사교육에서는 교사의 전문성뿐만 아니라 교사의 자질을 측정하는 다면적 평가를 통하여 검증된 지원자만이 교사가 될 수 있도록 하고 있다.

셋째, 교사로 발령받은 후 정기적으로 받게 되는 교사 근무 평정에서 교사의 전문성, 교사의 자질 및 능력을 평가받게 되어 있다.

넷째, 교사 전문성 신장 및 자기 계발을 위한 재교육을 의무화하고 있다. 교사의 양성에서부터, 임용 및 재교육까지 다단계에 걸쳐 다면적인 평가를 통하여 교사의 질을 관리하는 시스템 덕분에 독일 교사들은 세계 최고의 양질의 교사로 인정받고 있다.

2) 교사평가 사례

독일에서는 공식적인 교사평가는 없지만, 단위학교의 자율에 따라 교사평가를 실시하고 있다.

특히 학생들에 의해 교사평가가 이루어지는 것이 특징이다. 독일의 베를린에 있는 한 종합고등학교(Oberstufenzentrum Berlin)에서 시행한 평가는 컴퓨터 교과를 가르치는 교사들을 상대로 학생들이 평가를 하였으며, 평가결과표를 살펴보면 <표 Ⅴ-8>과 같다(김창환, 2004).

평가결과표를 통해 교사는 자신의 수업에 대하여 학생들의 반응, 교사로서의 자질, 교과지식 등의 평가를 통해서 자신의 수업에 대한 반성을 통해 수업의 전문성을 꾀할 수 있다.

〈표 Ⅴ-8〉 교사평가결과표

평가항목		평가 척도 및 응답자 수					평가항목
영역	내용	++	+	0	−	− −	내용
수 업	변화무쌍하다		50	40	5	5	단조롭다
	집중과 열심을 요한다	5	35	30	30		쉽다
	재미있다	15	55	20	5	5	지루하다
	실천 관련적이다	45	25	30			너무 이론적이다
	속도가 너무 빠르다		30	55	15		너무 느리다
	요점을 중심으로 잘 구조화한다	25	35	35	5		중점 모르겠다
	교사도 흥미를 느낀다	55	35				아니다
	지나치게 많은 학습을 요구한다	5	15	55	15	10	너무 적다
	내용을 너무 많이 반복한다		5	45	35	5	너무 적다
컴 퓨 터 교 과	교과로서 중요하다	55	35	5			중요하지 않다
	직업선택과 대학교육에 유용하다	50	25	20			유용하지 않다
	다른 교과에 비하여 비교적 쉽다	5	15	35	25		어렵다
	주제가 흥미롭다	20	30	25	10	10	흥미 없다
	점수 따기가 쉽다	10	20	55	10		어렵다
교 사	친근하다	90	10				친절하지 않다
	학생의 수업참여를 수용한다	50	40	5			소홀히 한다
	단정한 옷차림을 보이려고 노력한다.	80	15	5			그렇지 않다
	내 사생활에 관심을 갖고 있다	10	40	25	10	5	없다
	인내심이 있다	25	60	10	5		없다
	너무 엄격하다			80	10	10	너무 느슨하다
	공부를 못하는 학생도 배려한다	15	39	25	25	5	아니다
	수업준비가 잘되어 있다	35	60	5			아니다
	전공 능력이 있다	75	25				무능력하다
	어려운 내용을 잘 설명한다	15	55	20	15		그렇지 않다
	잘 구조화된 수업자료 만들기가 가능하다	5	20	60	10		그렇지 않다
	표와 그림을 잘 만든다	5	20	40	35		그렇지 않다
	다양한 수업방법을 활용한다	5	20	25	45		전혀 아니다
	내 질문을 이해한다	25	45	25			아니다
	분명하고 이해하기 쉽게 말한다	45	35	15	5		아니다
	문법과 어법에 맞게 말한다	50	50				정확하지 않다
	자기주장을 관철할 능력이 있다	10	60	25	5		없다
	학생들에게 적절한 수준을 요구한다		20	55	20		지나치게 요구
	성적 평가가 공정하다	20	35	25	10	10	공정하지 않다
	모든 학생을 평등하게 대한다	40	10	30	15	5	차별대우한다
	개별 학생들에게 시간을 투자한다	45	25	10	15	5	전혀 아니다
	정숙, 훈육을 거의 강조하지 않는다	5	10	80	5		너무 강조한다

자료: 김창환(2004). 「독일: 공식적인 교사평가제는 없다」. 한국교육개발원. 『교육정책포럼』.

라. 러시아

1) 평가대상

러시아의 교사평가는 1992년에 처음으로 도입되었으며, 러시아 연방 교육법 제28조 및 35조는 교사평가의 목적, 방향 및 절차 등 일반적인 사항을 규정하고 있다. 교사평가에 대한 기본 지침은 연방 교육부에서 시행하며 광역단위 및 교육청 일선 학교는 현지 사정에 따라 세부적인 사항을 결정한다(이용균, 2004). 러시아의 교사평가는 교사의 급수에 따라 아래의 <표 Ⅴ-9>와 같이 시행되고 있다.

교사의 급수는 1급에서 18급까지 세분화되어 있다. 1~6급은 일반행정직, 7급은 일반대학 졸업 후 교직에 임용된 자, 8급은 사범대학 졸업 후 교직에 임용된 자, 15급 이상은 교감, 교장, 교육청 관리자가 여기에 해당된다.

〈표 Ⅴ-9〉 러시아의 교사 급수에 따른 교사평가

교사급수 　　　　평가기관	학교	교육청	교육부
8~12급	○		
13~14급		○	
15급 이상			○

2) 평가시기 및 절차

러시아는 교사의 자발적 신청에 의해 평가가 이루어지는 것이 특징이다. 이유는 교사평가를 통해 교사의 급수를 올릴 수 있고,

교사의 급수가 보수를 결정하는 중요한 요소이기 때문이다. 평가는 3년마다 한 번씩 이루어지며, 특별한 공훈이 있는 경우에는 2년도 인정된다. 평가받기를 원하는 교사는 매년 5월 말까지 신청서를 제출하면, 학교장은 9월부터 구체적인 평가계획을 수립하여 평가를 실시한다. 이때 교내에 교장, 교감, 교사 대표 등 5명으로 구성된 '교사평가위원회'가 교사평가를 시행한다.

러시아에는 교감이 2~5명이 있어 2명의 교감이 평가위원으로 참가할 수 있으며, 교사 대표는 피평가자의 전공과목의 대표 교사와 최고선임의 교사가 평가자로 참여하는 것이 일반적이다. 평가의 공정성을 위해서 학부모와 학생은 평가위원에서 제외되며, 외부에는 평가대상 교사를 공개하지 않는 것이 원칙이다.

3) 평가방법 및 결과

평가는 평가위원과 피평가자인 교사가 협의를 통해 연구 주제, 공개 수업 및 인터뷰 일정 등을 정한다. 평가는 보통 2개월에 걸쳐 실시되며, 교사는 선정된 연구 주제에 맞는 연구를 계속적으로 추진하고, 2~3회에 걸쳐 평가위원들에게 공개 수업을 실시한다.

공개 수업을 통해 평가 위원들은 교사의 교수·학습방법, 자료 활용, 전문적인 지식·기능, 학생들의 반응 등을 평가표를 통해 평가하고, 최종적으로 학생들의 학업성취도를 확인하여 평가한다.

공개 수업이 끝나면 평가 위원과 교사의 인터뷰가 실시된다. 이 인터뷰에서는 교사는 자신의 실적을 평가 위원들에게 알릴 수 있는 연구결과물, 학습결과물, 학생 성적표 등 모든 자료를 준비하고, 평가 위원들은 공개 수업 평가결과, 학생들의 학업성취도 결과, 학교 행사 참여도, 피평가자가 담임일 경우 학급의 학업성취도, 탈락자, 문제 학생 자료 등을 제시하고 인터뷰를 실시한다. 인터뷰를 위해 필요한 경우 학부모나 동료교사들의 의견을 들을 수도 있다.

평가 위원들은 공개 수업 참관과 인터뷰 결과를 토대로 보고서를 작성하고, 합격 여부에 대한 의견을 최종적으로 제출한다. 평가 위원들 중에서 학교장의 영향력은 작용하지 않으며, 평가 위원의 1인으로 역할을 수행한다. 평가결과는 교육청에 보고를 하며, 평균적으로 3명 중 1명의 탈락자가 발생하며 이 탈락자는 다시 평가를 신청할 수 있고, 우선적으로 교사 연수 대상자가 된다.

마. 중국

1) 교사직무 평정

중국은 교사의 직무 평정이 교사 자신의 명예, 보수, 승진과 관련되어 있어 특별히 중요하게 여겨지고 있다. 초ㆍ중등학교 교사직무가 3급, 2급, 1급, 고급, 특급의 5등급으로 나누어진다. 교육부에서 정한 구체적인 취득 자격의 내용을 정리하면 <표 Ⅴ-10>과 같다.

고급 교사와 특급 교사는 정원이 있고, 특히 특급 교사는 특별수당도 있고, 초ㆍ중등학교 교사 정원의 5/1,000을 초과할 수 없도록 되어 있다(유경희, 2004). 하지만 이러한 기준은 자율성을 부여하여 각 지방과 학교마다 수업성과, 학생지도, 학급운영성과에 대한 평가기준을 다르게 정하고 있다. 교사의 평가는 직무와 학교급별에 따라 평가심사위원회가 아래의 <표 Ⅴ-11>과 같이 보통 이루어지고 있다.

〈표 Ⅴ-10〉 중국의 교사 직무에 따른 자격 요건

교사직무	자격 요건
3급 교사	·해당 학력을 구비하고 교직에 임하여 수습기간이 만료된 자로서 사정에 합격된 자
2급 교사	·3급 교사 임직 경력 2년 이상인 자로서 사정에 합격된 자
1급 교사	·2급 교사 임직 경력 4년 이상 또는 석사학위를 소지한 자로서 사정에 합격된 자
고급 교사	·1급 교사 임직 경력 5년 이상 또는 박사학위를 소지한 자로서 수업경험이 풍부하고 학생지도와 학급운영 성과가 특출하며, 연구보고서나 논문발표 경력이 있는 자로서 사정에 합격한 자
특급 교사	·초·중등학교 고급 교사로서 학과이론과 경험이 풍부하고 수업과 학생지도, 학급운용 효과가 특출하며, 수업과 학생지도, 학급운영 개혁에 창의력이 있고, 교수법과 교재연구 성과가 출중하며, 현지 교육계에서 덕망이 높은 자

〈표 Ⅴ-11〉 직무와 학교 급별에 따른 평가심사위원회 구성

행정구역 \ 직무	초등			중등			
	1, 2, 3급	고급	특급	2, 3급	1급	고급	특급
평가심사 위원회 구성	현급	지구급	성, 자치구, 직할시 교육행정부문	현급	지구급	성급	성, 자치구, 직할시 교육행정부문

초등과 중등교사는 교사의 직무가 올라갈수록 평가심사위원회가 구성되는 행정구역이 확대됨을 알 수 있다. 각급 평가심사위원회는 교사, 학교장, 전문가, 교육행정의 지도자로 구성되며, 특히 교사와 전문가는 2/3 이상을 차지하도록 되어 있다. 특급 교사는 성, 자치구, 직할시 교육행정부문에서 사정을 하여 국무원 교육행정부부문에 보고를 통해 등록하여 국가에서 관리하고 있다.

2) 문제점

중국의 교사평가의 문제점은 다음의 네 가지로 요약할 수 있다 (유경희, 2004).

첫째, 교육행정부문과 학교의 평가주체의 이원화로 인하여 평가에 대한 객관성과 공정성이 결여된다.

둘째, 맡은 학급 학생의 졸업고사 성적이 같은 수준의 학교 중 1등을 해야 된다는 평가 기준이 입시교육을 부추기는 역할을 하고 있다.

셋째, 교육 관련 논문 몇 편을 성급 또는 지구급 학술지에 게재해야 한다는 기준은 교사들이 직무승진을 위하여 수업에 전념하기보다는 논문을 게재하는 것에 집중토록 하여 수업 연구를 소홀히 하는 결과를 초래한다.

넷째, 고급 교사, 특급 교사의 정원제는 상대평가를 통해 경력과 실력이 비슷한 교사들 간의 경쟁을 통하여 탈락자가 생겨 교사 간의 위화감을 조성하기도 하며, 이 과정에 허위성과를 조작하는 결과를 초래할 수 있다.

3) 새로운 평가제

중국은 2005년부터 신교육과정의 실시에 따라 새로운 교사평가제를 실시할 예정이다. 평가의 방향으로는 첫째, 교사평가를 교육활동 중심으로 평가를 실시하고, 둘째, 수업과 학생지도, 학급운영을 중심으로 하는 객관적 평가기준을 적용하는 것이다.

〈표 Ⅴ-12〉 수업 종합 평가표

항목	달성도 요약기술					
학생이 학과 이해 시 발생될 가능성이 있는 영향	1. 학생이 학과에 대한 이해를 동태적인 학습 탐구활동을 통하여 형성되거나 충실히 할 수 있는 지식체를 형성					
	2. 학생이 학과의 중요개념을 이해함					
	3. 학생이 자체적인 탐구능력을 구비함					
	4. 학생이 현실 속에서 이미 형성된 기능과 개념을 응용할 수 있음					
	5. 학생이 본 학과의 학습에 자신감이 있음					
	6. 학생이 본 학과에 대한 흥미가 생김					
	우수	양호	일반	부족		매우 부족
실내수업 질 요약기술	1. 교수목적성이 있고 전체 학생이 의의 있는 학습에 적극 참여하며, 수업설계가 엄밀하고 실시과정에 교사가 예술성을 살리며, 즉 융통성이 있게 학생의 욕구와 흥미를 학습과정에서 고루 돌본다.	2. 교수목적성이 있고 전체학생을 대상으로 한다. 학생이 의의 있는 학습활동에 적극 참여하며, 수업설계가 엄밀하고 잘 완성한다. 그러나 교수내용의 선택 및 학생에 대한 욕구와 흥미를 골고루 돌보는 면이 부족하다. 수업과정은 학생이 학과에 대한 이해를 촉진시키고 학생들의 학과 응용능력을 발전시킬 수 있다.	3. 교수목적성을 소수의 효과적인 실천요소를 통하여 기술한다. 학생은 때때로 의의 있는 학습과정에 참여하나 수업설계, 실시 및 내용 선택 면에서 부족점이 있으며 수업과정은 학생이 학과에 대한 이해를 촉진시키고 학생들의 학과 응용능력을 발전시키는 데 한계를 보여준다.	4. 수업 중 약간의 성공적인 수업요소가 포함되나 수업설계, 실시 및 내용 면에서 다수 학생이 적응하기에 어려움이 있다. 즉 수업과정이 학생이 학과에 대한 이해를 촉진시키고 학생들의 학과응용능력을 발전시키는 데 상당한 한계를 보여준다.		5. 수업이 메마르고 학생들이 수동적으로 학습에 임하며 무기력함을 나타내고 학생은 교사나 교과서에서 제공하는 정보를 수동적으로 받아들일 뿐이다. 수업자료 제시 방식에 대하여 다수 학생들은 수용하지 못한다. 학생이 각종 활동에 참여하나 그냥 하는 것이지 목적성이 결여되거나 개념발전에 대한 명확한 연계가 부족하다.

주: 표의 '개괄적 기술' 평가에 대하여 평가자가 판단 후 대응한 등급에 'Ⅴ'를 매긴다.
자료: 유경희(2004). 「중국의 교사평가제도」, 『교육개발』. 31(2). 61.

신교육과정에서 실시될 평가체계의 특징으로는 교사의 자기평가를 위주로 하고, 동료, 학부모, 학생, 학교지도자가 공동으로 교사평가에 평가자로 참여하는 것이다. 이 중에서 학부모 평가는 교사에게 학부모가 학생의 발달 정도에 대한 정보를 제공하고, 학부모의 교사에 대한 의견과 건의 사항 등을 평가를 통해 반영함으로써 교사와 학부모가 협력하여 학생의 발달을 촉진할 수 있다. 학생 평가는 학생은 교사의 수업활동과 직접적인 상호작용을 하기 때문에 수업과 기타 방면에 관련된 학생들의 의견을 최대한 반영해야 한다.

5. 교사평가의 준거 및 다면평가제

가. 교사평가의 준거

현행 교사평가의 문제점은 전국 어디에서나 똑같은 평정 기준을 가지고, 교육의 질 향상을 위한 평가라기보다는 교원의 승진을 위한 평정이라는 점이 지적된다. 이러한 문제점으로 인해 정확하게 평가하고 그 결과를 다양한 용도로 활용할 수 있는 평가 준거의 개발이 필요하다고 하겠다.

전제상(2001)은 교사평가를 위한 준거 설정을 위해 미국, 영국, 일본의 교사평가 준거에 대한 분석을 실시하여 다음과 같이 제시하고 있다.

첫째, 교사평가 준거가 구체적인 행동적 용어로 명확하게 진술되어 있어 교사 자신보다는 학생들의 학업성취에 기여한다.

둘째, 교사평가 준거가 구체적으로 정의되어 있어 교사직무 수행에 대한 교사 개개인의 장·단점 파악이 용이하다.

셋째, 교사평가 준거가 명료하여 평가과정에 대한 교사들의 신뢰성 및 공정성 확보가 쉽다는 장점을 지녔다.

넷째, 교사평가 준거의 구체성은 교사 자신의 직무 수행에 대한
준비와 개선에 방향을 제공해 준다.

위의 시사점을 토대로 전제상(2001)은 전국의 초·중·고등학교
별로 각 600명씩 1,800명을 대상으로 3개의 평가 영역, 12개의 평
가 기준, 70개의 평가 요소에 대해 교사평가 준거 설정을 위한 설
문지를 작성하고, 통계 분석을 실시하여 타당성과 신뢰성이 높은
교사평가 준거를 검증하였다. 검증된 평가 기준 및 평가 요소를
소개하면 다음의 <표 Ⅴ-13>과 같다.

<표 Ⅴ-13> 교사평가의 평가 기준 및 평가 요소

평가 영역	평가 요소
교과 지도 (14개 요소)	· 수업이 체계적으로 실시되도록 수업을 계획하고 있는가 · 교과지도에 필요한 각종 자료와 매체를 준비하고 있는가 · 수업의 흐름을 도입, 전개, 정리단계로 진행하고 있는가 · 학습효과를 높이기 위해 적절한 질의·응답을 사용하고 있는가 · 학생에게 발표의 기회를 적정하게 제공하고 있는가 · 긍정적인 학습분위기 조성을 위해 적절한 조치를 취하고 있는가 · 학생의 개인차를 고려하여 수업을 진행하고 있는가 · 학생들의 학습동기 유발을 위해 노력하고 있는가 · 수업 진행 시 학생들을 인격적으로 존중하고 있는가 · 적절한 평가계획을 수립하고 있는가 · 학생들의 학업성취 수준을 파악하기 위해 진단·형성·총괄 평가를 실시하고 있는가 · 학습과제물을 적절하게 부과하며 점검하고 있는가 · 평가결과를 정확하게 정리·기록하고 있는가 · 평가결과를 교과지도 개선에 활용하고 있는가
교사의 직무수행태도 (13개 요소)	· 학교경영방침과 각종 법규를 준수하고 있는가 · 학교교육 개선 활동에 참여하고 있는가 · 맡은 바 직무에 충실하고 있는가 · 매사에 정직하게 행동하고 있는가 · 매사에 솔선수범하고 있는가 · 진지한 자세로 직무에 임하고 있는가 · 학교경영에 대해 협조하고 있는가 · 서로 다른 의견, 입장 등에 대해 이해하고 있는가 · 동료교사들과의 관계가 우호·협력적인가 · 교사역할에 대한 책임을 자각하고 있는가 · 직무수행에 책임을 다하고 있는가 · 직무수행에 필요한 과업을 자발적으로 처리하고 있는가 · 직무수행 결과에 대한 책임을 회피하지 않고 수용하고 있는가

평가 영역	평가 요소
학급경영 (10개 요소)	· 학급경영에 관한 주별, 월별, 학기별 활동 계획을 수립하여 실천하고 있는가 · 학급환경 조성 및 시설물 관리 계획을 수립하여 실천하고 있는가 · 쾌적한 학습분위기 조성을 위해 교실을 청결하게 유지하고 있는가 · 교실의 각종 시설·설비(진열대, 독서대, 사물함, 학생 작품 등) 들을 정비하고 있는가 · 교실환경을 교육적으로 구성하고 있는가 · 학급을 창의적으로 운영하고 있는가 · 학급에서 학생을 존중하고 배려하고 있는가 · 학급의 자치활동 계획을 수립하여 실천하고 있는가 · 학급업무를 정확하게 처리하고 있는가 · 다른 학급과의 협조에 노력하고 있는가
연수 및 연구활동 (6개 요소)	· 교내 직원연수 및 자율연수에 참여하고 있는가 · 각종 학회, 교과협의회, 기관 등에서 실시하는 연수에 참여하고 있는가 · 교내·외 장학지도 협의에 참여하고 있는가 · 교재연구 및 수업연구를 성실히 이행하고 있는가 · 각종 연구발표회에 참여하기 위해 노력하고 있는가 · 학교경영 및 각종 행사에 적극적으로 의견을 제시하며 참여하고 있는가
학부모 및 지역사회 관계 (4개 요소)	· 학부모와의 관계가 협조적으로 이루어지도록 노력하고 있는가 · 학부모를 각종 학교회의 및 행사에 참여할 수 있도록 노력하고 있는가 · 지역사회와의 관계가 협조적으로 이루어지도록 노력하고 있는가 · 지역사회인사를 각종 학교회의 및 행사에 참여할 수 있도록 노력하고 있는가
교사로서의 품성 (7개 요소)	· 일반교양이 풍부한가 · 교육적 상황에 대한 판단이 정확한가 · 공과 사를 구별하고 있는가 · 사리 판단을 공정하게 하고 있는가 · 합리적으로 사고하며 행동하고 있는가 · 정서적으로 안정되어 있는가 · 품위를 유지하고 있는가
생활 및 특별활동 지도 (6개 요소)	· 생활지도에 관한 구체적인 계획을 수립하고 실천하고 있는가 · 기본 생활 습관 및 예절교육, 안전교육 및 건강지도 등에 열의를 가지고 실천하고 있는가 · 학생들과의 개별 및 집단 상담 계획을 수립하여 실천하고 있는가 · 특별활동에 관한 구체적인 계획을 수립하고 실천하고 있는가 · 각종 학급회, 학생회, 학급활동 등의 지도에 열의를 가지고 실천하고 있는가 · 각종 특별활동 지도에 열의를 가지고 실천하고 있는가
전문성 향상 (3개 요소)	· 교직에 관한 전문적 지식을 갖추기 위해 노력하고 있는가 · 학생지도에 필요한 기술을 습득하기 위해 노력하고 있는가 · 자기 계발을 위해 지속적으로 노력하고 있는가
교육·교직관 (4개 요소)	· 교직에 대한 교육적 사명감이 투철한가 · 학생들을 올바르게 이해하고 있는가 · 학생들에 대한 애정을 갖고 있는가 · 교사로서의 자부심을 갖고 있는가
교육·교직관 (4개 요소)	· 교직에 대한 교육적 사명감이 투철한가 · 학생들을 올바르게 이해하고 있는가 · 학생들에 대한 애정을 갖고 있는가 · 교사로서의 자부심을 갖고 있는가
행정사무 (3개 요소)	· 학급경영에 관한 주별, 월별, 학기별 활동 계획을 수립하여 실천하고 있는가 · 각종 사무분장 업무를 정확하게 처리하고 있는가 · 각종 매체(컴퓨터, 인터넷 등)를 이용하여 행정사무를 처리하고 있는가

자료: 전제상(2001). 「교원평가의 준거개발 연구」, 『교육행정학연구』, 19(2), 211-213.

나. 다면평가제

현행 근무성적 평정에 대한 문제점의 발생으로 인하여 동료교사, 학부모, 학생 등 다양한 평가자들이 참여하여 평가하는 다면평가제가 교육계에서 논의되고 있다. 이에 다면평가제의 개념과 특징, 적용 방안에 대하여 탐색해 보고자 한다.

1) 다면평가제의 개념 및 목적

다면평가제[26](multi-source assessment 또는 360-degree appraisal)는 개인의 근무성적을 평정할 때 상급자에 의해서만 평가하는 것이 아니라, 주위의 상사, 동료직원 등 다양한 사람들이 평가를 실시하여 이를 종합하는 평가제도를 의미하며, 다양한 구성원들이 다양한 각도에서 평가를 하기 때문에 이를 360° 평가라고도 한다. 다면평가제의 장점은 다음의 세 가지로 요약될 수 있다(이병환·김순남, 2004).

첫째, 평가주체가 많아짐에 따라 평가 자체가 신중해짐은 물론 평가의 공정성, 타당성, 신뢰성을 높일 수 있다.

둘째, 다면평가를 통해서 조직 내 다양한 계층들 간의 의사소통

---

26) 정부 내 다면평가가 본격화된 것은 1994년 12월 22일 국가공무원법을 개정하여 6급 공무원을 대상으로 한 5급 공무원의 승진임용에 있어서 종전의 승진시험제 외에 승진심사위원회의 심사를 거쳐 임용할 수 있는 근거가 마련된 이후부터라고 할 수 있다. 국가공무원의 경우에는 1998년 12월 31일 공무원임용령(제35조의 4)을 개정하여 소속공무원을 승진심사위원회의 심사를 거쳐 승진임용 시 동료·하급자·민원인 등의 평가를 반영할 수 있도록 하였고, 지방공무원의 경우에는 1999년 6월 30일 지방공무원임용령(제38조의 5)을 개정하여 소속공무원을 인사위원회의 심의 또는 의결을 거쳐 승진임용 하고자 하는 때에는 승진대상 공무원의 직근 상위계급의 공무원, 동일 계급의 공무원, 직근 하위계급의 공무원 또는 업무와 관련된 민간인 등의 평가결과를 반영할 수 있도록 하였다(서정화·송영식, 2004).

기회가 확대되며, 이는 인간관계의 개선과 이해증진에 도움이 된다.

셋째, 다면평가는 피평가자의 능력발전을 도모하며 자기반성의 기회를 제공한다.

다면평가의 의의는 공무원의 능력과 실적을 공정하고 객관적으로 평정하여 유능하고 성실한 공무원을 우대하고, 상사 1~2명이 부하직원을 평가하는 단면평가의 폐해를 시정하며, 평가의 다면화·입체화로 인사행정의 객관성 및 신뢰성을 제고하고, 공정하고 정확한 평가정보를 피드백(feed-back)하여 공무원 개인으로 하여금 자기 계발에 대한 동기를 부여하는 데 있다고 하겠다(이선우, 2003: 18, 오성호, 2003: 28).

다면평가제가 지향하는 궁극적인 목적은 능력 있는 직원을 보다 효과적인 평가방법을 통해 발굴·육성함으로써 조직의 발전과 활성화를 꾀하는 데 있으며, 부수적으로는 조직 내 의사소통을 강화하고 구성원들의 자기발전의 동기를 부여하며, 승진·전보 등 각종 인사에 대한 소속 직원의 불만을 최소화시키는 데 있다고 하겠다(서정화·송영식, 2004).

교사 다면평가제는 교장 50%, 교감 50%의 근무성적 평정권을 동료교사, 학부모 등 다양한 구성원들에게 분산시킴으로써 다음 <그림 V-5>와 같은 효과를 기대할 수 있다.

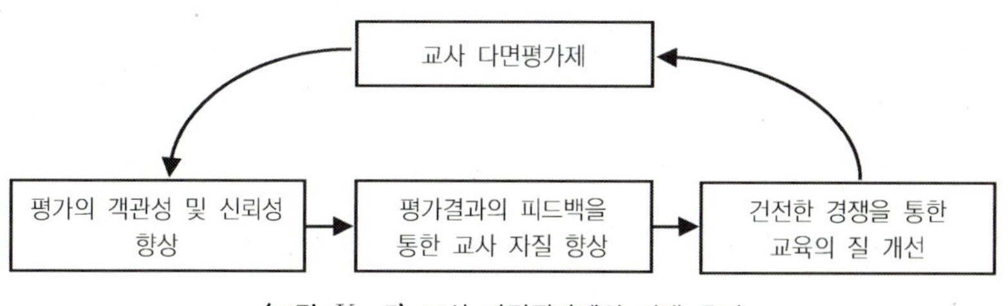

〈그림 V-5〉 교사 다면평가제의 기대 효과

2) 교사 다면평가제의 고려사항

교사 다면평가제가 원활하게 이루어지기 위해서는 다음과 같은 사항이 고려되어야 한다.

첫째, 평가의 다면성이 확보되어야 한다. 교장이나 교감뿐만 아니라 동료교사, 교육수요자인 학부모와 학생에 의한 평가가 이루어져야 한다.

둘째, 평가자의 신뢰성을 확보하여야 한다. 평가자는 피평가자에 대한 직무나 자질에 대한 사전 지식을 충분히 가지고 있어야 하고, 공정한 평가를 내릴 만한 신뢰할 만한 능력을 소유하여야 한다.

셋째, 평가에 대한 익명성이 최대한 보장되어야 한다. 평가를 담당하는 평가자들에 대한 신분이 노출되지 않아야 공정하고 객관적인 평가가 이루어질 수 있기 때문이다.

넷째, 평가에 대한 결과는 교사 본인에게 반드시 알려져 피드백되어야 한다. 정기적인 피드백을 통해 교사 본인의 수업방법의 개선을 통한 교육의 질을 향상시킬 수 있도록 해야 한다.

3) 교사 다면평가제의 적용 방안

다면평가제도가 인사권 행사에 있어서 분산의 목적이 있는 만큼 이 제도의 시행과 관련된 구조적인 개선 여부가 중요한 변수로 작용하고 있다. 교사 다면평가제의 추진과정을 살펴보면 <그림 V-6>과 같다(이병환·김순남, 2004).

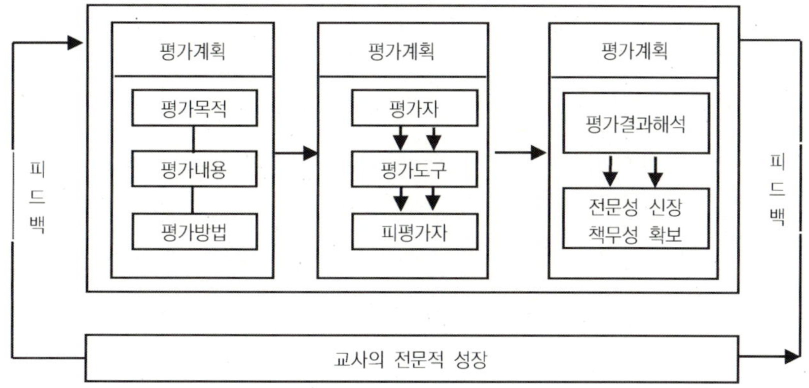

자료: 이병환·김순남(2004). 「교사 다면평가제 적용 방안 탐색」, 『교육행정학연구』, 22(2). 171.

〈그림. Ⅴ-6〉 교사 다면평가제의 추진과정

평가계획 단계에는 평가목적, 평가내용, 평가방법이 일관성 있게 수립되어야 하며, 평가실행 단계에서는 평가자가 다양한 평가도구를 통해 피평가자를 평가하며, 평가결과의 활용 단계에서는 평가결과 해석을 통해 전문성 신장과 책무성을 확보한다. 평가결과의 활용 단계 결과를 교사 개인에게 피드백하여 교사의 전문적 성장을 촉진하여 다시 평가계획 단계로 피드백된다.

교사 다면평가제의 적용 방안은 평가목적(Why), 평가주체(Who), 평가내용(What), 평가방법(How), 평가결과의 활용(Use & feed back) 등의 순으로 살펴보자.

가) 평가목적(Why)

교사 다면평가제의 목적은 크게 의사결정 목적과 발전적 목적 두 가지로 구분해 볼 수 있다. 의사결정 목적은 교사평가를 통하여 승진, 전보, 면직과 같은 인사상의 자료를 제공하는 것이다. 발전적 목적은 교사평가를 통하여 교사 자신의 교수·학습방법을 개선하고, 교육의 질을 향상시키는 데 있다.

나) 평가주체(Who)

교사 다면평가의 주체는 동료 평가, 학생 평가, 학부모 평가, 평가위원회 평가, 자기 평가 등으로 나눌 수 있다. 여기서 동료교사에 의한 평가는 동료에 의해 수업, 품성 및 자질, 생활지도 및 봉사 등에 대하여 평가를 하는 것을 말한다. 동료 평가의 방식은 전체 교사 순위기록형 평가, 동 학년·동 교과별 평가, 평가전담 교사평가 등의 방식이 있다. 이러한 평가의 방식은 학교나 지역의 특성을 고려하여 알맞은 방법을 선택해서 활용해야 한다.

학생 평가는 교수·학습활동의 직접적 피드백 자료를 제공할 수 있다는 장점 때문에 신뢰성이나 타당성이 부족하지만, 직접적인 의사결정 자료로 활용하기보다는 학생들의 평소 학습활동과 학습환경을 파악하기 위한 기초 자료로 활용하는 것이 바람직하다.

학부모 평가는 교육의 수요자 측면에서 보면 학부모의 당연한 권리라 하겠으나, 학부모가 무엇을 어떻게 평가할 것인가를 생각한다면 학부모는 주로 자녀인 학생을 통하여 간접적인 정보에 의존하기 때문에 평가의 타당성과 신뢰성에 문제가 발생되며, 학부모 평가를 통해 자녀가 피해를 볼 수 있다는 부담을 가져다주게 한다. 이러한 이유로 미국교육연구소가 909개의 교육구를 대상으로 조사한 결과에는 교사평가에 학부모가 참여하는 교육구는 전체의 1%에 지나지 않는다고 한다(신상명, 2004). 그래서 학부모가 평가자로 참여할 경우에는 평가의 일부분을 선택적, 시험적으로 활용해 보고 그 결과를 토대로 하여 문제점을 보완하면서 점차 확대해 나가는 것이 바람직하다.

평가위원회의 평가는 교사, 학부모, 학생, 학교운영위원, 지역 교육청 관계자 등으로 평가위원회를 구성해서 평가하는 것으로, 평가위원회를 통한 평가는 교사의 수업활동 자체를 지속적으로 관찰하기 곤란하여 잘못하면 서류 위주의 형식적인 평가가 될 우려가 다분히 내재되어 있다. 이를 시정하기 위해서는 평가 위원 선정에서부터 전문성을 가진 위원을 선발하여 객관적이고 구체적인 평가준거의 개발이 필요하다 하겠다.

자기 평가는 교사 스스로 자신의 수업활동을 녹화나 녹음, 체크리스트, 학생들의 학업성취도, 질문지 등을 반성적 사고과정을 통해 평가함으로써 수업의 질을 개선하기 위한 것이다. 이는 교사 자신을 평가 전문가로 인정해 주어 교사의 사기와 동기를 북돋워 주고, 동료교사와 협의할 수 있도록 하는 등의 장점이 있다.

다) 평가내용(What)

교사평가를 할 때 무엇을 평가할 것인지가 가장 중요한 부분이 된다. 평가내용으로는 교수·학습, 학급경영, 인간관계, 인성 등 여러 가지 평가 영역이 있지만 이 중에서도 가장 중요한 영역은 교수·학습 영역일 것이다. 이를 중심으로 하여 영역을 확대해 나가며 아울러 평가 영역에 따른 평가 기준에 대해 구체적이고 객관적인 준거를 마련해야 할 것이다. 그래서 평가의 준거는 다양한 영역에서 적정수가 선정되어야 하고, 측정될 수 있는 것이어야 한다(권기욱, 2001).

라) 평가방법(How)

평가방법으로는 학교나 지역사회의 특성을 고려하여 절대평가와 상대평가를 선별적으로 활용할 수 있다. 평가결과를 승진 등 인사

자료로 활용할 경우에는 강제배분 방식이 승진체제의 안정성을 확보하는 면에서 유용할 것이고, 교사의 자질 함양을 위한 피드백 자료로 활용될 경우에는 학교규모, 담임유무, 수업시수, 지역상황 등을 고려한 절대평가체제가 유용할 것이다(이병환·김순남, 2004). 평가도구 활용 시 보고서, 자기실적평가서, 면접법, 관찰법 등 다양한 평가도구를 마련하여 질적 평가와 양적 평가가 서로 조화를 이루어 실시되도록 해야 할 것이다.

마) 평가결과의 활용(Use & feed back)

평가의 결과를 개별 교사에게 통보하여 반성과 개선을 위한 자료로 삼아 이를 전문성 신장의 계기로 삼아야 할 것이다. 평가결과 우수한 교원에 대하여는 인사, 전보, 승진, 연수 등의 인센티브를 부여하고, 부족하거나 부적격인 교원에게는 재교육 프로그램을 마련하여 전문성을 신장할 수 있는 기회를 부여해야 할 것이다. 구제가 불가능한 부적격 교사에게는 해고의 인사조치도 고려해 볼 만하다.

새로운 교사평가의 발전 방향은 첫째, 또다시 획일화해서는 안 된다. 둘째, 의견수렴 과정이 필요하다. 셋째, 교장과 교감도 포함되어야 한다. 넷째, 교육활동의 본질이 평가대상이어야 한다. 다섯째, 학부모의 진정한 평가는 학교선택으로 이루어져야 한다(신상명, 2004).

교원평가제도가 지향해야 할 방향에 대하여 이종재(2004)는 <표 Ⅴ-14>와 같이 제시하고 있다.

〈표 Ⅴ-14〉 교원평가의 지향점

평가목적	평가내용	평가방법
· 교원의 전문적 자질 향상 및 자기 진단과 처방을 위한 정보 제공 · 교원의 자질 관리, 학교조직발전을 위한 자료 생성	· 교원의 교직생활에 대한 구체적인 평가	· 일정 비율에 의한 강제 할당식 상대평가 탈피 · 다양한 평가 자료 및 방법의 활용
평가과정	평가주체	평가결과 공개 및 활용
· 평가의 목적, 내용 및 방법 등 평가 전반에 대한 평가자와 피평가자의 상호협의 강화하여 평가자에게 책임감 부여	· 평가자로서 전문성을 구비하여 평가자의 권위를 확보 · 평가과정에서 동료교사, 학생, 학부모 등의 참여 확대	· 평가결과를 피평가자에게 피드백함으로써 자기 계발의 자료로 활용 · 평가의 결과를 누적함으로써 교원의 자질 개발에 지속적으로 활용

6. 교사발달단계별 직무수행 기준설정에 따른 교사평가

가. 교사발달단계별 직무수행에 따른 교사평가의 필요성

교사가 수행해야 할 중핵활동은 수업과 연구활동이다. 그러나 각종 행정업무 처리 등으로 인하여 교사는 본연의 업무인 수업과 연구활동을 자주 침해당하고, 수업은 그 중요성이 매우 높지만 긴급하거나 가시적이지 않은 업무이므로, 교사가 업무 과다로 여유가 없을 경우 소홀히 되는 것은 수업과 같은 본연적인 업무이기 때문이다(정수현, 2000).

서울특별시 중부교육청(1996) 자료에 의하면 초등학교 담임교사는 1일 평균 4시간 이상의 수업과 다양한 업무를 수행하고 있다. 초등학교 상황에서 담임교사는 진도 나가기와 업무 처리를 위한 전략 차원에서 교과서 해설식 수업과 과제 부과식 수업을 선택함으로써, 충실한 연구가 미흡한 수업, 맥이 끊기는 수업 등으로 교육의 질 개선을 기대하기 어렵다(김정원, 1997).

특히, 담임교사가 학생지도에만 전념하고 수업 외 업무는 최소로 수행하도록 하기 위해서는 직무수행 실태분석을 통한 교사의 직무에 대한 합의가 필요하다. 그러나 현재 초등학교에서는 교사의 직무분석의 중요성을 간과하여 정확한 직무분석이 이루어지지 않은 상태에서 교사들이 많은 업무를 수행하고 있다. 그 결과 현재 학교 현장의 교사들은 교사가 수행하지 않아도 될 행정업무 및 잡무로 인하여 근무부담감이 증대하고 있다(김광선, 1999).

교사의 업무 과중은 학생들을 돌볼 시간 부족을 초래하여 현재 초등학교에서는 기초학력 부진아가 학급당 5명꼴로 전국적으로 20만 명에 달하며 중·고등학교에서는 더욱 심화된 학습부진 현상이 나타나고 있다(조성희 외, 2000). 최근 학교 현장에서는 교사들이 과중한 업무 수행 때문에 가장 중요한 학생지도활동에 전념하지 못하여 학교교육의 질 개선에 대한 논의가 제기되고 있다. 국가적 차원에서 공교육의 질 향상을 목적으로 실시한 많은 학교교육개혁안 중에서 '교사의 잡무경감'이 그 대표적인 예이다. 그러나 교사들은 학교교육개혁안 수행과정에서 늘어나는 잡무가 오히려 수업활동의 더 큰 장애가 된다고 인식하고 있다(최상근, 1997).

따라서 종류·곤란도 및 책임도를 달리하는 각종 직무에 대하여 그 내용, 즉 구성요소를 분석 검토함으로써 그 성공적인 수행을 위하여 필요한 인간의 자격요건을 밝혀내려는 과정인 직무분석(job analysis)을 통해서 업무 수행자가 특정 직무에서 하는 일이 무엇인지를 규정하고, 조직활동의 실시와 관리방법, 인력의 합리적인 배치 등을 결정할 수 있으며, 직무를 수행할 때 진정한 자신의 역할과 정체성을 확립하여 직무에 헌신함으로써 역동적인 학교문화 형성에 기여할 수 있으며, 나아가 교육의 질을 향상시킬 수 있다(김종철 외, 1997).

이러한 직무분석을 통해 교사는 보다 높은 수준의 전문성 및 책무성을 가지고 변화하는 상황에 대응할 수 있어야 하며, 이는 교사평가라는 과정을 통하여 전문성을 신장시킬 수 있도록 외부의 도움을 받음과 동시에 자신을 객관화시키는 반성적 사고를 통해 교사로서의 자아를 완성해 갈 수 있도록 유도되어야 할 필요성이 제기된다.

한국에서 교사평가에 대한 연구를 연구주제와 내용별로 보면 교원인사행정에서의 교원평정제도의 문제와 제도개선(서정화, 1989), 교사평가체제의 개선에 대한 연구(박영숙, 1992, 김남순, 1999, 김정한, 2000)와 교사평가의 준거 개발 연구(전제상, 2000), 교사의 교수수행평가 요소와 내용의 연구(송용운, 1982, 김충행, 1983, 배호순, 1992), 교원 평가에 대한 교원의 인식 연구(정수현, 1999, 최희선 · 권기욱 · 전제상, 1999) 등이 있다. 그러나 지금까지 교사평가에 대한 연구는 교사 개인이 담당하고 있는 직무의 전문적인 성장으로 이어지지 못하고 인사행정의 기초 자료만을 얻기 위한 것으로 실시되어 많은 문제점들을 안고 있다.

이에 현재 학교 현장에서 교사가 실제 직무를 수행하면서 느끼는 문제점 및 개선방안과 현재 교사평가의 문제점 및 개선방안을 토대로 교사발달단계에 따른 효율적인 교사평가 방안이 요청된다 하겠다.

교사발달단계별 직무수행 기준설정에 따른 교사평가 방안을 마련하기 위하여 첫째, 각 직무내용별로 교사들이 인식하는 업무곤란 및 수업부담 정도와 직무수행의 특성, 교사평가의 실태 및 문제점 등을 내용으로 하는 반구조화된 면담 질문을 작성하여 심층면담[27]을 통하여 파악하였다. 둘째, 직무수행 내용의 개선방안과 교사평가의 개선방안 등에 관하여 설문조사[28]를 통해 교사발달단계별 효율적인 교사평가 방안을 제시하였다. 위와 같이 설문조사를 한 결과를 바탕으로 분석한 결과, 교직경력을 4단계 구분하고 직무를 분류하여 <표 Ⅴ-15>와 같이 교사발달단계별 직무수행 기준설정에 따른 교사평가항목 및 배점을 제시하였다.

---

27) 심층면담의 대상은 D광역시 소재 근무하는 3개 초등학교 담임교사 10명을 선정하였다. 연구자는 보직·경력·교무분장 업무·성별에 따라 면담대상을 분류하여 선정한 후, 초등학교 담임교사의 개별면담을 실시하였다.

28) 설문조사대상은 서울, 경기, 대전, 인천, 대구, 경북에 소재하고 있는 초등학교 담임교사 664명에게 설문지를 발송하여 그중 639명의 설문지가 회수되었고(회수율 96.2%), 응답이 불성실한 11부를 제외한 총 628부가 최종적으로 통계분석에 동원되었다. 표집방법은 직위·학교규모별·성별·경력별로 고르게 분포되도록 유층무선표집을 하였다.

〈표 Ⅴ-15〉 교사발달단계별 직무수행 기준설정에 따른 교사평가항목 및 배점(예시)

분야	영역	교사발달단계별 직무수행 기준설정에 따른 평가항목 및 배점			
학교 행정 (50 점)	직원 및 대외관 계 활동 (10점)	교직원 체육대회, 동학년 협의, 업무인계 인수, 조회참여, 직원회의, 친목회 행사 참여, 경조 활동, 회식 참석, 교육기관 및 담당 업무 출장 →	장학자료 준비 및 장학사 면담 →	부장회의, 각종 위원회 참석 →	지역사회, 교육 관련 기관과의 유대 형성
	학교업 무 수행 활동 (25점)	공문서 처리, 스쿨뱅킹 입금 확인, 연수신청 안내, 회람, 월중 행사 계획 제출, 전화받기와 걸기, 중식 지원추천서 작성 →	학습자료 분배, 물품 구매 요구서 작성 →	각종 실적 보고, 교육청 평가자료 작성 →	각종 조사 및 통계 회람, 설문지 배부와 작성
	학교행 사 참여 활동 (15점)	과학의 달 행사 실시, 교내 인증제 실시, 가정통신문 작성·배부, 외부 행사·대회 안내 회람, 입학식, 졸업식, 평생교육, 체육대회, 학교행사 안내 회람, 예술제, 알뜰시장, 바자회 →	각종 대회 심사·상장 수여 →	연구학교업무 →	각종 행사계획
교직경력		1~4년 →	5~9년 →	10~19년 →	20년 이상 →

분야	영역	교사발달단계별 직무수행 기준설정에 따른 평가항목 및 배점			
학급 경영 (100점)	학생관리 활동 (40점)				수련활동 지도
				학교생활기록부 및 건강기록부 작성. →	
			우유 급식 지도, 급식 지도 →		
		학생 면담, 전출·입 업무처리, 졸업생 방문 면담, 체격·체질·체력검사, 출결 점검, 건강지도, 결석 학생지도 →			
	교실관리 활동 (35점)				정수기 관리, 책걸상 높이 조절 및 교실 시설물 보수, 선풍기 관리
				학급 문고 관리, 학습 자료 관리, 학습 기자재 관리 →	
			사육 재배, 재배물 관리 →		
		교실환경 구성 및 정리, 방화 책임자 표찰 붙이기, 쓰레기 및 재활용품 처리, 학생 사물함 검사 보수, 화장실 청소, 학생 번호 및 이름 부착 →			
	학부모 와의 관계 활동 (25점)				학부모 명예교사 관리
				녹색어머니회 관리, 사서 도우미 관리 →	
			학부모 총회, 체육후원회 총회 →		
		학부모 면담 및 전화 상담 →			
교직경력		1~4년 →	5~9년 →	10~19년 →	20년 이상 →

분야	영역	교사발달단계별 직무수행 기준설정에 따른 평가항목 및 배점			
학생 지도 (90점)	교육과 정편성 · 운영 · 평가 및 자료 준비 활동 (20점)				현장학습 사전 답사
				학년 운영 계획 작성 →	
			학습 자료 제작, 각종 자료 수합 및 배부 →		
		교재 연구, 수업지도안 작성, 시간표 작성, 주 간 학습계획서 작성, 진 도표 작성, 평가 출제, 평가물 복사 및 등사 →			
	교과 학습지 도활동 (30점)				독서 지도, 학습 부진아 보충 지 도
				체험학습계획 및 실 시, 현장 체험 학습 지도 →	
			전교·학급 어린이 회 지도 →		
		수업지도, 수행 평가 자 료 작성, 숙제·과제 검사, 아침 자습 지도, 알림장 지도, 일화 지 도, 학습지 채점 평가 처리, 공책 검사 →			
	학생 생활지 도활동 (25점)				교우관계 지도, 문제아 상담
				교통안전 지도, 학교 시설 사용 안내 →	
			생활지도, 전교· 학급 임원 선출, 자치활동 지도 →		
		하교 지도, 훈화, 일인 일역 지도, 당번 활동 지도 →			
교직경력		1~4년 →	5~9년 →	10~19년 →	20년 이상 →

분야	영역	교사발달단계별 직무수행 기준설정에 따른 평가항목 및 배점			
학생 지도 (90점)	교과외 지도활동 (15점)				청소년단체활동 및 레크레이션 지도
				특기·적성교육활동 지도, 방과 후 특별 활동 지도	——→
			봉사활동 및 폐 품 수거 지도	——————→	
		각종 외부 행사, 대회 안내 및 참여 교과서 배부, 급식비 입금 지도	————————————→		
전문성 신장 (60점)	연수 활동 (35점)				동호인 연수활동
				자율 연수 참여	——→
			시범학교 수업 및 교내 공개수 업 참관	——————→	
		각종 교사연수 안내 회 람, 각종 연수 참여	————————————→		
	연구활동 (25점)				개인 연구활동
				각종 연구발표 대회 참여	——→
			상급학교 진학 및 학위 취득	——————→	
		개인 연구록 작성	————————————→		
교직경력		1~4년 →	5~9년 →	10~19년 →	20년 이상 →

나. 교사평가를 위한 시사점

교사평가를 위해 교사발달단계별 직무수행기준 설정에 따른 교
사평가 방안이 주는 시사점은 다음과 같다.

첫째, 교사발달단계별 효율적인 교사평가 방안을 제시하기 위해
서 현재 교사의 직무수행 실태 및 문제점을 알아보고 해결하기 위
한 개선방안을 마련해야 한다.

둘째, 현행 교사평가제도의 문제점을 알아보고 개선방안을 마련해야 함은 물론, 교사발달단계에 따른 효율적인 교사평가 방안을 제시해야 한다. 즉 획일적·단편적인 교사평가가 아니라, 교사발달단계별 교사평가와 교사발달단계별 직무수행 기준설정에 따른 교사평가 척도를 개발하고 적용해야 한다.

교사발달단계에 따른 교사평가를 하기 위하여 다음과 같이 몇 가지 제언을 하고자 한다.

첫째, 교사평가는 교사의 수업에 대한 전문성을 신장하는 방향으로 해야 한다. 즉 교사를 평가하여 부적격 교사로 낙인하여 퇴출하거나, 승진제도나 전보제도 등의 인사관리에 반영하는 것이 아니라, 교사 본인만 알 수 있도록 하여 교사의 수업력 신장과 향상에 크게 기여해야 한다.

둘째, 학부모, 교사, 학생, 교장·교감, 교육전문직, 지역인사 등 교육공동체로서, 교사평가에 대한 시각 전환이 필요하다. 교사를 관리·감독하는 차원에서 교사평가를 하는 것이 아니라, 학생의 학업성취 고양, 교과지도능력 신장, 학생지도능력 신장, 학교 및 학급경영 능력 신장 등 교원의 전문성 향상을 위해서 교사평가를 한다는 시각 전환이 시급히 이루어져야 한다.

셋째, 교사평가를 시행하기 전, 먼저 선행조건들을 이행해야 올바르고 정확한 교사평가를 할 수 있다. 교사들의 열악한 근무여건, 부족한 봉급, 많은 잡무와 업무, 과밀 학급 등의 근무환경을 개선해 주어야 한다.

위에서 제시한 교사발달단계에 따른 교사평가 방안은 최소한의 기준이므로 시대적 요구, 지역의 여건, 학교의 환경 등을 고려하여 재구성하여 활용한다면 교사평가의 원래 목적에 근접하여 학부모,

교사, 학생 등 교육공동체가 원하고 바라는 바람직하고 효율적인
교사평가를 할 수 있을 것이다.

7. 교원평가제도 개선방안

가. 정부의 교원평가제도 개선방안

교육인적자원부는 2005년 5월 3일 교원평가제도 개선방안(시안)
에 대한 공청회를 개최하여 현장 교원, 학부모, 교육 관련 단체 관
계자들의 의견을 수렴하였다. 정부에서 제시한 교원평가제도 기본
방향은 <표 Ⅴ-16>과 같다.

〈표 Ⅴ-16〉 교원평가제도 기본방향

방향＼시기	현행→ 인사관리형	개선→ 능력개발형
목적	승진 등 인사자료로 활용	능력개발 자료로 활용
대상	교사, 교감(교장 제외)	교사, 교감, 교장
방법	관리자 평가(교장·교감)	다면평가(관리자, 동료, 학생, 학부모)
기준	전국적으로 통일된 기준	단위학교 특성을 반영한 자율결정
단계적 적용(시범운영 후 확대)		

자료: 교육인적자원부(2005). 교원평가제도 개선방안(시안)

위에 제시된 기본방향을 살펴보면 교육인적자원부에서는 교원평
가를 교사, 교감, 교장, 교원단체, 학부모, 전문가 등의 다양한 구
성원들의 의견을 반영하여 시범운영 후 문제점을 보완하여 단계적
으로 적용·확대하는 방안을 제시하고 있다. 이에 2005년 11월 17

일에 '교원평가 시범운영'을 포함한 '학교교육력 제고 시범사업'에 참여할 전국의 초·중·고 48개를 선정하여 2006년 8월까지 운영하여 그 결과를 교원평가의 개선점에 반영할 계획이다.

또 교육인적자원부는 2006년 1월 18일 지난해 시범학교 신청서를 제출하여 선정되지 않은 나머지 학교 중에서 시·도교육청의 의견 수렴과 학교규모, 지역 등을 고려하여 초등학교 11교, 중학교 3교, 고등학교 5교의 19개 교를 추가 선정하였다. 추가 지정된 19개 교는 2006년 3월~2007년 2월에 교원평가를 필수과제로 하고 선택과제 중 1개 과제를 택하여 시범운영하게 된다.

〈표 Ⅴ-17〉 교원평가제도 대상별 평가 영역 및 방법

구분＼대상	교장	교감	교사
평가목적	학교경영능력 제고	중간관리능력 제고	교수·학습지도 능력 향상
평가자	교원, 학부모, 교육청인사	교장, 교사, 학부모,	교장, 교감, 교사, 학부모, 학생
평가방법	학교경영역량 평가지표 사용		평소관찰, 수업참관 설문조사
평가내용	학교경영 활동	중간관리자로서의 학교교육지원 활동	수업활동 중심
평가기간	연중평가(11월에 종합)		
관리기관	교육청 교원평가위원회		단위학교 교원평가위원회

자료: 교육인적자원부(2005). 교원평가제도 개선방안(시안)

교육인적자원부는 이와 같이 교원평가 1, 2차 시범운영 학교에 대해 2006년 9월 중에 교원평가 시범운영 결과에 대한 평가·분석 후, 공청회 등 여론 수렴을 거쳐 교원평가 일반화 모델을 마련하고 확대 방안 등을 결정할 계획이다. 평가대상별로 구체적인 평

가 영역 및 방법을 살펴보면 <표 Ⅴ-17>과 같다.

교원평가의 결과는 교원은 자기 능력개발 자료로 활용하고, 교육청에서는 연수 등 능력개발 희망 교원에 대한 행·재정지원 자료로 활용할 계획이다.

나. 교원평가제도에 대한 입장

위에서 제시한 교육인적자원부의 교원평가제도 개선방안(시안)에 대해서 3개의 교직단체 모두 반대 입장을 나타냈고, 학부모 단체만 찬성 입장을 표명하였다. 교직단체에서 반대를 표명하는 가장 큰 이유는 현행 근무평정제도는 그대로 유지하고 별도의 교사평가제도를 시행한다는 것은 교원인사제도의 문제점과 교육여건의 부실화를 먼저 해결하지 않고서는 불가능하다는 입장이다. 교사평가에 대한 각 교육주체별 입장을 정리하면 다음과 같다(김희규, 2005).

정부 차원에서는 현행 근무평정제도는 그대로 유지하고 별도의 교사평가제도를 마련하여 새로운 평가제도가 현장에 정착이 되면 기존의 평정제도와 연계하여 추진하는 방안이다. 또 교사평가와는 별도로 동료교사, 학생, 학부모 등으로 이루어지는 다면평가와 부적격 교원에 대한 대책을 논의하려는 입장이다.

한국교원단체총연합회의 기본 입장은 새로운 교사평가제를 도입하기보다는 기존의 근무평정제도를 개선하여 시행하고자 하는 것이 기본 입장이다. 특히 학생, 학부모의 교사평가 참여는 학교교육을 위축시키며, 수석교사제와 연계하면서 교사평가가 이루어져야 한다는 입장이다.

전국교직원노동조합의 기본 입장은 기존의 근무평정제도를 폐지하고 교장선출보직제와 학부모회의 법제화를 통해 학교자치기구에 의한 학교교육종합평가를 실시해야 한다는 입장이다. 또한 교사평가를 구조조정과 노동유연화의 사전단계로 받아들이고 있다.

학부모 단체에서는 교사평가를 통하여 부적격 교원의 퇴출을 전제해야 하며, 학부모의 직접적인 교사평가권을 요구하고 있는 입장이다.

위와 같이 교육인적자원부에서 제시한 교원평가제도 개선방안에 대한 각 교육주체들의 입장이 상이하게 나타나고 있다. 교원평가가 실시되는 것이 기정사실이라면 각 단체의 입장도 중요하지만, 진정 교육을 생각한다면 교원평가 방안의 개선점을 도출하여 학교교육의 효과성을 극대화할 수 있는 방안을 마련할 수 있도록 대화와 타협을 통한 지혜를 모아야 할 것이다.

강인수(2003). 「한국에서의 교사평가제도의 문제점과 발전방향」, 『교육
    행정학연구』, 21(4), 1－21.
교육인적자원부(2004). 공교육 정상화를 위한 사교육비 경감대책, 교육
    인적자원부.
교육인적자원부(2005). 교원평가제도 개선 방안(시안).
김광선(1999). 「초등학교 교사의 수업외적 근무부담 실태 및 개선 방안
    에 관한 연구」, 경원대학교 석사학위논문.
김남순(1992). 「교사근무평가제도 개선에 관한 연구」, 『교육행정학연구』,
    9(2), 97－124.
김이경(2004). 「국제적 맥락에서 본 교사평가」, 한국교육개발원, 『교육
    정책포럼』, 93호, 10－13.
김정환(2000). 「전문성 신장 중심의 교사평가 방안」, 『한국교육학회
    2000년도 춘계 학술대회 논문집』, 133－154.
김창환(2004). 「독일: 공식적인 교사평가제는 없다」, 한국교육개발원, 『교
    육정책포럼』.
김희규(2005). 「교사평가제도의 쟁점과 개선방안 연구」, 『교육행정학연
    구』, 23(2), 156－158.
박남기(2004). 「초등학교 교사평가 논란 재분석」, 한국교육학회, 『교사
    평가 어떻게 할 것인가? 춘계학술대회 논문집』, 27－67.
박상완(1997). 「교사평가의 현황 및 주요논쟁점」, 『새교육』, 10월호, 68－
    72.
박영숙(1992). 「교원근무성적 평가체제 개선연구－발달 지향적 접근을
    중심으로」, 이화여자대학교대학원 박사학위논문.
박영숙(1993). 「교원 근무성적 평가체제 개선 연구」, 『교육행정학연구』,
    11(2), 39－66.
박인옥(2004). 「학부모 입장에서 바라본 교원평가」, 14회 인적자원포럼
    토론원고.
서정화·송영식(2004). 「교원 다면평가제도에 관한 연구」, 『한국교원교

육연구』, 21(1), 29 – 51.

서정화(1989). 『교육인사행정』, 서울: 세영사.

신상명(2002). 『학교단위책임경영론』, 서울: 교육과학사, 221 – 254.

신상명(2003). 「교원평가의 합리화 방안」, 『한국교원교육학회 학술대회 자료집』, 제39호.

신상명(2004). 「새 교사평가제도의 대상은 교사가 아니다. 교육이다」, 한국교육개발원, 『교육개발』, 145호.

안경수(2004). 「좋은 교사와 유능한 교사에는 차이가 있다」, 『교육사회 지식포럼(ESKF: alledu4u.com)』, 제7호 교육칼럼.

안우환(2004). 「득보다 실이 많은 교원평가」, 한국교원단체총연합회, 『교원평가 어떻게 봐야 할 것인가, 교원정책현안토론회 자료집』, 39 – 48.

원효헌(1997). 「교사의 교수수행평가 영역 및 요소의 분석」, 고려대학교 대학원 박사학위논문.

오성호(2003). 「다면평가제의 유용성과 한계」, 『인사행정』, 서울: 중앙인사위원회.

유경희(2004). 「중국의 교사평가제도」, 한국교육개발원, 『교육개발』, 31(2). 57 – 62.

윤종혁(2004). 「지도력 부족 교원에 대한 관리 정책」, 한국교육개발원, 『교육정책포럼』, 93호, 18 – 20.

이경자(2004). 「교원평가제, 학부모는 이렇게 본다」, 한국교원단체총연합회, 『교원평가 어떻게 봐야 할 것인가, 교원정책현안토론회 자료집』, 55 – 60.

이돈희(1977). 「교권의 개념과 의의」, 『교직과 교권』, 대한교육연합회, 18.

이병환(2004). 「현행 교원평정제도의 문제점 분석 및 바람직한 교사평가제 모습」, 『한국교원교육연구』, 21(2), 281 – 305.

이병환·김순남(2004). 「교사 다면평가제 적용 방안 탐색」, 『교육행정학연구』, 22(2), 163 – 186.

이용균(2004). 「러시아: 자발적 신청에 의한 교사평가제」, 한국교육개발원, 『교육정책포럼』.

이선우(2003). 「다면평가제에 대한 이해」, 『인사행정』, 서울: 중앙인사
    위원회.

이종재(2004). 「교원평가의 방향과 과제」, 한국교육학회, 『교사평가 어
    떻게 할 것인가? 춘계학술대회 논문집』, 9 - 23.

이태상(2004). 「교사평가의 목적은 수업의 질 개선」, 한국교육개발원, 『교
    육정책포럼』, 93호, 21 - 23.

원효원(2002). 「교수활동의 질 개선을 위한 교사 자기평가」, 『한국교원
    교육연구』, 19(3).

전제상(2001). 「교사평가의 준거개발 연구」, 『교육행정학연구』, 19(2),
    183 - 222.

전제상(2001). 「교원평가와 성과금」, 『한국교원교육연구』, 11(2), 143 -
    186.

전제상(2003). 「교사평가의 공정성 확보방안」, 『한국교원교육연구』,
    20(3).

정광희(2004). 「일본: 교사의 의욕과 노력을 보상하라」, 한국교육개발원,
    『교육정책포럼, 외국교육동향』.

정수현(2000). 「교원평가와 학교현실에 대한 교사들의 인식」, 『교육행
    정학연구』, 18(2), 249 - 274.

조성희 외(2000). 「교원업무경감 및 학교 업무 효율화에 대한 연구」,
    2000년도 교육부정책연구과제, 2.

진동섭(2004). 「한국교총이 교원평가에 신중하게 접근하는 이유」, 서울
    대학교 행정대학원 한국정책지식센터, 제14회 포럼 원고.

최준열 외(1999). 「교원평가의 합리적 모델개발에 관한 연구」, 교육부
    정책연구과제.

최희선·권기욱·전제상(1999). 「교원평가제도 개선에 관한 연구」, 한
    국교원단체총연합회, 『정책연구』, 제100집.

한국교육개발원(2004). 「교원인사제도 혁신방안 수립을 위한 공청회 자
    료집」, 연구자료 RM2004 - 9.

홍광식(1999). 「주요국의 교사평가 비교」, 『한국교사교육』, 16(1).

Danielson, C. and McGreal, T. L.(2000). Teacher evaluation: to enhance
    professional practice. Alexandria, VA: ASCD.

Edwards, M. & Ewen, A.(1996). How to manage performance and pay with 360 − degree feedback, Compensations & Benefits Review.

Hoffman, R.(1995). Ten reason you should be using 360 − degree Feedback. HRMagazine.

Ingersoll, R. M.(2002). Teacher assessment and evaluation. In Levinson, David(ed.), Education and Sociology, 651 − 657, London: Loutledge.

Ogawa, R. T., R. L. Crowson, and E. B. Goldring(1999), Enduring dilemmas of school organization, J. Murphy, K. S. Louis(eds), Handbook of Research on Educational Administration, San Francisco: Jossey − Bass.

Ondrack, D. A. and Oliver C.(1986). A review and analysis of performance appraisal processes Volume Ⅰ: A Review of the Literature. Toronto: The O. I. S. E. Press.

Stronge, J. H. and Tucker, P. D.(2003). Handbook on teacher evaluation. Larchmont, NY: Eye On Education.

Ⅵ

사이버교육

1. 사이버교육

가. 사이버교육의 중요성

교육과 학습의 장소를 학교에 국한하던 것에서 학교 밖의 사회 전역으로 교육장을 확대하여 소수에게 한정된 교육대상을 개방하고, 지식과 이론 중심에서 탈피하여 직업 및 일상생활과 직결된 생활지식과 기능도 중시하는 확장된 교육내용을 가르치는 것이 종래의 학교교육과 대조되는 사이버교육의 모습을 상정해 볼 수 있다. 더불어 정보기술(information technology)혁명으로 인해 인쇄물과 방송매체 외에도 인터넷을 통한 정보유통 테크놀로지가 등장하였다. 기술혁명은 개인에게 정보를 수집하고 활용할 수 있는 힘을 주었다. 소수의 권력자들만이 향유한 정보를 이제는 개인들이 소유할 수 있고, 학습자들은 시·공간을 초월하여 정보를 수집할 수 있다. 그래서 Drucker(1999)는 이러한 변화에 대해 Technology 혁명이 Information 혁명을 가져왔다고도 한다. <표 Ⅵ-1>은 사회의 변화와 교육체제의 변화를 나타내고 있다. 대량교육, 시공간적인 획일화 형태의 전통적인 교육체제에서 개인, 가정교육의 중시, 교육의 분권화, 다양화로 특징지어지는 형태로 교육의 패러다임이 변화되고 있음을 알 수 있다.

학교는 학년의 설정, 학급과 학년제, 교육과정, 교과서, 교사 양성의 제도들을 확립하여 왔으며 그 독보적이고 배타적인 권위를 부여받아 정형화된 틀을 유지하여 왔다(이종태, 2001). 그러나 인터넷의 보급과 활용에 따라 지식습득 양식체제가 변화하고 있으며 평생교육체제의 확충에 따라서 학교의 힘과 그 영향력은 점차적으로 약화되어 가고 있다. 지식전달 양식체계 자체가 붕괴의 조짐을 보이고 있기 때문이다.

한 세대에 걸친 비상한 교육개혁 노력 덕분에 학교와 학생들의 모습은 변화되고 '교육하는 모습' 또한 크게 변화된 것이 사실이지만(조동섭, 2000: 109 - 112), 그것이 과연 무엇을 위해 변화되었고, 변화된 결과로서 우리가 얻은 것은 무엇인가를 셈해 보면 우리에게 크게 남거나 더해진 것은 별로 없다는 느낌을 지워 버릴 수가 없다(조동섭, 2003). 이에 따라 학교가 유일한 교육기관이라는 생각에 많은 변화가 일게 되었다.

<표 Ⅵ-1> 고교 입시제도의 주요 내용

변화 영역	전통적인 교육체제 (산업사회)	새로운 교육체제 (지식기반사회)	교육현상
중핵적 지식	자본, 기계기술	지식, 지적 기술	새로운 지식 중시
지식획득	사실적 지식 투자로서의 교육	변형적 지식 지식 창출능력 중시	계속교육 강조
지식에의 접근	단일적 접근 접근성 낮음	다원적 접근 접근성 높음	학습사회 지향
교육체제	규격성, 폐쇄성 관료적 체제	개방성, 탄력성 임시체제(Ad - hoc)	체제 다원화
교육권한	학교의 독점적 권한	학교의 권한 약화	교육의 분권화
교육형태	대량교육(집단교육)	개인능력, 적성 고려	가정교육권 강조
교육요소	학생, 교사, 교재 및 학교의 정형화	학생, 교사, 교재 및 학교의 비정형화	학령 다양화 교사지원 다원화 교재 탄력화 학교 특성화
학사운영	전일제 중심 운영 학습과 일의 분리	정시제(파트타임) 중심 학습 - 일의 경계 유연	학습과 일의 동시 발생
교육발생	사회적, 지리적, 시간적, 공간적으로 획일화	사회적, 지리적, 시간적, 공간적 분산	사이버공간의 교육적 기능 강화
학습방법	강의 중심	활동학습 중심	지역사회중심교육

자료: 백영균(2001). 「사이버교육체제의 개념 및 필요성」, 「사이버교육의 이해」, 서울: 한국교육개발원.

위와 같은 변화의 중심에는 인터넷이 구성하여 준 사이버공간이 존재하고 있다. 사이버공간은 새로운 지식과 정보의 원천이 되고 있으며 지식전달 방식의 방법까지도 바꾸어 놓고 있다. 이러한 지식전달 체계의 역전 현상은 곳곳에서 벌어지고 있다. 가정에서는 자녀가 부모를, 조직에서는 부하가 상사를, 학교에서는 학생이 교사를 가르치고 있다. 학교와 교사는 교육수단과 지식제공자로서의 독점적 지위를 상실하게 되었고, 학교의 권위도 동반 추락하였다. 학교는 이제 디지털 시대에 맞는 지식전달체계를 구축해야만 살아남는 생사의 기로에 서 있다고 하겠다.

디지털 중심의 정보화 사회에서는 디지털식의 지식을 습득하는 형태로 바뀌어야 한다. 디지털식의 지식습득은 대규모의 정보처리가 가능하고, 정보의 이동과 저장능력이 높은 체제임을 암시한다. 디지털의 방식이 도입되어 시간과 장소에 구애받지 않는 교육체제로 바뀌면 학습자는 쉽게 유의미한 관계망을 구성하여 지식의 생산 또는 구성과정을 쉽게 수행할 수 있을 것이다. 이런 과정에서 반드시 교사가 있어야 할 필요는 없으며 학교라는 인위적 공간이 반드시 필요한 것도 아니다. 그래서 교사무용론, 학교무용론이 등장하기도 한다. OECD/CERI(Centre for educational research and innovation)는 학교교육의 미래 6가지 시나리오 보고서에서 학습이 학교라는 특별한 장소나 교사라는 특정한 전문가 집단에 의해 일어나지 않으며, 네트워크 사회가 학교를 대신한다는 것이다. 인터넷 등 정보통신기술의 발전으로 학습자 네트워크가 형성되며 기존의 학교는 붕괴된다는 가정을 전망하기도 하였다.

나. 사이버교육체제의 특성

사이버교육은 기본적으로 인터넷이라는 컴퓨터통신기술을 기반으로 학습자 중심의 분산학습(distributed learning)을 추구하는 교육유형이라고 볼 수 있다(정인성, 1999, 한정선, 2000, Wolfe, 2000). 이러한 교육의 유형은 전통적 방식의 면대면 교육의 현실적인 공간 개념과 대비되는 가상의 사이버공간이라는 속성의 영향을 받게 되므로 면대면 방식의 전통적인 교육환경과는 사뭇 다른 나름의 교수-학습방법, 교수설계 전략 등의 고려가 요구된다.

사이버교육이란 정보통신기술을 기반으로 생성되는 가상의 공간에서 교수-학습을 전개해 나갈 수 있도록 구성된 새로운 방식의 교육 패러다임으로(이종연, 1998) 사이버교육이 이루어지는 사이버공간은 인간이 경험할 수 있는 하나의 공간으로, 현실 세계와 연결된 다른 세계로 인식되고 있다. 사이버공간은 컴퓨터 매개 통신의 공학을 이용하는 사람들에 의해 언어와 인간관계, 자료와 부와 권력이 현재화되는 '개념적 공간'이라고 한다(Rheingold, 1993). 이 개념적 공간은 실재적인 현실로부터 독립된 또 다른 세상으로 인간의 소외감을 대치할 수도 있는 기능을 하는 대화를 매개하는 동호인의 세계일 수도 있다.

이근무(1996)는 이러한 동호인 형태의 전자 공동체를 대면적 집단인 1·2차 집단과 구별하여서 3차 집단이라는 명칭을 부여하였다. 컴퓨터에 익숙한 학생들은 3차 집단에 속해 있는 경우가 다반사이며 그들은 가입과 탈퇴가 자유에 맡겨진 자원적 성격의 상호작용을 즐기고 있다. Cerulo 등(1992)은 면대면 커뮤니케이션이나 1·2차 원초집단에서 얻을 수 있는 만족감 등을 3차 집단인 가상공간에서도 향유할 수 있게 되었다고 본다. 3차 집단의 유대는 오프라인상에서 만남을 통해서도 강화된다. 가상공간에서 현실 세계로의 모임을 가지기도 한다. 3차 집단에서도 자아의 정체성에 대한 감각과 지속적인 정서유대, 목적의 공유의식, 상호 구속적인 통제감과 같은 원초적 유대감을 느낄 수 있다.

사이버교육체제는 과거에 논의되고 검토되던 개념이 아니라 시대적인 요청에 따라 새로이 등장한 개념으로, 이러한 논의가 이루어진다는 것은 곧 교육체제가 개방되고 있음을 시사한다(이희수, 2000, 김회수, 2001, 백영균, 2001). 이러한 사이버교육체제의 특성은 교육체제를 연령, 성별, 지역 등에 관계없이 개방하여 어떠한 단계의 교육과정에도 진입할 수 있도록 하는 것을 원칙으로 한다고 볼 수 있다. 그리하여 사이버교육체제는 학교교육체제가 가지지 못한 유연성을 지니고 있다. 이는 시·공간을 초월한 교수-학습이 가능하며 교수자와 학습자, 성별, 연령, 계층 등을 초월함을 의미한다. 특히 저소득층 자녀, 학업 중도 탈락자, 학업 포기자, 도서벽지의 학습자 등에게 제도권에서 제공되는 양질의 교육 콘텐츠를 제공하여 일반 학습자와 동일한 교육적인 경험을 할 수 있다는 강점을 가진다. 그래서 진정한 수요자 중심의 교육을 구현할 수 있으며, 평생 학습 사회 구축에 중요한 기여를 하리라 본다.

백영균(2001)은 기존의 학교 기능을 강화시키거나 학교가 지닌 문제점을 감소할 수 있는 기능을 갖는 사이버교육체제의 기능을 다음과 같이 제시하고 있다.

첫째, 이탈자 구제 기능이다. 학교 학습에서 탈락 현상을 보이거나 잦은 결석이나 가출 등 학교교육의 이탈자들에게 학교교육과 유사한 환경을 제공해 주고, 탈락에서 구제하여 학교로 복귀시키는 기능이다.

둘째, 문제 해결 중재 기능이다. 사이버학교는 면대면 학교의 문제를 해결하기 위한 창구의 역할, 즉 문제 해결의 중개 및 조력의 기능을 수행할 수 있다. 교사가 해야 할 일부의 일을 지원하거나 학부모들의 의견 및 참여를 쉽게 열어 줄 수 있는 체제를 사이버학교에서 제공할 수 있다.

셋째, 학습공동체 구성 기능이다. 학생들이 몰입의 상태에 빠져들기 쉬운 게임을 학습으로 유도하거나 건전한 사이버 문화생활을 영위하기 위한 기능을 하는 학습공동체 또는 학습환경을 제공하여 정상학습으로 복귀시키는 기능이다.

넷째, 지식전달 기능의 강화이다. 학부모들의 사교육비의 절반 이상이 학원식 교육이며, 학원식 교육은 대부분이 지식 전달임을 감안할 때 사이버학교는 사교육비의 절감을 위해 지식 전달 기능을 수행할 수 있다.

다섯째, 교육과정 지원체제이다. 사이버학교를 통하여 국가 및 학교 수준의 교육과정 지원체제를 구축할 수 있으며, 학습자들은 이를 통해 학습활동을 전개할 수 있다.

사이버교육체제는 전통적인 기존의 학교와 더불어 대안적인 교육체제가 될 수 있다. 최상근·전인식(2000)은 사이버학교는 독립된 교육체제의 하나로서 대안적인 성격과 동시에 지원적인 성격을 모두 가진다는 연구결과를 제시하고 있다. 이들의 연구결과에 의하면 대안적인 사이버교육체제의 기능을 8가지로 제시하고 있다.

① 정규 고등학교교육 지원: 다양한 선택 교과 제공
② 대안학교의 기능: 정규 고교 체제 부적응 학생에게 교육기회

제공

③ 정규 고교 수준별 교육 강화: 심화 학습 및 보충 학습 자료
    제공

④ 방송통신 고등학교교육 발전: 학점 이수 및 학습 선택권 보장

⑤ 평생교육이념 구현: 고등학교 미진학자에게 교육기회 제공

⑥ 해외 교포 및 외국인 교육 기능: 해외의 한국 고교과정 학습
    희망자에게 교육기회 제공

⑦ 교사 간 교육정보 교류 활성화

⑧ 살아 있는 미래 지향형 교과서 내용 구성 구현

여기서의 시사점은 사이버학교의 운영과 형태는 독립 및 지원적
인 성격과 더불어 대안적인 성격 모두를 지니는 복합적인 형태의
교육체제가 되어야 함을 시사하고 있다 하겠다.

사이버교육체제의 속성은 현실 공간과는 차별되는 나름대로의
다양하면서도 독특한 속성을 지니고 있으며 그중에서 '개방성',
'시공간 독립성', '교류 채널의 제한성' 등은 사이버공간의 대표적
인 속성이다(이인숙, 1999).

첫째, 개방성은 하나의 특정 자원은 닫힌 형태의 매체에서처럼
특정 대상자들을 위해 특정 목적을 위해서만 사용되는 것이 아니
라 다양한 용도로 많은 사람들에 의해 사용되고 또 재사용될 수
있다. 사이버환경에서는 정보체제가 분산되어 있기 때문에 정보를
찾아 항해하는 것 자체부터가 열려 있는 과정이다.

둘째, 시·공간 독립성은 사이버환경에서 참여자들은 본인이 편
리한 시간과 장소에서 학습 집단을 형성하고 소집할 수 있다
(McIsaac & Gunawardena, 1996). 비동시성으로 인해 허용되는 반

응의 지연은 메시지의 질을 향상시킬 수 있다(Shimabukuro, 1993). 그러나 비동시성은 참여자 간 교류의 통제를 매우 어렵게 만드는 부정적 변인이기도 하다(Romiszowski & Mason, 1996).

셋째, 교류 채널의 제한성은 디지털화되어 기록되는 데이터들은 그 내용뿐 아니라 그것이 발생한 시간, 교류 상대자까지도 영구적으로 기록된다. 이 기록성은 학습자의 반복학습, 내용의 계속적인 확인을 통한 자기반추와 재분석, 정보의 공유, 개별화된 교육 서비스 등을 가능하게 하므로 교육적으로 매우 중요한 의미를 지닌다.

다. 사이버교육의 특성에 따른 교육적 가능성

컴퓨터 네트워크를 기반으로 하는 사이버 학습은 면대면 수업 이상의 학습효과를 창출한다는 증거가 제시됨에 따라(Harasim et al., 1995, Hiltz, 1995) 사이버교육 기반 학습이 앞으로의 교육에 혁신적인 변화를 가져올 것이라는 기대는 점점 커지고 있다. 이 학습공간 속에서 정보의 생산자는 동시에 정보의 소비자가 되는 양면성을 갖고 있다. 기하급수적으로 증가하고 있는 정보와 지식을 시간과 자원이 한정된 학교교육을 통하여 모두 학습한다는 것은 불가능하기 때문에, 첨단 매체들을 활용함으로써 학습자들이 필요한 정보를 신속하고 적절하게 제공받을 수 있도록 하는 교육체제로의 전환이 요청되고 있다(곽병선·강숙희, 1997).

컴퓨터 및 첨단 정보통신을 활용한 교육은 기존의 교육에서 실현할 수 없었던 다양한 교수-학습 전략을 제시하고, 보다 폭넓은 학습활동을 가능하게 하고 있다. 작은 교실과 책이라는 좁은 공간,

한정된 자원으로 이루어지던 학습활동의 한계도 인터넷을 활용한 교육을 통하여 보완될 수 있다(곽병선 외, 1998). 이메일이나 게시판, 화상회의 등의 방법을 활용함으로써 다양한 외부 전문가와의 접촉과 광범위한 의견과 정보의 수렴 등이 가능하고, 이를 통해 교실이라는 물리적인 공간에 의해 제한되고 규격화된 수업의 한계를 극복할 수 있다. 더 나아가, 인터넷으로 인해 생성되는 사이버공간을 활용한 교육방법은 학습자에게 기존의 학교에서 볼 수 없었던 새로운 학습방법을 제시할 수 있다(최상근 외, 2001). 교육매체 및 환경의 하나인 사이버공간은 지식기반사회와 학습자가 요구하는 교육적 특성을 전반적으로 지원하고 있다(정인성, 1999, Wolfe, 2000). 이러한 사이버교육의 특성에 따른 교육적 가능성을 살펴보면 다음과 같다.

첫째, 교육과 학습에 대한 개방성이다. 세계 각 곳에 있는 온갖 정보자원들을 접할 수 있는 그야말로 학습자원이 풍부한 곳이다. 그 많은 정보자원들은 시시각각 최신의 것들로 갱신되며 또 추가되고 있기 때문에 사이버공간에서 접할 수 있는 정보자원은 거의 무한하다고 할 수 있다. 사이버공간에서의 지식은 공간에 올려지면서부터 개방적인 성격을 갖는다. 누구든지 그 지식, 정보에 접근할 수 있으며 자신의 목적에 맞게 활용할 수 있다. 사이버공간에서의 지식은 더 이상 개인의 소유가 아니다. 따라서 사이버공간에서의 지식은 검증받을 수 있고 발전의 가능성을 지니고 있으며 집단·공유적인 성격을 가져야 한다.

둘째, 수요자 중심의 학습환경을 제공해야 한다. 사이버공간의 특성은 사용자의 창의성과 참여도에 따라 얼마든지 다양한 활동이 일어날 수 있게 해 준다. 미리 준비된 정보자원들을 수요자에게 체계적으로 공급해 주는 것이 아니라 수요자가 스스로 자신의 필요를 충족시켜야 하는 수요자 중심의 환경을 제공함으로써 수요자인 학습자의 능동적이며 창의적이고 비판적인 사고와 학습활동이 일어날 수 있는 가능성을 제공해 준다.

셋째, 교육내용 전달의 다중성과 신속성이다. 사이버공간에서의 정보와 지식은 빠른 속도로 전달이 되며 많은 곳의 여러 학습자에게 동시에 전달이 가능하다. 전달의 수단은 문자(text), 음성(voice), 동영상(movie) 등의 형태로 이루어져 학습자들은 전달되는 내용을 쉽게 이해할 수 있을 뿐만 아니라 자신들의 입맛에 맞추어 내용선택이 가능하여 그 활용력도 높일 수 있다. 따라서 교육내용이 다양한 방법으로 표현되며 수요자인 학습자의 입장에서 원하는 때와 장소에 따라 활용하는 방법도 달리할 수 있다.

넷째, 상호작용성과 양 방향성이다. 사이버 학습공간에서 일방적으로 수동적인 학습활동은 존재하지 않는다. 사이버공간의 참여 자체가 상호작용을 전제로 하고 있으며 다른 참여자와 계속적으로 상호작용해야 한다. 상호작용을 하지 않는 참여자는 사이버공간에서 학습활동을 한다고 말할 수 없다. 또한 사이버교육은 양 방향적인 교류를 가능케 한다. 예컨대 교사로부터 학습자에게 일방적으로 전달되는 일차원적이며 일방향적인 수직관계가 아니라 학습자와 교사 간, 학습자와 학습자 간 서로 양 방향적인 상호작용과 협력관계를 도와준다. 상호작용은 일 대 일, 일 대 다수, 다수 대 다수 등의 다양한 형태로 이루어질 수 있으며, 동시적 또는 비동시적으로 일어날 수 있는데, 이러한 특성은 교육적으로 매우 중요한 의미를 시사한다. 학습자들은 다양한 정보자원들과 다차원적이고 양 방향적인 상호작용을 통해 특정 주제 또는 분야에 대해서 다양한 시각과 견해들을 접할 수 있으며 아이디어를 공유·교환할 수가 있게 된다.

다섯째, 교육내용의 공유성과 익명성이다. 사이버공간에의 참여는 익명으로 할 수 있다. 즉 상대방의 얼굴을 보지 못하는 상태에서도 대화를 하기 때문에 면대면의 상황에서 하기 어려운 일들을 쉽게 할 수 있는 곳이기도 하다. 사이버공간에서의 정보 흐름은 어느 한 교육주체의 일방적인 유통, 전달이 아닌 다양한 참여자의 공유로 정보가 구성되고 탄생된다. 공유된 정보 또는 지식은 계속 발전하며 새로운 지식으로 탄생될 가능성이 매우 높다고 할 수 있다. 사이버공간에서 이루어지는 토론이나 사이버 투표 등의 과정을 통하여 문제 해결에 대한 해답이나 아이디어가 도출되고 다듬어져 새로운 지식으로 탄생되고 이 지식을 참여자 모두가 자유롭게 공유할 수 있다.

여섯째, 학습자 네트워크 사회 형성(Learning network society)이다. 학습자들이 하나의 주제나 프로젝트를 중심으로 공동체를 형성하는 것을 지원한다. 그러나 사이버공간상에서 형성되는 공동체는 현실 세계에서의 공동체와는 달리 지역, 나이, 성별, 인종, 학력 등에 제한이 없는 임의적인 가상 집단이라고 할 수 있다. 자신의 정체성을 나타내지 않아도 되는 공간 속에서 얼마나 진정한 의미의 공동체가 형성될 수 있는가에 대해 회의적인 견해도 있지만(이봉재, 1998), 분명한 것은 연령, 지역, 인종, 계층 등을 초월하여 보다 다양하고 이질적인 사람들 간에 공통 관심거리에 대한 토론을 한다거나 하나의 목적 달성을 위해 함께 학습하는 네트워크 구축이 가능하다는 점이다.

학습공동체는 학습의 주체인 학습자들이 상황성과 사회성이 풍부한 환경 속에서 자의적 목적을 가지고 적극적 참여, 협력, 그리고 대화 및 상호작용을 통하여 정보와 경험을 정교화하고 자신의 학습결과 및 학습과정을 성찰함으로써 지식을 구성할 수 있도록 지원한다. 이 학습공동체는 학습의 과정에서 서로에게 영향을 주면서 공유된 이상과 아이디어를 가진 개개의 학습자들에 의해 자발적이고 독립적으로 구성된다. 공동체가 구성되어 활성화되기에는 풍부한 학습의 자원과 교사 및 학생의 책임감, 그리고 참여의 상태를 유지시켜 주는 동기 및 흥미가 요구된다(백영균, 2001).

지식기반사회에서 여전히 중요한 것은 충실한 기초 기능의 습득이다(이희수, 2001). 기초 기능이 부실한 사람에게서 스스로 생각하고 배우는 활동을 기대하기는 어려울 뿐 아니라, 기초가 튼튼해야 평생학습이 가능하고, 또 생애에 걸쳐 필요한 경우에는 직장을 옮길 수 있는 고용가능성 증진 또한 가능하기 때문이다. 따라서 학교는 교과 지식을 가르치는 것도 물론 중요하지만 학습자로 하여금 평생 학습하고자 하는 동기와 태도, 또 이를 가능케 하는 기초 능력을 갖출 수 있도록 평생 학습 인으로서의 자질 배양에도 주력해야 할 것이다(최상근 외, 2001).

이상의 사이버교육 공간의 교육적인 유용성에도 불구하고 사이버공간이 갖는 교육적인 측면에서의 한계점을 살펴보면 다음과 같다.

첫째, 교수라는 활동은 어떠한 매개체를 통하여 지식이 체계적으로 전달되는 인위적이며 의도적인 행위로 보는 데 있다. 그러나 사이버공간에서는 학습자의 활동을 통제하기 어렵고 학습자의 학습 경로나 행위도 예측하기가 불가능하다. 학습자는 학습공간에서 일탈하여 다른 공간으로 자유로이 이동할 수 있고, 허용되지 않은 사이버공간에서 부적절한 행위를 할 여지도 다분히 있다. 이러한 사이버공간에서 전통적인 의미의 교수·학습 행위가 과연 원만히 잘 진행될 수 있을 것인가의 의문이 제기된다.

둘째, 사이버공간의 활동은 지적 활동이며 학습자의 자발성을 전제로 한다. 다시 말해 정의적이고 신체적인 활동은 이루어지지 않는다. 오프라인에서 이루어지는 동료 간의 따듯한 대화나 면대면의 상호 교감은 기대할 수 없다. 더불어 신체적인 운동 등의 활동은 불가능하다. 사이버교육에 대한 참여 의사가 없거나 적극적으로 참여하지 않을 때는 사이버상의 교육활동은 그 의미가 퇴색하게 된다.

셋째, 사이버공간은 본질적으로 중앙집권적인 조직구조가 아닌 분산된 정보체제의 성격을 띠고 있다고 할 수 있다. 따라서 학습자가 양질의 학습정보를 찾는다는 것은 결코 쉬운 일이 아니며, 필요한 기술과 능력이 요구되는 도전적인 과제라고도 할 수 있다. 문제 해결에 대한 해결의 가능성을 제공하기도 하지만, 가상공간에서의 정보 습득 그 자체가 학습자에게는 또 다른 문제나 도전을 부과하여 학습된 무기력을 체험하게 될 여지도 다분히 있다 하겠다.

넷째, 인터넷은 정보를 가진 자와 없는 자를 양분하여 이것이 학습자로 하여금 정보의 격차와 더불어 정보의 소외계층을 양산할 수도 있고, 보다 심각한 것은 학습자 개인의 신상 정보가 유출될 수 있는 가능성이 다분히 내재되어 있다.

다섯째, 학습자의 소속 의식의 결여를 지적할 수 있다. 사이버교육체제는 가상의 공간에서 운영되므로 교육체제의 구성원들이 소속감을 갖기가 어려워 교육주체에 대한 신뢰감을 갖기도 힘들다. 이와 같은 점에서 사이버교육체제가 현실과 동떨어진 가상의 세계만은 아니라는 점을 강조할 필요가 있다는 점을 시사한다.

여섯째, 사이버교육체제 구성원의 자의적이고 임의적인 탈퇴 가
능성을 지적할 수 있다. 사이버교육체제는 구성원을 결집하는 공통
의 규약이나 규칙이 아예 없거나, 설사 이러한 규정이 있다 하여
도 이를 구성원에게 강제할 이렇다 할 법적, 제도적인 장치의 미
흡으로 인하여 임의로 탈퇴하기가 쉽다. 언제나 탈퇴가 가능하기
때문에 자발적인 참여와 소속감 및 책임감을 갖게 할 필요성이 제
기된다 하겠다.

2. 사이버교육의 학습이론

가. 구성주의 교수 - 학습이론

본 장에서는 학생의 지식 구성과 습득, 형성에 관한 새로운 개
념으로서 구성주의를 가져와 이를 사이버교육체제 구축 방식에 대
한 적용으로서 논의하고자 한다. 이는 사이버교육이 기존의 교수-
학습 이론에 따라 구현되기보다는 구성주의 관점에 따른 교수-학
습방법에 기초하여 구현, 전개될 경우 보다 효율적으로 사이버교육
체제 구축, 운용에 유용하리라 보기 때문이다.

구성주의는 기존의 산업화 시대를 지배했던 논리 실증주의와 과
학주의로 대표되는 이른바 객관주의 인식론[29]에 대응하는 대안적

---

29) 전통적 교수-학습관은 근본적으로 객관주의 인식론에 근거하고 있다. 객관주의는 진리 또
는 지식을 이를 활용하는 개인의 의지와 관계없이 독립적으로 존재하는 고정된 실체로 보
고, 모든 상황에 적용할 수 있는 보편타당한 절대적 진리와 지식을 추구하는 것을 최종 목
표로 설정해 두고 있다.

인식론으로 등장하게 되었다. 학교교육의 핵심 활동인 교수 - 학습 영역에서도, 행동주의와 인지주의를 비롯한 기존의 객관주의적 패러다임에 근거한 이론들이 지닌 한계와 문제점에 대한 비판과 더불어, 이 같은 시대정신을 반영한 새로운 대안으로서 1980년대 후반부터 구성주의에 대한 관심이 고조되고 있다.

구성주의는 지식의 형성과 습득을 개인의 인지작용과 개인이 속한 사회 구성원들 간의 사회적 상호작용에 비추어 설명하는 상대주의적 인식론에 기반을 두고 있다. 이처럼 구성주의는 단순히 상황학습, 인지도제 학습, 문제중심 학습 등과 같은 새로운 수업방법을 채택해야 한다는 주장이 아니라 학습의 본질과 학습이 이루어지는 과정에 대한 전통적인 견해에 근본적인 변화를 요구하고 있다. 이는 곧 교수 - 학습과정에서의 인간성 회복, 예컨대 가르치는 사람 중심에서 배우는 사람 중심, 쓸모없는 비활성 지식으로부터 학생들에게 적합한 맥락적 지식 중심, 획일적 환경에서 풍부하고 다양한 학습환경으로의 변화를 의미한다(조영남, 1998).

Web 기반 교육이 지니는 교육적 특성은 하이퍼미디어(하이퍼링크와 멀티미디어), 협동(공동작업, 프로젝트, PBL), 상호작용(개인 대 개인, 개인 대 다수, 다수 대 다수), 분산화 또는 네트워크화(지역적 한계성의 극복과 다양성), 정보자원(다양성, 최신성, 정보공유 및 교환)인데, 이러한 특성 각각은 학습자 중심 환경(학습과정 전개의 주도성), 협동학습(팀 과제, 프로젝트, PBL, 다양성, 정보공유 및 교환), 상호작용(학생 대 학생, 학생 대 교사), 탈중심화(지식 소비자와 생산자로서의 학습자에로의 권위이양과 지식구성에 따른 힘의 분산화), 실제적 성격의 과제(학교교육과 실세계와의 직접적 관련성 고려) 등과 같은 구성주의적 교수 - 학습 개념과 부합된다.

따라서 Web 기반 교육이 지니고 있는 교육적 잠재력이 구성주의적 교수-학습 원칙과 접목될 때, '단순한 기술적 도구에서 인지적 도구로의 전환'이 가능해지며, '정보에서 수업 또는 교육으로의 전환'이 이루어지게 된다(강인애, 1999).

구성주의는 주관주의 인식론에 근거하여 학습자들이 자신이 위치한 맥락에서의 능동적인 경험을 통하여 자신에게 적합한 지식을 구성한다는 점을 강조한다. 실재는 구성된 것이며, 실재의 구성은 문화와 전통을 통해 형성된 의미 구성의 산물이다. 이런 의미에서 교육은 학습자들로 하여금 맥락에 적합한 의미를 구성하고 실재를 구성하는 방법을 학습하도록 도와서, 자신이 살고 있는 세상에 보다 잘 적응하고, 필요에 따라 세상을 의도한 대로 변화시킬 수 있도록 해 주어야 한다(Bruner, 1996: 19-20, von Glasersfeld, 1996: 6).

구성주의자들이 강조하는 교수-학습에의 시사점을 다음과 같이 정리할 수 있다(Duffy & Cunningham, 1996).

첫째, 사물에 부여하는 의미나 해석 방식은 자신의 지식에 근거한다. 교사와 학생은 교육과정이나 수업자료에 대한 의미를 자신의 기존 지식과 신념에 따라 부여한다. 다양한 세계관과 다양한 관점을 구성하여 동일한 자료, 내용, 지식 등에 대하여 서로 다른 의미를 부여할 수도 있다.

둘째, 지식은 환경과의 상호작용을 통해 이루어진다. 모든 지식은 구성되며 학습은 구성의 과정이다. 학생들이 교실 밖 세계와의 상호작용 관계에서 활용하는 구성의 과정은 사이버 학습, 교실 수업이나 동료 학생들과의 상호작용 관계에서도 동일하게 적용된다. 교실 안팎을 막론하고 학습은 의미를 구성하는 것이다. 따라서 자신의 학습에 대한 궁극적인 책임은 바로 학생 자신에게 달려 있다.

셋째, 지식은 사람의 마음 안에서만 실재한다. 수업의 경우 지식은 칠판이나 교과서, 인터넷, CD, 디스켓 또는 교사와 학생 간의 대화나 활동 속에 있는 것이 아니라, 교사와 학생들의 마음 안에서만 존재한다. 언어의 의미는 언어 그 자체에 의미가 있는 것이 아니라 말하는 사람과 듣는 사람의 마음속에 있다.

넷째, 지식은 상황 맥락 지향적이다.[30] 학습이 진정한 의미를 지니기 위해서는 비활성 지식(inert knowledge)의 무조건적인 암기가 아니라 이해와 문제 해결, 개념적인 변화에 초점을 두고 관련된 상황 맥락하에서 이루어져야 한다.

그리하여 구성주의자들이 강조하는 교수-학습의 주된 목적은 주어진 상황 맥락하에서 사고활동을 촉진함으로써 지식의 능동적 활용과 추론, 창의적, 반성적·비판적 사고, 문제 해결, 인지적 유연성 등을 함양하는 데 있다.

이러한 교수-학습 측면에서의 시사점은 구성주의 학습환경은 학습자들에게 다양한 도구와 정보자원을 활용하여 서로 도우며 함께 학습할 수 있도록 하는 환경을 제공해 줌으로써, 자신이 의도한 학습목표를 성취하고 문제를 해결할 수 있도록 뒷받침해 주는 것을 말한다(Wilson, 1996: 5). 구성적인 학습을 촉진하기 위해서는

---

30) Collins(1991: 122-123)는 상황 학습의 장점에 대하여 다음과 같이 말하고 있다.
　① 지식을 다양한 상황에 활용하는 방법을 배울 수 있다. 예컨대 쇼핑이나 은행 업무 처리와 같은 대표적인 맥락 속에서 산술 기능을 학습함으로써 이를 비행기표 구입, 회계 업무 처리와 같은 새로운 상황에 적용할 수 있다. ② 지식이 지닌 함의를 파악할 수 있다. 맥락이 가미된 학습이 이루어질 경우 학생들은 다른 상황에 적용할 수 있는 방법적 지식을 감지하게 된다. ③ 맥락은 지식을 활용하기에 적합하도록 구조화시켜 준다. 맥락이 배제된 학습은 단순히 지식을 기계적으로 암기하는 데 불과하나 실제 활용이라는 맥락 속에서 학습이 이루어질 경우, 새로운 상황에 활용할 수 있는 방식으로 저장될 수 있다. ④ 상황학습을 통해 발명을 촉진할 수 있다. 실제적인 문제나 상황과 관련된 지식을 다룸으로써 이러한 지식을 새로운 상황에 유연성 있게 활용하는 방법을 터득하게 되어 새로운 지식과 아이디어를 창출할 수 있게 해 준다.

이상과 같은 학습원리에 따라 가능한 한 풍부하고 다양한 환경을 제공해야 한다는 것이 구성주의자들의 공통된 주장이다.

Perkins(1991)는 교실에서 풍부한 학습환경을 제공하기 위하여 구성도구(construction kits)와 가상현상(phenomenaria)을 활용할 것을 제안하고 있다. 구성도구는 목수의 연장과 같은 단순한 물건이라기보다는 프로그래밍 언어의 명령어, 생태학에서의 모의된 생물 또는 수학적 연산을 촉진하는 방정식 등과 같은 추상적 실체들을 조작할 수 있도록 해 준다. 이와 유사하게, 가상현상은 시뮬레이션 게임이나 컴퓨터에 기초한 마이크로 세계와 같이 학생들에게 다양한 현상을 관찰하고 이들 현상에 내재한 개념과 가정들을 조작할 수 있도록 해 준다.

더불어 인터넷의 급속한 보급과 활용은 교수 – 학습 매체로서 Web의 활용에 대한 관심이 증대되고 있다. Web을 활용한 수업(WBI: Web – based instruction)은 Web의 속성과 자원을 활용하여 학습을 촉진하고 지원하는 유의미한 학습환경을 창출하는 일종의 하이퍼미디어에 기초한 수업 프로그램으로 보다 잘 설계된 학습환경과 자원을 창출해 줌으로써 구성주의에 기초한 교수 – 학습원리를 구현할 수 있는 최적의 환경을 제공해 줄 수 있을 것으로 기대되고 있다 하겠다. 구성주의 교수 – 학습의 기본 정신은 한마디로 학습자들로 하여금 자신에게 의미 있는 삶을 스스로 개척할 수 있는 창의적인 문제 해결자, 평생학습자가 될 수 있도록 도와주자는 데 있다.

나. 체제론적 초인지 사고 이론

일반적인 체제개념은 생물학자인 L. v, Bertalanffy가 생체(Living system)를 개방체제로서 파악한 것을 계기로 자연과학에서 발달한 것인데, 이 개념을 사회과학에 도입한 것이 일반체제이론(General System Theory)이다(Katz & Kahn, 1978). Kaufman(1972)은 체제란 필요에 따라 요구되는 결과 또는 산출을 달성하기 위해 함께 작용하면서 동시에 독립적으로 작용하는 부분들의 총체라고 하였다. Hicks(1972)는 체제란 상호관련되고 상호의존적이며 상호작용을 하는 요소들의 집합이라고 규정하였고, 김동수(1980)는 자원이나 경비는 최소한으로 동원하고도 성과는 극대화를 이룩하는 방안이 체제적 접근으로 정의를 내리고 있다.

체제의 개념이 중요하게 다루어지는 것은 체제를 하나의 이론으로보다는 오히려 하나의 사고형식으로 또는 분석을 위한 참고의 틀로, 체계적 개념화를 위한 도식으로 볼 수 있기 때문이다(조광제, 2002). 이런 입장에서 체제를 생각하는 것을 체제사고(System Thought)라고 하는데 체제사고는 체계적이면서도 상관적인 사고라 할 수 있다. 체계적이란 성질상 질서정연하고, 조리 있고, 계획적이고, 분석적이며, 상관적이란 특정대상, 연관, 연결, 방향제시를 설명하는 것이며, 사고란 숙고의 의식 과정이다. 따라서 체제 사고를 가짐으로써 하나의 문제를 다루는 데 있어서도 체계적이고 상관적인 숙고 끝에 문제 해결을 위한 방안을 결정하게 되는 것이다(신중식·강영삼, 1985). 이와 같은 체제사고는 분석적인 틀로서 다음과 같은 장점들을 갖는다(Immegart & Pilecki, 1973).

첫째, 체제사고는 상관성과 연결성이란 관점에서 구조적 분석에 대한 접근방법을 제시해 준다. 둘째, 실제적이고 조작적인 접근방법을 제공해 준다. 셋째, 사건, 상황, 과정을 발달적으로 고안하는 미래지향적인 것이다. 넷째, 복잡한 상황에서 활동하기 위한 현실적인 출발점을 제시해 준다.

이상의 내용에서 체제란 주어진 목표를 성취하기 위해서 제 기능을 수행하는 데 요구되는 요소들의 상호관계 내지 구성요소의 계획적이고 종합적인 배열을 말한다. 체제는 기본적으로 두 개의 형이 있다. 그것은 개방체제와 폐쇄체제이다. 전자는 그 환경과 작용하여 체제 내용을 교환할 수 있으나 후자는 자족적이며 불변한 것으로서 환경이나 다른 체제와 교호작용을 하지 않는 것이다.

학교는 개방체제의 하나이다. 체제는 '투입→과정(전환)→산출'의 형태로 계획된 여러 자원이 과정에 투입되면 교사, 학생, 교육과정 등 하위체제들의 상호작용에 의하여 전환되고, 그 성과로써 산출이 나타나고 그것은 평가되어 투입으로 환류된다. 하나의 체제가 그 효능을 타당하고 강력하게 발휘하기 위하여 체제의 각 요소를 전체 체제 개선의 통합적 부분으로 개선하여 전체 체제의 종합적 혁신을 꾀하는 하나의 시도로 체제접근(System Approach)이란 말이 사용되고 있다. 체제접근은 기본적으로 문제 해결을 보다 효과적이며 효율적으로 하기 위하여 설계된 학습관리의 기틀로서 이것은 철학적 취향이나 정치적 편견에서 벗어나는 분석적 도구이다. 학습자가 그의 의사결정을 분석적으로 하는 강력한 절차라 하겠다.

Kaufman(1972)은 체제접근의 수업모형을 ① 문제확인, ② 해결요건 및 대안결정, ③ 해결 전략과 도구선택, ④ 시행, ⑤ 효과성 결정, ⑥ 수정 등의 6단계를 제시하고 있다. 이러한 체제접근의 구체적 과정으로서 체제분석(System Analysis)에 필요한 7가지 단계를

Banghart(1969)는 ① 목표설정, ② 체제 운용의 재조사, ③ 자료수집, ④ 자료분석, ⑤ 문제분리, ⑥ 문제 영역 내에서 운용의 구체화, ⑦ 도식화 등을 제시하고 있다.

초인지에 대한 개념은 일반적으로 '인지(Cognition)의 상위에 있는 것'으로 이해되는 초인지는 하나의 뚜렷한 개념 정의가 현재 이루어지지 못한 상태이다. '인지에 대한 인지'로 간단히 정의할 수 있지만 그것이 구체적으로 어떤 과정이며 무엇을 언급하는지에 대해서는 구체적으로 합의되지 않고 있다.

초인지에 대한 논의를 처음으로 이끌어 낸 미국 Stanford 대학의 심리학과 교수로 재직 중인 Flavell(1979)은 피아제의 인지이론에 기초하여 초인지를 다음과 같이 설명하고 있다.

> "초인지는 기본적으로 개인의 인지과정 결과 또는 이 모든 것들에 대한 지식으로서 정보, 또는 자료를 학습하는 것과 관련된 속성이다. 초인지는 다른 인지들 중에서도 몇몇 구체적인 목적 또는 목표를 수행하기 위해 적극적으로 자신의 인지활동을 감시하고 그에 따른 규제를 통해 인지과정의 조화를 꾀하는 것으로 기억, 이해, 주의집중, 의사소통, 그리고, 일반적인 문제 해결 활동 등의 인지과정에 중요한 기능을 한다." 라고 정의한다.

초인지는 우리의 인지활동(Cognition)에 대한 감각(Meta)으로서 자신이 아는 것과 알지 못하는 것이 무엇인지를 깨닫게 해 주어, 문제 상황에 갇혀 있을 때는 보지 못했던 해결책을 생각할 수 있게 해 주는 감각적 사고 기능으로도 볼 수 있다. 더불어 뚜렷한 목표를 가지고 움직이는 감각으로도 볼 수 있다. 주어진 상황에서 최선의 목표를 정하고, 목표에 도달하기 위한 여러 전략들을 개발하고, 그것을 학습, 정서, 사회, 인지적 문제 상황에 적용하는 데 필요한 감각적 사고라 할 수 있다.

한편 차경수(1996: 201)는 어떤 문제를 해결하기 위하여 가설을 세우고, 증거를 수집하여 결론을 내리는 고급한 사고의 과정에서 전체적으로 어떤 오류가 없었는지를 다시 사고하는 것이 바로 초인지라고 말하고 있다. 즉 고급사고력의 강조와 더불어 학생 스스로 자신의 인지과정과 그 과정에서 나타난 결과를 총괄적으로 고찰할 수 있는 능력인 초인지는 고급사고력에서 필수적인 능력으로서 요구된다.

Borkowski와 Pressley(1990)은 초인지를 인지적 과정과 전략에 관한 정보를 주고 조정하는 것으로 보았다. Costa(1984)는 초인지에 관한 논의를 구체적인 학교의 학습상황을 통해 설명하고 있다. 그는 초인지를 '문제를 해결하는 과정에서 자신에게 무슨 정보가 요구되는지를 알아낼 수 있는 전략을 입안하는 능력이며, 자신의 문제 해결 단계와 전략을 의식하는 것이고, 자신의 사고결과에 따라 얻어진 산출물을 반성해 보고 이를 평가할 수 있는 능력'으로, Sternberg(1983)은 초인지를 Flavell의 개념보다 좀 더 확장하여 초인지를 '자료수집의 과정에 뒤따르는 감시, 규제, 그리고 조화의 과정'으로 파악하여 인간의 정보처리 사고과정에서 처음 접하게 되는 정보수집과 관련하여 작용하는 정보 수집자 자신과 관련된 제반적인 인지활동이라고 정의하고 있다.

Schneider(1986) 등은 초인지를 인지에 대한 체계적인 내적 통찰 과정과 자기조절과정이라고 정의함으로써 초인지를 자기조절과정으로 해석하고 있다. Butler and Winne(1995) 또한 최근 연구에서 자기조절을 초인지와 동일하게 사용하면서 학습자의 자기조절 기능을 통한 순환을 강조한다. 이러한 경향은 초인지 속에 자기조절

(self-regulation)과정을 포함시키거나, 심지어 초인지와 자기조절 기능을 동일한 것으로 해석, 설명하려는 경향이 현재 높아지고 있다. 학습과정에서 학습자의 초인지적 사고활동을 증진시키기 위해 학습과정상에서 교사의 다양한 활동이 도입, 전개되어야 하며 이러한 교수활동은 교사에 의한 주도적인 교수설계로서의 역할보다는 학습자의 학습을 보조하는 활동으로서 의미를 가져야 한다.

다. 초인지(MetaCognition) 사고와 수업

1980년대 후반부터 초인지에 대한 관심이 커지고, 이러한 능력을 향상시키기 위한 다양한 방식의 수업이 모색되어 왔다. 초인지가 갖는 '자기 자신이 자기가 하는 사고가 잘되고 있는지 어떤지, 또 잘못되고 있다면 어떻게 하면 잘되게 할 수 있는가 등을 반성하는 정신적 작용'이라는 특징에 의해 초인지는 체제적인 사회 변화에 대처하는 중요한 역할을 하게 된다. 체제사회(개방체제로서의 사회)에서의 사고는 언제나 새로운 증거가 나타날 경우 바뀌고 다시 수정, 보완(Feed-back)되는 것이 당연하다. 이러한 방식의 사고는 학습자가 지금까지 진행해 온 자신의 사고가 어떠했는가를 자신이 정확하게 판단할 수 있을 때만 가능한 것이다. 초인지는 자신의 인지와 학습활동에 대한 지식과 통제활동을 학습과정에서 초인지 전략을 이용함으로써 정보의 획득 및 파지의 효율성을 높일 수 있음은 물론이고, 학습상황에 따른 특정 전략행동의 적합성 여부에 관한 경험적 지식이 학습자의 기존 지식체제에 내재화됨에 따라 더욱 정교하고 능률적인 학습전략 행동이 산출될 수 있을 것이다. 더불어 초인지 사고는 성격상 독립된 사고로서 교육할 수 없는 측면에서 기존의 사고방식인 탐구력과 의사결정력, 창조적 사고력 등과 함께 논의가 이루어지고 있다.

교수 설계 중심이론의 축이 행동주의 이론에서 인지주의 이론으로 전이하였고, 최근에는 다시 구성적 인지이론으로 변화를 맞이하고 있다. 구성주의 인지이론의 학습 특성은 지식의 구성과정으로 정보의 기록에 의해 일어나는 것이 아니라 정보의 해석에 의해 일어나며 여기서 학습자의 인지적 자기 관리 능력을 강조한다(Resnick, 1989). 초인지 수업의 방식은 사고력 함양과 관련하여 직접교육, 간접교육, 통합교육으로 <표 3>과 같이 구분할 수 있다. 초인지 지식의 적용은 인지과정에 대한 통제를 위해 독립적인 프로그램에 의해 가르치자는 직접 교수법과 학습자의 스스로의 통제 방법을 통한 초인지 기능을 교과내용 안에서 가르치자는 간접 교수법과 초인지 기능을 추출하여 이를 학습내용으로 구성하여 초인지적 활동을 수행하자는 통합교수법으로 나뉘어 전개되고 있음을 알 수 있다.

3. 사이버교육의 동향

가. 국내 사이버교육

학교에서 사이버교육을 운영하기 위해서는 이를 지원하기 위한 물적 기반이 구축되고, 수업에 활용 가능한 양질의 콘텐츠가 충분히 확보되어야 한다. 사이버교육을 지원하기 위한 교육용 콘텐츠는 주로 사이버교육을 실시하고 있는 학교에서 자체적으로 개발하여 수업에 활용하고 있으며, 공통으로 사용 가능한 자료의 경우 시·도 공동으로 개발하여 지원하기도 한다. 초·중등학교에서의 사이버교육은 제7차 교육과정이 도입되면서 더욱 활성화되고 있다. 특히 제7차 교육과정이 국민 공통 기본교과에서 정보통신기술을 10% 이상 활용하도록 함으로써 초·중등학교에 본격적인 사이버교육을 도입하기 위한 토대를 마련하였다고 할 수 있다(최상근 외, 2001).

제7차 교육과정 운영에 필요한 수업의 보조 자료를 지원하기 위해 각 시·도가 공동으로 멀티미디어 학습 자료를 개발하여 보급하고 있다. 멀티미디어 자료는 그래픽, 동영상, 이미지, 애니메이션, 음성, 음향 등으로 제작되어 공동으로 활용이 가능하도록 DB화한 후 이를 에듀넷(Edunet)을 통하여 서비스함으로써 교사 또는 학생들이 일반 수업은 물론 온라인 수업에 필요한 다양한 자료를 제작하고 이를 통한 학습효과의 향상에 기여할 것으로 기대되고 있다.

학교에서의 사이버교육은 학교 급이나 지역에 따라 다양하게 운영되고 있지만 교사가 학교 홈페이지에 재택수업안이나 협동 학습을 위한 교수·학습과정안을 제시하고, 학생들이 교사가 제시한 교수·학습과정안을 확인하고 학습계획을 수립한다. 이어 학생 스스로 자신에게 적합한 학습방법에 의한 학습을 진행하게 된다. 인터넷 정보탐색 및 활용, 학생 상호토론 전개, 홈페이지 게시판, 자료실, 커뮤니티 등을 통한 자료 교환 및 의견제시 등이 학생이 주로 하게 되는 학습활동이며, 교사의 피드백을 통한 지도가 이루어진다. 마지막으로 학생의 활동 내용을 홈페이지에 게시하고, 학생 상호간의 평가와 교사의 내용 정리로 수업을 마무리(최상근 외, 2001)하는 형태를 띤다. 재택 교육은 1994년 강원도 홍천의 내촌 초등학교에서 폐교 대상 학교의 학생들을 교육하기 위해 처음 시도된 적이 있으며, 현재는 일반 학교에서 정규 수업의 일부를 재택교육으로 실시하는 경우가 있다(최상근 외, 2001).

학교에 사이버교육을 도입하려는 우선적인 이유는 사이버공간의 융통성과 첨단 정보통신기기를 이용하여 기존의 전통적인 교육으로는 해결하는 데 어려움을 겪고 있는 수준별 교육활동을 실시하여 학생 개개인의 소질과 적성을 함양하고, 더불어 다양한 특기적성 활동을 보장함으로써 학교교육의 정상화를 도모하는 데 있다고 할 수 있다. 학교에 사이버교육을 적용하기 위한 가능성을 엿볼 수 있는 지표로 학교나 교사 개인이 운영하는 홈페이지를 지목할 수 있다. 학교나 교사의 홈페이지는 인터넷을 통해 정보를 교환할 뿐 아니라 부분적으로 교수-학습과정과 학습자료 들을 제공하기 때문에 이를 정책적으로 지원할 경우 사이버교육의 발전을 위한 농력원으로 작용할 수 있을 것이다.

학교 급이 올라갈수록 사이버교육을 실시하는 수치는 낮아지고 있다. 이러한 현상은 대학 입시 교육의 직전에 있는 고등학교에서 사이버교육에 대한 실시는 다소 모험적이고, 도전적인 과제임을 추론해 볼 수 있겠다.

학교 급별 개인 홈페이지 보유 교사 수는 다른 통계치와는 달리 고등학교 교사들이 월등히 개인 홈페이지를 많이 운영하는 것을 살펴볼 수 있다.

학교 급별 홈페이지 구축 학교 수, 학교 급별 사이버교육 실시 학교 수와 학교별 개인 홈페이지 보유 교사 수에 대한 자료에서 향후 사이버교육에 대한 기반은 마련되었다고 본다. 이제는 이러한 기반에 보다 양질의 교수-학습용 자료를 개발하여 지역별, 학교별로 이를 서로 교환, 공유하여 유효, 적절하게 활용하는 지혜를 짜내어야 할 시점에 왔다고 본다. 이러한 활용의 이면에는 교육부나 지역 교육청 차원의 적극적인 협조나 지원이 중요한 요소로 작용한다고 할 수 있겠다.

나. 외국 사이버교육

사이버교육이란 정보통신기술을 기반으로 하여 생성되는 사이버공간에서 교수-학습활동을 전개해 나갈 수 있도록 구성된 새로운 방식의 교육 패러다임이라 할 수 있다. 사이버교육은 지금까지의 전통적인 교육을 지배해 왔던 교사 중심의 교육에서 벗어나 학습자 중심의 교육을 가능하게 한다는 점에서 21세기 평생교육 사회, 열린교육 사회에 적합한 새로운 교육체제로 주목을 받고 있다.

사이버교육은 기존의 학교교육을 지원하는 측면에서 그 유형을 다음의 세 가지로 구분해 볼 수 있다. 첫째, 학교 지원형으로 기존의 학교가 제공하기 어려운 과목과 학교가 제공하더라도 사이버교육을 통해 따로 제공될 필요가 있는 과목을 운영하여 교실의 수업을 보완해 주고자 하는 유형이다. 이 유형에서 학습자는 자신이 공부하고 싶은 과목을 수강하고, 교사 입장에서는 개설하고 싶은 과목을 재정이나, 학교 여건 등이 허락하지 않을 경우 이러한 것을 사이버교육을 통해 교육할 수 있다. 이에 대한 예로는 미국의 Florida Online High School과 호주의 Open High School을 들 수 있다.

Florida 고등학교는 1997년에 설립된 사이버 고등학교로 2001년까지 완전한 고등학교교육과정 제공을 목적으로 운영되고 있다. 이리하여 Florida 고등학교는 플로리다 주의 공립학교 체제를 구성하는 67개 학교구(school district)와 동일한 법적 지위를 갖추게 되었다. 플로리다 온라인 고등학교(FOHS)는 시간, 장소, 경로, 학습 속도에 관계없이 교육 서비스를 제공한다는 목표 아래 5개의 코스로 시작한 Orange 카운티(County)의 시범적인 웹 스쿨 운영과 Alachua 카운티의 온라인 프로젝트 시험 운영으로부터 비롯되었다. FOHS의 역할은 플로리다 주 교육과정 규준에 부합하는 코스를 개발하여 학생들의 성공적인 코스 수강을 위해 교수 - 학습과 관련된 모든 편의의 제공과 해당 학교의 지원 인력을 위한 현장 교육, 코스 수강 과정 평가 및 학점 부여 등 학교, 지역사회 교육공동체의 요구에 부응하는 훈련 교육 프로그램 등을 제공하고 있다.

Florida 고등학교에서 운영되는 사이버교육은 플로리다 주에 있는 모든 학교와 학생을 대상으로 개방되어 있으며, 교사들은 대부분의 시간을 온라인 수업 및 프로젝트의 개발, 학생 평가, E - mail을 통한 학생과의 대화에 집중한다. 학습자는 일반코스, 확장코스, 가속코스 등의 세 가지 학습코스를 자신의 능력에 맞추어 하나를 선택하여 수준별로 수업을 할 수 있게 구성이 되어 있다(강숙희, 2002). FOHS의 두드러진 특징은 학생이 코스를 수강하기 시작한 지 28일이 지나면 일반(traditional), 확장(extended), 가속(accelerated)의 세 가지 학습 패턴 중에서 자신의 처지나 형편에 따라 하나를 선택하여 자신의 학습 진행 상황에 따라 코스를 성공적으로 마칠 수 있는 기회가 주어진다.

한편, 호주의 Open High School(http://www.openhigh.nsw.edu.au)

의 주요 대상은 일반 학교의 9~12학년의 고학년 학생들을 대상으로 한다. 이 학교 사이버교육은 학교에 출석하기 어려운 학습자들에게 초점을 맞추어 학습을 지속적으로 제공하는 데 그 일차적인 목적을 두고 있다. 교육방식은 학습자들이 개별적으로 학습을 진행하여 자기 주도적인 학습이 가능하도록 짜여 있다.

둘째, 학교 연합형을 들 수 있다. 이러한 유형은 학교들 간에 컨소시엄을 형성하여 여기에 속한 교사들이 사이버 수업을 개설하고 해당 학교의 학습자들이 사이버교육을 수강하는 형태를 취하고 있다. 이 유형에서의 교사는 자신의 학급 이외의 학습자를 수용하여 교수를 할 수 있고, 학습자는 다양한 교사를 경험하고 새로운 교과 선택의 기회를 확보할 수 있다는 측면을 띠고 있다. 이에 대한 사례로는 미국의 가상 고등학교(Virtual High School)로 1996년 미국의 매사추세츠 주에 있는 허드슨 공립학교 연합과 콩코드 컨소시엄(Concord Consortium)[31)에 의해 시작된 프로젝트로 미 연방 교육부의 재정 지원을 받아 5년간 연구 시범으로 지정되어 운영되는 사이버 고등학교이다. 2000~2001년에는 약 200개의 학교가 참여한 가운데 156개의 코스가 개발되었다(최상근 외, 2001a). 이 학교의 주목적은 저렴한 가격으로 양질의 다양한 프로그램을 학생에게 제공하는 것이며 학생들은 자기 학교에서 제공되는 코스는 물론 타 학교의 강좌를 등록할 수 있고 교사들은 자기 자체 학교에서는 지원이 어려운 코스도 지원을 받아 개발하여 공유하도록 하고 있다(손미, 2000에서 재인용).

VHS에서 개설하는 넷코스(NetCourse: 네트워크를 통해서 제공되는 교육 강좌)는 교과목 심화형, 기술 관련 특성화 과목과 선택 과

---

31) 정보통신기술을 이용하여 교육에 대한 혁신을 표방하는 미국의 비영리 개발기관이다.

목 등 그 범위가 매우 다양하여 학생들의 요구도가 높은 과목은 동일 강좌를 2개 이상의 영역으로 구분하여 개설된다. 여기서는 특성화되고 상호작용적인 러닝 스페이스(Learning Space)를 통해 개설되어 강좌의 계획 설정, 미디어 센터(Media Center), 코스 관련에 대한 토론의 장(Course Room), 프로파일(Profiles) 등의 모듈 등이 제공된다. 이러한 VHS 넷코스의 특징은 중앙 집중적인 관리로 교과 교사가 제공하는 교육의 내용, 학생의 참여와 토론 위주의 학습 설계, 상호작용 강조 등을 들 수 있다.

VHS의 성공적인 운영을 위해 가장 크게 기여한 것은 넷코스의 질인데, 이는 실제 처음 설계 단계에서부터 학생들이 수강하는 단계에 이르기까지 VHS 교사, 지역조정자, 학생들의 의견을 고려하여 TLC 강사, VHS 운영자, 교육전문가, 내용전문가에 의해서 개발된 규준에 근거하여 넷코스를 평가하기 때문이다. 이 평가과정은 상호 보완적이지만, 넷코스 디자인과 전달 측면에서 각기 다른 영역, 즉 구조적인 측면, 내용과 교육과정 측면, 날마다의 적용 측면에 초점을 둔다는 점에서 구별된다. 이 중 특히 내용 및 교육과정 규준 (National Content and Curriculum Standards)은 넷코스 평가위원회 (NetCourse Evaluation Board)에 의해서 개발되어 1999년부터 평가에 적극적으로 활용되었는데, 그 핵심적인 평가 기준은 넷코스의 중요 특성별로 그 근거와 예제가 세분화되어 있다(최상근 외, 2001).

VHS는 다른 온라인 학교와 비교하여 보다 특징적인 차이점은 수업 모델이 프로젝트 기반이나 학생 중심의 토론과 세미나 중심으로 하여 특성화된 교과목 개설에 무게를 두어 일선 고등학교에서 운영하는 교과 교육과정을 보다 풍부하게 지원한다. 더불어 이에 참여하는 학교 간의 연합으로 운영되기 때문에 상대적으로 저렴한 비용으로 학생의 수요에 적합한 다양한 교과, 특기 강좌를 개설하여 이를 현장 교사들이 운영한다는 점이다.

또 다른 사례로는 캐나다의 NDDL(New Directions in Distance Learning)이라는 프로그램이 콜롬비아 주 학습국에 의해서 운영되고 있으며 소규모 학교나 학습센터, 재택 학습자들에게 고등학교 졸업에 필요한 과정을 제공하고 있다.

셋째, 독립형이다. 이러한 유형의 사이버교육은 학교를 다니지 않는 학생이 대상이 되며 기존의 학교와 같이 졸업장을 수여하는 정규 교육시스템이라 할 수 있다. 여기에 속한 학습자는 공교육으로부터 적응하지 못한 일탈 학생, 근로자, 성인, 홈스쿨 학생 등을 대상으로 하는 대안학교의 형식과 다양한 특기·적성에 대한 욕구 충족을 위한 특성화된 학교 형태를 띠는 사이버교육체제로 양분할 수 있다. 이러한 유형의 사이버교육은 사이버교육이 이제는 공교육 밖의 교육활동이 아닌 평생 학습 시대에 맞는 교육의 핵심을 차지하는 교육형태라 할 수 있다. 이러한 사례로는 캘리포니아의 CLC (Community Learning Center)를 들 수 있다. 1995년 캘리포니아 주 교육위원회의 인가를 받아 설립된 차터 스쿨(Charter School) 중의 하나로서 기존의 공립학교 체제에서 전통적인 교수방법을 통해 성공적으로 학습하지 못한 학생에게 원격 교육방법을 사용하여 대안적인 교육형태를 제공하는 기관이다.

CLC는 기존의 학교에서 일탈한 학생, 통학상의 원거리 학생들을 대상으로 하며 학교교육과정과는 차별화되고 특성화된 교육과정으로 운영하고 있다. 이러한 사이버교육을 통해 사이버학교가 학생들로 하여금 학업에 대한 관심을 지속적으로 유지하게 하고 나아가 학업성취도를 높일 수 있는 교육체제가 될 수 있는 가능성을 보여

주고 있다(강숙희, 2002). CLC의 주요 교육목표는 학생들에게 기본적인 기술과 학문적 성장을 도울 수 있도록 설계된 학문적 프로그램을 제공하고, 새로운 교육환경에서 학생들의 성공을 실현할 수 있도록 도와주고, 자발적인 학습동기를 가지고 기술들을 적절히 활용할 수 있는 평생학습자가 되게 하는 것이다. 설립 취지에 걸맞게 주요 교육대상은 여러 가지 이유로 기존의 학교를 떠나 교육서비스를 받고 있지 않는 K-12의 학생들이며, 이들이 기존의 교육체제 안으로 다시 돌아갈 수 있도록 도와주는 데 초점을 둔다(최상근 외, 2001).

독립형의 또 다른 사례로 사이버 스쿨(Cyber School)을 들 수 있다. 사이버 스쿨(Cyber School)은 학교의 크기와 위치에 관계없이 학생들에게 보다 광범위한 고등학교교육과정을 제공하는 데에 목적을 두고 오리건 주에서 시작된 온라인 프로그램이다. 사이버 스쿨 역시 기존의 학교를 대체하려는 것이 아니라 학교에 다닐 시간적인 여유가 없는 사람, 직장인, 학교 졸업장이 필요한 사람, 빠른 시기에 교육과정을 끝내려는 사람, 재택 학습자, 학교에 개설되지 않은 강좌를 듣고자 하는 사람 등을 주요 교육 수혜자로 지정하여 학교교육을 지원하는 방식으로 운영된다.

이상에서 사이버교육에 대한 유형과 특징들을 살펴보았다. 국외에서는 평생 학습 사회에서 어떤 처지에 있든 학습자들에게 학습하는 기회를 정보통신 매체를 통하여 사이버교육이라는 형태로 제공하는 사례들을 살펴보았다. 한편, 국내에서는 공교육체제 안에서 사이버교육을 도입하려는 시도들이 있으나 제도화되고 보다 구체적인 의미에서의 사이버교육에 대한 논의는 많지 않다. 일부 뜻있는 교사나 민간 차원에서 교수-학습 프로그램과 학습 자료를 교실 밖에서 제공하고 있는 수준이다. 사이버학교에서의 교육이 학교의 공교육을 대체하는 대체재 개념으로 보기보다는 학교 중심의 면대면 교수를 포함한 기존 학교교육과 함께 다양한 학습 선택의 기회로서 확장하는 보완재 개념으로 인식하고 이에 대한 다양한 교육과정과 프로그램을 이제는 준비해야 할 시기에 직면하고 있다고 보아야 할 것이다.

4. 효율적인 사이버교육체제 구축

가. 사이버 학습환경 구축

이 장에서는 사이버교육에 대한 초·중·고 교사들의 인식과 요구분석을 바탕으로 하여 사이버교육에 적합한 학습공간에서 학습경험의 속성 요인들을 기반으로 교수－학습과정을 이루는 학생, 내용, 교사, 교수－학습방법과 지원체제의 측면에서 살펴보고자 한다.

<그림 Ⅵ－1>은 사이버 학습환경을 구성하기 위하여 학생, 내용, 교사, 교수－학습방법과 지원체제의 측면 등의 각 구성요소 간의 관계를 나타낸 것이다. 허희옥(2003)은 학습환경 설계를 위한 전제 조건으로 첫째, 가치 있는 교육적 경험은 개인의 지적 정서적 특질과 대상 세계의 통합으로 이루어지는 흥미로 시작하며, 그 흥미는 지적인 사고과정을 이끌어 완성된 경험에 도달하게 하는 원동력이 된다. 즉 개인과 그를 둘러싸고 있는 환경이 충돌하였을 때 생기는 감정적인 순간에서 비롯되는 것으로, 광범위한 의미에서

인간 자신과 그를 둘러싸고 있는 환경과의 긴장 상태를 조화롭게 변형해 가는 것이다. 개인이 지난 경험을 통해 발달시킨 흥미의 대상이 되면서, 동시에 어떤 낯설고 새로운 요소가 결합되어 있기에 새로운 탐구를 자극할 때, 흥미는 지적인 특성을 갖게 되며 지속적인 탐구활동을 이끌어 낸다.

둘째, 교육적 경험은 불일치의 상황에 두루 퍼져 있는 개인과 상황의 일체화된 감성적 질적인 느낌에서 출발하여, 반성적 사고과정을 통하면서 인지적 속성을 가지게 된다. 인식의 주체와 객체의 통합적 상호작용으로서, 인식 주체의 행함과 느낌과 의미 지각이 하나로 되어, 지적 정서적 실천적 관심이 하나로 융합되는 통합적인 과정이다.

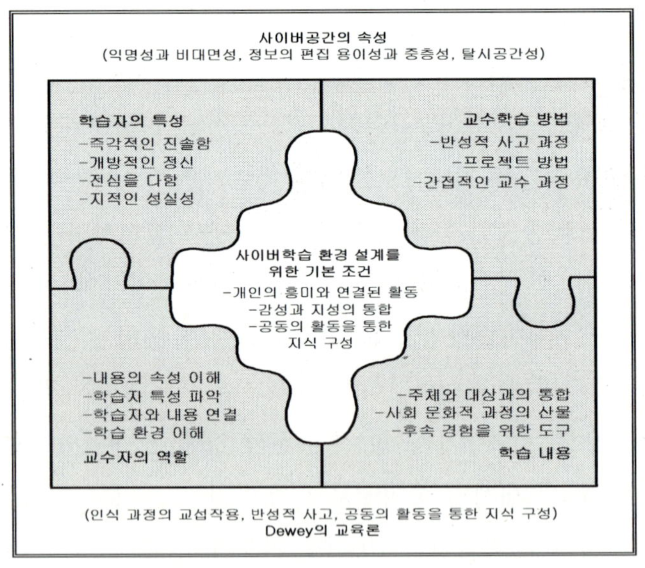

자료: 허희옥(2003). 「사이버공간에서의 '교육적 경험'을 위한 학습환경 설계」, 『교육공학연구』, 19(1), 197~224.

〈그림 Ⅵ-1〉 교육적 경험을 위한 사이버 학습환경의 구성

셋째, 교육적 경험은 인식의 주체들 간의 공동의 활동을 통하여 형성되는 사회적인 속성을 가진다.

사이버 학습환경에서의 학습자의 특성은 새로운 의미와 가치를 생성하고 자아가 새롭게 탈바꿈되는 경험을 계속할 수 있는 특성으로 ① 즉각적 진솔함(directness), ② 개방적인 정신(open-mindedness), ③ 전심을 다함(single-mindedness or whole-heartedness), ④ 지적인 성실성(intellectual thoroughness)의 특성을 지닌 존재이다(노진호, 1996, 양은주·조경원·김경자, 2001, Dewey, 1916: 180-187).

학습내용의 속성으로는 ① 지식은 교섭작용을 통하여 산출된 결과물임과 동시에 다른 교섭작용을 위한 도구가 된다. 교섭작용에서 기존의 선 이해의 틀은 재구성을 위해 해체되고, 더 많은 사실과 개념이 포함되어, 이전의 모양과는 다른 새로운 구조로 확장된다. ② 지식은 후속하는 질적인 경험을 위한 도구이며 수단이 된다. ③ 교육내용을 구성하는 대상 세계의 의미는 그 자체로 습득되는 것이 아니라 목적을 공유하는 사회적 공동활동 안에서 인지되고 이해된다. 사이버공간의 교육적 경험 안에서 학습자가 접하게 되는 정보 및 지식은 전자화된 정보로 표현되며, 텍스트들은 상호 연관되어 있는 역동적인 참조 시스템인 하이퍼텍스트 방식을 이용하여 모든 정보는 입체적 링크로 비선형적·중층적으로 구조화된다. 멀티미디어의 속성을 이용하여 실세계에서 일어나는 다양한 현상과 사건을 교실 안으로 가져와 실세계와 연계된 학습정보 및 지식을 제공한다(허희옥, 2003).

교수자의 역할은 학생들이 소기의 목적을 달성하기 위하여 교과 학습내용을 활용, 습득, 파지할 수 있게 하여 반성적 사고방식을 개발하고 자신의 흥미를 확장하면서 성장할 수 있는 제반 조건들을 제공하여야 한다. 교수자는 교과내용과 학습자를 연결하는 중재자의 역할을 해야 하며, 학습자의 관심과 연결되기 위하여 대상세계는 학습자에 의하여 적절하게 조작될 수 있어야 하며 이를 위하여 다음과 같은 요소들을 파악해야 한다(허희옥, 2003).

- 학습정보를 제시하기 위한 사이버공간의 물리적 특성
- 학습자 혹은 학습자 집단과 교수자에 의한 학습정보의 조작 가능성
- 학습내용에 대하여 학습자가 가지는 지적 정서적 관점
- 사이버공간에서 창조되고 확장된 정보 표현의 가능성

교수 – 학습방법으로는 사이버공간에서 학습자들의 교육적인 경험을 가능하게 하는 학습자의 흥미와 연결되는 학습활동과 지성과 감성이 통합된 활동, 공동의 목적을 향해 나아가는 사회적 활동을 이루기 위하여 반성적 사고과정,[32] 프로젝트 방법,[33] 간접교수과정[34]을 고려하여야 한다.

지원체제 측면에서는 학습자의 교육적 경험을 지원하는 환경은

---

32) 반성적 사고과정의 일반적인 과정은 ① 의문을 일으키는 불확정한 상황의 체감. ② 문제 사태에 대한 지적 추리의 발동. ③ 자기 주도적인 관점. 가설을 설정하기 위하여 주어진 사실적 정보들을 조사, 관찰, 탐험하여 가능한 한 모든 고려 사항을 검토한다. ④ 문제와 관련되는 사실적 이해를 종합하여 잠정적 가설을 설정하고 정교화하는 추론이 이루어진다. ⑤ 실행에 의한 가설 검증 단계이다. 가설을 확증하기 위하여 외적 행동에 의한 실험적인 검사 과정을 거치는 것으로, 이론적으로 추론된 결과가 실제로 일어나는지를 확인하는 것이다.

33) 프로젝트 방법은 직접적 실질적인 산출물을 강조하고, 학습자의 흥미와 능력에 적합하게 교과내용을 구성하여, 서로 연관된 실질적인 과제를 협력적으로 수행하는 동안에 그 실제와 연합되는 의미와 가치를 학습하게 한다.

34) 간접교수과정은 학습자가 스스로 선택하고 진행할 수 있도록 교수 – 학습환경을 구성해 준다. 학습자 개인의 생활과 교육내용 간의 연계성을 통하여 자신의 흥미를 유발하고 교육내용과의 상호작용 방식을 설정하며 그것을 이해하고 활용하기 위한 노력의 범위를 스스로 확대해 가도록 지원한다.

학습자와 대상 세계를 유기적으로 연결하여 경험의 초기 단계에서
경험한 불일치의 감정이 학습 후 지적인 완성의 단계로 발전하여
새로운 의미의 세계로 확장되도록 다양한 학습적인 자원과 도구를
제공하여야 한다.

나. 사이버공간에 적합한 교수 – 학습체제

사이버공간에서의 경험은 기존의 교육적 패러다임이 갖는 한계
를 넘어 학습자와 지식과 교육환경을 새로이 규정할 수 있는 긍정
적인 가능성을 제공해 준다. 사이버교육을 통한 학습자의 일반적인
지적 능력의 증진과 학습자의 고차원적인 사고와 학습능력, 문제
해결 능력을 향상시키기 위해선 학습자가 특정 지식이나 내용을
좀 더 효과적·효율적으로 이해하는 방식의 접근보다는 사이버교
육을 통하여 학습자가 스스로 새로운 지식을 구성하거나 학습능력
을 향상시키는 데 그 초점을 두어야 한다. 학습자가 의식적으로
깨어 있는 상태에서 주의 깊은 참여를 할 수 있어야 하며, 이는
곧 학습자가 자신의 학습에 대해 지식과 의미를 구성하는 데 있어
책임을 져야 함을 의미한다(Salomon et al., 1991).
사이버공간에 적합한 교수 – 학습을 위한 요건들을 제시하면 다
음과 같다.
첫째, 교사와 학생 간의 상호작용을 극대화하는 방향으로 운영
되어야 한다. 사이버교육은 컴퓨터라는 매체를 통해 교수와 학습이
발생하지만 인간을 위한, 학습자 중심의 교육을 궁극적인 목표로
삼아야 한다(White & Weight, 2000). 사이버 학습환경은 양 방향

적인 상호작용을 지원함으로써 학습자로 하여금 자신의 생각이나 가정을 도전받게 하며, 혼자 고립된 상태에서가 아닌, 자신과 또는 남들과의 지속적인 대화를 통해 능동적으로 의미를 구성해 나갈 수 있게 한다(Garrison, 1993). E-mail, 편지, 가상대화(채팅), 사이버상담, 가상포럼, 팩스 등 다양한 수단을 필요에 따라 동원하여 학습자들의 학습 속도나 진행 상황을 모니터링하여 긴밀한 의사소통이 교류될 수 있도록 노력하여야 한다. 양 방향적인 상호작용과 협력, 또 그에 따르는 새로운 지식의 구성을 촉구함으로써 단순한 지식의 전달매개체 이상의 역할을 제공하고 있다(Brown, 1989, Mason & Kaye, 1990).

둘째, 교육적 가치 판단에 의한 적극적인 개입이 요구된다. 사이버공간에서의 교육적 경험을 형성하기 위하여 사이버공간의 특징을 그 공간에서 경험의 주체가 가지는 익명성과 면책성, 경험의 내용이 갖는 온라인 정보의 중층성, 경험의 장이 가지는 탈시공간성을 규정해야 한다. 이들 특성에 내재된 긍정적인 측면인 의사표현의 자율성과 창의성, 정보의 초현실성과 재구성, 정보의 공유성과 민주적인 공동체 형성이 가능한 교수-학습활동을 설계하기 위하여 고려되어야 한다.

교육적 경험의 구조는 시작, 전개, 완성으로 특징지어지는 일련의 단위 과정으로 형성된다. 그래서 사이버공간에서의 경험 또한 그것이 시작과 전개와 완성의 국면을 이룰 때에 교육적인 가치를 갖는다(허희옥·양은주, 2001).

셋째, 자기 규제 학습환경의 구축. 학습자가 수행하는 학습에 대하여 자기 자신이 직접 학습 자료의 관리, 과제 집중, 포괄적인 학습 실행 등의 인지적인 활동이 가능하도록 환경을 마련해 주어야 한다. 자기 규제 학습의 특성은 학습내용의 습득과 변형이라는 두 가지 인지적 수준으로 나누면서 학습내용의 습득에 대한 주의집중, 시연, 심사, 전략적 계획과 선택, 연결, 전술적 계획의 변형을 할 수 있도록 조장해 주어야 한다.

넷째, 사이버학교 지원센터 설립과 튜터 제도. 학교 단위 수준에서만 활용되는 정보의 교환이나 활용이 아니라 이를 주기적으로 분석, 관리하여 사이버교육을 지원하는 사이버학교 지원센터를 설립하여 사이버학교의 구축에서부터 효과적이고 효율적인 운영이 될 수 있도록 할 필요가 있다.

단위학교 수준에서는 교사, 학생, 학부모로 구성된 사이버학교운영위원회를 설치하여 양질의 교육 콘텐츠 양산을 위해 사이버교육과정 편성과 예산에 대하여 심의할 수 있으며, 교육청 단위로 가상 지역 센터를 구성하고 이를 집결할 수 있는 중앙 센터를 설립하는 피라미드 구조는 지원센터 설치를 통한 운영의 효율을 기할 수 있는 방식이라 할 수 있다(백영균, 2001).

사이버교육은 도움을 지원하는 교사가 바로 옆에 있지 않기 때문에 저학년 학습자의 경우 스스로 자율적으로 학습하고 그 결과에 대하여 책임을 져야 하는 점에서 많은 어려움이 예상된다. 그래서 각 학년마다 관리 교사를 두어 교사와 학습자 간 이러한 어려움을 해결할 수 있는 전담요원의 확충이 필요하다고 본다. 이러한 튜터 교사는 학습자가 필요한 정보를 효과적, 효율적으로 수집하는 방법을 제공하고 다양한 자료원을 통해 얻을 수 있는 과다한 양의 정보 중에 유용한 정보 여부를 판단할 수 있는 통찰력을 기를 수 있도록 배려하는 것이 필요하다(Cunningham, 1993). 교육내용의 제공자가 아니라 학생들이 스스로 발견하고 학습할 수 있도록 안내하는 학습의 길잡이가 되어야 하며 학생들에게 정보를 탐색, 수집, 분석하며, 의사소통하는 방법 등을 지도하는 등의 학습 지원체제로서의 역할이 요구된다(허운나, 1998).

5. 사이버학교의 유형

사이버공간은 학교의 교육 기능을 완전히 대체할 수는 없다. 학교교육 기능을 지원하거나, 보완하는 개념으로서 그 유용성을 논해야 한다고 본다. 이하에서는 사이버학교의 바람직한 유형으로 학교지원형, 연합형, 독립형 등의 세 가지 유형을 제안한다.

가. 학교 지원형

학교 지원형 사이버학교유형은 사이버학교가 일반학교(면대면 학교)의 일부 과정을 대신할 수 있도록 사이버공간에서 수업을 제공하며 이수하도록 하는 형태를 취한다(<그림 Ⅵ-2> 참조). 사이버학교는 내용(콘텐츠)과 정보통신기술로써 사이버공간에 구축되는 학교이며, 학교이기에 학교의 모든 구성요소를 갖추어야 한다는 생각은 잘못된 것이다(송상호, 2000).

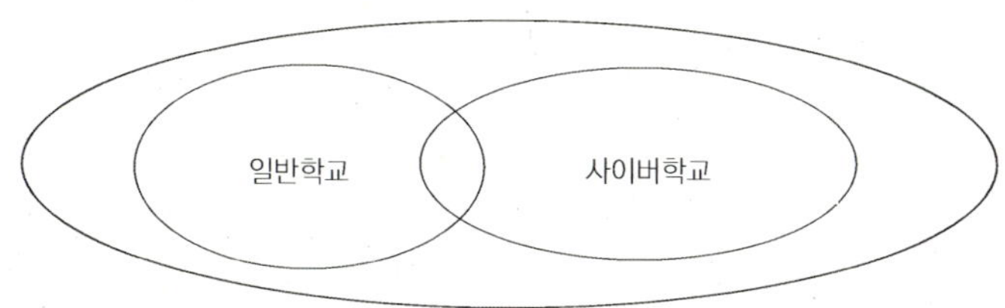

<그림 Ⅵ-2> 사이버학교의 유형: 학교 지원형

학교 지원형 사이버학교는 기존의 학교를 대체하기보다는 지원
하는 것이 그 목적이다. 학교에서 제공하기 어려운 교과목이나 학
교가 제공하더라도 사이버학교에서 별도로 제공될 필요가 있는 과
목들을 제공함으로써 학교를 보완해 주고자 하는 것이 학교 지원
형 사이버학교의 설립 취지이다. 그리하여 사이버학교는 기존의 학
교 관계에서 상호 경쟁관계가 아니라 협조체제에 놓이게 된다.

사이버학교의 최대 핵심은 제공되는 코스에 있다. 어떤 코스를
제공하는가, 누구에게 제공하며 또 어떻게 운영되는가는 사이버학
교 설립의 타당성을 부여해 줄 수 있는 주된 요인들이다. 본질적
으로, 사이버학교의 코스들은 사이버공간에서 이루어지기 때문에
시공간적 제약을 받지 않으며 누구에게나 제공될 수 있다. 또한
코스를 설계하는 측면에 있어서도 전 세계적으로 흩어져 있는 풍
부하면서도 다양한 자원들을 얼마든지 활용할 수 있다. 이러한 장
점들을 최대한 살림으로써 면대면 수업에서는 가능하지 못하거나
실현하기 어려운 부분들을 사이버 수업에서 채워 줄 수 있을 때
사이버학교가 왜 설립되고 운영되어야 하는지에 대한 논리적인 타
당성이 성립될 수 있을 것이다(최상근 외, 2001).

기존 학교교육의 가장 큰 문제점 중의 하나는 학생 개인의 개인
적인 차이를 고려하지 않는 획일적인 교육과정과 교사 중심의 일

방적인 설명 위주의 지식 전달을 꼽을 수 있다. 이러한 문제들은 21세기 미래정보자원 사회가 요구하는 자기 주도적인 학습능력과 창의성을 지닌 인간형을 배출하는 데 미흡하다는 지적을 받고 있다. 7차 교육과정의 도입으로 선택형 교육과정이 실시되고 있지만 누적되어 있는 이러한 근본적인 문제들을 해결하는 데는 역부족이라고 할 수 있다. 그리하여 사이버학교 체제의 도입은 학생들에게 보다 많은 양질의 교육 선택권을 부여하여 본인의 선호와 학습 방식에 맞는 수업 기회를 선택, 확장시켜 줄 수 있도록 이루어져야 한다. 그리하여 최상근 등(2001)의 연구자들은 사이버학교의 일차적인 교육 수혜 대상을 다음과 같이 설정하고 있다.

① 기존 학교에 다니고 있으나 사이버학교의 코스를 듣고자 하는 학생들
② 기존 학교에 다니고 있으나 병이나 사고로 인하여 등교하지 못하는 학생들
③ 기존 학교에 다니고 있으나 개인적인 사정으로 잠시 휴학하고 있는 학생들
④ 기존 학교에 다니고 있으나 외국에 거류하고 있는 학생들

학교 급별로 도입의 구체적인 방안으로 초등학교의 경우는 정규 교과목 강좌 형태의 지원보다는 교실 수업에서 구체적으로 활용 가능한 멀티미디어 자료의 개발과 보급이 선행되어야 할 것이다. 담임교사의 객관적이고 적극적인 관여와 지원이 필요하다. 학생의 주도성을 고양하도록 노력하되, 과제 해결 과정에서 학습자들이 겪을 수 있는 인지 갈등을 방치하여서는 안 된다.

국민공통기본 교과의 교육과정으로 구성된 중학교의 경우에는 수준별 학습이 가능하도록 구축이 되어야 할 것이다. 담임의 역할은 최소화하면서 학생이 서로 협동, 협력하여 문제를 해결하는 학습력 배양과 더불어 정보 탐색을 통하여 자기 주도적인 역할로 학습문제를 해결할 수 있도록 제반 여건을 마련해 주어야 할 것이다.

고등학교의 경우는 학교지원을 통하여 선택 교과나 심화 보충 선택 교과 등을 운영하여 본시 학습에 보다 조력할 수 있는 체제가 필요하다.

나. 학교 연합형

학교 연합형은 개별 학교에서 독자적으로 개설하기 힘든 교과목이나 특기 적성 과목 등을 사이버공간에 개설하여 참여 학교의 학생들에게 사이버 수업을 공동으로 제공하는 학교들의 연합 형태이다. 학교 연합에 참여하는 학교의 교사가 인터넷에 교과나 특기 적성 강좌를 개설하고 학교 연합에 속한 학생들이 강좌를 수강하는 방식으로 학교 간에 교육 협력 공동체를 형성하여 사이버 강좌를 서로 주고받는 형태이다(<그림 Ⅵ-3> 참조).

협력 학교의 도움을 바탕으로 학교 간 연합(컨소시엄) 형태로 운영이 되기 때문에 많은 추가적인 비용을 들이지 않고도 교수활동에 대한 풍부한 경험의 제공과 학습기회의 다양화를 가져올 수 있는 유형이라 할 수 있다.

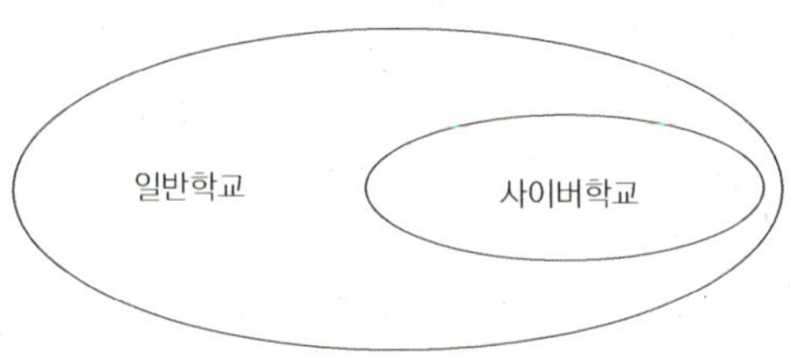

〈그림 Ⅵ-3〉 사이버학교의 유형: 학교 연합형

　　연합형 사이버학교는 비용을 들여 외부 강사를 별도로 고용하지 않고 학교 연합에 참여하는 학교에서 근무하는 교사의 협력을 받아 수업시간 중에서 일부분을 할애하여 면대면 수업에서 사이버 수업으로 전환하는 방식으로 운영하기 때문에 사이버 수업을 잘할 수 있는 현직 교사를 선정하고 전문교육 프로그램을 적절히 제공하는 것이 무엇보다 중요하다. 학교마다 1, 2명의 특정 교사를 감독관(monitoring)으로 임명하여 사이버 수업 수강과 관련된 각종 교수-학습문제와 기술적인 문제들을 감독, 관리하는 방안도 고려해 볼 수 있겠다.

　　연합형 사이버학교에서의 주요 교육대상은 학생 누구나 교육대상이 될 수 있지만, 특히 다음과 같은 상황에 놓여 있는 학생들은 더욱 효과를 얻을 수 있을 것이다(최상근 외, 2001).

○ 자신이 다니는 학교에 개설되지 않은 과목을 수강하고자 하는 학생(예: 고등학교 선택 교과)
○ 자신이 다니는 학교에서 배우는 내용으로는 전문성을 살리기 어려운 학생(예: 초등학교 재량활동, 특기·적성교육 과목, 컴퓨터소양 관련 과목)
○ 일부 교과의 면대면 교실 수업에서 나타나는 학습부진 또는 우

수학생(예: 수학교과에서 보충 또는 심화학습이 필요한 경우)
ㅇ 학습시간에 보다 융통성이 필요한 학생(예: 예체능 계열 학생
의 일반 교과 수강)
ㅇ 면대면 교실 수업보다 사이버 수업에서 더 학습효과를 높일
수 있는 학생

학교 연합형의 운영체제는 특정한 운영기관이나 외부의 협조 내지
는 승인 없이 학교 간에 자율적으로 사이버학교를 운영할 수 있다.
교육적인 철학이나 목적을 같이하는 학교들이 서로 연합하여 공
동으로 사이버 교과 강좌를 개설하고 이를 학생들에게 수강하게
할 수도 있다. 특히, 학교 연합형 사이버학교는 기존 학교체제 내
에서 참여를 원하는 학교끼리의 협조로 운영되기 때문에, 특별한
부가 비용 없이 현행 학교체제 내에서 사이버교육의 장점을 살릴
수 있다. 또한 학교 연합에서 개설하는 가장 핵심적인 강좌들은
일반 개별 학교에서 단독으로 개설하기 어려운 과목, 특성화된 과
목, 강점을 가지고 있는 과목 중심이므로, 학교에서 이와 같은 분
야에서 전문성을 가지고 있는 현직 교사에게는 새로운 교수환경을
제공할 수 있고, 일반 교과를 담당하고 있는 교사들에게 부정적인
영향을 미치지 않을 것으로 기대된다(최상근 외, 2001).

다. 학교 독립형

학교 독립형 사이버학교는 사이버공간을 통하여 입·퇴학, 전출
입, 편입, 교과과정의 이수 및 졸업을 할 수 있는 체제이다. 사이

버공간을 이용하여 학교를 설립하고 그에 따른 모든 학사 관리가 이루어지며 학습자는 입학 후 사이버공간의 교과목 수강을 통하여 졸업장을 받는 방식으로 운영된다(<그림 Ⅵ-4> 참조).

전국 어디에 거주하건 인터넷을 이용할 수 있는 경우 입학이 가능하며, 교육과정 운영은 학기 단위로 실시함을 원칙으로 한다. 이는 일반 학교에서 전학을 오거나 다시 일반 학교로 복귀하는 경우에 학생에게 불이익이 없도록 하기 위한 것이다. 다시 말해서 일반 학교와의 호환성을 최대한 고려하여 운영하는 학교가 되어야한다. 사이버학교에 재학하는 학생은 소정의 교육과정을 이수하여 사이버학교장으로부터 학교 졸업장을 받을 수 있다. 이때에 졸업장은 일반학교 졸업과 동일한 가치를 부여한다(최상근 외, 2001).

독립형 사이버학교의 수혜자는 기존의 학교교육에서의 낙오자, 중퇴자, 부적응 학생, 직장인, 홈스쿨 학생, 성인 학습자 등을 대상으로 한다. 기존 학교의 틀에서 벗어나 있는 교육대상자를 위한 하나의 대안학교가 될 수도 있는 반면에 일반 학교와 병행하여 학습자의 특기나 적성 등을 고려하여 선택할 수 있는 대안적인 가상학교가 될 수도 있다.

독립형 사이버학교는 기존 학교교육에서 이탈된 학생들을 대상으로 운영이 이루어지나 일반 면대면 학교와 동일하게 교과과정을 이수한 자에게는 졸업장을 수여하는 방식이므로 정규 교육체제 내의 방계 학제로서 인정되어야 하는 과제를 안고 있다고 하겠다.

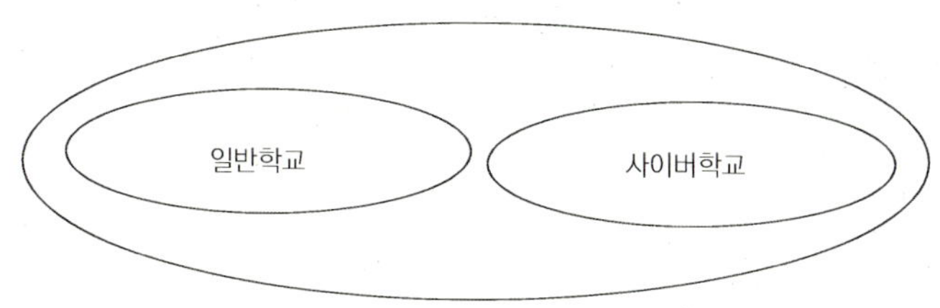

〈그림 Ⅵ-4〉 사이버학교의 유형: 학교 독립형

학교교육활동이 대부분 가상공간인 사이버환경 속에서 이루어지므로 면대면 접촉이 보다 요구되는 초등학생보다는 정신적, 연령적으로 성숙한 고학년 학생들에게 더 적합한 학교유형이라고 할 수 있다.

더불어 사이버공간에서의 지식적인 측면만 전수가 되어 교육 본연의 목적인 전인적인 인간 양성에는 미흡하다는 단점이 있다. 한 인간의 발달에는 지적, 정의적, 심동적인 다차원적인 측면의 발달을 지향하고 있는데 독립형 사이버학교는 일반 면대면 학교에서 누릴 수 있는 동료 간의 우정, 신뢰관계, 협동, 단결 의식 배양 등에서 취약성을 잉태하고 있으며, 신체활동을 위한 운동 공간이 없다는 것이다. 그리하여 독립형 사이버학교라 하여 반드시 가상공간인 인터넷에서 교수-학습이 이루어지는 고정적인 방식에서 벗어나 온라인(on-line) 가상 학교와 더불어 오프라인(off-line) 형태의 학교 건물도 제안해 본다.

학교교육의 보완 및 지원체제로서의 사이버학교는 학교의 교육적인 기능을 강화시키거나 학교가 지닌 문제점을 감소할 수 있는 효율적인 운영의 방안을 찾는 것이 바람직하다.

이상과 같이 사이버학교는 면대면 학교가 수행하는 기능을 전부 맡을 수는 없으며 학교의 극히 일부 기능을 훌륭하게 지원할 수

있다(Jones외 1999, 백영균, 2001에서 재인용). 이러한 새로운 학교
교육의 체제는 기존의 면대면 학교가 수행하는 데 보였던 다양한
한계 상황을 사이버학교의 교육적인 지원을 받아 보다 효율적으로
구축될 수 있다.

6. 학습 네트워크 구축

정보세대 학습자들은 자신들이 원하기만 하면 순식간에 수천 명
이 뭉쳐서 거대한 사이버 집단을 만든다. 예전 같으면 정치권력이
나 조직력이 있어야만 거대집단을 만드는 현실세계에서는 감히 상
상도 할 수 없는 일이다. 그러나 이러한 거대 사이버 집단도 목적
이 달성되면 아무리 거대하고 응집력 높았던 사이버 조직일지라도
순간적으로 해체된다. '인간관계의 디지털화'가 일어나고 있는 것
이다(이미나, 2000).

사이버 집단에서도 자신의 정체성에 대한 감각과 목적의 공유의
식, 상호 구속적인 통제감, 정서적인 유대와 같은 원초적인 유대감
을 느낄 수 있다. 자신의 분신을 만들어 가상세계에서 자신을 대
신하여 활동하게도 한다. 이러한 정보화 시대에 있어서 학교와 학
급의 교육방식과 체제가 변화지 않고는 더 이상 학생들을 교실에
붙잡아 둘 수 없다. 사이버교육은 학습자들을 전문가와 직접 연결
시켜 줌으로써 계층 간의 거리를 좁혀 주고 있다. 외국의 과학자
와 화상 채팅, E-mail 교환을 통해 과학의 신비나 의문을 해결하
고, 나이, 신분, 계층, 지역 차를 넘어 상호작용할 수 있는 이러한

학습 네트워크 체제는 가히 정보시대에 사는 우리들에게 무한한 학습공간의 제공과 학습의 영역에 대한 확장을 보장해 준다. 전통적인 학교는 단절된 사회환경에 속해 있는 닫힌 의사소통체제로 존재해 왔었다. 학교의 문과 울타리는 학습자들을 외부로부터 지키는 것뿐만 아니라 외부 세계로부터 학습자들을 고립시켜 왔다. 이에 반해, 사이버교육은 학교의 문을 외부 세계에 활짝 열도록 강요하고 있다. 학습자들은 컴퓨터를 통해 서로 협력하는 학습공동체를 형성하고 있다.

컴퓨터 통신망으로 연결된 가상의 세계는 지식정보자원들을 서로 연결시키며 인간 대 인간의 상호작용을 위한 기반을 제공하고 있다. 그러나 정보통신기술의 보다 밝은 미래를 보장하는 것은 단순한 온라인 세계 속에서의 연결이 아니라 교사공동체, 학습자공동체, 지역공동체 등을 포함하는 다양한 형태의 온라인과 오프라인 공동체의 구축이라고 할 수 있다. 가상세계의 연결과 구축은 교실과 더불어 실제 세계로 연결될 때 비로소 그 효과를 거양할 수 있을 것이다.

디지털기술을 교육과정에 도입하여 활용한다면, 현행 교육과정에서 소홀했던 교육 본연의 목표를 달성할 가능성도 엿보인다. 이미나(2000)는 교육과정에서 학생들의 가상공간에서의 활동을 도입한다면, 즉 학습자의 게시판 활동이나 통신 등을 교육과정으로 끌고 들어와 활용한다면 그들의 각종 분석·평가·논쟁·비판·종합활동을 공식적 교육활동으로 대두시킬 수 있고, 이러한 가상공간 활동이 다인수 학급, 열악한 교육예산 및 교육지원시설 등의 문제를 해결할 수 있는 경제적이고 효율적인 대안으로서 교육경험화된다고 한다. 따라서 앞으로 사이버교육의 방향을 다음과 같이 제시할 수 있다.

첫째, 사이버교육은 학교의 주 기능인 교수-학습을 지원하는 기능을 효과적으로 수행할 수 있다. 그러나 교수-학습의 과정을 지원하는 면에서 상당한 제한점 또한 내포하므로 이에 대한 세심한 배려가 있어야 한다.

둘째, 전통적인 학교를 그대로 사이버교육환경에 옮겨 놓기보다는 면대면 교육에서 이루어진 것과는 차원을 달리하는 교수-학습 방법과 수업 전략 및 운영, 평가 등이 이루어져야 한다(Javid, 2000). 오프라인의 경우는 학습자의 활동, 경로 등이 제한된 닫힌 학습이 이루어지는 데 반해 사이버교육의 경우는 학습자 주도의 열린 학습을 가능케 한다. 이와 같이 새로운 유형으로서의 사이버교육의 성패는 이러한 매체가 갖는 잠재적 가능성을 어떻게 교육적으로 잘 활용하느냐에 달려 있다.

셋째, 미래 사회는 자신이 원하는 학습을 언제, 어디서나 필요에 따라서 학습할 수 있고, 능동적인 지식의 창출과 지식의 합리적인 소비자를 요구한다. 이와 같은 시대적 요구는 대량생산체제인 기존의 교육체제로는 감당하기 어렵다. 이러한 맥락에서 사이버교육의 적극적인 도입과 활용은 학습하는 학습(learning to learn)과 자기 학습의 자율관리능력 함양을 통하여 학습 네트워크 사회 형성(Learning network society)을 실현하는 데 기여할 수 있다고 본다.

넷째, 이러한 학습 네트워크 체제 구축을 통하여 디지털기술을 교육과정에 도입하여 활용한다면 현행 교육과정에서 소홀했던 교육 본연의 목표 달성과 더불어 시·공간을 초월한 교수-학습이 가능하며 교수자와 학습자, 성별, 연령, 계층 등을 초월한 특히, 저소득층 자녀, 학업 중도 탈락자, 학업 포기자, 도서 벽지의 학습자 등에게 제도권에서 제공되는 양질의 교육 콘텐츠를 제공하여 일반 학습자와 동일한 교육적인 경험을 할 수 있다는 강점을 가진다.

다섯째, 이론 세계에서 논해진 최상의 이론이나 지식들도 경험 세계에 적용하려면 많은 보이지 않는 어려움이 발생한다. 본 연구 결과에 의한 바람직한 사이버교육체제 구축도 예외일 수는 없다. 따라서 단위학교에서 이를 적용하고자 한다면 자신이 처한 지역사회의 특수성과 학습자의 욕구와 특성 등의 제반 여건을 고려하여 창의적으로 이를 적용하려는 의지가 필요하다 하겠다.

지식정보가 사회의 핵심 자원으로 작용하는 지식기반사회 특징의 하나는 지식의 전달 및 창출에 있어 정보통신기술의 활용이 매우 중요하다. 정보통신기술을 기반으로 형성된 사이버공간을 이용한 교육은 시공간의 제약을 넘어 수요자 중심의 교육을 가능하게 할 뿐만 아니라 평생 학습의 기회를 확대시켜 준다는 점에서 새로운 교육형태로서 관심이 고조되고 있다.

정보사회에서 학습자는 그들의 의사 표현이 직접적이고, 선호가 분명하고, 다양한 특기와 적성을 갖고 있는 집단이다. 자신의 취미와 적성에 맞는 사이버 공동체에 하나씩은 가입하고 있다. 여기서 그들은 나름대로의 개성과 끼를 발산하고 있다. 자신이 하고 싶은 일에 몰두하는 것을 행복으로 여기는 세대이다. 이러한 세대에게 있어 사이버교육은 교사가 학습자에게 지식을 전달하는 전통적인 의미의 교수보다는 학습자 개개인이 학습자원들과 상호작용하는 과정에서 스스로 지식을 탐구하고 구성하는 학습자 중심의 학습환경에 더 가깝다고 볼 수 있다.

사이버교육은 네트워크를 기반으로 하는 교수-학습환경을 통칭하는 말로, 특히 인터넷을 중심으로 하는 사이버공간에서 첨단 정보통신매체를 매개로 하여 학습 자료를 제공하고 강의를 진행하며, 평가를 수행하고, 교수자와 학생 또는 학생과 학생 간 실시간·비실시간 상호작용하는 교육방식을 지칭한다(정인성·임정훈, 1999, 박종선, 1998). 이러한 사이버교육은 '학습이 일어나거나 조장되는 유의미한 학습환경을 조성하기 위하여 웹의 특성과 웹이 제공하는 자료들을 활용하여 전개하는 하이퍼미디어 기반의 교수 프로그램'으로 정의하고 있는 웹 기반 교수와 교수-학습 방식에서는 유사점을 갖지만 보다 복잡하고 다양한 구성요소들을 필요로 한다(Khan, 1997).

사이버교육은 면대면의 교실 수업 환경과는 전혀 그 성격을 달리한다. 교수와 학습의 개념을 정해진 시간과 공간 속에서 교사와 학습자 간의 면대면 상호작용으로 국한시킬 것이 아니라, 교사와 학습자, 학습자 간, 학습자와 다양한 학습자원들 간의 상호작용을 통해 학습자로 하여금 지식을 탐구하고 의미를 구성토록 촉진시키는 과정으로서 좀 더 폭넓게 재인식할 필요가 있다(Garrison, 1993). 컴퓨터를 통해 멀티미디어 영상을 보여주기만 하는 수업 역시 교사가 주도하는 일방향 수업의 또 다른 변형이 될 수도 있다. 국가 주도의 일방적이고 공통된 교육과정 운영을 통한 보편적인 지식을 가르치는 교육은 이제는 더 이상 학습자들을 교실에 붙잡아 두기 점점 어려워지고 있다. 학교는 정보화 세대에 어울리는 교육과정과 교육방법의 다양화를 시도해야 된다. 더불어 사이버교육을 운영하기 위해서는 운영자, 학사관리시스템, 사이버교육 서비스 및 콘텐츠 관리 시스템, 교육 서비스 전달에 필요한 물리적인 인프라[35](컴

---

35) 사이버교육의 교수-학습환경 창출을 위하여 교육 프로그램의 저작에서부터 사이버공간에서 실제 교수-학습활동 지원, 학습과정 모니터링 및 결과에 대한 평가·관리 등을 총망라하여 지원하는 소프트웨어인 통합 솔루션을 사이버교육 플랫폼이라고 한다. 사이버교육 플

퓨터, 네트워크, 방송망, 위성통신망 등), 교수 및 운영 요원 등이 필요하다(한국교육학술정보원, 2000).

기존의 인쇄매체나 비디오, TV, 디스켓 기반의 소프트웨어, CD-ROM 등의 공통적인 속성은 유한한 유형의 매체라는 점이다. CD-Title에 있는 멀티미디어 학습자원들은 교수설계자 또는 개발자가 의도하여 포함시킨 학습내용만 수록하고 있어 학습자가 자신의 생각을 입력하거나 자료를 가공 또는 추가하는 것을 허용하지 않는다. 반면에 인터넷의 교육정보자원은 세계적으로 서로 공유가 가능하고, 다양한 용도로 많은 사람들에 의해 사용될 수 있다. 사이버공간에서는 정보체제가 분산되어 있기 때문에 정보를 찾아 항해, 탐색하는 것 자체가 열려 있는 학습활동과정이다. 교사가 미리 정해 놓은 경로에 의해 학습자의 활동이 진행되는 것이 아니라 학습자 개개인이 얼마든지 자신의 학습 경로를 선택하고 결정할 수 있는 학습자 중심의 정보 흐름이 활발하게 이루어진다.

사이버공간에서는 교사가 학습자의 학습동기를 유발하여 향상시키고 학습을 촉진시키며 창의적이며 비판적인 사고를 격려함으로써 학습의 질에 중요한 영향력을 행사하는 의미로서의 교수활동행위가 전개될 가능성은 무한하며 이는 곧 교수와 학습에 대한 재구조화로서 사이버교육이 필요함을 시사한다 하겠다.

랫폼은 단순 홈페이지 구축을 위한 HTML 저작툴이나 JAVA와 같은 범용 언어의 수준이 아닌 사이버교육 시스템을 구축하기 위해 필요한 제반 요소 개발과 운영을 위한 시스템적인 지원체제를 포함하고 있는 비교적 큰 시스템을 말한다(정인성·임정훈, 1999, 김영환, 1999).

곽병선·강숙희(1997). 「전자교과서 개발 방안 연구(Ⅰ)」, 한국교과서연
　　구소.

곽병선·이태욱·강숙희·최성희(1998). 「전자교과서 개발 방안 연구
　　(Ⅱ)」, 한국교과서연구소.

강숙희(2002). 「해외 초·중등 사이버학교 운영 현황 및 성공요인 분석」,
　　『한국교육』, 29(1), 87－104.

김동수(1980). 「학교경영체제 개선을 위한 MBO 기법의 적용」,『경북대
　　교육학과 논총』, 17.

김영환(1999). 「웹 기반 교육의 구축도구·플랫폼」,『웹 기반 교육』, 서
　　울: 교육과학사.

김회수(2001). 「초·중등 사이버학교 도입의 가능성 탐색」,『정책 포럼
　　자료집』.

노진호(1996).『존 듀이의 교육 이론: 반성적 사고와 교육』, 서울: 문음사.

박종선(1998). 「네트웍기반의 교수－학습을 위한 가상학습지원시스템
　　플랫폼 설계」,『교육공학연구』, 14(1), 71－96.

백영균(2001). 「학교의 보완체제로서의 사이버학교」, 한국교육개발원 &
　　한국교육학술정보원 주체 정책포럼 자료.

백영균(2001). 「사이버교육체제의 개념 및 필요성」,『사이버교육의 이
　　해』, 서울: 한국교육개발원.

손미(2000). 「사이버 스쿨: 사례를 통한 설립과 운영을 위한 시사점」,『사
　　이버 스쿨 설립을 위한 토론 자료집』, 한국교육학술정보원, 연구
　　자료 RM 2000.

송상호(2000). 「사이버 스쿨이라는 아이디어의 시사점과 한계점」,『사
　　이버 스쿨 설립을 위한 토론 자료집』, 한국교육학술정보원, 연구
　　자료 RM 2000.

신중식·강영삼(1985).『교육행정학 및 교육경영』, 서울: 교육출판사,
　　172－198.

양은주·조경원·김경자(2001). 「듀이 교육철학에 기초한 창조적 인간

상 탐구」, 『한국교육』, 28(1), 75 - 97.

윤정일(2001). 「학교교육 붕괴의 실상과 원인에 관한 조사연구」, 서울대
    학교 사범대학 교육연구소, 2.

이근무(1996). 「정보통신혁명의 사회학적 함의」, 『한국사회학』, 제30집,
    봄호, 1 - 30, 한국사회학회.

이미나(2000). 「정보네트워크사회에서의 학교 재맥락화」, 『교육사회학
    연구』, 10(3), 53 - 78.

이봉재(1998). 「컴퓨터, 사이버스페이스, 유아론: 사이버스페이스의 철
    학적 의미」, 『매체의 철학』, 서울: 나남출판.

이종재 외(2001). 「학교교육의 실상 분석 및 공교육 내실화 방향과 과
    제」, 한국교육개발원.

이종연(1998). 「사이버교육체제 구축 모형」, 『교육공학연구』, 14(3), 301
    - 330.

이종태(2001). 「학교교육의 정체성과 효용성 위기」, 『한국교육의 위기,
    2001년도 춘계 학술대회 논문집』, 185 - 190, 한국교육학회.

이희수(2000). 「학교교육 패러다임 전환」, 한국교육개발원 미간행 세미
    나 자료.

정진곤(2001). 「문명사적 변화와 근대 공교육체제의 위기」, 『KEDI 교
    육정책포럼 자료집』, 한국교육개발원, 5.

정인성(1999). 「웹기반 교수 - 학습 체제설계 모형」, 나일주(편저), 『웹
    기반 교육』, 77 - 100, 서울: 교육과학사.

정인성·임정훈(1999). 「웹 기반 가상교육 플랫폼의 분석과 선정」, 한
    국방송대학교.

조광제(2002). 『교육행정학』, 서울: 원미사, 319.

조동섭(2000). 「초등학교의 교육상황과 정책변화 방향」, 학교종합평가
    활동보고와 전망, 학교종합평가 결과발표회 자료집, 한국교육개
    발원, 109 - 118.

조동섭(2003). 「초·중등교육 개혁과제」, 『2003년 한국교육행정학회 교
    육개혁 세미나, 새 정부의 교육개혁 과제』, 한국교육행정학회,
    27 - 42.

주동범·안우환(1999). 「초등학생들이 지각한 효과적인 교사분석」, 『교
    육학논총』, 19(2), 247 - 267.

차경수(1996). 『현대의 사회과 교육』, 서울: 학문사.

최상근·전인식(2000). 「사이버고등학교의 필요성 및 설립방안 연구」, 한국교육개발원 연구보고.

최상근·강숙희·전인식·정광훈·방정숙(2001). 「미국의 초·중등 사이버교육 현황 분석」, 한국교육개발원·한국교육학술정보원, 해외정보자료 IEI 2001 - 1.

최상근·강숙희·전인식·정광훈·방정숙(2001). 「초·중등 사이버교육 체제 개발」, KEDI 연구보고 RR 2001 - 5 & KERIS 연구보고 RR 2001 - 1.

최상근·강숙희·전인식·정광훈·방정숙(2001a). 「미국의 초·중등 사이버교육 현황 분석」, 서울: 한국교육개발원·한국교육학술정보원.

한국교육학술정보원(2000). 2000 교육정보화백서.

한국교육학회(2000). 「대전환기의 교육 패러다임(Ⅱ)」, 『2000년도 춘계 학술대회 논문집』.

한국교육학회(2001). 「한국교육의 위기: - 진단과 처방-」, 2001년도 춘계학술대회 논문집.

한정선(2000). 「e - learning 시대의 매체와 방법의 의미 재고」, 『교육공학연구』, 16(4), 201 - 224.

허운나(1998). 「첨단공학의 교육적 활용: 인터넷을 중심으로」, 인터넷을 이용한 수업 개선 세미나 자료집, 1 - 23.

허희옥(2003). 「사이버공간에서의 '교육적 경험'을 위한 학습환경 설계」, 『교육공학연구』, 19(1), 197 - 224.

허희옥·양은주(2001). 「사이버공간에서의 교육적 경험을 위한 Dewey 의 교육론 탐구」, 『교육공학연구』, 17(1), 165 - 189.

Banghart, F. W.(1969). Educational Systems Analysis, N.Y., The Macmillian Co., 39 - 41.

Borkowski, J. G., Carr. M., Rellinger. E., & Pressley. M.(1990). Self - regulated cognition: Inter dependence of metacognition, attribution, and self - esteem. In B. A. Jones., & L. Idol(Eds.), Dimensions of Thinking and Cognitive Instruction. Hill sdale, NJ: Lawrence Erlbaum Associates.

Brown, J. S., Collins, A., & Duguid, P.(1989). Situated cognition and the culture of learning, Educational Researcher, 18(1).

Bruner, J. S.(1996). The culture of education. Cambridge: Harvard University Press.

Butler, D. L. and Winne, P. H.(1995). Feedback and self-regulated learning: A theoretical synthesis. Review of Educational Research, 65(3), 245-282.

Cerulo, Karen A., J. M. Ruane and M. Chayko(1992). Technological ties that bind media-generated primary group. Communication Research, 19(1), 109-129.

Collins, A.(1991). Cognitive Apprenticeship and Instructional Technology. In, L. Idol & B. F. Jones(eds.). Educational values and cognitive instruction: implications for reform. New Jersey: Lawrence Erlbaum Associates.

Cunningham, A.(1993). Multimedia and multiethnic learning: Visionaries and illusionaries. Paper presented at the 3rd International Symposium of the International Visual Literacy Association. Delphi, Greece.

Dewey, J.(1916). Democracy and education. In The Middle Works vol.9. Carbondale and Edwardswille: Southern Illinois Univ. Press.

Drucker, Peter.(1999). Management challenges for the 21st century. 이재규(역). 『21세기 지식경영』, 서울: 한국경제신문사.

Duffy, T. M., & Cunningham, D. J.(1996). Constructivism: implication for the design and delivery of instruction. In D. H. Jonassen(ed.) Handbook of research for educational communications and technology. New York: Macmillan.

Flavell, J. H.(1979). Metacognition and cognitive monitoring-a new area of cognitive developmental inquiry. American Psychologist, 34(10), 906-911.

Garrison, D. R.(1993). A cognitive constructivist view of distance education: An analysis of teaching-learning assumptions. Distance Education, 14(2).

Harasim, L., Hiltz, S., Teles, L., & Turoff, M.(1995). Learning Networks: A field guide to teaching and learning online. Cambridge: MIT

Press.

Hiltz, S. R.(1995). Teaching in a virtual classroom. Paper presented at the 1995 International Conference on Computer Assisted Instruction, Hsinchu, Taiwan.

Immegart, G. L., and F. J. Pilecki(1973). An Introduction to system for the educational Administrator, Reading, Mass.: Addison－Wesley Publishing Co., 10－39.

Javid, M. A.(2000). A Suggested model for a working cyber school. Educational Technology, 40(1), 61－63.

Jones, David R. and A. L.(Tony) Pritchard.(1999). Realizing the Virtual University. Educational Technology, 39(5), 56－60.

Katz, Daniel, and Kahn. Robert L.(1978). The social Psychology of Organization, 2nd ed., N.Y.: John Wiley and Sons, Inc., p.8. Importance of the Executive System. Intelligence, 7, 379－395.

Kaufman, R. A.(1972), Educational system Planning(Englewood Cliff, N.J.: Prentice－Hall).

Khan, B. J.(Ed).(1997). Web－Based Instruction. Englewood Cliffs, NJ: ET Publications.

Mason, R., & Kaye, T.(1990). Toward a newparadigm for distance education, In L. M. Harasim(ed.), Online Education: Perspectives on a New Environment. New York, N.Y: Praeger.

McIsaac, M. S. & Gunawardena, C. N.(1996). Distance education. In D. H. Jonassen(Ed.). Handbook of research for educational communications and technology, 403－437.

OECD(2002). Schooling for the future－trends, scenarios and lifelong learning. paris.

Perkins, D. N.(1991). Technology meets constructivism: Do they make a marriage? Educational Technology, 31(5), 18－23.

Resnick, L. B.(1989). Knowledge, Learning, and Instruction, Essays in Honor of Tobert Glaser. Hillsdale, N.J.: Lawrence Erlbaum Associates, Publishers.

Rheingold, H.(1993). The virtual community. Readings, Mass.: Addison－Wesley.

Romiszowski, A. J., & Mason, R.(1996). Computer—mediated communication. In D. H. Jonassen(Ed.), Handbook of research for educational communications and technology, 438—456). NY: Simon & Schuster Macmillan.

Salomon, G., Perkins, D. N. & Globerson, T.(1991). Partners in cognition: Extending human intelligence with intelligent technologies. Educational Researcher, 19(3), 2—9.

Schneider, W.(1986). The role of conceptual knowledge and metamemory in the development of organizational process in memory. Journal of Experimental Child Psychology, 42, 318—336.

Shimabukuro, J. N.(1993). Stimulating learning with electronic guest lecturing. IPC: an electronic journal for the 21st century, 1(1), File: Cotlar Ipctv1n1.

Sternberg, R.(1983). Criteria for intellectual skill training. Educational Research, Feb.

Tapscott, D.(1998). Growing up digital: Net generations. 허운나·유영만(역)(1999). 『N세대의 무서운 아이들』, 서울: 물푸레.

Von Glasersfeld, E.(1996). Introduction: aspects of constructivism. In C. T. Fosnot(ed.), Constructivism: theory, perspectives, and practice. New York: Teachers College University.

White, K. W. & Weight, B. H.(2000). The online teaching guide: A Handbook of attitudes strategies and techniques for the virtual classroom. Needham Heights, MA: Allyn and Bacon.

Wilson, B.(1996). Constructivist learning environments: Case studies in instructional design. New Jersey: Educational Technology Publications.

Wolfe, C. R.(2000). Learning and Teaching on the World Wide Web. London, UK: Academic Press.

VII

교육소외

1. 교육소외의 개념

가. 교육소외의 발생 과정

우리나라는 지난 40년 동안 급속한 산업화 과정을 거쳐 고도의 경제성장을 이루어 왔다. 그러나 이 과정에서 성장 일변도의 경제정책을 추진하면서 사회적 약자에 대한 복지와 분배에 관심이 소홀하였다. 사회계층 간, 지역 간 빈부 격차가 심화되어 취약 계층은 사회·문화적 삶의 기회를 향유하는 데 큰 제약을 받고 있다. 사회·문화적 기회 중 교육기회는 학교교육이 사회적 지위 결정에 지대한 영향을 미치는 우리 사회에서 사회적 불평등을 초래하는 중요한 요인이다(이혜영, 2003).

≪중앙일보≫(2004. 6. 9)에 따르면 "절대빈곤층이 1996년 우리나라 전체 가구의 5.92%에서 2000년에는 11.47%로 급증했다."는 조사결과가 소개되었다. 절대빈곤층은 가처분소득[36]이 최저생계비에도 못 미치는 사람들이 10가구 중 한 가구 이상이 되는 셈이다. 이러한 절대빈곤층의 증가는 1997년 IMF외환위기를 겪으면서 대량실직과 수입 감소 등으로 중간층이 붕괴되고, 이로 인해 절대빈곤층의 증가로 이어진 것이다.

신상명(2004)의 「소외 계층을 위한 교육복지 정책의 현황」에 의하면 대구와 경북지역의 교육소외 학생이 전체 학생의 10% 이상이나 지방자치단체의 재정난을 이유로 방치되고 있는 실정이다.

≪문화일보≫(2004년 9월 11일자)에 의하면 경제적 어려움이나

---

36) '가처분소득'이란 수입 중 세금 등을 제외하고 실제 쓸 수 있는 돈을 의미한다.

가정파괴 등으로 헌법에 보장된 의무교육인 초등학교교육도 받지 못하는 어린이들이 2003년 1,940명에서 5,684명에 이르러 갑작스럽게 증가하는 추세이다.

양정호(2006)는 한국노동패널조사의 2000~2004년 자료 가운데 고등학생 이하 자녀에게 사교육비 지출에 관한 1,500가구를 분석한 결과 사교육비 지출이 하위 계층 20%와 상위 계층 20% 사이의 격차가 2001년 7.6배에서 2004년에 8.6배로 늘어나는 등 사교육비 지출의 양극화가 갈수록 깊어지고 있다.

더욱 우려되는 사실은 사회 양극화 현상으로 인해 절대빈곤이 대물림된다는 점이다. 또한 이러한 절대빈곤이 아동의 학업성취, 정서·행동발달, 성장발육에 부정적인 영향을 미친다는 많은 연구 결과에 의해 입증되고 있다. 저소득층의 자녀들은 어려서부터 부모의 관심과 사랑을 어려서부터 충분히 받지 못하고 성장하게 된다. 부모들이 늦게까지 일을 해야 생계가 유지되기 때문에 방과 후에 거리에 방치되거나 좀 더 나은 경우는 보육시설에 맡겨지는 경우가 대부분이다. 설사 여유가 있다 하더라도 자녀의 학습을 어떻게 도와야 할지 모르며 학교와의 연계도 제대로 이루어지지 않으며 열등감·심리적 위축감을 초래하는 등 정서 발달에도 부정적인 영향을 끼친다는 사실이다.

위의 절대빈곤으로 인한 아동들의 학업성취, 정서·행동발달, 성장발육의 부정적 영향으로 인한 충분한 교육을 제대로 받지 못함으로써 계층 간의 격차[37]가 벌어져서 사회적 불평등이 더욱 심화

---

37) 김안나(2004)는 사회계층 연구동향을 『교육학 연구』, 『한국교육』, 『교육사회학 연구』 3개의 학술지에서 1960년대부터 1990년대 후반까지 분석을 하였다. 이 연구를 보면 계층연구의 주제로 교육과 사회이동, 계층과 학업성취 격차, 잠재적 교육과정과 불평등 재생산, 교육적 투입의 격차와 교육 불평등, 교육정책의 이념적 성격과 계층성으로 보았다. 특히

된다고 볼 수 있다.

교육기회 불평등(Inequality of education opportunity)으로 인하여 어린 나이에 가난이라는 굴레 때문에 부모로부터 버림받고 사회로부터 방치되어 꿈과 희망 없이 자포자기의 깜깜한 나날을 보내면서 사회에 대한 불만과 적개심을 갖게 되는 사람들이 생기게 될 것이다. 이렇게 사회적으로 늘어나는 '교육소외' 학생들을 그냥 방치하면 어떤 일이 생길까?

나. 교육소외 발생의 원인

교육소외는 경제적 능력의 차이로 인해 사회계층화의 양극화, 사회적 자본, 문화적 자본의 차이를 가져오고, 교육소외계층을 위한 교육복지정책의 미비로 인해 더욱 심화된다고 볼 수 있다.

교육소외를 발생시키는 원인으로 최상근 외(2004)는 <그림 Ⅶ-1>과 같이 크게 여섯 가지로 제시하고 있다.

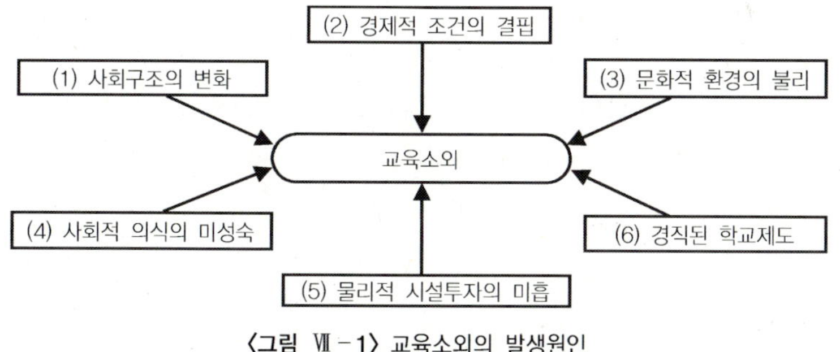

〈그림 Ⅶ-1〉 교육소외의 발생원인

1990년대 후반의 외환위기에 따른 계층의 양극화 현상은 최근 계층의 중요성을 다시 한 번 부각시키고 있으며, 경쟁과 수월성을 중시하는 사회적, 정책적 분위기하에서 시장논리에 따른 교육정책의 불평등성을 비판하는 연구들이 주류를 이루고 있다고 제시했다.

1) 사회구조의 변화

인구 구성의 다양화, 계층화, 도시집중화, 전문화, 고학력화 등의 요인으로 인해 사회구조가 변화하게 되었다.

인구 구성이 다양화된 것은 평균 수명의 증가로 인한 고령화, 저출산으로 인한 핵가족화, 이로 인해 연령별 인구 분포가 피라미드형에서 항아리형으로 변하게 되었다. 아울러 외부로부터 탈북자나 외국인 노동자가 유입됨으로써 다양한 국적을 소유한 사람들이 많아지게 되었다. 2002년 통일부 자료에 의하면 국내 합법, 불법 체류 외국인 수는 629,006명에 이르고, 2004년 탈북자는 약 5,500명에 이른다. 이들의 이질성은 우리 사회에서 고립되거나 갈등이 발생하게 되어 소외집단이 될 가능성이 높다.

계층화는 주로 소득이나 생활양식을 통해서 형성되고, 계층 간의 차이가 심화될수록 하위 계층에 있는 사람들은 점점 더 고립감을 느끼고, 사회로부터 소외된 삶을 살아가게 된다. 이러한 계층화는 학생들의 학업성취에도 영향을 미치는 것을 알 수 있다.

김경근(2005)은 한국교육고용패널 1차년도 자료를 이용하여 전국 고등학생을 대상으로 아버지 교육 수준과 수능시험 점수 사이의 관계를 살펴보았다. 그 결과 아버지의 월평균 소득이 200만 원이하 집단은 287.63, 201~350만 원 집단 293.14, 310~500만 원 집단 310.20, 그리고 500만 원 초과 집단은 317.58을 각각 얻은 것으로 나타났다.

도시집중화는 일자리, 교육시설, 문화시설 등이 도시에 집중됨으로써 농촌의 인구가 도시로 이동하는 이촌향도(離村向都) 현상을 의미한다. 우리 사회의 약 80%의 인구가 도시에 집중되고, 중요시설이나 기관이 수도권에 집중됨으로써 나머지 지역에 주변화가 되며 주변지역에 사는 사람들은 소외감을 느끼게 된다.

전문화는 직업의 다양화로 인해 전문적 지식과 기술을 요하는 직업은 1980년대 약 6%에서 2002년에는 약 25%로 늘어나고, 상대적으로 전문적인 지식과 기술이 필요 없는 단순노무직은 약 64%에서 자동화로 인해 39%로 감소하고 있는 실정이다. 이로 인해 많은 사람들이 직종을 변경하거나 실직 등의 직업적 소외를 경험하게 된다.

고학력화는 대졸 이상의 학력을 가진 사람이 약 30%로 1980년대에 비하여 4배 정도 증가하였다. 고학력화에도 불구하고 교육인적자원부(2004) 자료에 의하면 초등학교에서 중학교 미취학률이 8.1%, 중학교에서 고등학교 미취학률이 9.9%에 이르고 있어 교육을 전혀 받지 못하고 있는 집단이 발생하여 미취학자들의 상대적 박탈감과 소외감을 느끼고 있다.

2) 경제적 조건의 결핍

교육소외의 가장 큰 원인으로는 경제적인 조건으로 볼 수 있으며, 이는 빈곤층 자녀의 학업포기의 요인으로 작용한다. 김경근(2005)의 연구결과 사교육비 지출액이 가구의 월평균 소득과 상관관계를 나타냄을 알 수 있다. 즉 월평균 소득이 200만 원 이하인 경우 월평균 사교육비 지출액이 147,700원, 201~350만 원이 268,100원, 351~500만 원이 442,800원, 500만 원 이상이 641,800원으로 나타났다.

학생들을 교육으로 소외시키는 것이 학비뿐만 아니라 사교육비도 깊은 관련이 있음을 알 수 있다.

3) 문화적 환경의 불리

가족의 사회적 자본(social capital), 즉 가족 구성원들 간의 관심과 애정, 관계의 결핍이 소외로 나타난다. 신명호(2004)는 중산층과 저소득층의 양육문화의 차이를 소외의 원인으로 보았다. 즉 중산층은 대체로 학력자본 결핍에 대한 높은 위기의식과 학력주의, 학력자본 가치의 서열화, 전문직 화이트칼라 직업 중시와 목표의식 유도, 든든한 인적 네트워크, 자녀의 학업에 대한 철저한 개입전략을 갖는다. 반면에 저소득층은 학력자본과 성공에 대한 낮은 인식, 공부에 대한 불개입과 독립적 태도, 학벌주의 요소의 부재, 높은 성취목표를 투입하지 못하는 가정문화를 갖고 있다.

4) 사회적 의식의 미성숙

사회 전반적으로 취약계층인 저소득층, 외국인 노동자, 탈북자 등에 대한 이해 및 배려, 인간관계의 부족과 낮은 사회적 유대감이 교육소외계층을 발생시키고 있다. 소외된 학생들은 가족 이외의 주변 인물들과의 인간관계가 부족하며, 그것이 학업성취에 부정적으로 작용하고 있다.

5) 물리적 시설투자의 미흡

대학 이상의 고등교육 기관이 대도시에 집중되어 있고, 농어촌의 초·중·고등학교는 점차 그 수가 줄어들고 있는 형편이다.

2006년 현재 1학년 신입생 전무 또는 1명 초등학교가 111곳이 생길 정도이다. 이로 인해 소규모 학교들이 없어지거나 인근의 큰 학교와 통합되고 있다. 소규모 학교부터 우선적으로 행·재정적 지원이 이루어져야 하나 현실은 교육 기자재, 기본 시설 등에 대한 적극적인 투자가 이루어지지 않으므로 낙후되고 있으며, 교원들조차도 근무를 기피하고 있는 실정이다. 따라서 이 지역에서 학업을 지속해야 하는 학생들은 교육소외 집단이 될 수밖에 없다.

6) 경직된 학교제도

우리나라의 학제는 단선형 학제로 초등학교 6년, 중학교 3년, 고등학교 3년으로 학습 부진이 되어 유급을 하거나 학습 속진이 되어 조기진학을 하는 경우가 거의 없고, 시간이 지나면 초등학교에서 중학교로, 중학교에서 고등학교로 진학하도록 되어 있다. 특히, 탈북자 자녀나 외국인 자녀의 경우 언어적으로 문화적으로 충분한 적응기간 없이 학생의 학습 수준, 학습 속도, 학습 필요, 문화적 차이 등을 고려하지 않고 획일적으로 운영되어 소외가 발생하게 된다.

다. 교육소외의 유형과 개념

1) 교육소외의 유형

다음의 <표 Ⅶ-1>은 교육소외 유형별 주요 증상과 집단에 관한 분류이다.

〈표 Ⅶ-1〉 교육소외 유형별 주요 증상과 집단

개념	양상			원인	주요 집단
	미증	경증	중증		
학습 결핍	교과내용 이해 부족	흥미 상실 의욕 상실 침묵 성적 부진	일탈 저항 중도 탈락 비행	· 개인적 특성 - 지능장애 - 성격장애 - 신체장애 · 학교 영향 - 시설·자원 부족 - 교수법 부적합 · 환경의 영향 - 경제적 빈곤	저소득층 자녀 탈북자 자녀 외국인근로자 자녀 저학력 성인
교육 부적합	흥미 상실 의욕 부진	침묵 일탈 저항 대안 모색	학습 중단 대안 학습 해외 이민	· 학교의 영향 - 시설·자원부족 - 교수법 부적합 · 환경 요인 - 과도한 기대와 요구 - 사회적 분위기	장애아 저능아 저소득층 자녀 재능보유 학생 중상류층 자녀
조건 결핍	박탈감 저항 중단	중도탈락 취업 비행	비진학 취업 범죄	· 학교의 영향 - 시설·자원부족 - 교수법 부적합 · 환경의 영향 - 문화 차이 - 경제적 빈곤	저소득층 자녀 농어촌 자녀 탈북자 자녀 외국인근로자 자녀 귀국자 자녀

자료: 최상근 외(2004). 「교육소외 계층의 교육실태와 정책과제」, 한국교육개발원 현안연구 OR 2004. 6.

교육소외의 유형은 여러 가지로 분류할 수 있으나 일반적으로 사회·경제적으로 불리한 처지에 놓인 학생들을 소년소녀가장, 기초생활보장수급자 자녀, 모부자가정 자녀, 복지시설수용학생, 저소득층 자녀, 귀국 학생, 북한이탈 학생, 외국인근로자 자녀, 요양호 학생, 장애 학생 등으로 분류한다.

2) 교육소외 현상의 접근 모형

교육소외 현상의 접근 모형은 <그림 Ⅶ-2>와 같이 나타낼 수 있다.

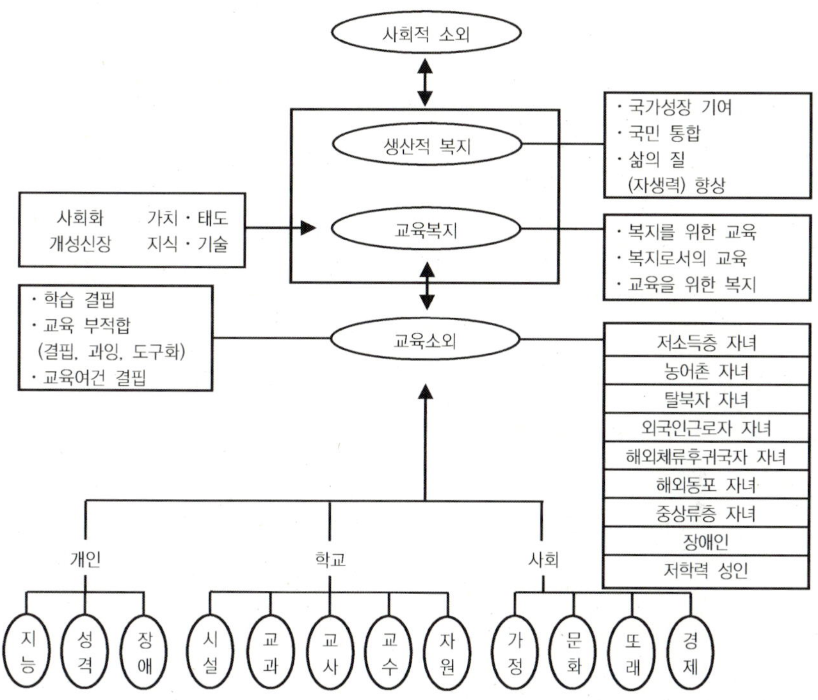

자료: 최상근 외(2004). 「교육소외 계층의 교육실태와 정책과제」, 한국교육개발원 현안연구 OR 2004. 5.

〈그림 Ⅶ-2〉 교육소외 현상의 접근 모형

교육소외가 발생하게 되는 배경은 개인, 학교, 사회이고 교육소외의 발생원인은 학습 결핍, 교육 부적합, 교육여건 결핍 등이며, 교육소외의 대상은 저소득층 자녀, 농어촌 자녀, 탈북자 자녀, 외국인근로자 자녀, 해외 체류 후 귀국자 자녀, 해외동포 자녀, 중상류층 자녀, 장애인, 저학력 성인 등으로 분류된다.

3) 교육소외의 개념

교육소외의 개념은 그 사회가 처한 사회적, 문화적, 경제적 맥락에 따라 다르게 정의되기도 한다. 김인희(2004)는 교육소외에서 '소외'의 뜻을 '유의미한 상호작용의 결여'라고 정의하였다. 유의미한 상호작용은 양자 간의 신뢰가 존재할 때 정상적으로 이루어질 수 있으며, 가르치는 자와 배우는 자 사이의 신뢰는 교육에 있어서 필수적인 요소이다. 교육소외에는 ① 교육자와 학습자 간의 소외, ② 교육내용으로부터 학습자의 소외, ③ 교육방법으로부터 학습자의 소외, ④ 교육환경으로부터 학습자의 소외가 있다고 하였다.

최상근 외(2004)는 교육소외의 개념을 ① 학습의 결핍, ② 교육의 부적합, ③ 교육조건의 결핍 등의 세 가지 경우로 정의하였다. 학습의 결핍은 지식정보사회에 꼭 필요한 지식과 기술, 가치, 태도 등을 내면화하지 못하여 사회의 구성원으로 살아가는 데 어려움을 겪는 상태를 말하며, 교육의 부적합은 개인의 소질, 적성, 수준에 맞는 교육활동에 참여하지 못하거나 지나치게 참여함으로써 교육의 의미를 찾지 못하고 저항하는 상태를 말하고, 교육조건의 결핍은 교육활동에 필요한 시설, 자원, 환경, 기회 등이 충분하게 제공되지 않는 것을 말한다.

한숭희(2005)는 우리 사회의 교육소외를 네 가지 측면에서 ① 경제계층적 차원(교육소외계층), ② 세대적 차원(교육소외세대), ③ 노동특성의 차원(교육소외노동), ④ 생활세계와 지역적 차원(교육소외지역)으로 보았다. 교육소외계층은 경제적 빈곤 및 그와 관련된 이유에서 정규교육의 기회를 가지지 못하거나 학업에 전념하기 어려운 사회적 빈곤집단으로 정의하였다. 또한 교육소외를 다음의

<표 Ⅶ-2>와 같이 생애발달의 사계절에 비유하였다.

〈표 Ⅶ-2〉 교육소외의 4계절

교육소외의 4계절
○봄: 기초교육을 통한 자생적 학습력을 확보하지 못하는 경우
○여름: 중등 후 교육훈련(post-secondary education & training)이 차단된 경우
○가을: 일상경험의 성장을 지속해 주는 무형식 및 비형식 계속학습이 확보되지 못했을 경우
○겨울: 은퇴 이후 학습이 차단된 경우

자료: 한숭희(2005). 「평생학습사회에서의 교육소외: 관점과 대책」, 『교육소외계층을 위한 평생학습 발전 방안 토론회 자료집』, 13.

위와 같이 국내의 학자들의 교육소외에 대한 개념 정의를 종합하면 교육소외는 학습자가 교육여건의 부족, 학습의 결핍, 학습기회의 박탈, 교육자와의 상호작용의 부족 등으로 인해 교육으로부터 소외되는 현상을 의미한다.

2. 빈곤아동을 위한 보상교육 프로그램

취학 전에 어떠한 교육경험과 문화경험을 갖느냐에 따라 초등학교의 학습결과는 달라진다. 따라서 가정에서의 문화적 결핍과 교육경험의 부족으로 인하여 취학 당시부터 기초 학습능력이 결여된 학생들은 학교에서 특별한 교육적 조치가 없으면 보다 우수한 가정환경과 교육환경에서 성장한 학생들에 비해 상대적으로 학습결과가 뒤떨어지게 마련이다. 아래의 <그림 Ⅶ-3>은 빈곤계층 아동의 실태와 문제점을 나타낸 것이다.

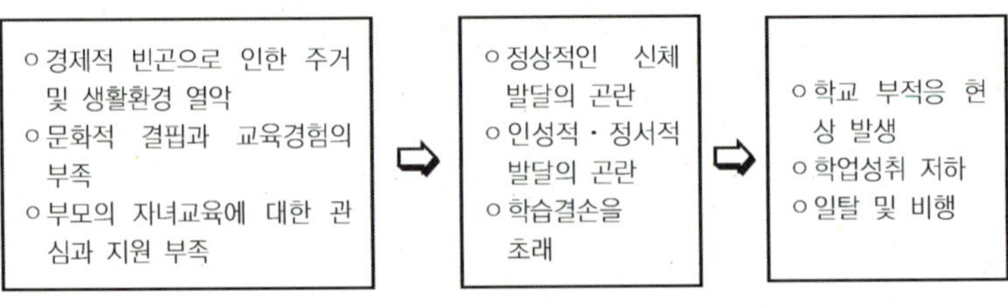

자료: 이혜영(2003). 「저소득층의 교육문제: 가난한 학생은 누구와도 의논하지 않는다」, 『교육개발』, 139호, 한국교육개발원.

〈그림 Ⅶ-3〉 빈곤계층 아동의 실태와 문제점

위의 도식처럼 열악한 가정환경 때문에 결국에는 학교 부적응, 학업성취 저하, 일탈 및 비행이 발생하게 된다. 그러나 문제는 가정환경을 학생들이 임의로 선택할 수 없다는 데 있다. 단지 출생지가 열악한 것 때문에 일생을 낙후된 환경에서 성장해야 하고 열악한 학교교육을 받아야 하며 낮은 사회계층을 차지할 수밖에 없고, 이러한 불평등의 고리가 악순환된다는 사실은 결과의 평등이나 사회정의를 위해서도 결코 바람직한 일은 못 된다.

따라서 결과의 평등을 실현하기 위해서는 소외계층을 위한 인위적인 조치가 필요할 수밖에 1없는데 빈약한 교육환경에 처한 학생들을 위한 보상교육이 필요한 것이다.

가. 미국의 Head Start

미국은 서구 다른 나라보다 상대적으로 빈곤학생 비율이 높으며 지난 20년 동안 꾸준히 증가했다. 전체 미국 인구의 40% 정도가 공식적인 가난 수준에 처해 있으며 1,260만 명의 학생(18세 이하 아동의 20%)이 저소득가정 출신이다. 이들은 대부분 도심에 거주하기 때문에 교육적으로 매우 유해한 환경에서 성장한다. 즉 부모의 에이즈감염이나 약물중독, 출생 시 낮은 몸무게, 열악한 영양상태, 납중독 그리고 개인적 사고에 노출될 위험을 안고 있다. 교육적으로도 낮은 학업성취와 이로 인한 학교중퇴가 빈번히 발생한다(이정선, 2003).

대부분 학자들은 이들의 학업실패의 원인을 ① 부적절한 교육과정과 교수법, ② 학교규범과 학습경험에 대한 부모와 동료의 강화부족, ③ 학교에서의 기대와 학생행동 및 학습형태와 불일치, ④ 선수학습 성공 경험의 결여, ⑤ 교사의 적절한 준비 부족 및 교수조건의 어려움, ⑥ 학생의 부적절한 행동에 대한 교사의 부정적 인식, ⑦ 하층 학생에 대한 차별대우, ⑧ 학습에서 비효율적 서비스, ⑨ 과대한 교실 규모, ⑩ 낮은 성취 기대, ⑪ 자녀교육에 대한 부모의 지식과 영향력 부족, ⑫ 불우한 가정환경 등으로 돌린다.

보상교육 역시 이러한 원인을 극복하기 위하여 제시되었다. 대표적인 보상교육으로는 취학 전 교육을 위하여 고안된 Head Start Program을 들 수 있다. 이런 불리한 환경에 처한 취학 전 아동을 위한 수학, 읽기, 쓰기 보상교육 프로그램이다. 1965년부터 1990년 사이 1,100만 명의 아동(하층 전체 가정의 1/5)이 참가하였으며 최근에는 매년 450만 명의 아동이 참가하도록 약 10억 달러가 투입되었다. 결과적으로 대부분의 평가 연구들은 일부 비판적 시각에도 불구하고 이러한 노력들이 대체로 긍정적 효과를 가져왔다고 보고하였다. 즉 빈곤아동의 인지적·사회적 능력의 신장, 성적 향상 그리고 건강상태가 보다 증진되었다는 것이다.

초·중학교 재학 하층 학생을 위한 보상교육으로는 '추후 프로젝트'(Follow Through on Head Start)가 고안되었다. 재정적 지원을 통한 구제책으로 1965년 초·중등교육법이 통과됨으로써 400억 달러가 초·중등 하층 학생들의 학업증진을 위해 투자되었다. 또한 고등학생을 위한 보상교육 방안으로는 '상급학교 진학프로그램'(Upward Bound Program)이 시행되었는데, 이는 재정적인 지원을 통해서 하층 학생의 대학 진학에 대한 동기부여와 대학준비를 돕자는 것이다. 1970년부터 하층 학생들의 대학입학을 촉진시키기 위해서 대학입학 수능 성적이나 내신 성적이 입학기준에 다소 미달한 하층 학생들에게도 입학 기회를 허용하는 개방입학제를 실시하고 있다.

나. 캐나다의 Fair Start

Fair Start는 1996년 캐나다 온타리오 주 선더베이 시(Thunder Bay city)의 자발적인 노력으로 시작됐다. Fair Start를 처음 제안한 것은 레이크헤드 구역 학교협의회(Lakehead District School Board)이다. 이후 보건협회(District Health Unit: 우리나라의 보건소 업무를 담당하고 상담까지 겸하는 기관), 가족 센터 등 지역 아동, 의료단체들이 파트너로 참여하고 자원봉사자, 교육자, 경찰 협회, 기업 등이 결합하면서 Fair Start는 지역복지 모델로 자리 잡았다.

현재는 3개 학교협의회, 3개 의료단체, 1개 비영리 단체 등 7개 지역단체가 'Fair Start 위원회'를 구성해 예산과 업무를 조정하고 있다.

Fair Start는 기본적으로 지역 단체들의 기존 인력과 시설을 기반으로 한다. 단 '온타리오 보건복지부'의 '건강한 아이, 건강한 아동' 기금을 받아 페어스타트 소개 책자를 만들고 참여를 독려하는 TV, 신문 광고 등을 낸다. 보건소 안에 두 명의 프로그램 조정자도 둬 주민들에게 정보를 제공하고 단체들의 활동을 돕는다. Fair Start 프로그램 조정자인 캐시 파렐은 "인건비, 책자 발간, 신문 광고 등에 쓰이는 1년 예산은 16만 8천 달러 규모인데, 보건부 기금으로는 부족하다. 교사, 치료사, 아동상담사 등이 매년 6천 시간 이상 봉사해 주지 않았다면 아무것도 할 수 없었을 것"이라고 말했다.

Fair Start 홈페이지(http://www.fairstart.ca/)를 보면 다음과 같은 말이 나온다. "페어 스타트는 지역사회 전문가들의 귀중한 시간과 기여로 유지되고 있습니다." 검사는 지역 아동센터, 일시검사소(drop - in screening site) 등에서 받을 수 있다. 검사 결과는 페어스타트 데이터베이스 프로그램에 입력되고 보건소는 정밀 검사를 하거나 치료 병원을 연결해 준다. 선더베이 보건협회 자료에 따르면 96년 45%에 그쳤던 취학 전 아동 검진율은 2003년 88%로 늘었다. 2002년에는 검사받은 2045명 중 149명이 언어능력, 58명이 사회성, 157명이 미세 운동, 69명이 전체 운동에서 문제가 발견돼 지역 내 세 병원에서 치료를 받았다.

검사 결과 및 치료 내역은 부모 동의하에 온타리오 학생 자료 프로그램(OSR - Ontario School Record folder)에 고등학교 졸업 때까지 보관한다. 이는 교사들이 학생들을 적절히 지도하는 것을 목적으로 하는데, 검사 및 치료 내역의 외부 유출은 철저히 금하고 있다. 데이터베이스의 모든 정보는 보안망(SSL - Secure Socket Layer) 기술에 의해 보호된다.

다. 영국의 Sure Start

Sure Start는 가난하고 소외되어 있는 아동들을 위한 영국의 대표적인 복지정책으로 1997년부터 논의가 시작되어 1999년부터 본격적으로 시작하게 되었다. 이 정책은 빈곤·소외지역의 아동들과 일반아동과의 차이가 성인이 된 후에도 지속·확장된다는 문제의식으로부터 출발했다.

Sure Start란 한마디로 모든 아동들이 보육될 수 있는 인프라를 구축하고, 빈곤층 아이들이 받기 어려운 교육 서비스를 제공하며, 그 부모들이 일자리를 갖고 양육할 수 있도록 지원함으로써, 아동·부모·지역공동체에 더 나은 삶의 여건을 마련해 주는 프로그램이다. 이 정책의 대상은 영국 내 하위 20% 계층이 살고 있는 지역의 0~14세(특별한 교육이 필요한 16세까지 포함) 이하 아동들이다. 프로그램이 본격적으로 시작된 99년부터 2003까지 19억 파운드(약 3조 8,000억 원)의 정부 예산이 들어갔으며, 2004년 예산은 12억 파운드(약 2조 4,000억 원)가 배정되는 등 계속 늘어나는 추세다. 또 지역에서 이루어지는 개별 프로그램마다 민간 펀드를 둬 재원을 확보, 운용하고 있다.

실질적으로 사업을 벌이는 주체는 지방정부를 중심으로 전국에 설치된 67개 아동센터(Children's Centre), 107개의 조기 우등센터(Early Excellence Centre)를 비롯해 기존에 있던 학교, 양육시설, 시민단체들. 이들은 524개의 'Sure Start 지역 프로그램'을 운영, 지역별 특성에 맞게 아동과 그 가족에게 보육·보건·교육·취업 관련 서비스를 제공하고 있다. 또 학교에 취학한 이후에도 학교를 개방, 방과 후 교실이나 학교 밖 프로그램 등을 통해 정규교육 시간이 지나도 아이들이 방치되지 않도록 힘쓰고 있다. 2006년까지 45만 명을 보살필 수 있는 25만 개의 보육장소를 추가로 마련해, 2백만 명의 아이들이 보육 서비스를 받을 수 있도록 한다는 방침이다.

한편, 부모들에게 구직정보와 보육정보를 동시에 제공하고 임신 전·후의 건강진단까지 지원함으로써 가정과 지역공동체의 안정을 도모하고 있다. 출산 전 임산부들의 흡연율을 떨어뜨리기 위해 캠페인을 진행하고, 생후 2개월의 아동이 있는 집에 방문해 가족 건강진단과 보육 상담을 하고 있다. 또 노동연금부에서 운영하고 있는 지역별 구직센터(Job Centre Plus)와 연계, 부모들이 아동을 키우면서 일자리를 포기하지 않도록 하고 있다. 부모들은 걱정 없이 일할 수 있도록 하고, 아이들은 그만큼 안전하고 수준 높은 교육과 보육을 받을 수 있도록 하고 있다.

이뿐만 아니라 아동수당(Child Benefit)을 늘리고, 가족공제(Family Credit) 대신 근로가구조세공제(Working Families Tax Cedit)를 도입하는 등 범정부 차원에서 금전적인 지원도 함께 하고 있다. 그러나 이것은 '퍼주기'식의 지원이 아닌 가난을 벗어날 수 있는 여건을 만들어 주는 데 초점을 두고 있다. 또 이를 보조하기 위해 아이를 키우는 가정의 전반적인 조세부담을 낮춰 주는 아동조세공제(Children's Tax Credit)도 도입했다.

2002년도 정부 아동보육 보고서에 따르면, 아동보육은 아동과 부모, 지역공동체에 긍정적인 변화를 가져올 수 있다고 한다. Sure Start 정책은 가난한 아동들이 학교 안에서 높은 성취감을 갖고, 부모들이 가난으로부터 벗어날 수 있는 직장을 구할 수 있도록 하며 그들의 건강상태를 향상시키고, 결국 범죄를 줄이는 데 도움을 주고 있다는 평가를 받고 있다.

Sure Start의 또 하나의 특징은 지역의 역할을 강조한다는 데 있다. 지방정부가 중심이 되고, 각 지역마다 설치된 아동센터, 조기교육센터, 아동정보서비스 등을 중심으로 지역공동체에 기반한 파트너들과 함께 함으로써 맞춤형 서비스가 가능하다. 또 양질의 아동복지 관련 종사자를 양성하는 것도 Sure Start 정책 안에 명시하고 있다. '무엇을 하겠다.'라는 선언이 아니라 '무엇을 통해 하겠다.'까지 고려한 세심함이다. 학교교육과정을 전담하고 있는 교육기술청에 의뢰해 단순한 보모부터 시작해 보육교사, 복지사 등의 수준을 점검하고 그들의 훈련과정에 직접 개입함으로써 보다 나은 서비스를 제공하기 위해 노력하고 있다.

라. 우리나라의 We Start

사회 모두가 함께 힘을 모아 약 100만 명의 빈곤층 아동의 가난 대물림을 끊어 주자는 We Start 운동은 2003년 5월에 사회복지공동모금회, 한국복지재단, 한국사회복지협의회, 굿네이버스, 부스러기사랑나눔회 등 50여 개의 민간단체가 중심이 되어 시작되었다. We Start 운동은 사회 모두(We)가 나서 빈곤층 아동들의 삶의 출발(Start)을 도와주자는 취지의 시민운동으로, We는 복지(Welfare)와 교육(Education)의 영문 머리글자로 이 두 부문이 운동의 핵심 영역이란 의미가 들어 있다.

또 'Start'는 여러 선진국에서 쓰고 있는 빈곤아동 지원사업의 일반 명칭이다. 미국(Head Start), 영국(Sure Start), 캐나다(Fair Start)

등지에선 빈곤을 예방하려면 가급적 어린 나이에서부터 개입해야 한다는 판단 아래 빈곤층 아동이 공정한 교육, 복지의 출발선상에 설 수 있도록 힘을 쏟고 있다.

50여 개 민간단체로 구성된 We Start 운동본부는 부모의 가난이 자녀에게 대물림되는 가장 큰 이유를 교육과 복지의 부실에서 찾고, 어려서 제대로 교육받지 못하고 육체적, 정신적 건강이 나빴던 빈곤층 아동은 결국 성인이 됐을 때 취업에 어려움을 겪거나 저소득 직종에 들어갈 수 없기 때문에 운동본부는 학교, 사회복지관, 보건소, 지방자치단체 등이 함께 나서 가난한 아이들이 자기가 사는 동네에서 최소한의 교육, 복지 권리를 누릴 수 있게 연결해 주는 지역교육복지망 만들기와 공부방 및 보육시설 활성화 등의 사업을 전개할 계획을 수립하고 있다.

We Start 운동은 참여단체나 기관이 제안한 내용을 자체 운영위원회에서 심의해 어떤 사업을 벌일지 결정한 뒤 사무국을 통해 집행하는 방식으로 이루어지고, 대국민 캠페인 전개와 대정부 정책 건의, 개인, 기업 대상 모금 등 세 가지 형태로 펼쳐진다.

We Start의 실시 프로그램으로는 도움이 필요한 곳에 사회복지사를 파견하여 상담을 실시한 후 해결책을 마련해 주는 'We Start 마을 만들기', 무료로 건강을 검진하고 치료해 주는 '건강지킴이 만들기', 방과 후 갈 곳이 없는 아동들에게 쉴 곳과 공부방을 제공해 주는 '희망의 집 꾸미기', 학습결손이 있는 아동들에게 학습지도를 통해 결손을 보충해 주는 '교육출발선 만들기', 가족의 사랑과 관심이 부족한 아동들에게 사랑을 심어 주는 '후견인 맺어주기' 프로그램이 있다.

마. 미국, 캐나다, 영국의 실례를 통한 시사점

미국의 Head Start, 캐나다의 Fair Start, 영국의 Sure Start의 운영 사례를 통한 시사점을 살펴보면 다음과 같다.

첫째, 민간 주도가 아닌 정부 주도를 통해 빈곤아동에 대한 예산을 확충해 나가야 한다. 우리나라 보건복지부 예산 중에 빈곤아동에 대한 예산이 약 1%에 불과하다. 보다 많은 예산을 확보하여 가정, 학교, 사회가 유기적으로 연결된 체계적인 프로그램을 운영하여야 할 것이다.

둘째, 빈곤아동의 기초학력을 보장할 수 있는 교수·학습 지원센터를 설립하여야 한다. 빈곤의 악순환은 사교육비 지출의 차이에서 기인한다고 볼 수 있다. 이러한 사교육비 지출의 차이로 인한 기초학력의 차이를 미국의 Head Start와 같은 교수·학습 지원센터를 통해 해결할 수 있을 것이다.

셋째, 아동복지 차원에서 빈곤아동을 위한 복지시설 및 사회복지인력을 확보해야 할 것이다. 빈곤아동을 방치 차원이 아닌 모두가 나서 빈곤아동의 출발을 도울 수 있도록 확충된 복지시설과 사회복지사를 통해 가족의 따스한 정을 대신할 수 있도록 해야 할 것이다.

넷째, 정부와 민간이 일체가 되어 빈곤아동의 출발을 돕기 위한 We Start 운동이 사회 전반으로 확산되어 교육을 통해 빈곤의 악순환을 끊어 사회적, 경제적 지위와 개인의 삶을 향상시킬 수 있는 평등사회의 실현에 기여하여야 할 것이다.

3. 교육소외계층 학생 현황

가. OECD 국가의 교육소외계층 지원 현황

OECD 교육정책보고서(한국교육개발원, 2003)에 의하면 소외는 "사회경제학적, 문화적, 언어적 요인과 관련 있는 학생의 교육적 필요"라고 정의하였다. 이에 교육적인 보상이 필요한 특수 환경이나 소외계층이라는 요인이 작용한다. 다음의 <표 Ⅶ-3>은 OECD 국가별 소외에 대한 분류를 나타낸 것이다.

〈표 Ⅶ-3〉 OECD 주요 국가의 소외에 대한 분류

국가명	소외의 분류
터키	보충 교육을 요하는 학생, 이동 학생
체코	사회적 소외계층 학생, 정규학교의 예비과정
일본	일본어 수업이 필요한 학생
독일	여행 중 가족, 기타 언어 사용자를 위한 독일어 수업
캐나다	이민자
핀란드	이민자 대상 치료적 수업
스페인	없음
벨기에	네덜란드어 외 언어 구사자, 여행 중 학생, 청소년 비행으로 보호시설에 있는 학생
프랑스	비프랑스어 학생, 소외 학생(ZEP 우선 지역)
네덜란드	소외계층 출신 학생
미국	없음

위의 표를 보면 OECD 국가별 소외에 대한 분류를 보면 이민자에 대한 자국어의 교육이 필요한 학생이 소외에 가장 많이 포함되며, 소외계층 학생, 여행 중인 학생이 포함되는 것이 그 특징이다.

미국은 장애와 곤란에 관한 분류는 이루어져 있으나, 소외에 대한 분류는 이루어져 있지 않은 것이 그 특징이라 할 수 있다.

　다음의 <그림 Ⅷ-4>는 OECD 국가의 소외계층의 분류(위의 정의)에 속하여 의무교육 기한 내에 별도의 지원을 받는 학생의 비율을 나타낸다.

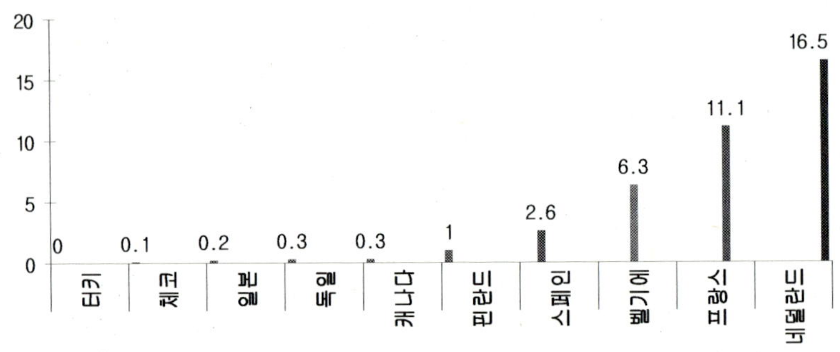

자료: OECD 교육정책보고서(2003), 한국교육개발원, 12.

〈그림 Ⅷ-4〉 의무교육 전체 학생 수 대비 소외계층으로 인하여 추가지원을 받고 있는 의무교육 수혜 학생비율(1999)

　위 그림에서 의무교육을 받는 모든 학생 대비 학생의 평균 비율은 0.3%이며, 장애 학생에 대한 비율이 2.1%, 학습 장애 학생에 대한 비율이 2.3%인 점을 감안하면 현저히 낮은 수치임을 알 수 있다. 그리고 이 범주에 속하지 않는 국가는 0으로 처리되었고, 우리나라의 경우 소외계층 학생이라는 국제 기준에 부합되는 국내분류가 존재하지 않아서 위 그림에는 제시되지 않았다. 특히 프랑스(11.1%)와 네덜란드(16.5%)에서 높게 나타나는 것은 소외 학생의 범주가 국가별 제도에 포함될 경우 별도의 지원을 받는 학생의 수가 현저히 증가할 수 있음을 시사한다고 하겠다.

나. 대구광역시 교육소외계층 현황

최근 가정 내 폭력, 이혼, 별거 등으로 인한 가족해체, 빈곤 및 결손가정의 증가, 귀국 학생, 외국인근로자 자녀, 북한이탈 학생 등으로 인하여 새로운 교육복지 수요가 증가됨에 따라 대구광역시교육청 혁신복지담당관에서 교육소외학생 현황을 2004년 10월 2일∼10월 8일 사이에 각급 학교별로 파악하였다. 파악된 자료를 보면 <표 Ⅶ-4>와 같다.

<표 Ⅶ-4>에서 소외계층[38]에서 가장 높은 비율을 차지하는

〈표 Ⅶ-4〉 대구광역시 소외계층 학생 현황

단위: 명

대상 급별	전체 학생 수	소년 소녀 가장	기초생 활보장 수급 자녀	모·부 자가정 자녀	복지시 설수용 학생	저소득 층 자녀	귀국 학생	북한 이탈 학생	외국 인근 로자 자녀	요양호 학생	장애 학생	계
유치원	27,864	4 (0.01)	183 (0.66)	190 (0.68)	19 (0.07)	4,214 (15.12)	2 (0.01)	1 (0.00)	1 (0.00)	4 (0.01)	69 (0.25)	4,687 (16.82)
초등 학교	219,829	63 (0.03)	4,684 (2.13)	2,517 (1.14)	364 (0.17)	2,034 (0.93)	91 (0.04)	3 (0.00)	0 (0.00)	353 (0.16)	1,107 (0.50)	11,216 (5.10)
중학교	110,989	161 (0.15)	3,779 (3.40)	1,600 (1.44)	201 (0.18)	1,930 (1.74)	54 (0.05)	3 (0.00)	1 (0.00)	820 (0.74)	367 (0.33)	8,916 (8.03)
고등 학교	97,713	188 (0.20)	4,683 (4.83)	2,112 (2.14)	234 (0.24)	10,955 (11.24)	31 (0.03)	3 (0.00)	0 (0.00)	662 (0.66)	277 (0.28)	19,145 (19.63)
합계	456,325	416 (0.09)	13,329 (2.92)	6,419 (1.41)	818 (0.18)	19,133 (4.19)	178 (0.04)	10 (0.00)	2 (0.00)	1,839 (0.40)	1,820 (0.40)	43,964 (9.63)

주: ( ) 안은 학교급별 인원에 해당하는 비율을 나타냄.

---

[38] 본 자료는 대구광역시교육청 혁신복지담당관 부서에 자료협조를 받았다. 본 조사에서는 교육소외계층의 분류를 소년소녀가장, 기초생활보장수급 자녀, 모·부자 자녀, 복지시설수용 학생, 저소득층 자녀, 귀국자녀, 북한이탈자녀, 외국인근로자자녀, 요양호 학생으로 분류하였다. 위의 자료를 토대로 본 연구에서는 대도시의 극빈층에 초점을 두고 소년소녀가장, 기초생활보장수급 자녀, 모·부자 자녀, 복지시설수용 학생, 저소득층 자녀로 연구의 대상을 한정하였다.

것이 저소득층 자녀이며 아울러 학교급별로 저소득층 자녀 수를
보면 유치원이 4,214명(15.12%), 초등학교 2,034명(0.93%), 중학교
1,930명(1.74%), 고등학교 10,955(4.19%)로 나타나 유치원과 고등
학교는 높은 비율의 저소득층 자녀 수를 보이고 반면 초등학교와
중학교는 상대적으로 낮은 비율의 저소득층 자녀 수를 보이는 점
이 특이할 만하다.

대구광역시 전체 학생 수는 456,325명인데 교육소외계층 학생
수는 43,964명으로 전체 학생의 9.63%를 차지하여 10명당 한 명
비율로 교육소외계층 학생이 있는 셈이 된다.

<표 Ⅶ-5> 대구광역시 서부교육청 소외계층 학생 현황

단위: 명

급별 \ 대상	전체 학생 수	소년소녀 가장	기초생활보장수급 자녀	모·부자 가정 자녀	복지시설수용학생	저소득층 자녀	계
초등 학교	61,783 (28.10)	12 (19.04)	1,239 (26.45)	642 (25.50)	87 (23.90)	584 (28.71)	2,564 (26.53)
전체	219,819	63	4,684	2,517	364	2,034	9,662

주: ( )안은 대구광역시 전체 초등학생에 대한 서부교육청 학생이 차지하는 비율을 나타냄.

대구광역시에는 동부교육청, 서부교육청, 남부교육청, 달성교육
청의 4개의 지역교육청[39]이 있는데 이 중 서부교육청은 행정구역
상 서구와 북구 전 지역에 해당되며 52개 교의 공립학교가 있다.
주거 지역의 특징으로는 서구와 북구 지역은 팔달교를 기준으로

---

39) 동부교육청은 행정구역상으로 동구, 수성구 전 지역으로 공립 64개 교, 국립 1개 교, 사립
3개 교의 68개 교가 있으며, 2004년 4월 1일 기준으로 초등학생 수는 71,967명이다. 남
부교육청은 행정구역상으로 남구, 달서구 전 지역으로 공립 54개 교, 국립 1개 교, 사립 1
개 교의 56개 교가 있으며, 2004년 4월 1일 기준으로 초등학생 수는 74,347명이다. 달
성교육청은 행정구역상으로 동구, 수성구 전역 지역으로 공립 22개 교가 있으며, 2004년
4월 1일 기준으로 초등학생 수는 11,722명이다.

시내 쪽은 강남 지역으로 불린다. 이 지역은 3공단, 이현공단, 서대구공단의 공단 지역과 팔달시장 등의 재래시장, 북비산 네거리 등의 유흥가 지역이 대부분 해당되며 팔달교의 북쪽 지역인 강북 지역(칠곡)은 새로 형성된 대단위 아파트 지역이 형성되어 있다.

위의 <표 Ⅶ-5>를 보면 대구광역시 전체 초등학생 수가 219,819명 중 서부교육청 초등학생 수는 61,783명으로 28.10%를 차지하고 있고, 본 연구의 대상인 빈곤계층인 소년소녀가장, 기초생활보장수급 자녀, 모·부자가정 자녀, 복지시설수용 학생, 저소득층 자녀는 대구광역시 전체가 9,662명인데, 서부교육청은 2,564명으로 26.53%를 차지하고 있다. 초등 교사들의 선호 근무지역을 보면 수성구 지역이 포함된 동부교육청과 달서구 지역이 포함된 남부교육청을 선호하며, 공단 지역이 많이 포함된 서부교육청은 비선호 지역에 해당된다.

4. 초등학교 현장에서의 교육소외계층 실태

가. 연구 대상 및 표집

본 연구에서 사용된 표집은 교육소외계층 대상 아동이 있는 초등학교 담임교사들을 대상으로 교육소외계층 아동의 실태를 파악하기 위하여 초등학교 3개 학교에 50부를 배포하여 45부가 회수되고 통계 처리에 사용된 부수는 45부이다. 보다 자세한 내용은 다음의 <표 Ⅶ-6>과 같다.

〈표 Ⅷ-6〉 설문지 배포 및 회수 현황

부수 \ 학교	배포부수	회수부수	사용부수
A초등학교	13	12	12
B초등학교	26	23	23
C초등학교	11	10	10
총 3개 교	50	45	45

나. 분석 방법

초등학교교육소외계층 아동에 대한 주거 지역, 부모 학력 수준, 학업성취 수준, 신체발달 상태, 인성적·정서적 발달 상태, 중식 문제, 현재의 처지 개선 여부를 알아보기 위해 빈도분석을 실시하였다.

다. 연구결과

설문결과를 토대로 교육소외계층 아동의 학년, 성별, 소외계층 유형, 부모의 학력 수준, 학업성취 수준, 신체 및 인성 발달 상태, 식사 해결 방법, 앞으로의 불리한 처지 개선 여부에 대한 내용을 나타냈다.

1) 대상 학생 학년 분포

〈표 Ⅷ-7〉 대상 학생 학년

단위: 명

학년	1학년	2학년	3학년	4학년	5학년	6학년	계
학생 수	6 (13.3)	8 (17.8)	7 (15.6)	8 (17.8)	7 (15.6)	9 (20.0)	45 (100)

주: ( )안은 %를 나타냄.

대상 학생의 분포 학년은 최저치 1학년 6명에서 최고치 6학년 9
명 사이에 분포를 하며 1~6학년 45명을 대상으로 조사를 실시하
였다.

2) 대상 학생 성별 분포

<표 Ⅶ-8> 대상 학생 성별

단위: 명

학년	A초등학교		B초등학교		C초등학교		계	
	남	여	남	여	남	여	남	여
학생 수	7 (58.3)	5 (41.6)	14 (60.8)	9 (39.1)	6 (60.0)	4 (40.0)	25 (55.5)	20 (45.5)

주: ( )안은 해당학교의 남녀 비율을 나타냄.

3개 초등학교의 학교당 남녀 비율을 보면 전체적으로 남학생의
비율이 여학생의 비율보다 약 10% 정도 높게 나타나고 있다. 이
는 OECD 교육정책보고서(2003)에 의하면 모든 국가에서 남학생의
비율이 여학생의 비율보다 높게 나왔으며, 대체로 남학생의 비율은
50%에서 60%에 이르는 것으로 제시된 결과와 비교할 수 있다. 이
보고서에 따르면 성비의 차이가 왜 발생하며 이로 인해 남학생과
여학생에게 차등적인 지원이 제공되어야 하는지에 대해서는 더욱
깊은 연구가 필요하다고 제안하고 있다.

3) 교육소외계층 유형 분포

<표 Ⅶ-9> 교육소외계층 유형

단위: 명

유형	소년소녀가장	기초생활보장수 급 자녀	모·부자 가정 자녀	복지시설수용학생	저소득층 자녀	계
학생 수	1 (2.2)	22 (48.9)	10 (22.2)	2 (4.4)	10 (22.2)	45 (100)

위의 <표 Ⅶ-9>를 살펴보면 기초생활보장수급 자녀, 모·부자가정 자녀와 저소득층 자녀가 많은 비중을 차지하고 있고, 이는 위에서 살펴본 대구광역시 교육소외계층 현황의 빈도와 유사함을 나타내고 있다. 위의 기초생활보장수급 자녀는 국가로부터 최저생활을 위한 지원금과 각종 의료시설, 교육 등 혜택을 받는 아동을 나타내는 것이다.

4) 부모의 학력 수준 분포

<표 Ⅶ-10> 부모의 학력 수준

단위: 명

유형	초등학교졸업	중학교 졸업	고등학교 졸업	대학교 졸업	무응답	계
학생 수	1 (0.2)	14 (31.1)	24 (53.3)	1 (0.2)	5 (11.1)	45 (100)

부모의 학력 수준을 나타낸 <표 Ⅶ-10>을 살펴보면 고등학교 졸업이 24명으로 가장 많으며, 대학교 졸업은 단 1명밖에 나타나지 않았다. 그리고 부모가 계시지 않은 소년·소녀가장이나 혹은 담임교사가 학부모의 학력을 파악하지 못해 무응답한 경우가 5명이나 되었다. 부모의 학력과 학업성취에 관한 부산대 학생생활연구 논문(김명철, 1998)[40]에 의하면 부모의 학력이 높을수록 자녀의 학업성취가 높게 나타나는 <표 Ⅶ-11>과 같은 연구결과와 관련을 시킬 수가 있다.

---

40) 부산시내 초등학교 3개 교 4, 5, 6학년 총 9학급에 질문지를 배포하고 학업성적은 1998년 9월 10일 실시한 학업성취도 평가(국립교육평가원) 중 국어, 수학, 사회, 자연의 평균을 산출하였다.

〈표 Ⅶ-11〉 부모의 학력과 학업성취

단위: 점

구분	초등학교졸업	중학교 졸업	고등학교 졸업	2년제대학 졸업	대학교 졸업 이상	종계
아버지	50.92	52.99	62.6	64.69	70.42	61.60
어머니	54.80	55.49	63.42	70.38	67.06	61.60

이와 유사한 연구결과로 한국직업능력개발원(2004)에서 전국 6,000명의 중·고생, 학부모, 교사를 대상으로 자녀의 성적 분포와 부모의 학력을 분석한 결과 부모의 학력이 높을수록 자녀의 학업 성적이 우수한 것으로 나타났다. 위의 <표 Ⅶ-11>과 같은 연구 결과처럼 부모의 학력 수준이 교육소외계층 아동들은 평균적으로 낮게 나타나기 때문에 낮은 학업성취 결과가 나올 것이라고 추측할 수 있다.

5) 학업성취 수준 비교

다음 <표 Ⅶ-12>에 나타난 국어, 수학 평균은 2004년 10월 29일 시행한 학업성취도 평가에 나타난 평균을 의미하며, 교육소외계층 아동 평균의 정도를 비교하기 위해 C초등학교 학년별 1개 반을 표집하여 국어, 수학반 평균을 산출하여 비교하였다. 비교결과 그 차이는 크게는 30점 이상, 작게는 7점 정도 표집된 학반의 평균이 교육소외계층 아동의 평균보다 높게 나타났다. 이 결과는 교육소외계층 아동의 학업성취가 상대적으로 학반에서 부진에 속하는 경향이 많음을 나타내므로 시사하는 바가 크다 하겠다.

<표 Ⅶ-12> 교육소외계층 아동과 학반 전체 평균 비교

단위: 점

구분	1학년		2학년		3학년		4학년		5학년		6학년	
	국어	수학	국어	수학	국어	수학	국어	수학	국어	수학	국어	수학
교육소외계층 아동 평균	54.16	69.16	69.37	59.37	76.42	62.85	62.12	46.50	71.85	62.14	77.22	53.33
C초등학교 학반 평균	88.81	96.81	86.83	81.27	91.44	86.72	88.33	84.58	81.05	84.60	84.45	77.83
차이	-34.65	-27.65	-16.96	-21.90	-15.02	-23.87	-26.21	-38.08	-9.20	-22.46	-7.23	-24.50

설문결과 이러한 학업성취 수준의 차이가 나타나게 된 원인으로는 기초 학습 결손의 누적, 발달 수준의 저하, 부모의 자녀 양육의 문제, 경제적 빈곤으로 인한 부모의 관심 부족, 학업에 전념할 수 있는 가정환경의 부족 등으로 나타났다.

6) 신체 및 인성 발달 상태

교육소외계층 아동에 대한 신체 및 인성 발달 상태를 담임교사에게 설문한 결과 신체적 발달 상태는 정상인 아동들과 비교하여 13명(28.9%)의 아동이 발육 상태가 부족하며, 인성적 발달 상태는 25명(55.5%)의 아동이 문제가 있는 것으로 나타났다. 신체적 발달 상태의 부족 원인으로는 가정에서 부모의 부재로 인한 적절한 영양 공급의 부족, 정신적 스트레스 등이 원인으로 나타났고, 인성적 발달 상태의 부족 원인으로는 부모의 관심과 사랑의 결핍, 정서적 발달을 위한 문화적 체험의 부족, 부모의 부재로 인한 스트레스, 신체적 결함으로 인한 소외 등이 원인으로 나타났다.

〈표 Ⅶ-13〉 신체 및 인성 발달 상태

단위: 명

구분	정상	비정상	계
신체적 발달 상태	32 (71.1)	13 (28.9)	45 (100)
인성적 발달 상태	20 (44.5)	25 (55.5)	45 (100)

신체적, 인성적 발달에 관하여 자료를 수집하기 위해 A초등학교 1학년을 맡고 있는 담임교사 1명과 B초등학교 2학년 교사 1명을 직접 만나 학급의 교육소외계층 아동에 대한 실태를 파악하기 위한 면담을 실시하였다.[41]

---

41) 제시된 학생과 교사의 이름은 모두 가명을 사용하였다.

우리 반에 있는 민수는 학교 뒤에 있는 절에 맡겨져 생활하고 있어요. 절에서 민수를 돌봐주시는 스님에게 민수의 부모님에 대해 물어보니 시골에서 아마 돼지축사를 한다고 하네요.

그리고 오빠는 지금 군대에 가 있고, 두세 달에 한 번씩 민수를 보러 온다고 합니다. 민수는 또래 어린이들보다 언어 발달이 늦은 것 같아요. 지켜보면 사용하는 어휘가 부족하고, 발음도 정확하지가 않아요. 아마 초등학교 이전에 충분한 언어 훈련이 이루어지지 않아 발달이 지체되지 않았나 생각합니다. 이로 인해 학업성취는 국어, 수학 모두 부진아로 판별을 받아 보충지도를 받고 있어요. 더 큰 문제는 방과 후에 민수를 돌봐줄 사람이 없어서 학교숙제와 준비물도 챙기지 못할뿐더러 항상 저녁이 될 때까지 바깥에서 혼자 노는 경우가 많아요.

(A초등학교 이현아 선생님)

저희 반의 태훈이는 부모님이 계시지 않은 소년·소녀가장 가족입니다. 형이 중학생인데 태훈이와 함께 생활을 합니다. 학교는 칠곡에 있지만 태훈이가 사는 곳은 월성동이에요. 이곳까지 버스를 타고 오는 이유는 방과 후에 복지관에서 태훈이를 돌봐주고 저녁까지 먹을 수 있기 때문입니다. 2학년은 학교급식을 하지 않지만 태훈이는 제가 식사할 때 데리고 함께 식사를 합니다.

돌봐주는 사람이 없어서 그런지 옷은 늘 지저분하고, 양말은 신고 오지 않는 경우가 더 많으며, 한 번씩 친구의 물건에 손을 대는 경우도 있어요. 주위가 산만하고 친구들에게 공격적인 행동을 하는 경우도 많아요. 물론 공부는 전혀 하지 않지요. 제가 바라는 것은 태훈이를 가정처럼 돌봐줄 수 있는 시설에서 학교를 다녔으면 하는 바람입니다.

(B초등학교 류은숙 선생님)

위의 면담 결과를 보면 앞서 신체적, 인성적 발달의 지체 요인으로 가정환경을 들었는데, 초기 가정환경의 중요성을 면담 내용을 통해 재확인할 수가 있었다. 초기 가정환경의 결핍으로 인해 교육소외계층 아동들은 학업성취뿐만 아니라 신체적 발달, 인성적 발달에도 장애가 발생하며 이로 인해 미래의 생활까지도 불투명하게 됨을 암시하는 것이다.

7) 방학 중 식사 문제

방학 중 식사 문제 해결 방법에 관한 설문조사에서는 28명
(62.22%)의 아동이 집에서 세 끼의 식사를 해결하며, 학교나 복지
단체의 지원을 받는 아동이 13명(28.88%)에 달한다.

〈표 Ⅶ-14〉 방학 중 식사 문제 해결 방법

구분	집에서 해결	학교나 복지단체의 지원	세 끼의 식사 모두 해결 못 함	기타	계
학생 수 (비율)	28 (62.22)	13 (28.88)	0 (0.00)	4 (8.88)	45 (100)

이 아동들에 대한 지원으로는 학교에서는 평소에는 중식과 우유
를 무상으로 지원하고 방학 기간 동안에는 마실 수 있는 우유를
지원하고 있으며, 복지단체에서는 무상으로 점심식사를 제공하고
있다. 다행히도 세 끼의 식사를 모두 해결하지 못하는 아동들은
파악되지 않았으며, 기타로는 방학 때 시골 할머니 집에서 해결,
친척 집에서 해결한다 등이 나타났다.

8) 현재의 불리한 처지 개선 유무

설문조사를 통해 현재의 교육소외계층 학생이 처한 불리한 처지
를 개선할 수 있는지에 대해 담임교사의 의견을 물으니 20명
(44.5%)의 교사가 개선이 가능하다고 보았다. 이는 실질적으로 사
회계층이 점점 고착화되어 가는 현실에 비추어 볼 때 개선 가능성
은 점점 희박한 사실이지만, 교육을 담당하고 있는 교사로서 교육

소외계층을 위한 마지막 희망의 끈이 교육임을 인식하고 있어서 개선 가능성을 높게 보고 있는 것으로 추정된다.

〈표 Ⅶ-15〉 현재의 불리한 처지 개선 유무

구분	개선 가능	개선 불가능	계
교사 수 (비율)	20 (44.5)	25 (55.5)	45 (100)

불리한 처지를 개선하기 위해 우선적으로 필요한 지원으로는 방과 후나 방학 때 자유롭게 공부할 수 있는 공부방 제도의 활성화, 학습 준비물 지원, 방과 후 활동(특기ㆍ적성, 학원수강 등)에 대한 교육적 지원, 국가적 차원의 지속적인 대책 마련 등이 제시되었다.

라. 결론

공교육의 이념을 수월성의 추구와 평등의 실현으로 구분한다면, 소외계층을 위한 교육은 평등의 실현으로 볼 수 있다. 학생들을 평등하게 대하는 것과 모든 학생이 학교교육의 수혜자가 될 수 있도록 하자는 것이다. 학교는 학생들을 공평하게 대하며 대중교육의 담당자로서 학생들에게 동등한 교육 서비스를 제공할 것으로 기대되나 현실은 그렇지 못하다. 의도적이든 비의도적이든 불평등한 사회구조를 재생산하는 역할을 수행하고 있는 것이다. 가정에서 경제적 빈곤으로 인한 주거 및 생활환경의 열악, 문화적 결핍과 교육경험의 부족, 부모의 자녀교육에 대한 관심과 지원의 부족으로 인하여 취학 당시부터 뒤처진 학생은 학교에서 특별한 인위적 조치가 있지 않는 한 다양한 경험과 지적자극 속에서 성장한 학생들에 비해 신체 발달, 인성 발달, 학업성취 면에서 뒤떨어지게 마련이고 이러한 결과는 성장해서 사회의 직업구조로 이어지면서 결국 다시 빈곤을 경험할 수밖에 없는 빈곤의 악순환을 반복하게 되는 것이다.

본 연구는 교육소외계층 실태 및 개선방안을 탐색하기 위해 다음과 같은 연구결과를 얻을 수 있었다.

첫째, 외국과 우리나라의 빈곤아동을 위한 보상교육 프로그램으로 미국의 Head Start, 캐나다의 Fair Start, 영국의 Sure Start, 우리나라의 We Start를 살펴보았다. 특히 외국의 경우 민간 주도가 아닌 정부 주도를 통해 교육소외계층 아동을 위한 예산을 확충해 취학 전에 기초학력을 보장하고 복지시설을 마련해 주고 있다는 시사점을 얻을 수 있었다.

둘째, OECD 국가의 교육소외계층 지원 현황을 살펴보면, 많은 국가에서 국가별로 소외에 대한 분류를 통해 이들을 국가별 제도에 포함하여 적극적으로 지원하고 있었으나, 우리나라는 소외에 대한 국제 기준에 부합되는 국내분류가 존재하지 않을뿐더러 이들을 국가 제도에 포함하여 적극적인 지원이 부족함이 나타났다.

셋째, 대구광역시 교육소외계층 현황을 보면 교육소외계층의 분류로 소년소녀가장, 기초생활보장수급 자녀, 모·부자가정 자녀, 복지시설수용 학생, 저소득층 자녀, 귀국 학생, 북한이탈 학생, 외국인근로자 자녀, 북한이탈 학생, 요양호 학생, 장애 학생의 10개 범주로 분류하였다. 분류를 통해 학생 현황을 조사한 결과 대구광역시 전체 학생 수가 456,325명인데 교육소외계층 학생 수는 43,964명으로 전체 학생의 9.63%를 차지하여 10명당 한 명 비율로 교육소외계층 학생이 있는 조사결과가 나왔다. 본 연구에서는

도시지역의 빈곤층에 초점을 맞추기 위해 소년소녀가장, 기초생활
보장수급 자녀, 모·부자가정 자녀, 복지시설수용 학생, 저소득층
자녀의 5개 범주에 초점을 두고 서부교육청은 대구광역시 전체
9,662명 중 2,564명으로 26.53%의 비율을 차지하였다.

넷째, 초등학교 현장에서의 교육소외계층 실태를 파악하기 위해
대구광역시 서부교육청 소속 3개 초등학교 45명의 담임교사를 상
대로 설문조사를 실시하였다. 설문내용으로는 교육소외계층 아동의
성별, 교육소외계층 유형, 부모 학력 수준, 학업성취 수준, 신체 발
달·인성 발달 상태, 중식 문제, 현재의 처지 개선 여부이다. 성별
은 남학생이 약 5~10% 정도 높은 비율로 나타났으며, 교육소외
계층 유형으로는 기초생활보장수급 자녀가 가장 많고, 모·부자가
정 자녀, 저소득층 자녀의 순으로 나타났다.

부모의 학력 수준을 살펴보면 고등학교 졸업이 24명(53.3%)으로
가장 많았고, 중학교 졸업이 14명(31.1%), 대학교 졸업 1명, 초등
학교 졸업 1명, 무응답 5명으로 나타나, 부모의 학력 수준은 평균
보다 낮게 나타났다. 학업성취 수준을 비교하면 교육소외계층 아동
이 일반 학급 전체 평균보다 국어와 수학에서 크게는 30점 이상,
적게는 7점 이상의 학업성취에서 차이가 나는 연구결과가 나왔다.
신체 및 인성 발달 상태로는 신체 발달에는 비정상적인 아동이 13
명(28.9%) 나왔고, 인성 발달 상태는 비정상적인 아동이 25명(55.5%)
나왔다. 방학 중 식사 문제 해결 방법에는 집에서 해결하는 아동
이 28명(62.22%), 학교나 복지단체의 지원을 받는 아동이 13명
(28.88%), 세 끼의 식사를 모두 해결하지 못하는 아동은 없었다.

5. 교육소외계층을 위한 교육정책의 방향

가. 교육불평등의 해소

교육소외계층을 위한 교육정책은 궁극적으로 이들의 교육불평등을 해소하는 일이라고 할 수 있다. 일반적으로 교육불평등은 ① 교육기회의 불평등, ② 교육과정의 불평등, ③ 교육결과의 불평등의 세 가지 수준으로 볼 수 있다(김신복, 2002).

1) 교육기회의 평등 보장

교육기회의 평등이란 누구나 원하는 교육을 받을 수 있도록 동등하게 기회를 제공하는 것을 말한다. 따라서 출생 전의 조건, 건강 수준, 가족환경, 동료집단, 지역사회 여건, 사회적 지위 등이 학생의 학습에 영향을 미칠 수 있기 때문에 불리한 처지에 있는 학생들에게 교육복지를 통해 개선할 수 있는 다양한 프로그램을 지원할 수 있도록 하여야 한다.

또한 의무교육제도의 수혜를 통해서도 학교교육의 낙오자, 탈락자, 결손자, 소외자들을 위한 교육 대안이 마련되어야 할 것이다. 이는 질적인 차원에서의 교육의 기회 균등을 실현하는 일이다.

2) 교육과정의 평등 보장

교육과정의 평등이란 교육활동에 참여하는 조건과 교육활동의 과정에서 발생하는 불평등을 해소하는 일이다. 교육활동 과정에서 입시 위주의 교육으로 인해 학습장애를 겪거나 학교생활에 적응하지 못하여 낙오되는 학생들을 위해 학습장애를 해결하고 학교생활에 잘 적응하도록 하는 일이 교육과정의 평등을 보장하는 일이다.

3) 교육결과의 평등 보장

교육결과의 평등은 학업성취, 대학진학, 직업선택, 평생교육기회의 확보, 경제적 수입에서 발생하는 불평등을 해소하는 일이다. 성적순으로 줄 세우는 식의 수직적인 사회구조보다는 모든 사람의 다양한 개성을 수용하여 활용할 수 있는 수평적인 사회구조가 교육결과의 평등을 보장하는 것이다.

나. 교육복지정책을 통한 개선

교육복지정책을 통한 교육소외 개선방안을 최상근 외(2004)는 특수교육, 저소득층, 교육낙후지역, 초·중등학력 미취득자, 외국인 근로자 자녀, 탈북자 자녀, 기초학력 미달학생과 학교중퇴자로 분류하여 제시하였다.

1) 특수교육

특수교육대상자의 교육지원 범위를 확대하여 무상으로 모든 교육활동이 이루어지게 하고, 행·재정적인 지원을 통해 학교시설 및 장애인 편의시설을 확충한다. 일반학생을 대상으로 장애인에 대한 이해교육을 통해 우리 사회의 장애인에 대한 인식을 개선시키

고, 특수교육대상자들의 직업교육을 병행하여 졸업 후 취업이 가능
하도록 지원한다.

2) 저소득층

저소득층 자녀를 위해 만 5세아 무상교육과 유치원 종일반 운영
을 확대하고, 저소득층 자녀의 교육비 및 학교 급식비 지원을 확
대한다.

3) 교육낙후지역

교육인적자원부에서 운영하는 교육복지투자우선지역의 지원 사
업 개선·확대하고, 농어촌지역 교육여건 개선을 위해 지역실정에
맞는 다양한 작은 학교를 운영한다. 농어촌학교운영의 자율성과 농
어촌 학생의 대학 진학 기회를 확대하여 농촌학생의 도시로의 이
동을 억제하여 농어촌의 우수고등학교를 집중 육성한다.

4) 초·중등학력 미취득자

초·중등학력 미취득자를 위한 평생교육의 기회를 확대하기 위
해 사이버 학습의 기회를 제공하고, 원격대학, 학점은행제, 독학사
학위제 등에 대한 운영을 지원한다.

5) 외국인근로자 자녀

늘어나는 외국인근로자 자녀들을 위해 시·도 교육청에 '외국인
학생 입학상담센터'를 개설·운영하여 외국인 자녀의 한국어 습득

을 위한 프로그램을 개발하여 운영하고, 국내 교원 및 학생들에게 외국인 자녀들의 언어와 문화를 이해할 수 있는 국제이해교육을 병행하여 실시한다.

6) 탈북자 자녀

북한이탈 학생들을 위한 학력신장, 취업준비, 사회적응을 위한 중·고 통합과정의 transition school을 설립 추진하고, 북한이탈 학생 특별학급과 북한이탈 청소년 보호를 위한 민간단체를 운영한다.

7) 기초학력 미달학생과 학교중퇴자

초·중·고 학업성취도 평가를 통해 기초학력 미달학생을 판별하여 보충지도를 강화하며, 학업 중단자를 예방하고 이들을 지원하기 위한 대안 위탁교육기관 및 프로그램을 지정·운영을 확대한다.

다. 교육소외계층의 개선방안

교육소외계층 아동의 문제점을 개선하기 위한 방안을 몇 가지 제안하고자 한다.

첫째, 교육소외계층의 원인이 경제적 빈곤에 기인한다고 보았을 때, 민간 주도의 지원이 아닌 정부 주도의 지원을 통한 교육소외계층 아동에 대한 보다 많은 예산을 확보하여 가정, 학교, 사회가 유기적으로 연결된 체계적인 지원 프로그램을 마련하여야 할 것이다.

둘째, 교육소외계층 아동이 교육을 통해 자신의 불리한 처지를 개선할 수 있다는 희망의 끈을 놓지 않도록 하기 위하여 초등학교 이전의 단계인 유치원 단계에 무상교육을 실시하여 기초학력을 보장할 수 있는 프로그램을 제공하여 학교교육을 제대로 받을 수 있는 기초 능력을 갖추도록 한다.

셋째, 부모와 학교의 보호 없이 학교 밖에서 많은 시간을 보내는 교육소외계층 아동들에게 적절한 교육 및 문화 프로그램을 제공함으로써 적성 계발 및 특기 신장을 돕고 생활의 질 향상을 도모하도록 해야 한다.

넷째, 가정의 기능 약화로 인한 신체 및 인성 발달상의 문제를 극복할 수 있는 학교 및 지역사회의 교육환경을 조성함으로써 정서적 안정 속에서 성장할 수 있도록 해야 한다.

6. 저소득층 학생을 위한 대학생 멘토링

저소득층의 학생들은 어려서부터 부모의 관심과 사랑을 충분히 받지 못하고 성장하게 된다. 부모들이 늦게까지 일을 해야 생계가 유지되기 때문에 방과 후에 거리에 방치되거나 좀 더 나은 경우는 보육시설에 맡겨지는 경우가 대부분이다. 설사 여유가 있다 하더라도 자녀의 학습을 어떻게 도와야 할지 모르며 학교와의 연계도 제대로 이루어지지 않으며 열등감·심리적 위축감을 초래하는 등 정서 발달에도 부정적인 영향을 끼친다는 사실이다.

그러나 모든 저소득층 학생들이 발달상의 어려움이나 사회부적응을 경험하는 것은 아니며(오승환, 2000), 저소득층 학생들에게

문화적, 가정적 열악한 환경을 극복할 수 있는 경제적, 문화적 지원을 집중적으로 할 경우 일반 학생들과 차이가 없거나 오히려 더 높은 것으로 나타났다(오정수, 2003). 이는 사회가 저소득층 학생들에게 어떠한 기회를 제공하느냐에 따라 일반 학생들과 다름없이 더 건강한 삶을 살 수 있음을 확인하게 한다(방진희, 2005). 이러한 방법의 일환으로, 저소득층 학생들이 가정과 학교 및 지역사회에서 건강하게 적응하고 성장할 수 있도록 도와주는 효율적이고 유용한 전략인 멘토링 제도에 관심이 많아지고 있다.

특히, 교육인적자원부는 2006년을 '교육격차 해소의 원년'으로 생각하여, 교육안전망(edu-safety net)을 구축하고 교육 양극화 해소를 위해서 대학생을 후원자이자, 교사, 상담자의 역할을 하는 멘토로서 활용하는 대학생 멘토링 제도를 전국적으로 확대하는 계획을 수립하였다. 대학생 멘토링 사업[42]은 4월부터 실시하는 관악구·동작구 시범 성과를 평가하여 2006년 하반기에는 30개 교육복지투자 우선 지역 전체로 확대하고, 2007년도 이후 전국으로 확대하게 된다. 그러나 아직까지 대학생 멘토링 제도에 대한 구체적인 모형이나 안내 및 지침은 현재 많이 부족한 실정이다. 이에 저소득층 학생들의 지적, 정서적, 신체적 지원을 위한 구체적인 대학생 멘토링 제도의 구축·운영 방안을 제시하고자 한다.

이와 같은 저소득층 학생의 교육복지 실태와 문제를 <그림 Ⅶ-5>와 같이 도식화해 볼 수 있다.

---

42) 학생이 받게 될 멘토링(Mentoring)의 내용은 기초학습지도, 보호 및 상담, 인성지도 및 체험활동 등 학생의 희망에 따라 다양한 활동으로 이루어지며, 예비교사인 사범대 학생들은 3~4명의 학생에 대하여 개별화된 학습지도를 함으로써 교육실습학점 또는 봉사학점(1학점) 등으로 인정받을 수 있고, 교육부는 대학생들에게 멘토링에 필요한 소요 경비(교통비·식비, 영화·연극관람비 등)를 지원할 계획이다.

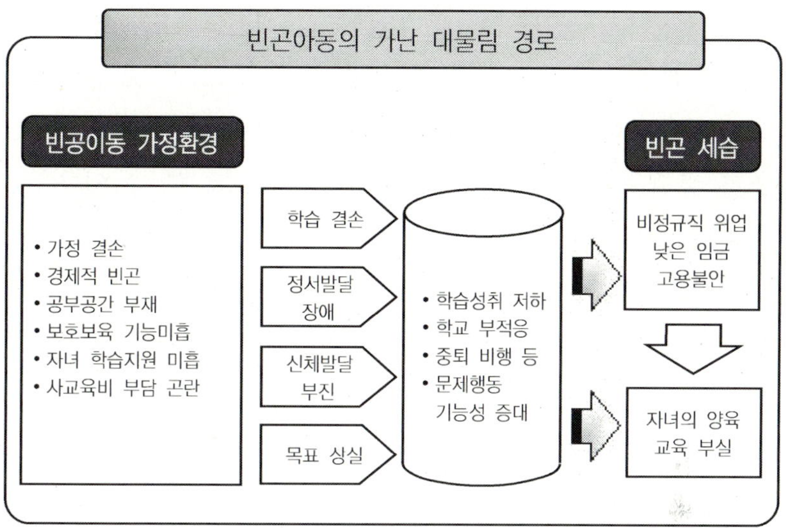

자료: 빈부격차·차별시정위원회(2004), 빈곤대물림차단을 위한 희망투자전략, 제49회 국정과제 회의자료, 13.

〈그림 Ⅶ-5〉 저소득층 학생의 교육복지 실태와 문제

위의 그림과 같이 계층이 양극화되어 가난이 대물림될 경우 저소득층 자녀의 경우 신체발육이 부진하여 질병이나 장애가 발생할 경우 평생 동안 학습이나 경제활동에 장애를 입게 된다. 또한 부모의 관심과 돌봄의 부족으로 인해 정서발달이 부진하고, 이는 학교에서의 부적응으로 이어져 낮은 학업성취까지 이어지게 된다.

가. 멘토링 제도

1) 멘토링의 개념과 유형

사회적으로 경제양극화 현상이 심화되는 가운데 경제양극화 현상이 교육양극화 현상 – 교육불평등으로 이어지는 악순환을 염려하고 있는 목소리가 커지고 있다. 이는 경제양극화와 교육양극화가 순환된다는 데에 문제점을 갖고 대학생 멘토링 제도는 교육양극화 해소를 통해 계층의 고착화를 완화하려는 시도로 볼 수 있다.

이처럼 멘토링에 관심을 가지게 된 것은 저소득층 학생들에게 경제적, 문화적인 지원을 집중적으로 하면 문화적, 가정적으로 열악한 환경을 극복하여 가정, 학교, 지역사회에서 건강한 삶을 살고 올바르게 성장할 수 있는 효과적인 전략이기 때문이다.

인간은 개인이나 조직에 속하여 사회생활을 하면서 어려운 문제나 갈등상황에 직면하게 될 때, 다른 사람의 조언이나 도움을 받으면서 성장하게 된다. 특히 조직생활에서는 자신의 행동에 대한 준거기준을 제공하는 삶의 선배를 만나게 되는데, 이러한 사람을 멘토(mentor)라고 한다.

한편, 멘토가 영향을 미치는 대상이 되는 사람을 멘티(mentee)라고 하며 이들 간의 관계를 형성하고 유지하며 영향을 주고받는 일련의 과정을 멘토링(mentoring)이라 한다. 이러한 상호작용의 관계 속에서 멘토는 멘티의 욕구에 초점을 두고, 그들의 잠재능력을 개발하여 건강, 학업, 진로, 사회적, 개인적 목표를 달성하도록 가르치고 상담하며 돕는다.

저소득층 학생들을 위한 멘토링은 크게 두 가지의 유형으로 구분될 수 있다(이길영·황영식, 2002). 하나는 자연스럽게 발생한 비공식적 멘토링이고, 또 하나는 계획된 공식적 멘토링이다. 비공식적 멘토링이란 대개 부모님이나 선생님과 청소년, 선후배 사이에 자연스럽게 발생한 일대일 관계이다. 비공식적 멘토링 관계는 서로 멘토링이라고 명명하지는 않지만, 신뢰를 바탕으로 도움과 지지를 제공하여 멘토는 멘티의 역할 모델이 되어 주고, 적절한 조언이나 기술을 전달해 준다. 비공식적 멘토링은 멘티가 나름의 목적을 성공적으로 달성하는 데 큰 도움을 준다. 그러나 모든 학생들이 가정이나 학교에서 멘토링의 기회를 가질 수 있는 것은 아니며, 멘토링의 효과가 멘토 개인의 역량 자체에만 의존하는 한계를 가진다.

공식적 멘토링은 가정이나 학교에서 역할 모델로 멘토를 가지지 못하는 학생들에게 초점을 맞춘다. 이에는 다음과 같은 것이 있다.

첫째, 교육 – 학업지도. 학생들의 전반적인 학업능력을 향상시키는 데 초점을 둔다. 학생들의 성적 향상, 출석률 향상, 학교 중도 탈락률의 감소 등이 세부 목표가 된다. 그러나 과외교습이나 숙제하기 등의 활동에만 집중하는 것이 아니며, 학생들이 학교생활에 적응할 수 있도록 격려하고, 지지체계가 되어 주는 것을 포함한다.

둘째, 진로지도. 학생들이 자신의 적성과 흥미를 발견하여 미래의 비전을 세우고, 필요한 정보와 기술을 제공하는 데 초점을 둔다. 학생들이 흥미를 갖는 영역과 관련된 멘토가 선정되어 직업생활에 필요한 것들을 준비시키는 역할을 한다.

셋째, 개인적 성장. 여러 가지 위기에 처해 있는 학생들이 멘토와의 개인적 관계를 통하여 어려움을 극복하고, 정상적인 발달을 성취하도록 돕는 데 초점을 맞춘다. 낮은 자존감이나 부족한 의사결정력을 가진 학생, 비행 등의 사회적 문제행동을 일으킬 위험이 있는 학생, 적절한 지지체계가 부족하여 어려움을 겪는 학생들이 대상이 된다. 멘토는 멘티들이 지금까지 경험하지 못했던 다양한 사회 – 문화적 활동을 함께 경험하는 기회를 제공하고, 개인적 지지체계가 되어 줌으로써 멘티들이 사회에 적응하고, 성장하도록 돕는 역할을 한다.

2) 대학생 멘토링의 필요성과 역할

저소득층 학생들에게 대학생 멘토의 역할은 비형식적이고 보다 자연스럽고 친밀한 환경에서 자유롭게 질문하고 도움을 청하며 삶에 대한 상담도 할 수 있도록 Big brother 혹은 Big sister와도 같은 신뢰할 수 있는 대학생을 멘토로 연결하면 많은 효과가 기대된다. 즉 따뜻한 인간관계 속에 대학생들을 저소득층 학생들과 연결한다면, 멘티가 되는 그들은 대학생인 멘토와의 보다 친밀한 관계에서 심리적이고 정서적인 안정을 가져와서 궁극적으로 학습에 긍정적인 영향을 가져올 것이다.

경제적 곤란 또는 가정 결손으로 인하여 여러 지원이 필요한 학생들에게 지속적으로 심리적이고 정서적인 지지와 지원을 제공함으로써 건전한 학생으로 성장하도록 도와주며, 학생이 건강하게 성장할 수 있도록 가정, 학교, 지역사회가 지지망을 형성하는 구심점 역할을 하게 된다.

3) 대학생 멘토링의 가능한 접근방법

멘토링 활동은 <표 Ⅶ-16>과 같이 다른 쌍들과 함께하는 집단활동과 멘토-멘티 둘만이 만나는 개별활동으로 나눌 수 있다.

〈표 Ⅶ-16〉 대학생 멘토링의 접근 실례

집단활동	개별활동			
	학업성취 향상 활동	사회성 증진 활동	대인관계 증진활동	진로탐색 활동
◦ 캠프, 여행 ◦ 대학견학 ◦ 스포츠 행사 ◦ 지역 탐방	◦ 도서관, 서점 탐방 ◦ 멘티의 학교 과제에 대한 정보 조사, 습득 ◦ 인터넷상에서 정보 검색 ◦ 국어, 수학 등 지도 ◦ 박물관 견학 ◦ 공부하는 방법 지도	◦ 스포츠 활동, 관람 ◦ 문화생활 체험 - 연극, 영화, 음악회 ◦ 경제체험 - 시장, 할인점 ◦ 놀이체험 - 공원, 놀이동산 등	◦ 멘티, 멘토가 함께 하는 이색체험 ◦ 멘티가 좋아하는 음식으로 식사 ◦ 멘티가 가 보고 싶어 하는 곳 방문 ◦ 멘토의 가정에 초대 ◦ 장애인시설, 병원봉사활동 ◦ 멘티 가정방문	◦ 특기, 적성검사 ◦ 대학, 고등학교 방문 - 축제, 행사 참가 ◦ 직업박람회 관람 ◦ 진로 관련 강의, 교육 참석 ◦ 관심 분야에 대한 자료 제공, 선배 만남 제공

나. 선행 연구에 대한 내용 분석 및 시사점

선행 연구에 대한 내용 분석과 시사점은 <표 Ⅶ-17>과 같다. 시사점 분석을 통해 저소득층 학생이 건전하게 성장할 수 있도록 모델링이 되고, 후견인의 역할이 되어 주는 지지체제가 필요하다. 아울러 이들에 대해 지역사회, 교육청, 대학이 공동의 노력을 증진 시킬 수 있는 멘토링 프로그램이 요청된다 하겠다. 이를 통해 저소득층 학생 지원을 위한 대학생 멘토링 모형 및 프로그램 개발은 교육 불평등 및 교육 양극화 해소를 위해 필수적으로 필요함을 알 수 있다.

〈표 Ⅷ-17〉 선행 연구 내용 분석 및 시사점

연구자	연구 내용	시사점
방진희(2005)	○ 저소득·한 부모 가정 청소년 심리·사회 적응 향상을 위한 멘토링 프로그램 효과 분석	- 저소득층 학생 지원을 위한 대학생 멘토링 모형 및 예시안 개발
이길영·황명식 (2004)	○ 대학생 멘토링의 중학생 영어학습에 미치는 영향 분석	- 학업성적 향상을 위한 대학생 멘토링 프로그램 개발 요구
김남숙(2004)	○ 저소득층 학생의 공부방에 대한 실태 조사	- 저소득층 학생의 학업성적에 대한 실태조사 및 문제점 도출
김남선(2004)	○ 교육소외집단을 위한 지역기반 학습지원 방안 모색	- 저소득층 학생을 위한 대학생 멘토링제도 구축 및 운영 방안 도출
최상근(2004)	○ 저소득층 학생 교육실태 및 정책과제 분석	- 저소득층 학생 교육실태 파악 및 시사점 도출
엄경은(2001)	○ 저소득층을 위한 교육 복지서비스 향상 방안 모색	- 저소득층 학생을 위한 학업성적 향상 방안 도출
박현선(2000)	○ 실직가정 자녀의 적응유연성 증진을 위한 멘토링 프로그램 효과 분석	- 정서발달 향상을 위한 대학생 멘토링 프로그램 개발 요구

다. 기대되는 효과

저소득층 학생지도를 위한 대학생 멘토링 제도가 갖는 기대되는 효과는 <그림 Ⅷ-6>과 같이 도식할 수 있다.

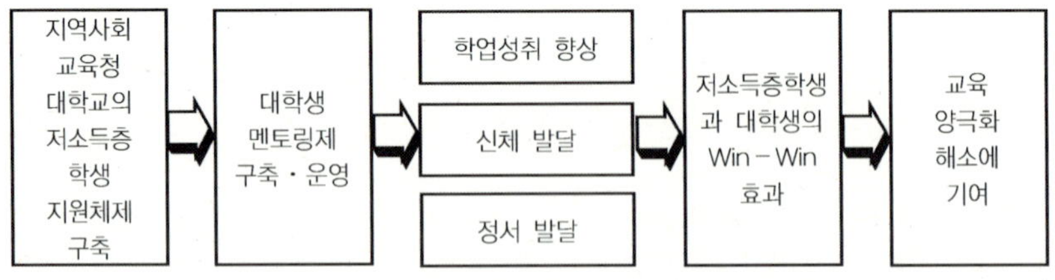

〈그림 Ⅷ-6〉 저소득층 학생지도를 위한 대학생 멘토링 제도의 기대 효과

좀 더 구체적으로 제시하면, 저소득층 학생지도를 위한 대학생 멘토링 제도를 구축·운영하면 다음과 같은 효과가 기대된다.

첫째, 학생에게 자신의 생활을 진심으로 이해하고 심리적으로 지원해 줄 수 있는 의미 있는 타자가 생겨 정서적으로 안정되고, 더불어 학습동기를 가질 수 있다.

둘째, 기존의 교육과정과 연계된 정서발달 활동이 단순한 여가나 놀이로서의 효과를 넘어 교육과 복지는 물론, 일상적인 삶과 연결될 수 있는 연결고리로서의 효과를 기대할 수 있다.

셋째, 신체발달을 위한 대학생 멘토링 프로그램을 통해 체력 강화 및 신체 발달과 건강 증진을 도모할 수 있다.

넷째, 대구지역 대학생을 활용하여 학생들을 위한 다양한 지원을 가능하게 함으로써 학생들이 가정과 학교, 지역사회에서 건강하게 적응, 성장할 수 있게 한다.

다섯째, 전인적인 보살핌을 위한 가정, 학교, 지역사회의 긴밀한 네트워크를 형성하여 저소득층 학생 지원, 대학생의 교육경험 및 사회봉사, 학교와 지역사회의 협력 등 참여주체 모두에게 Win - Win을 가져올 수 있을 것이다.

여섯째, 학생의 수준별 수업 및 학습부진 학생의 지도 등을 통하여 맞춤식 개별화 학습에 크게 기여할 것이다.

교육인적자원부(2004). 참여정부 교육복지 종합계획.

권민석(2004). 「교육소외계층 실태 및 개선방안 탐색」, 미간행원고.

권민석(2003). 「소외계층에 대한 교육적 배려」, 『교육개발』, 138호, 한국교육개발원.

권민석(2004). 「교육소외계층에 대한 사랑과 관심을」, 『교육사회지식포럼(ESKF: alledu4u.com)』, 제8호 교육칼럼.

권민석(2005). 「교육소외계층 아동에게 '희망의 끈'을 잡도록 해 주자」, 『교육사회지식포럼(ESKF: alledu4u.com)』, 제10호 교육칼럼.

김경근(2005). 「중등교육의 수월성과 평등성」, 한국교육학회추계학술대회자료집, 36.

김남선(2004). 「교육소외집단을 위한 지역기반 학습지원 방안」, 수탁연구 CR 2004 - 52.

김남숙(2004). 「저소득층 아동의 공부방에 대한 연구」, 대전대학교 석사학위논문.

김신복(2002). 「소외계층을 위한 교육복지정책」, 『교육개발』, 135호, 한국교육개발원.

김안나(2003). 「사회계층 연구동향 분석: 교육학 논문을 중심으로」, 『한국교육』, 30(3), 14 - 18.

김인희(2004). 「교육 복지 정책의 성공 조건」, 『교육정책포럼』.

박안석(2003). 『청소년 멘토링 사역 가이드 북』, 생명의 말씀사, 서울.

박현선(2000). 「실직가정 자녀의 적응유연성 증진을 위한 멘토링 프로그램 효과」, 『한국사회복지학』, 41, 147 - 172.

방진희(2005). 「저소득 한부모 가정 청소년의 심리·사회 적응향상을 위한 멘토링 프로그램 효과성 연구」, 서울여자대학교대학원 석사학위논문.

빈부격차·차별시정위원회(2004). 「빈곤대물림 차단을 위한 희망투자전략-빈곤아동·청소년 종합대책-」, 제49회 국정과제회의자료, 12 - 14.

신명호(2004). 「교육소외 집단의 교육실태 및 대책」, 한국교육개발원연구자료 RM2004 - 41.

신상명·신윤섭(2004). 「도시지역 소외계층 교육복지 문제점과 발전과제」, 『경상북도교육청 자율특색사업 워크숍자료집』, 383 - 399.

양정호(2006). 「한국의 사교육비 격차에 관한 연구」, 『제7회 한국노동패널학술대회 자료집』.

엄경은(2001). 「저소득층을 위한 교육 복지서비스 향상 방안」, 단국대학교 석사학위논문.

오승환(2000). 「저소득 결손가족 청소년의 적응결정 요인」, 서울대학교 박사학위논문.

오욱환(1990). 『학교교육과 불평등』, 서울: 교육과학사.

오정수(2003). 「빈곤 아동과 삶의 질: 기회보장」, 한국 아동복지 학회 제19회 학술대회, 9 - 28.

이길영·황명식(2004). 「대학생 멘토링이 중학생 영어학습에 미치는 영향」, 『영어교육』, 59(2).

이소임(2002). 「결손 가정 청소년의 멘토링 프로그램 초기 관계 경험에 관한 질적 연구」, 전북대학교 석사학위논문.

이정선(2003). 「소외계층의 교육: 미국을 중심으로」, 『교육개발』, 135호, 한국교육개발원, 44 - 48.

이종재(2003), 「학습하는 사회, 함께 하는 교육 연구보고서」, 한국교육개발원, 47 - 49.

이혜영 외(2003). 「소외계층에 대한 교육적 배려」, 『교육개발』, 138호, 한국교육개발원.

이혜영 외(2004). 「교육복지 투자우선지역 지원사업을 위한 연구·지원사업 결과 보고서」, 한국교육개발원.

이혜영(2002). 「도시 저소득층의 교육복지 실태와 과제」, 『KEDI 공청회 자료집』, 28.

이혜영(2003). 「저소득층의 교육문제: 가난한 학생은 누구와도 의논하지 않는다」, 『교육개발』, 139호, 한국교육개발원.

정구향 외(2004). 「2003 국가수준 학업성취도 평가 교육지표 - 초등학교 -」, 한국교육과정평가원 연구보고 CRE 2004 - 2 - 1, 5.

채형일(2001). 「보호 관찰 대상 청소년을 위한 멘토링 프로그램의 효과성 연구」, 서울대학교 석사학위논문.

최상근 외(2004). 「교육소외계층의 교육실태와 정책과제」, 현안연구 OR 2004, 한국교육개발원, 4 - 29.

한국교육개발원(2005). 「교육복지투자우선지역 지원 사업 실천 사례집」, RM 2005 - 25.

한국교육개발원(2005). 「교육복지투자우선지역 지원 사업 추진 길잡이」, RM 2005 - 24.

한승희(2005). 「평생학습사회에서의 교육소외: 관점과 대책」, 『교육소외계층을 위한 평생학습 발전 방안 토론회 자료집』, 7 - 13.

OECD 교육정책보고서(2003), 한국교육개발원, 11 - 31.

Bilow, Scott(1990). *Future persons and the justification of education*. IL: Illinois State University.

Daniel U. Levine(1996), *Society and Education*, 9th, Allyn & Bacon.

Daniel U. Levine(1996). *Society and Education*. 9th. Allyn & Bacon.

Feldman, D. C.(1981). The multiple socialization of organizational member. *Academy of Management Review*, 6, 309 - 318.

http://westart.joins.com/sub/sub_global_01.html

Kram, K. E.(1985). Mentoring at Work, Developmental Relationship in Organizational life. *Glenview*. Foreman & Company.

Noe, R. A.(1988). An Investigation of the Determinants of Successful Assigned Mentoring Relationship. *Personnel Psychology*, 41(3), 457 - 479.

Rawls, John(1971). *A Theory of justice: A defense of pluralism and equality*. NY: Basis Books.

사이버장학

1. 장학과 사이버장학

가. 장학의 개념

장학을 영어로는 'Supervision'이라고 하여 원래 '감독'의 뜻을 가지고 있으며, 교육 분야에서는 독학, 교학, 시학 등으로 쓰이다가 1945년 광복 이후 배움을 장려한다는 의미의 '장학'으로 정착되어 '학생들의 성장과 발달을 증진시키기 위하여 교사들의 활동을 전문적으로 개선·향상시키는 일'로 정의하였다(정재익, 2004). 즉 supervision은 일반조직에서 흔히 우리가 번역하여 사용하는 말처럼 '통제'의 의미가 가미된 '감독'으로 해석될 수 있다(김윤태, 1991).

그러나 교육장면에서 supervision은 미국에서나 우리나라에서나 단순히 지시와 감시가 전제된 권위주의적인 개념으로만 통용되어 오지 않았다. 그럼에도 불구하고 많은 학자들이 장학을 개념적으로 정의하기 위한 노력을 계속해 왔다.

특히, 남정걸(1998)은 장학의 개념을 교사가 학생의 성장 발달이라는 교육의 목적을 달성하기 위하여 행하는 교과지도나 생활지도, 그를 위한 교육과정이나 프로그램의 계획과 운영 및 평가를 포함한 전체 과정에 이르는 제반 활동이 개선 향상되도록 교사에게 주어지는 전문적 지원과 노력, 지도와 평가를 포함한다. 또한 장학을 교사가 문제를 가지게 될 때 집단적 또는 개인적 활동을 통해 교사 자신이 해결할 수 있는 실력과 능력의 배양이 필요하며, 그들의 문제를 그들 자신의 노력을 통해 해결해 가도록 도와주는 조력 및 조언으로 정의하였다(백현기, 1961).

그리고 미국에서 통용된 장학의 개념은 교사들로 하여금 주어진 역할을 잘 수행할 수 있도록 지원해 주고, 참여시키거나 이끌어 주는 것으로 정의되었다(Kimball & John).

따라서 장학의 개념에 대해서는 학자들 간 의견이 다양하게 정의되고 있다. 즉 장학의 강조점, 접근방법, 시간과 공간 또는 강조점을 어디에 두느냐에 따라 달리 정의되기도 한다(조성일·신재흡, 2004).

국내외 학자들의 장학에 대한 개념을 살펴보면 다음과 같다. 정태범(2002)은 교사의 전문성 신장, 교육과정 운영, 정보 제공, 자원봉사 등 전문적·기술적 활동으로, 이윤식(2001)은 교육활동의 개선을 위한 지도 및 조언활동으로, 윤정일 외(2000)는 ① 중앙장학 ② 지방장학 ③ 교내장학 ④ 임상장학 ⑤ 동료장학 ⑥ 자기장학 등을 포함하였다.

그리고 Wiles & Bondi(2000)는 ① 행정적 행위로서의 장학 ② 교육과정 활동으로서의 장학 ③ 수업기능으로서의 장학 ④ 인간관계 행위로서의 장학 ⑤ 경영으로서의 장학 ⑥ 지도성 역할로서의 장학으로, Komoski(1997)는 학생의 성공적 성취를 진작시키기 위하여 수업개선을 추구하는 지도성 과정으로 정의하였다.

장학의 개념에 대한 여러 학자들의 의견을 종합해 보면, 장학은 '교육활동의 개선을 위하여 주로 교원을 대상으로 하여 이루어지는 제반 지도·조언 활동'을 의미한다(정재익, 2004).

국내외 여러 학자들의 장학에 대한 개념 정의를 고찰해 볼 때, <표 Ⅷ-1>과 같이 여섯 측면에서 정의하여 분류할 수 있다(주삼환, 2003).

⟨표 Ⅷ-1⟩ 장학의 개념적 접근

저자	장학의 개념	개념접근
Glickman (1995)	장학은 교사들이 역할을 성공적으로 수행하도록 지식과 기능을 지원해 주는 일	행정 측면
Eye, GNetzer & Krey(1971)	교육체제의 적정화 또는 교수기대의 달성에 초점을 맞춘 학교행정의 국면	
Alponso & Firth & Neville (1981)	기술적 생산체제, 인간봉사체제 등 조직의 일의 체제는 장학담당자의 역할을 결정하는 가장 의미 있는 결정인자	경영 측면
Sergiovanni & Starratt(1983)	교사가 가지고 있는 능력을 최대한 발휘하게 하여 자아실현을 도와주어 행복하게 해 주는 철학(인간자원장학)	인간 관계 측면
Blumberg(1980)	생산적인 직무관계성의 조성이 장학담당자에게 가장 중요한 결정인 일	
이윤식(1999)	교육활동의 개선을 위한 모든 지도 조언 활동	수업 측면
Komoski(1997)	수업개선을 목적으로 하는 지도성 과정	
주삼환 외 (1994)	수업개선을 위하여 교사, 교육과정, 교육환경을 변화시켜 학생의 학습결과를 높이는 것	
Dull(1981)	교육개선의 목적으로 행하는 전문교육자의 행동	
Marks, Stoops & King - Stoops(1978)	수업과 수업프로그램의 개선에 목적을 둔 행동과 실험	
Wiles & Bondi (1980)	행정, 교육과정, 교수를 연결하고, 학습과 관련된 학교활동을 조정하는 지도성의 기능	지도성 측면

자료: 주삼환(2003). 『교육의 질 향상을 위한 장학의 이론과 기법』. 학지사. 재구성.

최근 20년간에도 많은 장학에 대한 정의가 내려지고 있는데 여러 학자들의 정의들을 이론적 형태로 제시하면 <표 Ⅷ-2>와 같이 세 가지로 분류할 수 있다(Beach & Reinhartz, 2000).

⟨표 Ⅷ-2⟩ 장학의 개념 정의에 대한 이론적 형태

저자	장학의 개념	이론적 형태
Pfeiffer & Dunlap(1982)	다면적 인간 간의 과정으로서 교육과정 개발, 학습환경, 학생의 조직, 교사활동, 전문성 성장을 포함	수업에 초점
Oliva & Pawlas(1997)	수업개선을 돕기 위해 제공되는 전문적 노력의 한 방법	

저자	장학의 개념	이론적 형태
Glickman, Gordon & Ross-Gorden (1998)	수업효과성 요소들을 결집시키려는 범학교적인 노력	수업에 초점
Alponso, Firth & Neville(1981)	학교 생산체제 안에서의 경영적 기능	조직에 초점
Wiles & Bondi(1986)	행정, 교육과정, 교수를 포함하는 지도성 기능	
Wiles & Lovell(1975)	교수 행위를 변화시키는 방법	사람에 초점
Sergiovanni & Starratt(1983)	인간관계적인 것이며 인간자원을 개발하는 것	

나. 장학의 원리

Melchoir는 실제로 적용될 수 있는 장학의 원리로서 태도의 원리, 창조의 원리, 협력의 원리, 과학성의 원리, 효과의 원리 등 다섯 가지를 제시하고 있다. Briggs는 장학을 실행할 때 원리로서 적극적 원리와 소극적 원리로 구분하고 있다.

특히, Ayer와 Peckham은 장학의 원리로서 ① 협동의 원리 ② 지도성의 원리 ③ 계획의 원리 ④ 통합의 원리 ⑤ 창의성의 원리 ⑥ 융통성의 원리 ⑦ 사려의 원리 ⑧ 지역사회 오리엔테이션의 원리 ⑨ 객관성의 원리 ⑩ 평가의 원리 등 10가지를 제시하였다(이윤식, 1999). 또한 Parker는 장학의 원리로 계획의 원리, 필요성의 원리, 협력의 원리, 전문성의 원리, 효과의 원리 등 7가지를 제시하였다(김종철, 1982).

이러한 장학의 원리 외에도, Burton과 Brueckner(1955)는 장학이 보다 바람직한 수업여건을 조성하고 수업개선에 기여해야 함을 강조하면서 장학의 목적과 장학운영을 지배하는 원리를 각각 제시하고 있다(<표 Ⅷ-3>, <표 Ⅷ-4> 참조).

<표 Ⅷ-3> 장학의 목적에 대한 원리

장학의 목적	장학의 원리
궁극적 목적	학생의 성장을 촉진시키는 일이며, 결과로 사회발전 이룩
일반적 목적	교육계획을 지속적·효과적으로 추진시키고 지도성 발휘
직접적 목적	상호협력을 통해 교수-학습을 바람직하게 개선 ① 가능한 모든 방법을 통해 교수-학습의 개선방법 찾기 ② 사회적, 물리적, 심리적 학습환경과 교육풍토 조성 ③ 모든 교육적 노력을 통합, 조정, 필요한 자료 제공 ④ 교사의 전문적 성장을 통해 책임감 인식하도록 보조 ⑤ 교사가 창의성 발휘하도록 안정적 분위기 제공

<표 Ⅷ-4> 장학의 운영을 지배하는 원리

구분	장학의 원리
행정	일반적인 학교운영과 물자를 공급하는 데 관여
장학	특정 교수-학습의 개선을 모색
행정과 장학의 공동목적	학습을 위한 바람직한 조건 마련
좋은 장학	-인성과 개인차 존중, 개인의 독특한 인성을 잘 표현할 수 있는 기회 제공 -모든 교직원들이 성장 가능성을 가지고 있다는 가정에 근거 -민주주의는 권리뿐만 아니라 의무까지도 수행해야 함을 인식 -협동적으로 정책과 계획을 수립하도록 충분한 기회 제공 -개인이 직무를 수행할 때 개인의 자발성, 자신감, 책임감 촉진 -권위 대신에 지도성 발휘 -기능적, 협동적 조직 구성, 충고와 자문이 필요하면 외부전문가 초빙 -교수-학습 상황에 따라 절차를 결정 -독창성을 발휘하는 기회와 창의적 자기발견 및 기여할 수 있는 기회 제공 -의도적으로 환경 구성 및 조작

근래에는 자율화·민주화·개방화를 지향하는 시대적 변화 추세를 고려할 때, 보다 효과적인 장학이 되기 위하여 학교 중심성 존중의 원리, 자율성 존중의 원리, 협력성 존중의 원리, 다양성 존중

의 원리, 계속성 존중의 원리, 자기 발전성 존중의 원리 등을 제시하고 있다(이윤식, 1999).

다. 장학의 유형

장학의 유형은 시각에 따라 장학의 조직, 주체, 내용, 방법 등에 따라 구분되기도 하고, 연구자의 관점이나 실무자의 편의에 따라 다르게 구분되기 때문에 다양한 방식으로 분류할 수 있다(<표 Ⅷ-5> 참조).

<표 Ⅷ-5> 장학의 조직과 주체에 따른 장학의 유형

기준	장학의 유형
교육조직의 수준	① 문교장학 ② 학무장학 ③ 수업장학 ④ 임상장학
교육조직의 수준	① 교육부장학 ② 교육청장학 ③ 교내장학
장학의 형태	① 종합장학 ② 확인장학 ③ 수업장학 ④ 개별장학 ⑤ 요청장학 ⑥ 자율장학 ⑦ 교내장학
장학의 방법	① 일반장학 ② 특수장학 ③ 협동장학 ④ 통신장학
장학의 주체	① 행정장학(교육부장학, 지방교육행정기관 장학) ② 교내자율장학(임상장학, 동료장학, 자율적 장학, 행정적 감독)
장학의 주체	① 교육행정기관이 주도하는 행정적인 성격이 강한 장학 - 역할로서의 장학 ② 교장·교감을 중심으로 교직원들이 협력적인 관계 속에서 이루어지는 자율적인 성격이 강한 자율장학 - 과정으로서의 장학
수업개선 관련 정도	① 일반장학 ② 수업장학 ③ 임상장학
교사의 참여 정도	① 참여장학 ② 동료장학 ③ 자기장학
장학의 발전단계	① 전통적(과학적 관리)장학 ② 인간관계장학 ③ 인간자원론 장학

특히, 교육행정기관이 주도하는 장학(교육부 장학, 시·도교육청 장학, 지역교육청 장학)은 <표 Ⅷ-6>과 같이 다양한 형태와 방

법으로 전개되고 있다(이윤식, 1999).

〈표 Ⅷ-6〉 교육행정기관이 주도하는 장학의 유형

유형	개념
종합장학	교육시책 추진사항, 교육과정운영, 학교경영 등 전반 영역에 대해 종합적으로 수명의 장학지도반이 실시하는 장학
담임장학	각 학교 담당 장학사가 해당 학교교육활동 전반에 대해 수시로 실시하는 장학
표집장학	학교별 또는 주제별로 학교를 무선표집하는 장학
확인장학	장학지도 시 시정·보완 지시사항에 대한 이행을 확인하거나 학교경영활동을 확인하기 위한 장학
요청장학	학교의 필요에 의해 장학사를 초청하여 실시하는 장학
특별장학	특별한 문제가 발생하거나 발생이 우려될 때 해당 문제의 해결이나 예방을 위하여 실시하는 장학
협동장학	장학사, 학교관리자, 교사 등 장학협동체를 구성하여 실시하는 장학
개별장학	장학사 개인별로 담당 학교에 대해 실시하는 장학
교과별 장학	각 교과별로 교과담당 장학사가 해당 교과활동 중심으로 실시하는 장학
교과장학	교과장학담당자가 교과 관련 교육정책 수립, 교육과정 운영지도, 교구설비의 확보와 사용계획 수립·조정·보급, 자료개발과 연구·실험·시범학교의 운영, 각종 교원 연수 및 학교의 교과 관련 교육행사를 지도하는 장학
일반장학	학교교육활동 또는 사업내용에 대하여 협의·검토, 지도·조언하는 장학
방문장학	학교의 요청 또는 교육행정기관의 필요에 따라 해당 학교 담당 장학사나 해당 업무 담당 장학사가 학교를 방문하여 실시하는 장학
통신장학	교육과정운영, 학교경영, 기타 학교에서 질의·협의 요청한 사항에 대해 통신수단을 이용하여 지도·조언하는 장학

또한 학교 현장에서 이루어지는 장학으로는 교내 자율장학과 지구 자율장학으로 구분된다. 교내 자율장학은 <표 Ⅷ-7>과 같이 제시할 수 있다(전라북도교육청, 2000).

〈표 Ⅷ-7〉 교내장학의 기본 유형

유형	개념	형태
수업장학	교사들의 수업기술 향상을 위한 체계적이고 개별적인 과정	- 임상장학 - 마이크로티칭
동료장학	동료교사들 간에 그들의 교육활동의 개선을 위해 공동으로 노력하는 과정	- 동 학년, 동 교과, 동 부서 동료 간 수업연구
자기장학	교사 개인이 자신의 전문적 발달을 위해 스스로 체계적인 계획을 세워 이를 실천하는 과정	- 자기수업반성 - 1인1연구과제 - 대학원수강 - 문헌연구 - 전문가상담 - 방문견학 - 각종 자기연찬과정
약식장학	교장, 교감이 간헐적으로 짧은 시간 안에 학급순시나 수업참관을 통하여 교사들의 수업 및 학급경영활동을 관찰하고 교사들에게 지도조언을 제공하는 과정	- 학교순시 - 수업참관
교내연수	교직원들이 교육활동의 개선을 위해 그들의 필요와 요구에 대해 학교 내·외의 인적·물적 자원을 활용하여 단위학교 자체에서 실시하는 연수활동	- 각종 교내 연수

자료: 전라북도교육청(2000). 초등장학자료 제2000-51호. 전주: 공익사.

라. 사이버장학의 개념

사이버(Cyber)라는 말은 미국의 SF작가인 William Gibson이 쓴 SF소설 Neuromancer에 등장하고 있는 마이클 베네딕트 등의 연구에서 유명하게 된 Cyber Space에서 보편화되었다(김영환 외, 2003).

그러나 Cyber Space의 실제 어원은 Cygernetics이며, Cyber는 Cygernetics의 약어로 어원상 원래 키잡이를 뜻하는 그리스어 'Kubernetes'에서 유래한 것으로, 조정(steer, pilot)과 통제(control, govern)의 두 가지를 의미하며, Cygernetics의 초점은 결국 정보교환이며, 이러한 정보교환과 관련된 기술체계에 대한 학제적 연구를 의미한다(권성호, 1998).

특히, Cyber Space(가상공간)는 인간의 신경과 컴퓨터를 직접 연결하여 '합의에 의해 형성되는 환상'이라고 할 수 있으며, 여기서 합의란 수많은 사람들이 컴퓨터통신망으로 연결되는 것을 의미하며 환상이란 신경과 직접 연결된 컴퓨터의 작용을 뜻한다(정재익, 2004).

교육 분야에서 마이크로컴퓨터, 인터넷, 웹 등의 사용이 증가하면서 시간적·공간적으로 격리된 교사와 학생이 일종의 학습공동체를 형성함으로써 교수·학습이 이루어지는 Cyber Space(가상공간)라는 단어가 널리 사용되기 시작하였다(김정란, 2004).

사이버 가상공간에서 이루어지는 사이버교육에서는 교사와 학생의 관계가 직접적일 수도 있으며, 간접적일 수도 있다. 즉 학습자가 학습할 때, 반드시 전통적 의미의 교사가 존재해야만 하는 것은 아니며, 학습자를 가르치는 교사가 아니라, 학습을 안내하거나 함께 학습하는 동료가 되는 경우도 있다(<그림 Ⅷ-1> 참조).

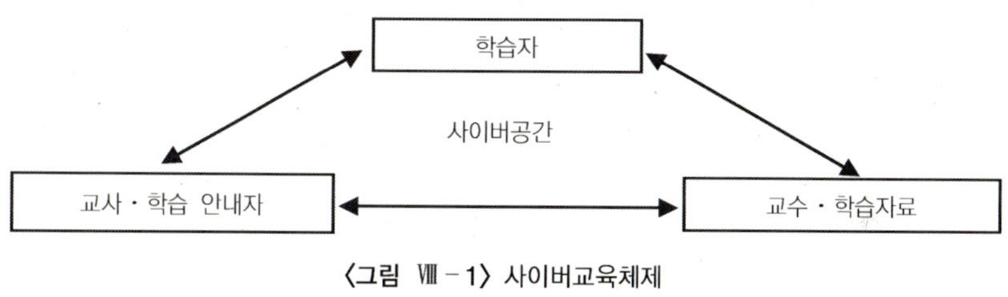

〈그림 Ⅷ-1〉 사이버교육체제

이러한 Cyber Space(가상공간)에서 이루어지는 장학 지원체제를 구축하기 위해서는 가상 또는 사이버의 의미를 명확히 알고 있어야 한다. 즉 사이버장학이란 고속정보통신망, 즉 PC통신망의 다양한 매체, 홈페이지, 전자우편, 전자게시판, 자료실, 대화방 등을 이용하여 일선 현장에서 요구하는 다양한 교육정보를 즉시 제공하고, 교육활동에 필요한 자료와 정보를 안내해 줌으로써 일선 학교의 교육력을 높이는 활동이다(정재익, 2004). 즉 사이버장학이란 '사이버공간'과 장학을 합한 합성어로서, 컴퓨터, 인터넷, 원격통신 장비 등을 활용하여 시간적·공간적 제약을 받지 않고, 언제든지 장학 활동이 이루어질 수 있는 새로운 형태의 장학이다(김정란, 2004).

따라서 사이버장학은 PC통신이나 인터넷 등을 활용해 시간적·공간적 제약을 받지 않고 교사의 교육활동 개선을 위하여 교원들과 장학담당자들 상호간에 자유롭게 이루어지는 제반 지도·조언 활동을 말한다(노용순, 2005).

2. 수업장학과 사이버 수업장학

가. 수업장학의 개념

수업을 전문가답게 하기 위해서는 새로운 수업이론이니 지식도 알아야 하고, 수업을 잘하는 동료교사의 수업을 자주 관찰할 수 있는 기회를 가져야 하며, 자기가 하고 있는 수업이 잘되고 있는지 정확하게 되돌아볼 기회와 성찰할 수 있는 기회를 가져야 한다. 따라서 수업자의 수업기술을 향상시켜 학습의 효과를 증대시키기 위해서 수업장학에 대한 구체적인 방안이 요구되고 있다.

관리 행정적인 측면을 포함하는 광범위한 일반장학과는 달리, 수업장학은 수업의 개선을 위한 교사의 수업행동 변화에 직접적인 초점을 맞추고 있다는 점에서 다르다(정재익, 2004). 즉 수업장학은 학교에서 이루어지는 교수·학습과정을 유지 개선하기 위한 장학으로서, 교사의 수업행위나 수업기술을 개선시켜 학습자들의 학습효과를 개선시키는 것에 목적이 있다(김형관 외, 2000).

그러나 수업장학에 대한 개념은 국내외 학자들에 따라 차이가 나고 있다. Harris(1995)는 수업장학을 학교의 구성원들이 학생들 학습을 증진시키기 위해 교수과정에 직접적으로 영향을 주는 방법으로 운영하거나 변화하는 것으로 정의하고 있으며, 강영삼(1997)은 학교조직의 핵심인 교수·학습활동의 질을 개선하여 궁극적으로는 학생교육의 질을 향상시킬 수 있도록 직접적으로 교사의 교수활동을 돕고 지원하는 활동으로 정의하고 있다. 또한 김형관 외(2000)는 교사들의 수업기술 향상을 위해 장학담당자(교장, 교감, 외부장학요원, 전문가)가 주도하는 체계적이고 개별적인 지도조언 과정으로 보고 있다. 그리고 조병효(1995)는 학생의 학습을 향상시키고 학교의 교수·학습과정을 유지 또는 개선하기 위하여 교사의 교수행위에 직접적으로 영향을 줄 수 있도록 학교가 공식적으로 제공하는 제반 활동, 즉 학교장을 중심으로 한 교내장학으로 정의하고 있다.

특히, Alfonso와 그의 동료들이 수업장학을 세 가지 핵심적인 요소로 나누어 설명하고 있다(변영계, 1997). 첫째, 수업장학은 공식적으로 계획된, 조직의 필요와 공식적인 권위를 토대로 이루어지는 활동이며, 둘째, 수업장학은 직접적으로 교사의 행동에 영향을 미치는 활동이고, 셋째, 학생들의 학습을 촉진시켜 주기 위해 교사의 행동변화를 통해 궁극적으로 학습을 개선하려는 활동이다.

따라서 수업장학은 일반장학과는 달리, 학교의 시설·설비의 마련, 인사제도의 변화, 학교 분위기 개선과 관리행정업무를 제외한 장학의 궁극적 목적인 교수·학습의 개선에 그 노력을 집중시킬 필요성이 대두되는 장학의 한 형태이다(정재익, 2004).

나. 수업장학의 원리

수업장학을 교사의 수업행위나 기술을 향상시켜 수업의 효과를 높이려는 데 강조점을 둔 장학으로서, 고려되어야 할 원리는 다음과 같다(변영계, 1997).

첫째, 교사들은 가르치는 일에 전문적 성장을 하려는 의욕을 갖고 있으며, 또 자기의 전문성이 성장하고 있다는 점을 알 때 가르치는 일에 더욱 보람을 느낀다.

둘째, 교사의 가르치는 기술이나 능력은 출생할 때부터 타고나는 것이 아니라, 후천적으로 학습되는 것이다.

셋째, 교사들은 가르치는 일의 전문가로서 자주성과 존엄성이 인식될 때 수업자학에 적극적으로 참여한다.

넷째, 교사들은 수업장학이 자기의 수업개선에 도움을 줄 것이라는 긍정적 태도를 갖고 있을 때 수업장학의 효과가 크다.

다섯째, 수업장학은 교사와 장학담당자 간에 상호존중의 관계가 형성될 때 효과적이다.

여섯째, 교사가 가르치는 수업행동이나 기술은 그 요령을 이해하는 것으로 끝나는 것이 아니라, 계속적인 시연을 통해 숙달해야 한다.

일곱째, 교사들은 자기의 수업결과에 관한 자료가 제시되고 강화가 주어질 때 보다 적극적으로 자기의 수업을 개선하려고 노력한다.

여덟째, 수업장학은 계속적으로 이루어질 때 효과를 높일 수 있다.

아홉째, 수업장학의 효과를 증대시키기 위해서 장학을 담당하는 사람부터 수업장학의 효과를 확신하여야 한다.

열째, 수업장학의 과정을 통해서 장학의 업무를 담당한 사람도 전문적 성장을 하게 된다.

다. 수업장학 모형

1) Cogan의 8단계 수업장학 모형

Cogan의 수업장학 모형은 교실 밖에서 일어나는 일반장학과 교실 안에서 교사의 수업을 개선시키는 데 초점을 두고 있으며, 수업장학의 전 과정을 8단계로 나누고 <표 Ⅷ-8>과 같이, 각 단계들은 장학담당자의 관계에 따라 변경하거나 생략할 수 있는 일련의 순환과정을 거치고 있다.

<표 Ⅷ-8> Cogan의 수업장학 모형

단계	특징
교사와 장학담당자 간의 원만한 인간관계 수립	-동료관계 수립을 위한 이론적 근거를 확실히 이해할 것 -여기에 적합한 행동을 보일 것 -동료관계의 필요성을 이해시키는 행동을 하는 데 집중적으로 노력할 것
교사와 장학담당자가 함께 학습활동 계획	-수업목표에 따라 교수·학습활동을 계획 -수업에서 예상되는 문제, 수업자료와 전략, 학습과정, 피드백과 평가 등 계획
수업관찰전략 계획	-장학담당자는 관찰과 자료수집의 목적, 방법, 물리적·기술적 절차 계획 -관찰내용은 교사의 수업행동, 학생의 학습행동 등 포함
수업관찰	-장학담당자와 다른 관찰자와 공동으로 관찰 가능 -교사와 학생의 언어적 상호작용과 비언어적 또는 정의적 영역의 행동까지 포함 -관찰자는 녹음·녹화방법으로 얻은 자료를 자신의 기록결과와 병합해서 수업분석 실시
교수·학습활동분석	-수업을 관찰한 자료를 가지고 교수·학습과정 분석 -학습 중에 일어난 중요한 사건들과 수업자의 수업행동에 나타난 두드러진 패턴 분석

단계	특징
협의회전략 계획	− 협의회를 위한 전략 계획 − 장학의 시작부분에서 필요한 계획을 장학담당자가 대체로 단독으로 수립
장학협의회 실시	− 관찰 후 협의회 계획에 따라 장학협의회를 실시
차기 장학계획 재수립	− 평가협의회는 수업방법·장학방법에 있어 개선이 필요한 부분이 있으면 새로운 계획 재수립

자료: 정재익(2004).「사이버 수업장학의 모형 개발과 적합성 분석 연구」. 성신여자대학교대학원 박사학위논문. 재구성.

2) Goldhammer의 5단계 수업장학 모형

Goldhammer은 전통적인 일반장학에 대한 교사의 이해부족과 부정적인 태도 때문에 성과 있는 장학이 되지 못한다는 단점을 개선할 수 있는 대안으로서, 5단계 수업장학 모형을 제시했다(<표 Ⅷ－9> 참조). Goldhammer의 수업장학 모형은 Cogan의 수업장학 모형을 축소·수정하여 보완한 모형으로서, 장학체제뿐만 아니라, 자기장학을 위해 실제적인 도움을 줄 수 있는 모형이다

〈표 Ⅷ－9〉 Goldhammer의 수업장학 모형

단계	특징
사전협의회	− 교사와 장학담당자의 신뢰감 조성 − 수업내용과 활동에 대한 이해 − 교사와 장학담당자는 보다 철저한 교수활동을 위한 예행연습 − 교사와 장학담당자가 수업장학의 공동목표를 달성하기 위해 수업장학을 위한 문제에 대한 합의
수업관찰	− 수업장면에서 일어난 사실을 가능한 한 그대로 재구성하기 위해 수업시간 동안에 상세하고 객관적인 자료를 정확하게 수집하는 것
협의회전략 계획	− 수업관찰 후 객관적인 자료를 바탕으로 분석을 하고 장학 협의회가 어떻게 이루어져야 할지 전략 설정 − 장학담당자에게 상당한 재량권 부여 − 수업자와 장학담당자 공동으로 관찰자료 분석
사후협의회	− 관찰자료를 바탕으로 수업사태에 야기된 실제 문제 검토 − 발견된 유형들과 수업효과와의 관계 분석·토의
사후협의회 내용 분석	− 학담당자가 장학과정의 어떤 부분에 변화와 개선을 필요로 하는가를 알고 자신의 장학기법 검토

자료: 정재익(2004).「사이버 수업장학의 모형 개발과 적합성 분석 연구」. 성신여자대학교대학원 박사학위논문. 재구성.

3) Acheson과 Gall의 3단계 수업장학 모형

Acheson과 Gall의 수업장학 모형은 교사들의 수업을 관찰하고 피드백시켜 수업상의 문제점과 모순점을 진단하고 해결하며, 수업 전략기술을 개발시키는 데 목적을 두고 있다. 즉 교사들의 승진에 따른 객관적인 자료 수집과 교사를 평가하기 위한 공통기준을 제시하여 교사의 전문성 향상에 적극적인 태도 개발의 지원 등에 활용할 수 있는 모형으로서, 계획협의회, 수업관찰, 피드백 협의회의 3단계로 구성되어 있다(<표 Ⅷ-10> 참조).

<표 Ⅷ-10> Acheson과 Gall의 수업장학 모형

단계	특징
계획	-수업에 대한 교사의 관심 확인 -교사의 관심을 관찰 가능한 행동목표로 바꾸기 -교사의 수업개선을 위한 절차 확인 -수업개선을 위한 개인적인 목표 설정 -수업관찰의 시간 결정 -관찰도구와 관찰행동의 선정
관찰·분석	-부분적인 정확한 기록 -좌석표에 의한 관찰 기록 -광각렌즈를 이용한 수업관찰
피드백 협의회	-관적 관찰자료를 사용하여 교사에게 피드백 제공하기 -교사의 추측과 의견, 느낌 이끌어 내기 -대안적 학습목표, 방법, 이유를 고려하도록 교사 격려하기 -교사에게 연습과 비교의 기회 제공하기

자료: 정재익(2004). 「사이버 수업장학의 모형 개발과 적합성 분석 연구」. 성신여자대학교대학원 박사학위논문, 재구성.

특히, 이러한 수업장학 모형에서 장학담당자의 역할은 구체적이고 행동적 기술을 학습해야 하고, 교사와 장학담당자의 관계는 동료적인 입장에서 전문적·논리적이고 상호 존중해야 하며, 지도의 실제 면에서 교사의 인성을 변화시키는 데 있는 것이 아니라, 수업개선을 목적으로 한 실제적인 증거에 따른 건설적인 사태분석과 성공적인 학습유형을 강화하는 데 그 목적이 있다(정재익, 2004).

라. 수업장학의 절차

수업장학의 절차와 방안은 기본적으로 체계성, 간단성, 현실성 등 세 가지 기준에 부합되어야 하며, 이 세 가지 기준은 수업장학의 효율성과 관련되어 있으며, 동시에 학교 현장에서의 활용가능성을 제고시킬 수 있는 기준이 된다(변영계, 1997). 좀 더 구체적으로 살펴보면, <표 Ⅷ-11>과 같이 제시할 수 있다.

〈표 Ⅷ-11〉 수업장학 절차의 세 가지 기준

기준	특징
체계성	-수업 관찰을 통한 협의회에 초점이 주어지는 활동 -계획·실시·협의 등의 기본적인 절차
간단성	-적용과 실행에 있어서 용이성 가능 -쉽게 활용할 수 있는 간단한 절차와 방법
현실성	-학교급별, 학교구성원, 수업장학의 필요성 등에 따른 융통성을 발휘하면서 다른 절차와 방법 적용

자료: 정재익(2004). 「사이버 수업장학의 모형 개발과 적합성 분석 연구」. 성신여자대학교대학원 박사학위논문. 재구성.

위의 몇 가지 기준 외에, 수업장학의 절차는 관찰 전 협의회, 수업의 관찰과 분석, 관찰 후 협의회라는 세 단계의 주요한 활동을 거친다. 각 단계에서 주요 기능과 기법, 유의사항 등을 살펴보면 <표 Ⅷ-12>와 같다(변영계, 1997).

<표 Ⅷ-12> 수업장학 절차의 주요 기능과 기법, 유의사항

단계	기능	기법	유의사항
관찰 전 협의회	-수업자와 장학담당자 간의 상호 신뢰로운 관계 형성 -수업장학을 이해하고 긍정적으로 생각하게 하는 일 -관찰할 수업에 대한 수업관찰자의 이해를 높이는 일	-수업과 관련된 수업자의 관심과 문제점 확인 -수업자의 관심사항을 관찰 가능한 진술문 표현 -수업자 자신이 자기의 개선방법을 선택하여 결정	-20~30분 정도로 협의회 장소는 서로가 부담을 느끼지 않는 곳이면 가능 -수업자와 장학을 담당하는 자가 일대일의 관계가 될 때 효과적
수업 관찰 분석	-수업에 참관하여 관찰 기록하는 일 -수업의 관찰과 기록을 분석·정리하는 일 -관찰 후 협의회를 위한 자료와 기기를 준비하는 일	-수업관찰과 기록은 관찰 전 협의회에서 수업자와 합의한 내용이나 대상에 관심을 두고 관찰 -다양한 방법과 기법을 고려한 수업관찰·분석	-관찰 시에는 선입견을 배제한 사실 중심의 자료 수집 -객관적이고 사실 중심의 정보나 자료 준비
관찰 후 협의회	-수업장학 과제를 수업의 관찰분석자료를 활용하여 개선방안 탐색 -수업방법 개선을 위한 대안적 방안 탐색 -수업장학을 위해 협의하는 일	-관찰 결과를 분석하여 수업자에게 제시하고, 문제의 규명과 대안의 탐색은 수업자 자신이 수행 -수업자의 입장을 이해하려고 노력함과 동시에 수업장학의 과정에 만족과 기쁨을 느낌	-30~40분 정도 두 사람만이 이야기할 수 있는 곳이 적당 -학을 담당한 사람의 개인적 주장·방법 요구하는 일 지양

마. 사이버 수업장학의 절차

사이버 수업장학의 절차는 수업장학과 마찬가지로, 체계성, 간단성, 현실성이란 세 가지 기준에 부합되도록 하는데, <표 Ⅷ-13>과 같이 제시할 수 있다.

〈표 Ⅷ-13〉 사이버 수업장학 절차의 세 가지 기준

기준	특징
체계성	- 장학의 안내와 수업모니터를 통한 수업개선 협의에 초점을 두는 활동 - 안내·준비·수업모니터·협의 정리 등의 기본적인 절차
간단성	- 과학성과 체계성을 강조하면 적용방법이 복잡 - 누구나 쉽게 참가할 수 있는 절차와 방법이 간단해야 적용 가능
현실성	- 학교의 정보화 정도, 교사의 정보활용능력에 따라 변용될 수 있는 융통성과 현실성 고려

자료: 정재익(2004). 「사이버 수업장학의 모형 개발과 적합성 분석 연구」, 성신여자대학교대학원 박사학위논문, 재구성.

　위에 제시한 몇 가지 기준을 근거로 구안된 사이버 수업장학의 절차는 장학안내, 장학준비, 수업모니터, 장학협의, 장학정리의 5단계 활동으로 구성된다. 즉 이러한 다섯 활동들은 하나의 절차에 있어서 단계적인 성격을 지니고 있다. 이러한 모형의 기준과 성격에 바탕을 두고 구안된 사이버 수업장학의 절차 모형은 <그림 Ⅷ-2>와 같이 제시할 수 있다. 특히, 사이버 수업장학의 절차를 바탕으로 각 단계별로 좀 더 구체적인 특징과 내용을 살펴보면 <표 Ⅷ-14>와 같이 나타낼 수 있다.

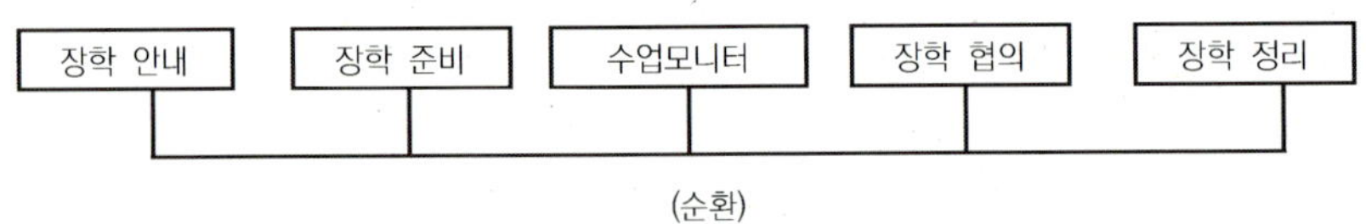

〈그림 Ⅷ-2〉 사이버 수업장학의 절차

〈표 Ⅷ-14〉 사이버 수업장학 절차 및 특징

단계	특징
장학 안내	- 사이버 수업장학 시작하는 시발점 - 장학담당자와 수업자가 원만한 인간관계 형성 - 사이버 수업장학에 대한 세부적 활동 계획 수립 - 수업자가 사이버 수업장학을 받으려는 태도를 갖게 만드는 일 - 수업자의 어떠한 점을 변화, 개선시킬 것인지 안내하는 일 - 장학안내를 중심으로 수업장학 실시를 위한 약정 체결하는 일
장학 준비	- 장학담당자와 수업자가 교수·학습과정안에 대한 협의 - 장학담당자는 교수·학습과정안을 검토, 수업자에게 필요한 정보와 자료 제공 - 교환된 정보와 자료를 가지고 수업자에게 수업 실시, 수업장면 동영상으로 제작하여 웹사이트 제시
수업 모니터	- 수업관찰을 위한 관찰체계표와 수업분석법 등에 따라 해당 수업 관찰, 후속될 장학 협의회 분석·정리 - 관찰·기록된 원자료로부터 해당 수업의 수업방법과 기술에 있어 어떠한 특징이나 패턴이 있는지 도출하는 일
장학 협의	- 수업을 모니터·기록·분석하여 그것을 토대로 수업자와 수업장학담당자가 문제점을 밝혀 개선의 방법을 찾는 활동 - 자기 장학기법을 반성하고 개선을 위한 자료와 정보의 획득
장학 정리	- 전 단계에서 협의된 사항을 장학보고서를 작성하여 수업을 평가하고, 장학담당자는 수업자의 수업내용을 중심으로 일반화 자료를 수집하여 일반화시키는 작업 진행

자료: 정재익(2004).「사이버 수업장학의 모형 개발과 적합성 분석 연구」. 성신여자대학교대학원 박사학위논문. 재구성.

3. 면대면장학과 사이버장학

　장학담당자가 장학활동을 하기 위해서는 이론을 바탕으로 현장과 밀접한 구체적인 행동양식이 필요하다. 장학지도 방법의 이론적 근거는 인간자원의 개발, 전문능력의 개발, 학교경영능력의 개발, 수업지도능력의 개발 등이 있으며, 이러한 관점에 따라 각기 다른 장학지도 방법이 도출될 수 있다(정태범, 2002).

　따라서 장학지도는 주로 교육행정기관인 교육인적자원부, 시·도교육청, 시·군의 지역교육청에 있는 장학담당자에 의해 행해지는데, 장학지도 방법은 학교를 직접 방문하는 방문, 연구발표 연수회, 실험·실연·상담, 통신 등이 있는데(조병효, 1995), 교사와 직접 대면하여 실시하는 면대면장학과 인터넷을 활용하는 사이버장학으로 구분할 수 있다.

가. 면대면(face – to – face)장학

학교를 방문하여 이루어지는 면대면장학은 교육청의 계획에 의해 실시하는 계획방문장학과 학교의 자율요청에 의해 실시하는 요청방문장학으로 분류할 수 있다. 계획방문장학은 3~5명의 장학담당자를 팀으로 구성하고 협의 영역을 분담하여 실시하는 것으로서, 1학기는 계획단계, 2학기는 성과단계로 나누어 실시한다. 그러나 요청방문장학은 교사나 학교층의 요청이 활발하지 못하고, 각 교육청의 장학담당자들의 업무과다, 전문성 미흡 등으로 지원이 충분하지 못한 실정이다. 좀 더 구체적으로 살펴보면, <표 Ⅷ－15>와 같이 나타낼 수 있다.

<표 Ⅷ－15> 계획방문장학과 요청방문장학

단계	특징
계획 방문 장학 (종합 장학)	－학교운영 전반을 종합적으로 분석·평가하고 문제점을 발견하여 해결책 강구 －종합장학 절차는 학교현황 청취, 수업참관, 시설 설비의 이용상황 참관, 각 영역별 협의, 교직원과의 협의 간담, 지도조언 －학교 자체 추진계획이나 추진실적 정리 －교수·학습에 대한 장학지도를 위해 수업계획 작성, 공개수업 실시
요청 방문 장학	－학교 측의 자발적인 요청에 의해 장학담당자가 학교를 방문하여 교육지도 또는 조언 －연구·시범·실험학교 등 연구과제를 추진함에 있어 자원인사로서 장학담당자 요청 －수업연구·현장연구 등에서 현장교사에게 교육연구상 또는 교사의 교육활동이나 교육경영상의 문제 해결이 필요할 때, 또는 학교의 특별한 행사 시에 장학담당자를 요청하여 교육지도·조언을 바라는 것

자료: 정재익(2004). 「사이버 수업장학의 모형 개발과 적합성 분석 연구」, 성신여자대학교대학원 박사학위논문. 재구성.

나. 사이버(cyber)장학

사이버장학은 면대면장학과는 달리, 가상공간이라는 간접적 의 사소통의 방법을 통한 지도, 조언을 의미하며, 과학기술과 통신수 단의 발전으로 주로 교육과정 운영, 제 법규 해석 및 적용, 학교운 영상의 문제점, 기타 학교에서의 질의, 협의, 요청사항에 대한 회 신 및 전언통신 등으로 행하여지고 있다(정재익, 2004).

특히, 사이버장학은 얼굴을 직접 대면하지 않는 간접적인 방법 으로 활용방법 여하에 따라서는 일회성이 아닌 다회성을 취할 수 있는데, 사이버장학 내용은 학교와 학급 현장에서 필요로 할 때 수시로 재활용할 수 있으며, 다수의 장학담당자와 교사가 인터넷이 연결된 곳이라면 시간과 장소의 제한을 받지 않고 장학활동을 할 수 있는 장점이 있다(정재익, 2004).

다. 면대면장학과 사이버장학의 비교

면대면장학과 사이버장학의 장·단점을 시간 접근성, 공간 접근 성, 인물 접근성, 사물 접근성, 현장 접근성, 비용 접근성, 평가과 정 접근성, 환경 접근성 등 8개 영역에서 비교하여 보면 <표 Ⅷ－ 16>과 같이 제시할 수 있다(정재익, 2004).

〈표 Ⅷ-16〉 면대면장학과 사이버장학의 장·단점

구분	면대면장학	사이버장학
시간 접근성	·시간적인 제약 ·심층적인 장학활동 ·지리적 여건, 교통사정이 나쁜 학교 시간 접근성 낮음	·시간과 공간에서 자유로움 ·비동시성과 공간독립성 ·시간 접근성이 높음 ·편리한 시간 접속 송신, 수신
공간 접근성	·공간 접근의 어려움	·공간 접근성 높음
인물 접근성	·인물 접근의 용이성	·인물 접근성 낮음
사물 접근성	·사물 접근의 용이성	·사물 접근성 낮음
현장 접근성	·현장 접근의 용이성	·현장 접근성 낮음
비용 접근성	·장치의 준비가 필요 없어 비용 접근성이 높음 ·이동에 소요되는 시간과 경비로 비용 접근성 낮음	·비용 접근성 낮음
평가과정 접근성	·평가과정 접근성 높음	·평가과정 접근성 낮음
환경 접근성	·실시간 장학활동 ·환경 접근성 높음	·실시간, 비실시간 장학활동 ·환경 접근성 높음

이러한 면대면장학과 사이버장학의 장·단점을 바탕으로, 면대면장학과 사이버장학의 차이점을 살펴보면 <표 Ⅷ-17>과 같이 나타낼 수 있다(정재익, 2004).

〈표 Ⅷ-17〉 면대면장학과 사이버장학의 차이점

구분	면대면장학	사이버장학
매개	사람	인터넷(통신)
장소	사람과 사람의 면대면	사이버 가상공간
시·공간 제약	시·공간 제약 있음	시·공간 제약 없음
자료 검색·공유	자료 검색·공유 어려움	자료 검색·공유 용이
현실성·실제성	전통적·권위적	현실적·실제적
효율성	과다한 담당교사 수로 인한 비효율적인 장학활동	수업장학의 효율화
의사소통	일방적인 의사소통	쌍방향 의사소통
수요자 요구	장학 수요자(교사)의 요구에 장학담당자 부응 불가능	장학 수요자(교사) 요구 충족

4. 사이버장학의 운영 실태

21세기 지식기반사회의 여러 분야에서 이루어지고 있는 사회변혁은 통신기술의 발달과 이들 기술의 집중현상으로부터 시작하였으며, ICT활용에 대한 관심과 노력은 공공기관, 기업체, 학교, 가정 등에서 사용되는 하나의 필수적 요소가 됨에 따라, ICT는 우리의 삶, 일상 업무, 여가 활동, 통신, 학습 방식 등의 분야에서 많은 변화를 초래하였다(김정란, 2004). 이와 관련하여 미래의 교실환경 변화의 특징을 살펴보면 다음과 같다(Kozma & Schank, 1998).

첫째, 전체 수업과정을 주도하는 교사 역할에서 효과적인 교수·학습과정 진행과 학습결과에 대한 평가를 지도하고 보조하는 교사역할로의 변화이다.

둘째, 독자적 학습지도에서 동료교사와 협력하여 교수를 설계하고 교수·학습과제를 지도하는 교사로의 역할 변화이다.

셋째, 수동적 개별 학습자에서 새로운 지식 창조와 문제 해결을 위하여 동료 학생과 협력하여 학습하는 능동적인 학습자로의 역할 변화이다.

넷째, 사회와 고립된 개별 학교에서 사회와 유기적으로 연계된 학교로의 변화이다.

다섯째, 학교에 참여하지 않는 학부모 집단에서 능동적으로 학생의 학습지도과정에 참여하는 학부모 집단으로의 변화이다.

이러한 교육환경에 적합한 장학의 새로운 패러다임을 정보와 지식의 공유를 위한 장학, 교원의 의사소통능력 강화를 위한 장학, 교육활동에 대한 지지와 지원의 획득 강화를 위한 장학, 교수·학습활동의 변화를 위한 장학 등으로 제시하고 있다(김정란, 2004).

2003년 3월 현재 전국 16개 지역교육청은 홈페이지에 사이버장학형식으로 교육정보, 교수·학습 자료실, 교육광장 등의 메뉴를 구성하여 장학활동을 마련하고, 다양하게 학습 관련 웹사이트를 소개하여 교사 스스로 자료와 정보를 수집할 수 있도록 하고 있으며, 커뮤니케이션 도구 및 사이버 게시판을 운영하여 현장 교사 및 장학담당자가 서로 정보 교환을 하고 있다(<그림 Ⅷ-3> 참조).

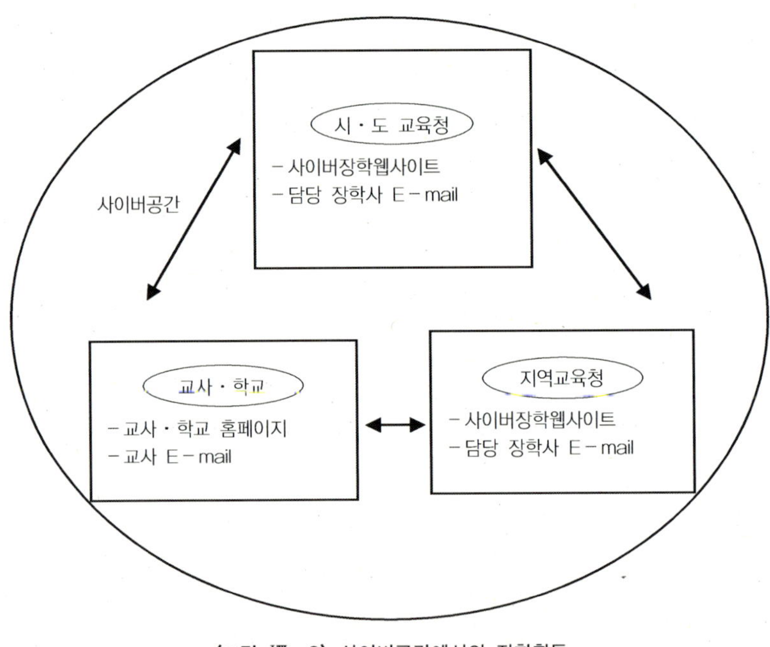

<그림 Ⅷ-3> 사이버공간에서의 장학활동

특히, 사이버장학의 기능을 살펴보면, <표 Ⅷ-18>과 같이 제시할 수 있다.

〈표 Ⅷ-18〉 사이버장학의 기능

기능	메뉴	활동 내용
공지 기능	공지사항, 부서별 게시판	각 부서의 전달사항을 신속하게 알린다.
정보·지식 교환	학교 도서관, 교과별 자료실 부서별 게시판, 사이트 링크	교육정보를 자료실에 탑재 안내하고 관련 도서 자료, 우수학교교육활동 등 다양한 정보 분류 소개
지원 활동	한컴쪽지, Popup, E-mail 의사소통 유틸리티	신속한 쌍방향 의사소통
의견수렴	Q & A 코너, E-mail	교내 요구사항 수렴

자료: 김정란(2004). 「중학교 교사의 전문성 신장을 위한 사이버장학 운영에 관한 연구」, 한국교원대학교교육대학원 석사학위논문, 재구성.

한편, 사이버장학을 통해서 많은 자료들이 공개되어 서로 공유를 하지만, 자료에 대한 검증이 불가능하여 자료의 신뢰성에 대한 문제가 제기되고 있으며, 자료공유에 있어서도 공유의 제약이 따른다(정종권, 2002). 또한 사이버장학은 시·공간을 초월하여 필요에 따라 장학활동이 이루어지므로 인터넷 기반 시설이 필요하며 인터넷 활용 정도가 낮은 교사에게는 이용도가 낮게 나타나고 있다(김중환, 2002). 특히, 사이버장학 자료실이나 토론방, 게시판에 올린 자료는 정보가 공개되어 있어 상대방의 인격적 침해를 주는 경우가 있다.

강영삼(1997). 『장학론』, 서울: 세영사, 132.

권성호(1998). 『교육공학의 탐구』, 서울: 양서원.

김영환·이상수·정희태·박수홍(2003). 『원격교육의 이론과 실제』, 서울: 학지사, 219.

김윤태(1991). 『교육행정·경영신론』, 서울: 배영사, 9-11, 528, 670-675.

김정란(2004). 「중학교 교사의 전문성 신장을 위한 사이버장학 운영에 관한 연구」, 한국교원대학교교육대학원 석사학위논문.

김종철(1982). 『교육행정의 이론과 실제(3정)』, 서울: 교육과학사, 67-68, 233-238.

김중환(2002). 「사이버장학의 활성화 방안에 대한 연구」, 경주대학교교육대학원 석사학위논문.

김형관·오영재·신현석(2000). 『신장학론』, 서울: 학지사, 116.

남정걸(1998). 『교육행정 및 교육경영』, 서울: 교육과학사.

노용순(2005). 「사이버장학의 운영 실태와 개선 방안에 관한 연구」, 전주교육대학교교육대학원 석사학위논문.

백현기(1961). 『장학론』, 서울: 을유문화사.

변영계(1997). 『수업장학』, 서울: 학지사, 48.

송재신 외(2005). 「용어로 이해하는 교육정보화」, 한국교육학술정보원 연구보고 KR 2005-25.

윤정일·송기창·조동섭·김병주(2000). 『교육행정학원론』, 서울: 학지사, 122-134.

이윤식(1999). 『장학론-유치원·초등·중등 자율장학론』, 서울: 교육과학사, 32-55, 225-252, 357.

이윤식(2001). 『장학론』, 서울: 교육과학사, 220-222.

전라북도교육청(2000). 초등장학자료 제2000-51호, 전주: 공익사, 221-222.

정재익(2004). 「사이버 수업장학의 모형 개발과 적합성 분석 연구」, 성신여자대학교대학원 박사학위논문.

정종권(2002). 「인터넷을 활용한 사회과 교수・학습 자료의 공유현황 및 개선방안」, 한국교원대학교교육대학원 석사학위논문.

정태범(2002). 『교육행정의 발전방향』, 서울: 양서원, 17.

정태범(2002). 『장학론』, 서울: 교육과학사, 323.

조병효(1995). 『현대장학론』, 서울: 교육과학사, 113 - 115.

조성일・신재흡(2004). 『장학행정 이론과 실제』, 학이당, 11 - 14, 35.

주삼환 외(1994). 『교육행정 및 교육경영』, 서울: 과학과 예술, 511 - 553.

주삼환(2003). 『교육의 질 향상을 위한 장학의 이론과 기법』, 학지사, 18 - 31.

Alponso, R. J., & Firth, G. R., & Neville, R. F.(1981). Instructional supervision: A behavior system(2nd ed.). Boston: Allyn & Bacon, 7.

Blumberg. A.(1980). Supervisors & teachers: A Private Cold War(2nd ed.). Berkley, California: McCutchan Publishing Co, 2.

Burton, William, and Brueckner, Lee(1955). A social process(3rd ed.). New York: Aplleton Century - Crofts, 85 - 88.

Dull, L. W.(1981). Supervision: School Leadership Handbook. Columbus. Ohio: Charles E. Merrill Publishing Co, 5.

Eye Glen G. & Netzer(1971). Supervision of instruction. New York: Harper & Raw Publishers, 31.

Glickman, C. D., Gordon, S. P. & Ross - Gorden, J. M.(1998). Supervision for instruction: A developmental approach(4th ed.). Boston: Allyn & Bacon, 9 - 11.

Glickman, C.(1995). Supervision of instruction: A developmental approach. Boston: Allyn and Bacon, 121 - 126.

Harris, Ben H(1985). Supervisory Behavior in Education, 3rd ed., Englewood Cliffs, New Jersey: Prentice Hall

Komoski, G.(1997). Supervision. Mequon. WI: Styler, 4.

Kozma, R. B. & Schank, P.(1998). Connecting with the twenty - first century: Technology in support of educational reform. Association for Supervision and Curriculum Development 1998 Yearbook: Learning and Technology, 3 − 27.

Marks, J. R., Emery Stoops & King − Stoops(1978). Handbook of Educational Supervision: A Guide for the Practitioner(2nd ed.). Boston: Bacon Inc, 25.

Ogata, H., And Yano, Y.(2003). Supporting Knowledge Awareness for a Ubiquitous CSCL, elearn 20003, 2362 − 2369, Phoenix, Arizona, USA, November 7 − 11, 2003.

Oliva, P. E., & Pawlas, G. E.(1997). Supervision for today's school(5th ed.). New York: Longman, 21 − 26.

Pfeiffer, I. l., & Dunlap, J. B.(1982). Supervision of teachers: A guide to improving instruction. Phoenix: Oryx Press, 12 − 16.

Sergiovanni, Thomas and Robert J. Starratt(1983). Supervision: Human Perspectives 4th ed. New York: McGraw Hill Book Co, 8 − 14.

Wiles, J. & Bondi, J.(1980). Supervision: A Guide to Practice. Columbus. Ohio: Charles E. Merrill Publishing Co, 11.

Wiles, J., & Bondi, J. C.(1986). Supervision: A guide to Practice(2nd ed.). Columbus, OH: Charles E. Merrill, 25 − 29.

Wiles, Jon, & Bondi, Joseph(2000). Supervision: A guide to practice(5th ed). Upper Saddle River, NJ: Prentice Hall, 7 − 10.

Wiles. K., & Lovell. J. T.(1975). Supervision for Better School 4th ed. Englewood Clifs, New Jersey: Prentice Hall, 6 − 33.

저자소개

안우환

대구교육대학교 졸업
경북대학교 교육학박사
(현) 특허청 국제지식재산연수원 사무관

권민석

대구교육대학교 졸업
경북대학교 교육학박사
경북대학교 시간강사
(현) 대구교대부설초등학교 교사

신재한

대구교육대학교 졸업
경북대학교 교육학박사
영진전문대학 시간강사
(현) 대구교대부설초등학교 교사

학교교육의 심층이해

초판인쇄 | 2009년 6월 20일
초판발행 | 2009년 6월 20일

지은이 | 안우환·권민석·신재한
펴낸이 | 채종준
펴낸곳 | 한국학술정보㈜
주　소 | 경기도 파주시 교하읍 문발리 파주출판문화정보산업단지 513-5
전　화 | 031) 908-3181(대표)
팩　스 | 031) 908-3189
홈페이지 | http://www.kstudy.com
E-mail | 출판사업부　publish@kstudy.com

등　록 | 제일산-115호(2000. 6. 19)
가　격 | 29,000원

ISBN　978-89-268-0087-4 93370 (Paper Book)
　　　978-89-268-0088-1 98370 (e-Book)